RONNY CABRERA

ESCAPE

DEL INFIERNO

UN IMPRESIONANTE TESTIMONIO
PERSONAL DE ALGUIEN SUMIDO EN
LOS LABERINTOS DEL ESPIRITISMO
Y DE LAS DROGAS.

PRÓLOGO DEL OBISPO, KITTIM SILVA

EDITORIAL
UNILIT

Publicado por
Editorial **Unilit**
Miami, Fl. 33172
Derechos reservados

Primera edición 1998

© 1997 por Ronny Cabrera Cabrera
Ninguna parte de esta publicación podrá ser reproducida, procesada en algún
sistema que la pueda reproducir, o transmitida en alguna forma o por algún medio
—electrónico, mecánico, fotocopia, cinta magnetofónica u otro— excepto para
breves citas en reseñas, sin el permiso previo de los editores.

Las expresiones usadas por el autor de este libro,
no necesariamente reflejan la opinión de esta editorial.

Cubierta diseñada por: Alicia Mejías

Citas bíblicas tomadas de la Santa Biblia, revisión 1960
© Sociedades Bíblicas Unidas
Otras citas marcadas B.d.l.A. "Biblia de las Américas"
© 1986 The Lockman Foundation
Usadas con permiso.

Producto 498275
ISBN 0-7899-0350-4
Impreso en Colombia
Printed in Colombia

Conviene que yo declare las señales y milagros
que el Dios Altísimo ha hecho conmigo.

Daniel 4:2

(Relatos de las visiones de un sueño
del rey Nabucodonosor).

Los hombres superiores no son los que no tienen
instintos bajos sino los que al fin aciertan a dominarlos.
De un hombre combatido por los vicios y
las bajas pasiones puede surgir un ser sublime;
pero de un hombre naturalmente moderado,
no podrá surgir nada ¡jamás!

Amado Nervo
Libro: El arquero divino

Cierto es que el destino de algunos hombres
se asemeja a un árbol frutal en invierno;
pero al contemplar aquel aspecto tan triste
¿quién pensaría que aquellas ramas rígidas y secas,
que aquellos gajos de madera dentellados
pudieran algún día volver a renacer,
reverdecer y de nuevo brindarnos flores y frutos
en la siguiente primavera para volver
produciendo de sus frutos?
y sin embargo... lo sabemos, lo esperamos,
y también lo disfrutamos.

Goethe

CONTENIDO

PRÓLOGO

Ronny Cabrera ha plasmado en su libro "Escape del infierno" uno de los más impresionantes testimonios personales de alguien quien estuvo sumido en los laberintos del espiritismo y de las drogas.

En un estilo narrativo y coloquial, el autor introduce al lector a la escenografía de su vida pasada. Su relato es sin exageraciones e inflamaciones literales, lo cual, en esta clase de temática es evidente. Habla francamente, como alguien que conoce e interpreta su experiencia. Su memoria para recordar lugares, personas y detalles es sencillamente excepcional. Es un escrito documentado por fechas y lugares, donde el intelecto y las emociones del autor se entremezclan en una transmisión de lenguaje con un estilo diferente y muy original.

Cada capítulo que sigue es más interesante en la narrativa y el drama, y nos catapulta a una plataforma de acción continua. En sus capítulos hay movimiento, dinámica y proceso hacia un clímax literario.

Haciendo un análisis de algunos capítulos, encontramos aspectos muy interesantes. Según narra el autor en el capítulo 19: "Buscando mi destrucción definitiva", es que ya los espíritus lo habían encomendado para que describiera un libro sobre las actividades de ellos, donde querían lucir como personajes de buena fe y como protagonistas de actividades humanitarias, que venían desarrollándose por generaciones desde la existencia de la vida misma, supuestamente, por instancias del Altísimo.

Pero lo maravilloso es que el libro que daría promoción al reino de las tinieblas, es ahora un libro depurado y santificado en el cual

Ronny Cabrera, exalta y glorifica el nombre de nuestro Señor y Rey Jesucristo.

Otro capítulo del cual me enamoré, lo es el 20, intitulado: "En los brazos de la muerte". A continuación, cito un párrafo del autor, que registra las palabras de un espíritu a través de un vidente: "Las bendiciones para ti en el día de hoy serán grandes". La reacción de Ronny Cabrera, ya transformado por el poder del Espíritu Santo fue exclamar: "¡Claro que lo fueron!". Supongo, que ya estaban consciente que mi rebelión no tenía marcha atrás, que en vez de servirle como lo hacía desde mi niñez, ahora podría entorpecer seriamente sus demoníacas actividades. Y sí que estaba decidido a hacerlo. Por tanto, tenían que salir de mí cuanto antes".

A los espíritus que le declararon la guerra espiritual al éste describirlos como unos belicosos, mentirosos, y ladrones, el autor los contraatacó. Primero, renunciando a su poder. Y segundo, destruyendo sus imágenes de "santos" donde ellos se escondían. Más adelante, en el mismo capítulo, Ronny declara: "Esa misma tarde, aprovechando la rabia que venía acumulando en mis adentros por muchos años, tomé las pertenencias que tenía en el lugar, no sin antes dar riendas suelta a mi ira contenida y destruir por completo todas las imágenes y pequeñas estatuas de "santos" que por mucho tiempo venía adorando y venerando con cuidado enfermizo.

En otro capítulo, el 14, titulado: "New York tres años después... vicios, drogas y muerte", el autor plasma la increíble realidad que se vive, y que él vivió personalmente dentro del peligroso mundo del narcotráfico. Los detalles son abiertos, crudos, alarmantes, pero tristemente reales. Dejan entrever los distintos tipos de conductas del ser humano dominado por la ambición desmedida, los vicios y las bajas pasiones.

En los capítulos subsiguientes, nos brinda detalles realmente escandalizantes sobre la clase de vida que llevan los que se dedican a la venta y consumo de drogas, experiencias que él vivió en carne propia. Las narraciones sobre cómo los tentáculos de las drogas han penetrado todos los niveles de nuestra sociedad, son sencillamente alarmantes. El sólo hecho de que el autor haya cultivado amistades en los círculos artísticos, donde es conocido por figuras renombradas, en la política, y hasta en círculos militares, deja claro que el narcotráfico ha penetrado todos los niveles, convirtiéndose en una de las peores y más peligrosas epidemias de todos los tiempos.

Pero donde realmente este manuscrito toma vida, es en el capítulos 22: "Los umbrales del infierno", y en el capítulo 23: "No temas... sígueme". Estos capítulos marcan el cambio de vida del autor en todos los aspectos. Una visión celestial, milagrosa y una experiencia fuera de su cuerpo, casi al borde de la muerte marcó la vida de Ronny de una manera definitiva.

Este libro que el lector tiene en sus manos: "Escape del infierno", es lo mejor que he leído sobre el espiritismo y el narcotráfico neoyorquino. Su lectura inmerge a uno en la trayectoria pasada y personal del autor. Le aseguro que cuando comience a leerlo, no podrá ponerlo de lado con mucha facilidad. Es uno de esos libros donde el autor y lector se toman de las manos... y caminan juntos.

Obispo: Kittim Silva
Escritor y Pastor

INTRODUCCIÓN

Hay hechos que pueden cambiar radicalmente la vida de un hombre. Ocurren acontecimientos, que tienden a desencadenar otros hechos. Éste, por ejemplo, cambió el rumbo de mi vida. Un rumbo que de seguir como iba, pudo haber sido trágico.

Un titular noticioso aparecido en primera página en uno de los diarios hispanos de mayor circulación en Nueva York, detuvo bruscamente mi marcha en una fresca mañana de octubre en la ciudad de los rascacielos.

Me disponía a descender las escaleras que conducen hasta el tren subterráneo de la gran urbe. De forma instintiva, dirigí la mirada hacia los periódicos dispuestos en forma ordenada en un estanquillo cercano a la entrada del tren en la calle 176 y Fort Washington del Alto Manhattan. Área en la que venía residiendo por muchos años.

El titular noticioso decía:

"Miedo en República Dominicana por muertos
atribuidas a pactos diabólicos"
New York. Miércoles 6 de octubre de 1993.

Un tanto nervioso, tomé en mis manos uno de los ejemplares. Inicié de nuevo la marcha hacia la parada del tren; pero nuevamente me detuve. Ahora, parado allí como estatua en medio de aquel gentío —que como de costumbre caminaba con prisa tratando de llegar a tiempo a sus respectivos trabajos, y pugnaban por lograr acceso hacia la terminal— miraba de nuevo el titular noticioso.

13

Aquel hecho para otro quizás pasaba desapercibido; pero para mi caso particular, revestía una importancia vital para el proyecto que traía entre manos. Los hechos relatados en la noticia me venían a la perfección. Estos sustentaban aun más los casos por los que hacía largos años venía atravesando.

Después de devorar con avidez el contenido de la impactante noticia, regresé de inmediato a mi apartamento para cotejar algunos datos y compararlos con los míos. Se daban detalles de cómo varios hermanos habían viajado desde una ciudad de Nueva York hacia República Dominicana y asesinaron de varios disparos a un médium que, según la noticia, provocó el deceso de tres familias utilizando brujerías y pactos con entidades diabólicas.

Hoy, doy gracias a Dios por medio de Jesucristo por haber leído este titular aquella mañana y evitarme así, haber cometido un error similar. Quería mostrarme que habían otras armas, otros medios para enfrentar los poderes infernales que venían sojuzgándome desde mi niñez. Al mismo tiempo, dejaba impresa en mí una incómoda inquietud, un deseo ferviente, imposible de callar para que sirviera de portavoz y llevara un mensaje de aliento y esperanza a esa gran cantidad de personas que, estando involucradas en iguales situaciones por las que yo atravesaba, no encuentran salidas para las mismas.

Niceto Alcalá Zamora dijo en una ocasión que:

> Toda vida que alcanza por la fortuna y el esfuerzo
> algún relieve tiene el deber de transmitir
> sus reflexiones y sus recuerdos.

Por la fortuna de Dios conocí a Jesucristo. Y, por el empeño y esfuerzo que su amor me ha brindado, se ha hecho este sacrificio. Transmito en él mis experiencias y reflexiones exaltando su infinito nombre en cada una de sus partes.

Por circunstancias no muy deleitosas e involuntarias, me vi desde muy pequeño, involucrado en un mundo que para mí era de retos, de juegos con el destino y los entes sobrenaturales que supuestamente lo rigen. Una vida ligada a temas ocultos, al espiritismo en sus diversas variantes; y luego, guiado por esos mismos entes inmundos, a lo que por poco, pone fin a mis días: El narcotráfico.

Tuvieron que transcurrir muchos años, inmerso en estos dos mundos para que, al borde de un trágico final, pudiera darme cuenta que todo lo que había significado dinero, amplios contactos entre círculos "sociales", viajes, mujeres, parrandas y la mal llamada "buena vida". Para mí habían dejado de serlo dándole paso a una realidad que comenzó por cambiar dramáticamente toda mi existencia.

En el área del narcotráfico había logrado notoriedad por las excentricidades y los amigos y enemigos que me buscaba. Mi círculo lo había ampliado con visitas a lugares donde se practicaban invocaciones a espíritus desencarnados, específicamente en República Dominicana donde uní lazos amistosos con figuras del arte, de la política, de conocidos abogados y empresarios que acudían "en lo privado de sus vidas" a los aciertos de voces de dimensiones no terrenales. Como todos los que asistían a los mismos, tratábamos de que nuestras vidas, "negocios" y futuro, marcharan de lo mejor.

Lo que nunca imaginamos era que, estas fuerzas no terrenales, nos ajustarían cuentas si por una u otra razón no obedecíamos, o en el peor de los casos, dejábamos de cumplir algunos de los pactos contraídos con éstos entes diabólicos.

Serían innumerables los casos, que podría narrar, acontecidos a lo largo de una vida extraviada de la verdad, disparatada en relación a los conceptos rectos de los principios morales y el sano vivir a los que debí sujetarme. Actos reñidos contra toda ley, las buenas costumbres y la convivencia pacífica entre seres de la misma especie. Estos, resultarían prolijo enumerarlos.

Podría, además, tomar las siguientes líneas y divertirlos con las cosas más inverosímiles que vi ocurrir estando dentro del ocultismo y verdaderas locuras que nos acontecieron a mis amigos y a mí dentro del mundo del narcotráfico. Relatarles los peligros, "diversiones" y todo lo que estas prácticas ponen al alcance de tus manos.

Sin embargo, lo que me impulsa a exponer mis experiencias, es ver el engaño de que fui objeto por largos años por seres inmundos provenientes de lo más profundo y despreciable del abismo infernal.

Siento una especie de compromiso con todos aquellos que están inmiscuidos de una u otra forma, con cualquier tipo de prácticas de cosas no normales. Me refiero al espiritismo, al curanderismo, brujería, astrología, cartomancia, etcétera. En fin, todo aquello que tenga que ver con invocaciones y fuerzas sobrenaturales. Sea lo que fuere, las Escrituras bíblicas infieren, que son prácticas abominables ante los ojos de Dios.

Lo otro, es ver con tristeza la forma en que nuestra juventud, buscando diversiones cada vez más y más fuertes, se destruye a sí misma en una vorágine de pasiones desordenadas que los aplasta impunemente. En las conferencias y presentaciones que participo, me siento cada vez más motivado. En cada una de éstas noto una necesidad imperiosa en las personas, especialmente en los jóvenes, por experimentar cambios, pues se encuentran como sumergidos, atrapados en medio de un torbellino que los arrastra, que los asfixia. Que constantemente los lleva a experimentar cosas nuevas, drogas nuevas.

Para ellos, los días discurren sin esperanzas. No tienen más ideales que los placeres inmediatos, que no perduran. Que son pasajeros. A ellos va dedicado este libro.

Estas páginas son descritas por uno que siente responsabilidad y autoridad para narrarlas; pues yo, estuve en medio de esa vida disoluta y peligrosa, pretendiendo creer, que el mundo era todo mío. Buscaba de día en día, alicientes más y más fuertes hasta que me encontré al borde de la muerte a causa de una sobredosis de cocaína.

La experiencia que viví en las horas en que caí en aquel estado comatoso, producto de la sobredosis de cocaína, es algo, que me estremece cada momento y cada día en que tengo que revivir la historia. Es una experiencia maravillosa, lamentablemente irrepetible, única y hermosa. Vivir una experiencia fuera del cuerpo, en un campo dimensional diferente al terrenal, y tener la divina oportunidad de regresar y relatar esas vivencias, creo es uno de los logros más elevados que se le puede conceder a un ser terrenal. Yo viví esa experiencia. Yo estuve "del otro lado".

Las Sagradas Escrituras nos dicen en el Salmo 9:13-14:

Tú que me levantas de las puertas de la muerte
para que cuente yo todas tus alabanzas.

Si al leer estos relatos sientes alguna inquietud y crees realmente en la manifestación del poder de Dios, por medio de Jesucristo convenciéndote de ello, estarán satisfechos los anhelos del autor que verá compensado este esfuerzo, y que implora al Altísimo para que derrame sobre ti y los tuyos de sus mejores bendiciones.

Te invito fraternalmente a recorrer conmigo estas páginas. Te aseguro que después de leerlas, tu vida podría ser diferente.

El autor

UNO

CASTIGOS Y POSESIONES SOBRENATURALES

No hay que dar el menor crédito a la opinión... de que existen
fuerzas, o entes sobrenaturales que actúan como
intermediarios entre los dioses y los hombres para elevar
todos nuestros pedidos a los dioses, y con el supuesto fin de
conseguirnos su ayuda. Por el contrario, debemos creer
que se trata de espíritus ansiosos por causar daño,
totalmente apartados de la rectitud, llenos de orgullo
y de envidia, sutiles en el arte de engañar.

San Agustín
(La Ciudad de Dios)

Con alaridos que aterrorizaban a todos los presentes en aquel
lugar y que bien podría haber espantado al más pasivo de
los mortales, el cuerpo de aquella infeliz mujer se retorcía sin
control aparente por el suelo de aquella habitación atestada de
cuadros e imágenes talladas, de cuantos nombres de santos se tenga
conocimiento.

Aquel estratégico lugar, usado ahora como altar para invocar la
presencia de espíritus con poderes sobrenaturales, sólo era iluminado

en esos momentos por decenas de velas dispuestas en forma ordenada en el suelo, y al frente de cada imagen. Mientras, las violentas contorsiones de aquella pobre víctima, eran acompañadas de una voz gutural e ininteligible que salía de lo más profundo de su garganta. De su boca, brotaba una especie de espuma con aspecto viscoso y de color purulento, que aportaba la nota adecuada, para imprimir el horror en aquella escena dantesca.

Los ojos de aquella mujer, desorbitados totalmente, parecían a punto de estallar presionados desde adentro hacia afuera, sabrá Dios, por qué clase de fuerza demoníaca. Su rostro y cuerpo en general, habían sufrido una transformación en forma sorprendente. Esto era, probablemente, incomprensible para muchos de los allí presentes, que no encontraban lógica alguna que pudiera hacerles razonar sobre lo que allí ocurría. Algunos asistían por vez primera a aquella clase de ritos donde se invocaban espíritus y sólo acertaban a mirarse contrariados unos a otros, entre confundidos y temerosos. Pero, para mí y los que colaborábamos con la médiums y los espíritus que la posesionaban, no nos quedaba el más leve margen de dudas, estábamos ante el caso típico de una posesión.

De aquello, tenía la más absoluta convicción, pues, con aquellas manifestaciones sobrenaturales, venía familiarizado desde muy corta edad. Por tanto, sabía que en el cuerpo de la mujer se había incorporado un espíritu inmundo. Este caso tenía un agravante, pues, el espíritu que se le incorporó a la señora tenía como tarea, propiciarle un severo castigo, por supuesta "desobediencia".

A la mujer se le había ordenado años atrás, servir a los espíritus como médium o "caballo de misterio" (así llamaba comúnmente a las personas que se dedican a este tipo de actividades) a lo que ella, se rehusaba cumplir. Su constante negativa, según las palabras del espíritu guía de aquel altar, lo había obligado a utilizar los métodos por los que él decía se hacía entender, estos eran, los castigos. Estos variaban entre psíquicos y corporales. De ambos, no se podría diferenciar entre cuál era más horroroso e inhumano.

Nadie mejor que yo, conocía cómo procedían estos seres infernales cuando de desobedecerlos se trataba. Hacía unos años me habían encumbrado —utilizando sus poderes sobrenaturales— a posiciones de poder dentro del mundo del narcotráfico y a disfrutar de los placeres, orgías y deleites que ese medio corrupto me proporcionaba. Pero también, hube de sortear los peligros de muerte que, propio de este oficio, me acechaban constantemente. De formas que no esperaba, me habían llevado casi a la ruina en todos los negocios, pues yo, supuestamente, había olvidado mi pacto con ellos.

Los minutos transcurrieron y la nueva víctima de los espíritus, continuaba reptando en el suelo como si se tratase de una serpiente. Otras veces, daba giros completos a su cuerpo, con sus manos y dedos crispados a todo lo largo de su maltrecha anatomía. Algunos se atrevieron a implorar a aquel espíritu, que por favor, detuviera aquel inmisericorde tormento.

Yo fui uno de los que, con un nudo en la garganta producto de la impotencia que me embargaba, me atrevía a intervenir por aquella señora, aun a sabiendas de que, en el pasado, por casos similares había recibido severas amonestaciones.

Para estos espíritus infernales, esto era como si se desafiara su autoridad. Esta vez, llegarían hasta mí las consecuencias de aquel castigo; porque a cualquier otro se le hubiese permitido intervenir, pero, para mí que gozaba de los "privilegios y favores" de aquellos seres con poderes sobrenaturales, no me era permitido. Significaba insubordinación a las reglas que se nos habían trazado y ese mismo día me harían pagar las consecuencias de la manera más cruel.

El lugar donde estos hechos se venían efectuando, era un establecimiento donde, en su parte frontal funcionaba una "Botánica".[1] El local estaba ubicado en la parte este de Manhattan, entre las calles 104 y 105 de la Segunda Avenida.

En aquel sector, mejor conocido como "El Barrio", donde la mayoría de los habitantes son latinos, especialmente puertorriqueños, Colasa, una médium y espiritista dominicana, había establecido su centro de santería para invocar los espíritus que ella desde niña venía sirviendo.

Antonio, un hombre canoso, de estatura mediana, paso vacilante y reacciones un tanto nerviosas, era el encargado de vigilar por la seguridad y ventas que se hacían en el centro espiritista o "Botánica". Oriundo del sector de Las Minas de la capital dominicana había llegado en forma ilegal a los Estados Unidos. Y como un creyente

---

1.   Lugar para expender brebajes, imágenes de santos plantas para baños y toda clase de utensilios para usar en la santería.

—de fe ciega—, en estos espíritus, como muchos de nosotros, continuaba esperando que se cumplieran las promesas de ver resueltos todos sus problemas. Espera que ya se extendía por varios años y nada ocurría, pues, los resultados de aquellos "trabajos espirituales" no se veían llegar.

Aquel hombre humilde, al igual que yo y muchos, permanecíamos por años aferrados a promesas. Formábamos parte de una interminable legión de creyentes que estábamos cegados por aquel extraño y maléfico poder que día a día nos dominaba, alejándonos más y más de la realidad.

Estos espíritus se las arreglaban siempre para dejarnos convencidos del "trabajo" que venían haciendo en favor de nuestras causas y que pronto veríamos realizados nuestros deseos más anhelados. Para Antonio, resolverle problemas migratorios y de paso, traerle desde Santo Domingo a su familia.

Hoy día, puede que aún esté a la espera de ver su promesa cumplida si es que sigue bajo las garras tenebrosas de estos espíritus aberrantes.

Para mí, existían dos promesas. Hacerme rico con el negocio de las drogas, la cual vendía y venía consumiendo en grandes cantidades. Y la otra gran promesa, convertirme en una persona "famosa" con un libro donde recopilaría todas mis actividades dentro del espiritismo y que, ellos venían presionándome para que terminara. En el mismo, debía relatar con lujo de detalles, desde una supuesta promesa que mi madre les había hecho cuando me tenía en su vientre —promesa por la cual éstos aseguraban que yo les pertenecía— y los hechos paranormales ocurridos desde mi niñez e infancia hasta mi encuentro con ellos. Además de esto, describir los supuestos "milagros" y curas que venían efectuando y entrevistarme —con el fin de obtener sus testimonios— con personajes de renombre a los que había conocido en el centro espiritista.

Entre estos personajes se encontraban ricos empresarios, políticos de renombre, artistas populares y reconocidos profesionales de distintas ramas, especialmente conocidos abogados que acudían a los servicios de aquella vidente. La tarea no fue fácil para mí. Muchas de estas personas por ser figuras populares y muy conocidas, no accedieron de forma fácil a prestar sus testimonios. La mayoría no quería que se diera a conocer públicamente, que ellos se dedicaban a estas actividades. Pero como eran mandatos de aquellos espíritus extracorporeos, accedían a las entrevistas, pues también éstos confesaban sentir temor. No obstante, lo difícil de la tarea que las entidades espirituales habían puesto en mis manos, ya tenía en mi poder los testimonios de varias figuras de connotación pública.

Aquel día, como de costumbre, desde tempranas horas de la madrugada decenas de personas de diferentes estratos sociales y niveles económicos llegaban desde todos los rincones del área. Personas desde sitios tan distantes como Miami, Long-Island y Nueva Jersey, sin mencionar los que estaban más cercanos como el Bronx, Brooklyn, Quenns y el propio Manhattan, se daban cita en aquel lugar.

Aquello era una locura colectiva. Las personas se apiñaban en la única puerta de acceso al establecimiento intentando conseguir unos boletos que se distribuian, previo pago de 5 dólares cada uno. Cuarenta dólares más habrían de darse al Espíritu en posesión de la vidente cuando concluyera la "Consulta espiritual".

Las discusiones y forcejeos eran cosas normales entre los que asistían allí diariamente. Por demás, los insultos y miradas poco amistosas a que éramos sometidos los "elegidos" de aquellos seres extracorporeos para laborar para ellos y junto a aquella enigmática mujer, era algo normal y a lo que ya estábamos acostumbrados.

Pero la mañana fría de aquel viernes traía consigo ingredientes diferentes. Ingredientes que lo hicieron distinto a los demás días de los muchos que por varios años compartí dentro de aquel siniestro mundo, que de diabólico, lo tenía todo.

Sólo semanas atrás, por una orden del espíritu guía del altar, había tenido que cerrar mi apartamento y mudarme a uno que poseía la médium en el Bronx. Evidentemente, querían tener más control sobre mí. De esta forma, sus propósitos para conmigo se le facilitaban. Me habían prohibido todo contacto exterior, incluso las llamadas por teléfono. Así, supuestamente, evitarían que otras influencias desviaran mi interés y no cumpliera con las indicaciones encomendadas. En ese mismo apartamento también residía Antonio. Por tanto, éramos dos los encargados de que ambos lugares funcionaran como los espíritus deseaban. Debíamos rendir cuenta de todo cuanto sucedía. Tanto en el apartamento como en la botánica.

La vidente y espiritista, para esos días, había adquirido un lujoso apartamento en un exclusivo condominio de River Road y el Boulevard East de Union City, Nueva Jersey. Allí se había mudado junto a un jovencito que había "caído" en sus redes y que era su nuevo amante. Su compañero anterior, guardaba prisión en Rikers Island, una legendaria prisión del estado de Nueva York, por diversos delitos que se le imputaban y de los cuales, la espiritista, en cierto modo, era culpable.

Como de costumbre, Antonio y yo tratamos de llegar a la botánica lo más temprano posible. Así ganabamos tiempo para tratar de acomodar a las decenas de personas que día a día se presentaban frente al establecimiento. Al llegar pudimos notar que la tarea para ese día no iba a ser nada fácil. Sólo nos bastó echar un vistazo a la cantidad de personas que estaban aglomeradas frente a la puerta de acceso al local.

Eran las 5.45 A.M. de aquella fría mañana. Después que todos habían ingresado, Antonio y yo nos dirigimos a la parte trasera donde estaba el cuarto destinado para los ritos y consultas. Nos tocaba, como tarea diaria, encender las decenas de velas "reglamentarias" para el tipo de actividades que allí se efectuaban. Eran veintiuna, para igual número de espíritus que allí se invocaban. Eran las denominadas "Veintiuna divisiones" y a ellos había que rendírsele tributo y adoración, para que siempre estuvieran contentos y no provocásemos su ira. Por tanto, cada día y antes de cada posesión, debíamos mantener el lugar totalmente limpio, con rosas frescas y la consabida quema de incienso y esencias de hierbas escogidas por los mismos espíritus para, según ellos, despojar el ambiente de cosas "raras" y de "fluidos malignos".

A esa habitación sólo tenía acceso el personal autorizado. En algunos casos, cuando no se daban consultas, las que ascendían a un valor de unos 40 dólares —dependiendo del estado de ánimo del espíritu en posesión— se hacía ingresar a la habitación a todas las personas de la sala contigua. Ya dentro, se daba inicio a una especie de charla que tenía como orador a uno de los espíritus. Yo tenía que permanecer de pie en uno de los extremos de la médium mientras el ser la poseía. Debía tomar nota de todo cuanto se trataba y se hablaba, con el fin de exponerlo en futuras actividades. Era sin proponérmelo, el asistente de estos espíritus infernales.

En las charlas, mientras el ser hablaba, haciendo relucir los grandes "milagros" que venía realizando, se repartían bebidas alcohólicas entre los presentes. En ocasiones, las charlas se extendían hasta muy entrada la noche. Para esto, los espíritus se turnaban y como eran veintiún entidades con características diferentes, relucían claramente la disparidad de comportamiento entre uno y otro.

Algunos espíritus, al estar en posesión de un cuerpo humano —en este caso, el cuerpo de la médium—, aprovechaban el más mínimo de los segundos para dar rienda suelta a sus bajas pasiones. Estas, muchas veces, incluían las carnales. En otras, se mofaban de los que asistían a los ritos haciendo toda clase de burlas y humillaciones.

Algunos espíritus, eran más moderados y querían dar la impresión de ser humildes y con grandes deseos de ayudar al ser humano. Pero finalmente, no podían ocultar por mucho tiempo su verdadera naturaleza demoníaca bajo un fingido manto de falsa dulzura pues, en cuestión de minutos, el desenfreno desbordado de su naturaleza perversa, relucía en el momento menos esperado.

Serían cerca de las 10.00 A.M. cuando inesperadamente todos los que estaban en el lugar, quedaron en el más sospechoso silencio. Instintivamente salí del pequeño espacio que se me había asignado, una especie de pequeña oficina donde hacía mis escritos. Al fondo, alcancé a ver la silueta de aquella mujer mediana, de tez negra como la noche, la cual habiendo ya ingresado al local se aproximaba presurosa acompañada de un joven de fuerte contextura física que no sobrepasaba los veinte años de edad. Este era su nuevo amante que, como los demás, había acudido en busca de "protección" para sus actividades dentro del bajo mundo, sin saber que la suerte que correría sería verse enredado en las redes que acostumbraba tender la vidente a quienes deseaba para satisfacer sus deseos pasionales.

—¡Se callan ahora mismo si es que me quieren ver trabajar! No amanecí hoy de humor como para escuchar escándalos, ¿Ok?

Fue el brusco saludo que la mujer, de unos treinta y cinco a cuarenta años había dado a los que con tanta ansiedad esperaban por su llegada. Para algunos, las expresiones de la mujer causaron sorpresa, indignación en muchos. Y no era para menos. Pero, para nosotros que conocíamos los exabruptos de aquella polémica mujer, no era nada raro.

Después de unos minutos, se iniciaron las discusiones de quienes deberían de ser consultados ese día, esto debido a la cantidad de personas que se habían aglomerado en el lugar aquel día. Unos decían llevar varios días de asistencia ininterrumpida al lugar. Otros, alegaban ser de fuera de la ciudad de Nueva York, o de un área más lejana y no podrían realizar un segundo viaje. Cada uno exponía sus propias formas de defensas. Sugerí, tratando de terminar con el momentáneo conflicto otorgar los primeros números a los que habían dado más viajes sin tener resultado. Medida ésta que fue aceptada a regañadientes y con algún dejo de resentimiento.

La mujer tomó una campanita entre sus manos, repicándola por varios segundos... Y otra vez más. Luego la colocó sobre una pequeña mesita. El silencio era absoluto. La escena ante nuestros ojos era impresionante. Las decenas de velas encendidas, los cuadros y pequeñas estatuas confundidas con innumerables arreglos florales por doquier, y el aroma que allí se respiraba daba la impresión de haber ingresado a un mundo de dimensiones desconocidas. Ya me disponía a retirarme del altar cuando de improviso el cuerpo de la médium, para entonces, cubierto con una enorme manta color rojo y verde, y otra de iguales colores, pero más pequeña atada en su cabeza en forma de pañuelo, comenzó a sacudirse violentamente.

Por un momento pensé que de seguir el ritmo de aquellas sacudidas iría a dar contra el suelo, pues la silla en que estaba sentada se iba deslizando de su lugar al compás rítmico de aquellas bruscas contorsiones. De inmediato, un frío intenso recorrió todo mi cuerpo haciendo que mi piel se erizara de pies a cabeza.

La médium continuaba agitando sus pies y manos en forma descontrolada hasta que, pasados unos segundos, quedó quieta... como sin vida. Segundos después, se escapaban de sus labios unos leves quejidos. De pronto, una voz gutural con sonido fuerte y extraño, apenas inteligible, como salida de ultratumba, se dejó escuchar en la estancia:

—¡Saludos a todos mis hijos! ¿Cómo le va a to'utede?

Aquella metálica voz como de un hombre envejeciente se dejó escuchar en medio de aquellas cuatro paredes. La vidente y espiritista había sido poseída una vez más por el espíritu que usaba su cuerpo desde que ella era una niña y al cual obedecía ciegamente.

Su voz, figura, gestos y facciones corporales ya no eran los rasgos característicos de la mujer que confundía en su estado normal a cualquiera de los que la conocíamos. Sus múltiples tipos de conducta, la mayoría de las veces arrogantes, hacía que hasta nosotros en ocasiones, sintiéramos animadversión hacia ella. En otros casos, con salidas dignas de tenerle lástima, habían desaparecido para tener delante de nuestros ojos, a una mujer con características sorprendentemente diferentes.

Estábamos ante un fenómeno verdaderamente inexplicable basado en las lógicas normales. Teníamos ante nosotros a una mujer con facciones distorsionadas, con una fuerza física extraordinaria, con gestos extraños y una voz estridente que no era la suya. Para los que allí asistían por vez primera, fue algo difícil de asimilar. Casi imposible de creer. Sólo al escuchar aquella voz de hombre con tono amenazante, brotar de los labios de la mujer, supongo que más de uno de los presentes debió sentir el imperioso deseo de salir corriendo de aquel lugar.

Después de transcurridos unos segundos, la voz de aquel espíritu que decía ser el "Arcángel San Miguel", pero que le gustaba que le llamaran "Belier Bercan" o "el viejo", me indicó que me acercara a él. Como de costumbre, debía arrodillarme para rendirle una obligada y diaria reverencia y pedir sus bendiciones. Seguidamente, como si hubiese leído todo cuanto llevaba escrito, hizo una serie de correcciones de hechos ocurridos en el pasado y como, realmente él quería que se relatasen. Completadas las instrucciones a mí y a los demás que le asistíamos, me conminaba a tener los ojos bien abiertos. Ese día, según él, ocurrirían hechos inesperados. Jamás pasó por mi mente que esos hechos, que por poco resultan en tragedia, también me alcanzarían a mí.

Decía que dentro del público en la sala de espera había una mujer, que años atrás ellos habían seleccionado para que les sirviera como médium, o "caballo de misterio" como también se le llamaba, pero que la mujer después de cierto tiempo había descuidado sus "labores espiritistas". Incluso, comentaba el espíritu, teniendo su altar en su propia casa no les ofrecía ofrendas ni velas, no obstante haber sido ellos quienes le habían proporcionado los medios de tener casa propia.

Dentro de la habitación en esos momentos, sólo estábamos los colaboradores de la vidente y espiritista. Esto era así, porque cada día antes de comenzar las labores de rutina, los espíritus que posesionaban a la mujer, primero efectuaban una especie de reunión con sus colaboradores, para supuestamente poner en orden asuntos de prioridad concernientes al santuario de invocación.

Afuera en la sala contigua, todos esperaban impacientes la hora para que fueran llamados los que serían atendidos ese día. Pero esto nunca sucedió. En aquel instante, "el viejo" como le decían, comenzó a tararear una extraña melodía que no alcanzamos a comprender. En el mismo instante en que la entidad sobrenatural, daba fin a su incomprensible canto, el cual acompañó con unos extraños movimientos de sus manos. Del otro lado del cuarto, se dejó escuchar el ruido seco de una caída. Seguido al ruido, algo más extraño aun, era como si se tratase del forcejeo de animales trabados en fiera lucha.

Al escuchar aquello me dispuse a salir del altar para indagar sobre lo que estaba ocurriendo. En ese preciso momento, el ser, con esa rara voz de matices desconocidos se dirigió a mí nuevamente.

—No te apure mi'jijo que la que acaba de caer la tumbé yo. Y la van a ver aquí adentro revolcándose un buen rato. Así aprenderá que a nosotros hay que obedecernos.

En forma airada, agregó: —¡Todo el mundo que entre al altar!

La orden, estaba dada, aquel espíritu dejaba notar en su tono de voz la ira que le embargaba. Segundos después, cuando ya me disponía a abrir la puerta, la señora a la que el espíritu se refería, de forma aparatosa venía arrastrándose por el piso de la sala en dirección al altar de invocación. Era como si una mano invisible la trajera arrastrada, halándola por el pelo totalmente despeinado y con sus ojos distorsionados de espanto; continuaba dando tumbos y volteretas en el suelo.

Ahora se encontraba tirada en el piso dentro del altar y prácticamente a los pies de aquel espíritu que no se inmutaba ante tan terrible escena. Provenientes de su garganta se dejaban escuchar ruidos y gruñidos infernales que tenían aterrorizados a todos los que había logrado penetrar al altar de las consultas. Como fondo a la siniestra escena, carcajadas resonantes y en formas continuadas, se dejaban escuchar provenientes de la voz de aquel ser inmundo, que parecía disfrutar al máximo aquel espectáculo siniestro.

Algunas mujeres, horrorizadas, se llevaron las manos al rostro como para no ver lo que estaba pasando, al mismo tiempo trataban de escabullirse unas detrás de las otras. Por mi parte, trataba de apartar mi vista de la desagradable escena. Ya en el pasado había tenido que sufrir en carne propia este mismo tipo de vejaciones. Ver aquello de nuevo me revolvía el estómago. Por tanto, el más disgustado en esos momentos naturalmente era yo. A estos casos no les veía la gracia que estas entidades le encontraban como para verlos reír de la forma en que lo hacían. Era como si los sufrimientos que les inferían a sus víctimas les producía un placer que los satisfacía profundamente.

Los minutos transcurrían y la mujer, aún continuaba reptando el piso cual si se tratase de una serpiente. Ocasionalmente, daba giros descontrolados sobre su propio cuerpo, que sin dirección prevista, continuaba estrellándose contra las paredes. Algunos, se atrevieron de nuevo a implorar. Yo fui uno de los que un tanto nervioso producto de la impotencia que me embargaba, quizás, no me permitió medir las palabras que unos instantes después saldrían de mis labios. Estas fueron tomadas por el espíritu como un reto.

—¿No cree que es suficiente? ¡Ni que esta mujer fuera una criminal!

Todos quedaron pasmados al escuchar aquello. Sabían que yo era uno de los más ardientes defensores de los fenómenos que allí se producían, buenos o malos, siempre había una justificación.

Algunos se miraron sorprendidos. No creían que fuese yo quien hablara de aquella manera. Muchos sabían que esos seres extracorpóreos, actuaban de manera implacable contra los que rebatían sus decisiones y más conmigo que era uno de los colaboradores principales. Lentamente el espíritu en posesión del cuerpo de la vidente se dio vuelta hacia el lado donde yo me encontraba. Y calmadamente me preguntó:

—¿Usted me está desafiando?

—Usted sabe que no —respondí—. Pero creo que esta pobre mujer ya está bastante maltrecha y pienso que es suficiente. Aquellos ojos de fuego se clavaron en mí como garras punzantes. Un temor intenso me invadió por completo.

Estaba seguro que el hecho no se quedaría así. Conocía los métodos de castigos de estos espíritus, y sentí temor. Ahora más, pues mi intervención había sido delante de aquella muchedumbre y había sido tomado como un reto a su autoridad. De nuevo aquella extraña y carrasposa voz se dejaba escuchar.

—Venga y arrodíllese aquí ahora mismo. ¿Se acuerda usted lo que sucedió la última vez que opinó sobre las cosas que nosotros hacemos? Pues creo que hoy habrá que prepararle algo mejor. Aprenderá de una buena vez que lo único que usted hará aquí es escuchar órdenes y obedecer.

Seguidamente se escucharon algunos lamentos y ruegos en mi favor. Pero lamentablemente, para estos seres infernales, el dolor y sufrimiento del ser humano parecía no importar.

Después de obligarme a permanecer arrodillado por unos veinte minutos en medio del gentío, me reprochaba duramente haciéndome saber que quien menos debió haber hablado era yo.

Aquellas palabras fueron suficientes para darme cuenta de que la sentencia para mí estaba dictada. Molesto, el espíritu comenzó a sacudir el cuerpo de la médium, al cual, después de zarandear fuertemente lo dejó casi inerte en la silla que ésta ocupaba regularmente.

—¿Qué sucede aquí? —preguntó Colasa un tanto aturdida por las sacudidas recibidas momentos antes. Ya de vuelta a su estado normal (es de saberse, que un médium cuando está poseído desconoce lo que sucede a su alrededor), se dio cuenta al verme de rodillas que el problema era conmigo y aquella mujer, que como muerta, aún permanecía tirada en el piso.

Sudores fríos recorrían todo mi cuerpo. ¡Sí! estaba asustado. Y muy asustado, pues sabía de lo que estos seres eran capaces de hacer. La impotencia hacía estragos en mí. No sabía que podía producirme más dolor, si el no encontrar una forma de escapar o enfrentarme a aquel poder diabólico y sobrenatural, o por el contrario, el dolor físico de los castigos que éstos imponían. Estos variaban entre corporales y psíquicos. De éstos no podía diferenciar cuál de los dos era peor. Mi pregunta era, ¿cuánto tiempo más podría aguantar la situación? ¿Cuál de los que estábamos inmersos en aquel tenebroso y diabólico mundo hallaría las forma de escapar de estos seres infernales?

Lentamente, las personas reunidas allí, comenzaron a desalojar el local. Unos, impresionados hasta lo indecible por todo lo que habían observado esa mañana. Otros, por la expectativa, de lo que ocurriría conmigo.

Eran cerca de las 2:00 P.M. La tarde prometía continuar tan incómodamente silenciosa como se sentía en esos momentos. Algunas de las personas que habían presenciado aquellas horas de tormentos se habían retirado. Otros esperaban por el regreso de aquel espíritu, que momentos antes se había comprometido a volver. Después de horas de espera, el ser incumplió su palabra. Otra desilusión para los que allí esperaban pacientemente. Alrededor de las 4:30 P.M. ya nadie quedaba en el establecimiento, excepto Antonio y yo.

El local, por orden del "ser" cerraría a las 6:00 P.M. Como faltaban cerca de dos horas, decidí —fruto de la tensión de aquellas horas difíciles—, tratar de dormir un poco y esperar la hora de marcharnos. Tratando de ser práctico, dispuse de varias sillas colocándolas en forma que pudieran sostener mi cuerpo horizontalmente. Me dejé caer en las mismas pesadamente, quedando profundamente dormido instantes después.

Antonio continuó al frente del negocio. Casi a la hora del cierre, cuando aún permanecía dormido, sentí como que de un violento tirón separaron una de las sillas que me servían como improvisada cama. Cuando intenté ponerme de pie, el susto que me llevé no me dejó articular palabra alguna. Un hombre apuntaba a mi cabeza con una pistola. En su mano izquierda, empuñaba un cuchillo de caza que blandía amenazante. Estaba de pie junto a mí, atento al menor de mis movimientos. Mientras, en el fondo del pasillo que conducía al frente del negocio, un segundo hombre empujaba al pobre Antonio propinándole bofetadas y torciéndole un brazo por detrás de su espalda. El hombre, presa del miedo y del terror reflejado en su rostro, no atinaba a obedecer con certeza las órdenes que los dos hombres impartían. Los asaltantes, que al principio creí que se trataban de policías, parecían dispuestos a todo.

Traté de ponerme de pie al ver una de las tantas bofetadas que le propinaban al encargado de la botánica, sin darme cuenta, que también que yo me exponía a consecuencias mayores. La respuesta a mi intento fue rápida. Con un violento empujón me pegaron contra una de las paredes de la sala lo que provocó que arrastrara conmigo varias sillas. Inmediatamente, el hombre que le pegaba a Antonio que, muerto de miedo le rogaba que no lo matara, se abalanzó hacia mí con furia diabólica reflejada en sus ojos. Su compañero mientras tanto, rebuscaba como temeroso. Al parecer, quería asegurarse de que no hubiese más personas en el lugar.

Ya estando cerca de mí, levantó una pistola de color negro hacia mi cara. Si estaba asustado y sorprendido por lo que sucedía, aun más quedé al oírlo hablar.

—¡Dime dónde está la droga hijo de p..., dime dónde está la droga! —al tiempo que me propinaba una segunda bofetada.

Ciego de rabia y con la sangre que me ardía en la venas, pues que yo supiera, no recordaba haber recibido una bofetada igual y que no me la cobrara, traté de darme vuelta. Sólo recuerdo haber tratado de abalanzarme contra mi agresor. Lo último que llegué a escuchar fue el sonido de un disparo y como un golpe en mi cabeza. Segundos después, la caída estrepitosa de mi cuerpo contra el piso.

En lo adelante mis recuerdos fueron vagos. Sólo escuché que destruían todo. El depósito de las joyas de "Anaisa", o Santa Ana como decía llamarse, desaparecieron junto con parte del dinero que colectaban de las consultas de días anteriores.

Aún en el suelo y antes de perder el conocimiento sentí que vendaban mis ojos y que desataban los cordones de mis zapatos para luego atarme de pies y manos. Luego, me dieron vuelta y procedieron a atarme los pies y las manos por detrás de mis espaldas.

Luego de atarme como quisieron me arrastraron hacia dentro del altar, para después empujarme por debajo de unos pequeños tramos que cubiertos de mantas de vivos colores, servían para sostener las innumerables hileras de imágenes y las estatuas de "santos" que allí habían.

Después de minutos de terror en los momentos de lucidez que mantenían dentro de mi inconsciencia, le rogaba al Señor y Dios Todopoderoso, que me salvara, que no me dejara morir en aquel lugar, y mucho menos en aquella forma. Nunca pensé que esa sería la clase de muerte que merecía. Aunque reconocía los males que había causado en mi vida pasada, continuaba rogando en mis adentros y pedía misericordia. ¡Sí! El que no sentía temor y que todo lo resolvía pistola en manos y con bravuconadas. ¡Estaba allí! ¡En el suelo! ¡Indefenso! a merced de dos asaltantes capaces de cualquier locura. ¡Dispuestos a todo! Incluso a matar si no les decían dónde estaba la droga que buscaban.

Por esta razón, cegados por la ira, destruían todo cuanto encontraban. Nuestras vidas por lo pronto, estaban en sus manos. Que yo supiera allí no existía droga alguna. Pero tenían razón suficiente para pensar, que posiblemente se trataba de un sitio para expendio de drogas, por los costosos y lujosos automóviles que allí se estacionaban diariamente. Los mismos pertenecían a narcotraficantes dominicanos y de otras nacionalidades que ejercían sus actividades en las diferentes áreas de Nueva York y condados vecinos. Eran visitantes asiduos al lugar, buscando la "protección" de sus negocios que aquellos espíritus infernales les ofrecían.

En aquellos momentos donde mi vida dependía de oprimir un gatillo, y del capricho de dos delincuentes, le pedía al Creador en mis adentros, que me diera otra oportunidad y que nos salvara de las manos de estos criminales.

El sonido de unos pasos que se acercaban me sacaron de la angustia que vivía en esos momentos.

—¡Te pregunto que dónde guardan la droga! ¿Dónde la tienen?

El pánico me invadió por completo. Sudores fríos recorrieron todo mi cuerpo y, no era para menos. Maldije en mis adentros la hora de haber confiado y creído como lo había hecho en aquellos seres que, proclamaban eran enviados por Dios y a los que había seguido por tantos años. Seres que habían prometido ser mis guías y protectores en todo momento y por los que había experimentado tantos malos ratos y experiencias tan amargas a todo lo largo de mi tortuosa existencia.

De pronto sentí, como si una película de mi vida personal estuviese siendo proyectada frente a mí. Inmediatamente después, el estruendo de las imágenes y de las estatuas de cerámica, haciéndose añicos contra el piso. Estas eran lanzadas por doquier, con furia incontrolable por los dos vándalos en un arrebato de ira, que sólo se calmaría cuando encontraran lo que buscaban.

A continuación, el sonido de un disparo. Después... la oscuridad. Una absoluta y pasmosa oscuridad y un silencio inquietante, que desesperaba, como de tumba. Un silencio... que presagiaba muerte.

DOS

REPÚBLICA DOMINICANA:
TIERRA DE ORIGEN

Si yo fuera a pintar mi niñez, ingenua, triste y temerosa,
yo pintaría a un niño que solloza puesto detrás
del cristal de un vidrio roto.

Marcel Proust

República Dominicana, es un país maravilloso. De gente laboriosa, que se ha ganado fama de ser muy hospitalaria. Ubicada en el centro del archipiélago, en las Antillas Mayores con su capital Santo Domingo, es una de las zonas turísticas más visitadas en el área del Caribe.

Para describirla, sólo bastaría citar las letras de una canción, donde su autor, acariciado en sus adentros por la musa de la inspiración y extasiado por la belleza panorámica de la bella isla, la representaba de esta manera:

No hay tierra tan hermosa como la mía
bañada por los mares de blanca espuma
parece una gaviota de blancas plumas
dormida en las orillas del ancho mar.
Quisqueya la tierra de mis amores, de

33

suave brisa, de lindas flores, del fondo
de los mares la perla querida,
Quisqueya divina...

De esta forma, y conmovido en todo su espíritu, quedaría absorto también el gran almirante genovés Cristóbal Colón, al observar todo el esplendor de la isla descubierta. A ésta, la bautizaría como Santo Domingo de Guzmán. Pero los indígenas la llamaban Quisqueya. Las hermosas playas, de finas arenas y aguas cristalinas, coronadas con una exuberante vegetación, habían extasiado al descubridor del nuevo mundo a tal extremo que, según las notas de su diario personal la describía como: "La tierra más hermosa que ojos humanos hayan visto jamás".

De acuerdo a sus apuntes, Colón estaba tan apegado a la isla, nuestra bella isla, que decía de ella: "era la tierra que más amaba". Actualmente, aunque los cambios del modernismo se acentúan en la misma, donde precisamente se construyó un controvertido y colosal faro en honor al célebre navegante genovés, las huellas de aquellos aventureros españoles, aún se mantienen vigentes en las majestuosas construcciones propias de su época.

La hermosa zona colonial, el Alcázar de Colón, el Monasterio de San Nicolás de Bari, la Catedral Primada de América entre otras, son pruebas palpables de las huellas de los conquistadores.

Estas obras, junto con la primera universidad fundada para entonces y el resto de edificaciones diseminadas a todo lo ancho y largo de la isla, constituyen un legado histórico para las futuras generaciones, y un orgullo patrio para los que tuvimos el privilegio de haber nacido en ella.

Hoy día, la que fue denominada "Atenas del Nuevo Mundo" con una población estimada actualmente en unos siete millones de habitantes, está dividida. Alberga en lados opuestos a dominicanos y haitianos. Allí en aquel hermoso país antillano empañado en su esplendor y su belleza por cruentas luchas, tuvo lugar mi nacimiento.

La región norte, llamada comúnmente: "El Caribe", es si no la más, una de las regiones más ricas en cuanto a producción agrícola y turismo se refiere. Razón suficiente para ser la segunda región de importancia del país.

Los Cabrera, un sector de La Lomota en el Municipio de Navarrete, Provincia de Santiago, era una comunidad muy laboriosa. De agricultores y comerciantes que se protegían entre sí. Un vecindario como pocos, que compartía todo —en el buen sentido de la palabra— incluso, hasta sus comidas diarias.

Allí, entre un vecindario unido por los lazos inalterables de toda una generación familiar —de ahí su nombre— tuvo lugar mi nacimiento. Soy el tercero de siete hermanos. Cinco somos varones y dos hembras.

Mis padres dentro de la comunidad, resultaron ser uno de los grupos familiares que lograron descollar más en los negocios del área. El comercio y la compra y venta de café —a lo que le dedicaban casi todo su tiempo— le hicieron merecedores de una posición económica envidiable.

Recuerdo que mi padre era propietario de varios vehículos en los cuales, los habitantes de la zona viajaban diariamente a la ciudad de Santiago. Esta ciudad, la segunda capital del país, era usada por los del vecindario en que vivíamos para viajar a hacer las compras para sus respectivos colmados. En mi casa también había uno. Este era atendido por mi madre. Obligación que se veía precisada a compartir con las tareas del hogar, que eran muchas. Aun recuerdo su incesante ir y venir desde la cocina hasta el colmado que estaba ubicado a un extremo de nuestra casa en el campo.

Tiempo después, se vio obligada a contratar los servicios de una trabajadora doméstica del área vecina. Digna, así se llamaba, enjuta de carnes y poseedora de una persistente tos que no la dejaba en paz, estaba supuesta a ser la responsable de nuestro cuidado y las tareas de la cocina. Pero su vicio por el cigarrillo —de allí su incesante tos—, la había llevado a los extremos de fumar hasta dos cajetillas por día.

La mujer, fue despedida por mi madre al ser descubierta dándonos instrucciones, tanto a mí como a Monchy uno de mis hermanos, dos años menor que yo, para que sustrajésemos cigarrillos del colmado para luego dárselos a ella.

De nuevo estaba mi madre ante las tareas del hogar y los negocios de la familia hasta que encontrara una buena empleada para las tareas domésticas. Las difíciles tareas a las que mi madre tuvo que verse enfrentada diariamente, la convirtieron en víctima de una úlcera nerviosa que paulatinamente fue agravándose. Desde entonces su salud quedó afectada.

Mi madre, de tamaño promedio, delgada y de mirada y sonrisa dulce, se vio condenada desde que tengo recuerdos de mi niñez, al duro suplicio de verse convertida en mujer y hombre a la misma vez. Pues, —al tiempo de velar celosamente por nuestros cuidados—, tenía además, los afanes de los negocios de la familia. Esto era así, porque mi padre junto a su chofer, organizaba diariamente sus viajes hacia la ciudad de Santiago y no regresaba hasta muy tarde, y en otros "casos", hasta muy entrada la noche.

Aquellos fueron tiempos de gran bonanza para la familia.

Recuerdo que, mis padres se codeaban en los negocios con el mayor comprador de café de la región, el rico colono, Don Apolinar Bisono Toribio, quien era mi padrino de bautismo y, propietario de la "Hacienda Bisono".

Don Polin, como se le llamaba, poseía sus propias despulpadoras de café y todos los mecanismos necesarios para procesar el grano en la misma comunidad.

La hacienda, ubicada estratégicamente en la cima de una de las lomas del área y donde terminaba su única carretera, poseía una vista impresionante de las ciudades de la región.

Compuesta por varios almacenes en los cuales se iba acumulando el café que, momentos antes había sido extraído de las despulpadoras y secado por los rayos del candente sol, aquella residencia antigua, aún conserva el esplendor y formación arquitectónica con que la recuerdo de mi niñez.

Construida de dos niveles, con terrazas y balcones a su alrededor, vienen a mi mente las fiestas celebradas cada fin de año, y las del día del trabajo en la primera semana de abril. Ese día, se repartían carne a los comunitarios que una vez al año se confundían con las visitas de los hijos del rico hacendado, los cuales estudiaban en las universidades más prestigiosas del país.

Esta era la única fiesta de importancia de la que podían disfrutar los habitantes del sector. Éstos, asombrados por el elevado número de vehículos que veían llegar ese día, se agolpaban a todo lo largo de la polvorienta callejuela. Luego, se acercaban hasta bordear todo el derredor de la alambrada que cercaba la hacienda. Desde allí, a varios metros de distancia, se conformaban con observar el transcurso de la gran fiesta, hasta que después, en las horas en que partían los invitados especiales —estos provenían de distintas áreas del país—, se les daba oportunidad a los comunitarios para que por lo menos ese día del año, le dieran rienda suelta a sus penas y frustraciones. Así continuaban festejando hasta bien entrada la noche.

Era como retribuir en un solo día —con una fiesta a medias—, a los habitantes de la comunidad después de una larga zafra con arduas jornadas de trabajo diario, y que muchas veces, no les alcanzaba ni para pagar las deudas contraídas con el rico colono a todo lo largo de un año.

Al establecimiento de Don Polín, acudían los pequeños caficultores de la comunidad, procurando vender el producto de sus cosechas. El hacendado, además de poseer las mayores porciones cafetaleras del área compraba por adelantado las cosechas de los pequeños caficultores de la zona.

Al llegar la próxima temporada de recolección del grano, el precio del mismo, por razones diversas, variaba en forma notable. Esto le reportaba ganancias extraordinarias convirtiendo su figura en el eje central de la zona, pues en casi todos los negocios, indefectiblemente giraba su nombre.

En los tiempos de zafra, la comunidad cobraba vida. El incesante ir y venir de los mulos de carga por la única vía en el centro del pequeño vecindario, le imprimía un movimiento tal al mismo, que en más de una ocasión mi madre debió salir apresurada para impedir que la recua de animales nos atropellara con su paso arrollador.

Las "recuas", no eran más que las decenas de animales en que se transportaba el delicioso grano. Su incesante ir y venir por la única vía de nuestro paraje, llamaban poderosamente la atención de nuestra infantil ingenuidad.

Al escuchar a la distancia, el ruido producido por los cascos de los animales al hacer contacto contra el pedregoso terreno, mis hermanos y yo le salíamos al encuentro para ver desfilar por el frente de nuestra casa a los nobles animales. Éstos, azuzados en forma inmisericorde por un capataz que como verdugo, los seguía de cerca aventándoles un latigazo en las grupas, como si con tal castigo quisiera sacarles el provecho máximo.

En esos días de mi niñez, no sabría cómo explicarlo, pero desde entonces venía acompañado de profundos gestos de sensibilidad que muchas veces, iban en absoluta contradicción con mi espíritu rebelde, y casi siempre belicoso. En ocasiones, y después de recorrer el vecindario en juegos infantiles, cada uno de nosotros regresaba a sus respectivas casas. Algunos de mis compañeritos jugueteaban con sus padres y éstos, le celebraban la ocurrencia subiéndolos sobre sus piernas cruzadas a las que le daban un movimiento ondulante, o de arriba hacia abajo —como simulando el galope de un caballo—, cosa que mis amiguitos disfrutaban en forma plena.

Siempre extrañaba con tristeza recibir lo mismo. Pero mi padre, casi siempre estaba ocupado... al menos para nosotros.

Otra de esas raras manifestaciones de sentimientos encontrados, ocurrió un día cuando sentados en la galería de nuestra casa, uno de mis hermanos y yo esperábamos ansiosos el paso de las recuas de mulos con sus cargas. Este ir y venir, era constante y peligroso, pues los animales eran echados a la carrera estuviesen cargados o vacíos.

Una tarde, uno de los mulos de carga azuzado en forma cruel por el capataz, cayó desbocado frente a mi casa quebrándose una de sus patas traseras. Esto, a mi entender, debido al exceso de carga que se le había puesto al animal. Y por otro lado, por el castigo infame a que venía siendo sometido por aquel desalmado.

Aquel hombre malvado, en vez de aligerar la carga del animal, se quitó una de sus espuelas y, en un gesto irracional y depravado, comenzó a punzar al noble bruto por sus costados para obligarlo a ponerse nuevamente sobre sus patas. La indefensa bestia, parecía implorar de dolor al quejarse en forma sorda y lastimosa. De las heridas recibidas empezó a brotar sangre a borbotones. Aquel acto de crueldad extrema, inexplicable para mi mente infantil, al parecer era un presagio, un adelanto siniestro del tipo de vida y sucesos que enfrentaría a todo lo largo de mi existencia. Me preguntaba, de que era culpable aquel pobre animal para merecer un castigo tan despiadado, tan inhumano, tan criminal. Los quejidos sordos del noble bruto, se clavaron en mi infantil mentalidad.

De pronto, y sin saber a qué impulso obedecía, salté de la galería de mi casa y me dirigí tratando de esquivar el resto de los animales, hasta el lugar donde se encontraba el verdugo. Le grité cuantas malas palabras conocía hasta ese día, las demás creo que las inventé. Le pedía, que no hiriera más a la pobre bestia.

—¡Mira cuánta sangre! ¡Mira cuánta sangre! —le gritaba desesperado—. ¡Ya déjalo! —le repetía nuevamente.

Mi madre escuchó mis gritos. Horrorizada ante la escena, me agarró por uno de mis brazos fuertemente para evitar que me expusiera nuevamente a perecer bajo los cascos de los animales.

Así, entre los vaivenes de nuestro comportamiento infantil en los cuales me encontraba de frente con situaciones de adultos, continuaban indetenibles mis días confrontando situaciones difíciles, tortuosas, traumatizantes. Para entonces los negocios de mis padres incrementaban. Tal parece que la Divinidad Misericordiosa seguía extendiendo sus manos de bonanza en nuestro círculo familiar —al menos eso pensábamos— pues, todo abundaba, los problemas también.

Ramón, mi padre, tratando de extender su pequeño imperio había anexado a la casa una especie de terraza donde incorporó una mesa de billar. Ésta permanecía llena permanentemente. A esto, le añadiría más tarde el juego de dominó; pero con la agravante de comenzar a expender bebidas alcohólicas. Esta medida trajo consecuencias funestas y casi trágicas, incluso para mi propio padre.

Nuestro círculo familiar, se vio de pronto invadido en su privacidad, y lo que antes podía verse como un hogar respetable se había transformado ahora en el sitio de diversión de todos los alrededores. Se había hecho incluso un salón de baile donde Miguel, mi hermano mayor, era mantenido por mi padre a pura fuerza para que continuara colocando música en un megáfono antiguo (de los denominados, pico), hasta altas horas de la noche, para divertir a los parroquianos que se daban cita desde todas las secciones vecinas.

Aquel tipo de negocios, había alterado sensiblemente el ritmo de vida que antes llevábamos. Nuestro hogar, ahora era un sitio público donde aun en horas de la madrugada el consumo de bebidas alcohólicas estaba en pleno apogeo. Esto daba pie a fuertes discusiones y peleas entre los mismos bailadores y jugadores que, aprovechando el efecto de los tragos, le llegaban a sus memorias pequeñas ofensas del pasado y que ahora, aprovechando la "valentía" que el alcohol les producía querían dirimirla como verdaderos gladiadores, sólo que, las peleas que ya venían produciéndose, comenzaron a inquietar a mi madre con justificadas y sobradas razones.

En ocasiones, se armaban tales peleas que mi madre, sabiendo lo travieso que éramos, nos encerraba en las habitaciones hasta que las trifulcas se hubiesen calmado. Para lograr esto había que recurrir constantemente donde el alcalde de la comunidad para que tomara el control de la situación.

Así, continuaba discurriendo nuestro crecimiento entre el trabajo arduo de mis padres —en especial mi madre que llevaba la peor parte—, y las peleas en que frecuentemente se involucraba mi padre tratando de mediar entre los revoltosos para que no echaran por el suelo sus negocios.

Definitivamente, estar incursionando en tantas variedades de oficios nos estaba trayendo serias complicaciones. Pero, a pesar de los problemas, estaba consolidando a mis padres con una posición económica envidiable en toda la zona.

Este crecimiento económico, comenzó a traer inconvenientes en la familia y fue motivo suficiente para que despertara la envidia y el recelo de muchas personas que no veían en esto, el fruto del trabajo arduo de una familia que sólo trata de abrirse camino y asegurar su futuro.

Tal era el ahorro que mis padres poseían, que en ocasiones, cuando al hacendado Polín Bisono, se le agotaban los fondos que disponía para un día determinado, donde enviaba a buscar dinero prestado era con mis padres. Pero, hoy día pienso que al igual que yo, mi padre, demostró que no estaba preparado para administrar el dinero que llegaba a sus manos y mucho menos, en las cantidades en que esto se producía. De pronto mi padre comenzó a rodearse de verdaderos truhanes y aduladores, y esto hizo que de un momento a otro, comenzara la caída estrepitosa de aquel pequeño imperio que tanto trabajo y esfuerzo había costado.

En ocasiones, cuando mi madre, agotada por la dura faena del día nos preparaba las camas para acostarnos, ella, queriendo quizás hacer lo mismo para descansar, debía dejar de hacerlo porque a esas horas de la noche, comenzaban a llegar los "amigos" de mi padre dando de nuevo inicio a la ingestión desaforada de bebidas alcohólicas. Situación que mi madre aprovechaba para protestar en forma vehemente.

Uno de los hechos que me unieron en forma más profunda con los sentimientos de mi madre, ocurrió una noche en una de esas bebentinas. Mis hermanos y yo estábamos acostados, tratando de conciliar el sueño. Los gritos, voces y discusiones de los jugadores, se había convertido en una constante, a la que teníamos que enfrentarnos frecuentemente.

Esa madrugada, un hecho cambiaría mi manera infantil de pensar por todo el resto de mis días, haciendo quizás que me convirtiera en un hombrecito a muy temprana edad.

Sería cerca de la una de la madrugada, cuando el ruido de forcejeos y fuertes gritos en el local del colmado rasgaron el apacible silencio de aquella noche. Segundos después, el correr estrepitoso de los que llenaban la terraza del billar por un pasillo adyacente que daba hacia la calle.

Desperté de un sobresalto, y de un brinco me tiré de la cama. Corriendo los pestillos de la puerta, me dirigí desnudo y descalzo hacia el interior del colmado, sólo para ver algo que heló la sangre de mis venas. Allí, de pie y sollozando en forma temerosa, cubriendo su rostro con las manos estaba mi madre. En el otro ángulo del mostrador, parado frente a ella, un hombre vestido elegantemente, de rasgos finos, le apuntaba con pulso vacilante con una pistola hacia la cabeza. La situación era terrible. Sin embargo, ¡nadie! ¡absolutamente nadie! hacía nada por detener aquel hombre, que por momentos pronunciaba palabras ininteligibles, y en otros, gritaba a viva voz que nadie se le acercara.

La escena para mí era aterradora, y pensando que mi madre corría grave peligro y que yo debía salvarla, me abalancé hacia al hombre dando gritos desesperados.

—¡No mate a mi mamá! —le gritaba— ¡no mate a mi mamá!

Al llegar frente a él comencé a golpear sus piernas con todas las fuerzas que mis pequeños puños me permitían. Al mismo tiempo, mi madre aterrada por lo imprevisto le pedía al canalla que no me hiciera ningún daño. Alguien, con sumo cuidado y por miedo a aquel hombre armado me apartaba de él con cautela extrema, conduciéndome entonces hacia la habitación donde el resto de mis hermanos aún dormían.

Supongo que mi pobre madre, debió sentirse morir en esos momentos amargos. Yo por mi parte, a pesar de mis pocos años, pero consciente del peligro por el que ella atravesaba, provoqué mayúsculo escándalo para despertar a mis hermanos y hacerlos conocedores de todo cuanto ocurría. Pero, estando ya todos fuera de nuestras camas nada pudimos hacer, pues la persona que momentos antes me había llevado al cuarto, se había asegurado de correr el pestillo de la puerta dejándonos encerrados para evitar que saliéramos.

En aquella situación, poseídos por la impotencia, comenzamos a golpear las puertas y paredes de madera.

—¡Miguel, tenemos que buscar al Alcalde! —le grité a mi hermano mayor— ¡vamos, tenemos que apurarnos!

Pero ¿cómo saldríamos? La puerta la habían asegurado por el otro lado. Aquello, puso en juego mi imaginación. Había que actuar rápido, no podíamos perder tiempo. Sólo teníamos una forma de salir de allí. Era una ventana. Pero para mí, estaba muy alta como para alcanzar terreno firme del lado de afuera.

Es de saberse, que regularmente, las casas construidas en las zonas rurales normalmente son hechas sobre una base de fuertes troncos de maderas. Sin pensarlo dos veces me subí a una de las camas y le pedí a uno de mis hermanos que sujetara una de nuestras sábanas por la cual me deslizaría hasta afuera. El plan, dentro de la desesperación funcionó. No obstante, el resultado no fue el mismo con el de la sábana, que resultó corta y no llegaba hasta tierra firme provocando que fuera a dar con mis nalgas descubiertas contra el oscuro suelo. Incorporándome rápidamente, y sin esperar a responder a mis hermanos que habían escuchado el seco golpe de mi caída, emprendí veloz carrera hacia la casa del alcalde.

Ya enfrente de la vivienda del único representante de la ley en el vecindario, y que no distaba mucho de nuestra casa, mis gritos desesperados y el incesante tocar en su puerta, puso en atención al alcalde que, junto a su esposa —una buena amiga de mi madre— se habían levantado rápidamente.

Mindolo, que así se llamaba el alcalde, entre asombrado y rabioso por el escándalo que había hecho en su casa, notando que venía desnudo y descalzo, exclamó con enfado:

—¡Muchacho del c... qué rayos está pasando contigo!

—¡Es mi madre! ¡Apúrese! ¡Apúrese que la quieren matar! —repliqué desesperado—. ¡Un hombre! ¡Corra! ¡Un hombre con un revólver la quiere matar!

El alcalde no salía de su asombro. Incrédulo, —porque seguro estoy que lo que más deseaba era darme una buena paliza por el escándalo realizado— miró a su esposa la que, escuchando que se trataba de mi madre, se ofreció inmediatamente para acompañar a su marido.

Rápidamente, se prepararon a salir, no sin antes asegurarse de dejarme encerrado en un cuarto con sus hijos que habían despertado. Era como si, con esta medida, quisieran asegurarse que me encontrarían de nuevo si les había mentido.

Mientras, mi corazón latía rápidamente, asustado trataba de narrarle todo cuanto acontecía a los hijos del alcalde. De pronto, se escuchó un disparo.

—¡La mató! —fue lo único que pensé—. Me dirigí de inmediato hacia la puerta tratando de abrirla con desesperación, pero fue inútil. De nuevo, estábamos encerrados, pues el alcalde, había asegurado la puerta principal de su casa antes de salir. Golpear la puerta y llorar fue lo único que pude hacer por los próximos minutos.

Después de transcurrido un tiempo que para mí fue infernal, se escuchó el peculiar sonido de las llaves al abrir una cerradura. Se trataba de la esposa del alcalde que regresaba de la casa de mis padres. Al mismo tiempo que ingresaba a la vivienda, invitaba a pasar hacia el interior de la misma a una persona que la venía acompañando. Para mi fortuna y sosiego, esa persona, era mi madre. Al verme, prorrumpió en llantos, y corriendo hacia mí, se inclinó levemente abrazándome contra su pecho pretendiendo con ello, quizás descargar así toda la incertidumbre de aquellos traumatizantes momentos vividos.

TRES

LA MALDICIÓN DE UN SACERDOTE: INFANCIA DE HORROR

Dentro del mundo de lo normal los fenómenos sobrenaturales
son parte de nuestra vida y, de lo inevitable y misterioso que
es nuestro universo.

Jorge Luis Borges

Nuestro hogar, continuaba siendo el lugar de recreo de toda la comunidad y las secciones vecinas. Mi padre, viéndose rodeado de un ambiente de bebentinas, había comenzado a mostrar signos de debilidad por la bebida. Los tragos y las parrandas, eran parte de un programa al que frecuentemente, se vio sometida toda la familia.

Los "amigos", que ya habían conformado un círculo de enorme influencia sobre él —incluso, por sobre las opiniones de mi propia madre—, eran los que ahora disfrutaban los beneficios del sacrificio de nuestro trabajo.

Los juegos de billar y dominó, habían hecho de nuestra casa una verdadera cueva de ladrones y sinvergüenzas que sólo les importaba "pasarla bien". A éstos, mucho menos les importaba que nuestro vecino inmediato era la Iglesia Parroquial de la comunidad. El templo católico, estaba construido casi pared con pared con la casa de mis padres.

En una ocasión —esto lo confirmó mi madre cuando redactaba este manuscrito— recuerdo un serio incidente entre un sacerdote y mi padre, que trajo consecuencias funestas a todos los miembros de la familia. Hoy día pienso, con mucha razón, que este caso tuvo mucho que ver en nuestra catástrofe familiar. Aunque, al menos conmigo y mi madre, ya venían ocurriendo sucesos extraños. No obstante a esto, no ocurría igual con los demás miembros de la familia; aunque, tampoco éstos estuvieron exentos de los casos que nos rodeaban a todos.

Pero, después del incidente con aquel sacerdote una nube negra de infortunios y desgracias asoló nuestra existencia. Las misas en la pequeña comunidad, se oficiaban sólo una vez por mes. Aquel día, era de fiesta en la comunidad. Como siempre, el cura que oficiaría la ceremonia religiosa se trasladaba desde la localidad de Navarrete, distante unos once kilómetros de nuestra comunidad.

A eso de las 9:00 A.M. ya los residentes se encontraban a la espera del sacerdote. Muchos de los comunitarios y residentes de áreas vecinas, acostumbraban a reunirse en nuestra casa, antes y después de celebrarse la misa. Allí, mi madre siempre tenía café preparado para todos y en forma gratuita. Aunque otros, específicamente los hombres, se entretenían jugando al billar o al dominó. Sólo que a estas diversiones se le agregaba un ingrediente peligroso en casi todos los casos: las bebidas alcohólicas.

Estos juegos, nos traerían ese día funestas consecuencias. Después de la llegada del sacerdote, se inició el oficio religioso de cada mes. Al mismo tiempo, también se iniciaron los diferentes juegos que en mi casa se llevaban a cabo a cualquier hora, tanto del día como de la noche.

El bullicio de los jugadores, como era de esperarse, dada la proximidad de la iglesia y nuestra casa, se escuchaba claramente en el templo católico. Las risas y discusiones entre los apostadores, comenzaron por hacerle perder la paciencia al cura. Éste, visiblemente molesto, detuvo el oficio religioso y envió un emisario buscando así ponerle fin al problema. Los jugadores se detuvieron momentáneamente para escuchar el recado. Pero uno de los jugadores, de una forma desaprensiva, quizás producto de los tragos, le respondió de muy mala manera.

—¡Dígale al padre que se meta con su misa y nos deje jugar tranquilos!

El recado, fue dado intacto.

A los pocos segundos se escuchaba el seco impacto de la bola al romper una nueva partida de billar. Aquel acto unido al recado que le habían enviado los jugadores, fue suficiente para desencadenar una furia diabólica en el sacerdote, el cual, olvidando por completo el papel que como ministrador de la palabra de Dios debía mantener, con palabras llenas de ira se expresaba de forma asombrosa:

—¡Sean malditos los que están dirigiendo esos juegos y también malditos sean los dueños de la casa por no respetar este oficio religioso!

La iglesia, atestada de comunitarios, quedó muda, perpleja ante lo que acababa de escuchar de labios del sacerdote. Fue increíble observar aquel hombre rabiar hasta más no poder, habiendo perdido toda compostura ante toda la comunidad. Aquello fue demasiado para mi madre que escuchó la maldición de pie, apoyada en una de las columnas de la iglesia, para instantes después, caer presa de una crisis nerviosa. La depresión que le produjo aquel desagradable incidente, la tuvo postrada varios días. Después de aquel momento nefasto, nuestro hogar jamás volvió a ser el mismo. Había una maldición de por medio.

Fue como si una niebla pesada hubiese caído sobre todos nosotros. Esto, unido a los casos que ocurrían —al menos conmigo—, vinieron a traer una nota anormal a toda mi existencia. Tiempo después, aquel "representante de Dios", presionado por algunos comunitarios y notificado del estado en que estaba mi madre y de las cosas extrañas que comenzaron a ocurrir, viajó desde Santiago acompañado de tres sacerdotes más.

Venían con el supuesto propósito de ofrecer una misa en nuestra casa y rociar con agua "bendita" todos los rincones de la misma. Pretendían así resarcir el daño que con su aberrante actitud, había provocado; pero lamentablemente, el daño estaba hecho.

Irónicamente, el mismo sacerdote, hoy día convertido en Monseñor, ha alcanzado enorme "prestigio" como interventor en asuntos políticos de mi país y por ser rector de una de nuestras universidades más prestigiosas.

De mi niñez, hay un hecho realmente extraño que hizo saber a mi madre, que algo anormal ocurría conmigo, pues no era el primer caso irregular que sucedía a mi alrededor. En una de esas raras situaciones, Doña Yna relató, que en una ocasión, a dos meses de mi nacimiento, ocurrió un hecho que le hizo sentir terror. Según sus versiones, en una noche que parecía ser normal me acostó en la cuna donde cada noche dormía.

Unas horas después, y ya muy entrada la noche mi llanto la despertaba. Al dirigirse a la cuna donde estaba segura me había dejado, ¡yo no estaba allí! Desesperada, rebuscó por toda la casa guiada por los llantos desesperados de su niño. Mi madre, para su desconcierto, me encontró en medio de la sala en nuestra casa del campo. Y lo peor del asunto era, que estos hechos, tenían desconcertados a mis padres.

Mi madre, trataba de buscar explicación lógica a los casos que venían ocurriendo en el hogar, especialmente los que tenían que ver conmigo. Éstos eran los que más le aterraban, pues ella sabía perfectamente que por mis propios medios jamás podría yo haber logrado salir de la cuna. Primero, por mi edad de meses. Y, segundo, porque las barras de los extremos de la cuna eran muy altos, diseñadas específicamente para evitar las salidas de niños de mi edad. Estos hechos, unidos a los casos independientes que le ocurrían a ella, hacían que en nuestro hogar se sintiera permanentemente una atmósfera rara, extrañamente tensa, misteriosa en todo momento.

Una atmósfera que me producía temor hasta entrar solo en las habitaciones, aun fuera a plena luz del día. Mi madre y yo —al parecer— éramos los más vulnerables en estos inexplicables acontecimientos. En nosotros dos, más que en el resto de la familia, se producían episodios como para espantar a cualquiera. Aquello era para volvernos locos, y con mi madre, ya no estaban lejos de conseguirlo. Y era que en nuestra casa sucedían tales cosas, que aun hoy día, siento escalofríos de sólo recordarlos.

Uno de esos hechos ocurrió con mi madre. Para ese entonces pensábamos que realmente de continuar así, perdería la razón. La Doña, como algunas veces le llamábamos, era tímida, reservada en grado sumo para exponer sus problemas, pero con los extraños casos que acontecían se vio obligada a buscar ayuda y orientación con algunos vecinos de confianza.

Muchos coincidían en decirle que buscara ayuda con curanderos, o espiritistas del área, pues, estaban seguros que se trataba de un maleficio. Y esto lo corroboraban los casos que a ella en especial venían ocurriéndole.

Con mi madre, realmente sí que estabamos preocupados. Venían sucediéndole tales cosas, que el temor nos tenía invadidos a casi todos, específicamente a mí, porque venía atravesando situaciones similares. Especialmente las noches, se convertían para mi madre en horas de terror. Recuerdo que en innumerables ocasiones despertábamos con sus gritos, estando incluso en compañía de mi padre. Decía sentir la presencia de una fuerza extraña, que se le echaba encima, que la aprisionaba con tal fuerza que apenas la dejaba respirar. En otros casos, en la oscuridad de su habitación, sentía manos, como garras poderosas que la inutilizaban impidiéndole todo movimiento y presionándole el cuello cual si trataran de asfixiarla.

Segundos después mi madre —que para entonces ya era una devota religiosa— clamaba por ayuda a todos los santos de que pudiera acordarse, sólo entonces aquella fuerza demoníaca la soltaba.

Algunas veces, sus gritos eran porque decía ver sombras que la perseguían. En otras ocasiones, sentía como "una fuerza" le obstaculizaba el paso. Con toda esta horrible situación ocurriendo a nuestro alrededor, ¿quién podría dudar que manos infernales estaban obrando fuertemente en nuestro hogar? De esto no cabía la menor duda. Los vecinos venían tomando con preocupación los relatos de mi madre, por tanto, la exhortaban a que buscara solución con los curanderos que, según le decían, eran los únicos que podrían liberarla de aquel mal.

Así, con el misterio que rodeaba todas aquellas inusuales manifestaciones continuaba discurriendo mi vida, salpicadas con toques de índole sobrenatural, y por mis frecuentes travesuras escolares.

Desde mis comienzos como estudiante de primaria, me habían puesto la etiqueta como problemático de tiempo completo. Por ejemplo, en el círculo escolar, las suspensiones y castigos que me imponían los profesores formaban parte de mi enseñanza, cual si fuera una de las asignaciones a las que debía enfrentarme diariamente. La situación se mantuvo hasta que, un día, mis padres fueron notificados de una de mis últimas travesuras. En la nota, el director de la escuela de la comunidad, Víctor Adames les informaba que yo llevaba cerca de cuatro días sin asistir a las clases. Como era de esperarse, esto causó desconcierto entre mis padres, que a diario, estaban seguros de verme salir rumbo al centro docente. Sólo que, a unos metros antes de llegar al local tomaba otro camino.

Así, de entre los matorrales adyacentes al centro escolar, oculto, observaba el ceremonial de tradición que diariamente se efectuaba en honor a la bandera antes de iniciar la primera hora de clases. Ello consistía en ordenar por cursos y en filas a todos los estudiantes de la escuela. Acto seguido, se entonaba una canción alusiva al símbolo patrio, mientras ésta iba siendo izada en forma despaciosa y reverente. Terminado el acto, nos dirigíamos minutos después a nuestras respectivas aulas. Lamentablemente, esta costumbre, como muchas otras, han ido muriendo con el correr de los años.

Después de finalizada la ceremonia, dejaba mis libros y cuadernos escondidos entre los arbustos cercanos al centro educativo, para entonces reunirme con mis amiguitos del vecindario. Así nos pasamos toda la mañana en los montes cercanos, trepados en matas de naranjas y mangos y capturando "chicharras" a las que atrapábamos siguiendo sus sonoros chirridos. Después de nuestra aventura diaria, nos acercábamos de nuevo a la escuela, y sin ser descubiertos, recogíamos los libros y esperábamos entre los arbustos a que se tocara el timbre de salida que marcaba el final de las clases.

Por tanto aprovechando la salida de estudiantes, en la confusión, nos uníamos a ellos como si nada hubiese ocurrido. Lamentablemente, no contaba yo con que, para aquellos momentos mis aventuras ya estaban descubiertas. En la nota enviada por el profesor Adames, el que —por esas circunstancias extrañas de la vida fue su padrino de bodas muchos años después— le daba detalles de mi récord de ausencia a clases. La paliza que recibí fue como para no olvidarla nunca y, conociendo lo fuerte que eran las manos de mi padre, era para no hacerlo nunca más.

Mi padre era muy rudo cuando de castigarnos se trataba. Cuando perdía la paciencia, tomaba lo primero que estaba a su alcance y nos castigaba. Miguel, mi hermano mayor, y Olmedo, segundo en la línea, yo soy el tercero, fuimos los más afectados por los arranques de furia de mi padre.

Recuerdo un brutal castigo a Olmedo al siguiente día de una de sus borracheras. Para consumarlo, utilizó una correa hidráulica de las utilizadas para mover el abanico de enfriamiento del motor de uno de sus vehículos. La impresión que me produjo ver a mi hermano revolcarse por el suelo producto de cada golpe recibido, es algo que aún hoy día recuerdo y produce honda tristeza en mi alma. De nada valieron los gritos de mi madre. Para poder escapar del castigo, mi hermano se lanzó hacia el exterior por una ventana. Hoy día me lo imagino, y creo que sólo la desesperación podía haberlo obligado a intentar aquel salto suicida, pues, el nivel del terreno del otro lado era desigual.

Mi niñez, como la de mis hermanos mayores, fue dura, difícil. Destino diferente del que disfrutaron los siguientes cuatro hermanos que vinieron después de mí. Mi madre, cansada de la situación, amenazó con abandonar a mi padre si éste no cambiaba. Mi padre, dejó de tomar por un tiempo y la diferencia fue notable. Hasta tuvimos la esperanza de que realmente había cambiado. Algunos decían que sus hermanas de Navarrete, que eran cristianas, lo habían convertido al evangelio. Todos estábamos felices. ¡Por fin la pesadilla había terminado!

Pero todo era muy hermoso para ser cierto. Aquella felicidad siempre fue pasajera, pues sólo duraba hasta que sus "amigos" lo invitaban a salir y regresaba borracho.

No obstante a los problemas de alcohol de mi padre, debo decir con honradez que, cuando estaba sobrio, tomaba ocasión para mostrarnos su lado bueno. Incomprensible en su conducta, en ocasiones, nos sorprendía trayendo juguetes y bizcochos de sus viajes desde Santiago. Por las tardes, nos apostábamos frente a nuestra casa a esperar que su vehículo cruzara para formar tremenda algarabía. Lo primero que hacíamos, era subir a la "guagua" y rebuscar en su interior, esperanzados en encontrar las monedas que perdían los pasajeros. Y, por demás, ver si ese día habíamos amanecido de suerte y nuestro padre nos había traído algo. A mí lo que más me gustaba, era tomar el periódico día por día y sacar la sección de mi preferencia: Las tiras cómicas.

Hay otro de esos pocos momentos felices que recuerdo de mi niñez, y que para mí, fue memorable. Sucedió en un caluroso día de esos que sólo sentimos en el Caribe. Mi padre, montándome sobre sus espaldas, cruzó a nado, un enorme estanque de agua utilizado por el hacendado Polín Bisono para sus despulpadoras de café. La pequeña represa, en un río que pasaba cerca de mi casa, había sido tomada por los comunitarios como una especie de piscina pública. Cosa ésta, que enojaba sobremanera al rico colono.

Don Polín llevó hasta el día de su muerte una estrecha relación con mis padres. Prueba de ello es el haber sido padrino de casi todos mis hermanos. A mí, me tenía un cariño especial, quizás, por lo travieso que era y porque un día hice algo que para mi corta edad fue considerado —según él—, como un buen signo de la clase de hombre que sería en el futuro.

Un día, con apenas seis o siete años de edad y entusiasmado con la idea de andar trepado en el lomo de uno de sus caballos, esperé que llegara desde Santiago de donde se trasladaba bien temprano todos los días. Al sentir su vehículo cruzar frente a mi casa en vez de dirigirme a la escuela, tomé en dirección contraria y me dirigí hacia la hacienda con una firme idea en mi cabeza.

Al llegar a la amplia casona, como de costumbre, estaba sentado en el escritorio de la espaciosa y bien ventilada terraza. Al verme tan temprano y aún con ropa de escuela, echó a un lado los documentos que tenía entre sus manos haciendo un ademán para que me acercara.

—¿A qué has venido muchacho?

—Quiero trabajar —repuse.

—¿Tus papás saben que estás aquí?

—No, ellos creen que estoy en la escuela.

Don Polín, con su lento caminar y sonrisa suave se paró de su escritorio y tomándome por uno de mis brazos, se dirigió conmigo hacia la puerta frontal y que daba a uno de los amplios secaderos de café llamando a unos cuantos de sus trabajadores.

—¿Ven ustedes? Mientras aquí hay muchos "tajalanes", (palabra muy usada por él para describir los vagos), éste con seis años viene buscando trabajo. ¡Hey María! —le gritó a su ama de casa— prepara lugar en nuestra mesa, el niño desayunará con nosotros.

Mi padrino, tomándome de la mano, se dirigió conmigo hacia el comedor. —¡Desayuna fuerte, te espera un día duro!

Estas palabras eran suficientes. ¡El trabajo era mío!

Esa mañana, el mismo Don Polín, quizás para no desilusionar mi infantil petición, y sabiendo además que se trataba del hijo de sus compadres, me enseñaba en forma dulce en qué consistiría mi primer empleo. Señalándome un lugar en donde habían unos rastrillos, me dijo que tomara uno. Lo utilizaría para iniciar mi jornada de trabajo.

Mi tarea consistiría, en remover con aquel rústico instrumento, el café en granos que minutos antes era traído de las despulpadoras. El mismo era vaciado en una extensa superficie de cemento o secaderos, que estaban alrededor de toda la hacienda. Así, los candentes rayos del sol se encargaban del resto del trabajo. Pero aquella mañana por más que quise, no pude moverme del lugar donde había comenzado. Cada vez que daba unos pasos hacia adelante, aumentaba la cantidad de café delante del rastrillo. Mis manos, carentes de la fuerza necesaria, se veían empequeñecer ante la presión ejercida por el cúmulo de grano frente a la rastra.

Desde el balcón de la casona, mi padrino y algunos de sus hijos reían de buena gana observando cómo me esforzaba en hacer mi trabajo, que resultó ser demasiado para mis seis años.

CUATRO

MIS PADRES PIERDEN SU IMPERIO

*Ningún dolor es comparado con el de recordar los momentos
felices y de riquezas cuando se está hundido en la miseria.*

Dante Aligieri

Nuestro círculo familiar, después de la maldición de aquel
sacerdote, jamás volvió a ser el mismo. No valió de nada
que el mismo cura hubiese venido a la casa para hacer una especie
de exorcismo que tal parece no había funcionado como tampoco
funcionó el rociar agua supuestamente "bendita".

Tal parece que el estigma de aquella maldición unida a los
extraños casos que venían sucediendo a nuestro alrededor —en
especial a mi madre y a mí—, era algo corriente a lo que deberíamos
acostumbrarnos. Sólo que, los hechos paranormales habían comenzado a afectar a otros de mis hermanos que, por las noches se
quejaban de sentir "cosas" después que se acostaban. Estos casos,
no tenían explicación para nosotros. Mi madre, asustada ante tanto
desatino lloraba sin saber qué hacer. La impotencia la embargaba.
¡Todo! ¡Absolutamente todo! se venía al piso. Las borracheras de
mi padre, unidas a sus malas inversiones estaban acabando con
todos aquellos años de sacrificio. Aquella sólida posesión económica se resquebraja día tras día.

55

Realmente era un poder de destrucción lo que se cernía sobre nuestra familia, era algo como para arruinarnos para exterminarnos a todos. La brillantez que mi padre exhibía antes en los negocios había desaparecido dando paso ahora a un hombre tímido y a veces hasta torpe, que se dejaba engatusar de los rufianes que se le acercaban proponiéndole cualquier tipo de negocio.

Para colmo de males, mi padre para entonces se había metido a político, y bregando en ese campo conoció a otro político que le dijo ser hermano del general que estaba encargado de la escolta y seguridad del presidente de la República. El presidente para entonces era el doctor Joaquín Balaguer, quien además era el líder del partido por el que mi papá simpatizaba. Este personaje, oriundo de un poblado llamado Pedro García, una comunidad perteneciente a Santiago, a base de finas estratagemas logró sacarle casi todo el dinero que quedaba de ahorro familiar, con la supuesta finalidad de hacer inversiones en parcelas, fincas y reses que nunca aparecieron.

Mi padre, terminó por perderlo todo. Incluso, los políticos —específicamente los del área de Navarrete y Santiago— por los que se desvivió, llegando incluso a dar aportes para las campañas electorales en apoyo a su líder. Después que estos conseguían de él todo cuando necesitaban, le eran indiferentes. Supongo, que sintiéndose usado, humillado y estafado por sus más cercanos "amigos" y desconcertado ante los males que nos envolvían, sin saber qué hacer, la impotencia lo impulsó a buscar consuelo en lo que creyó era su único refugio, el alcohol.

Como era de esperarse, el camino que eligió quizás sin estar en su ánimo, trajo consecuencias funestas para toda la familia. La situación seguía escapándose de sus manos, y lo estaba hundiendo cada día más.

Ahora teníamos una agravante peor, pues en cada borrachera, le daba por pegarnos a todos, y de esto no se escapaba mi madre. A veces, en horas de la madrugada, mientras dormíamos, mi padre llegaba a la casa completamente borracho, y nos sacaba de la cama. Comenzando a pegarnos a todos, después de haberlo hecho con mi madre. Otras veces, despertábamos a los gritos de ella que pugnaba por safarse de sus manos. Era costumbre común, que los vecinos tuvieran que levantarse para intervenir en aquellas horas de la madrugada.

Fueron tiempos verdaderamente difíciles. De sólo recordarlo, hacen que admire y ame de forma más profunda a mi madre, pues a pesar de los serios conflictos, mantuvo en alto la frente soportando estoicamente aquellas difíciles pruebas. Evitó así la desintegración del hogar que parecía inminente.

Pero para nuestra ruina económica, tal parecía que sólo era cuestión de tiempo. Mi padre había marcado el principio del fin. De nada valían los esfuerzos de mi madre que trataba por todos los medios de mantener en pie los negocios.

Entregado ya a las parrandas y las borracheras con los amigos, parecía no existir nada más importante para él a todo su alrededor. Completando una serie de acontecimientos adversos que nos venían asolando, mi padre, de buenas a primera se veía atraído por tentadoras ofertas de inversiones. Las ofertas provenían de una mentalidad hábil e ingeniosa para el engaño como la que poseía aquel supuesto político que había conocido recientemente. El "político", pariente de un alto oficial, buscando ganarse su confianza, le había regalado un revólver a mi padre para que lo usara, mientras tanto, amparado en una tarjeta oficial expedida por su hermano.

Como era de esperarse, el obsequio deslumbró a mi padre que, de buenas a primeras comenzó a subir sus bonos. Ahora como político, era visitado por figuras conocidas de la ciudad y por militares de alto rango que eran invitados a comer sancochos y disfrutar las comidas preparadas por mi madre.

Arreglado el terreno, vino el golpe final. Aquel hombre, como para no levantar desconfianza en nuestra familia, solicitó a mis padres que le bautizara a uno de sus hijos. Incluso, ya había alquilado una casa cerca de nosotros para mudarse de su pueblo natal.

Semanas después vino el golpe. El hombre le había propuesto a mi padre que le entregara una considerable suma de dinero para comprar ganado y una finca, pues el negocio de las reses donde según él era un experto, dejaba enormes beneficios. Mi padre muy dado a creer en todo, más ahora, tratándose de su "compadre", no vaciló y dio prácticamente todo lo que quedaba junto con otros ahorros de mi madre. Además de esto, había logrado que mi padre hipotecara uno de los vehículos que se utilizaban para el transporte de pasajeros.

Recuerdo el rostro de asombro y desconcierto de mi madre cuando una tarde, funcionarios civiles y militares llegaron desde la ciudad de Santiago a incautar propiedades de la familia con aquel facineroso a la cabeza. El motivo que esgrimían, eran varios meses de pagos atrasados. Pero lo extraño del caso, era que mi padre decía haber enviado el dinero.

Sólo que el mismo lo había enviado con el "compadre" y el dinero "supuestamente", se había invertido en la compra de más reses.

Cuando mi padre fue mandado a buscar a El Lirial, una comunidad vecina donde frecuentaba en sus bebidas, la sorpresa fue mayúscula. Hoy día, siendo más realista ¿quién puede asegurar que esta no fue una componenda del truhán para terminar de desvalijar el tesoro que había encontrado con los incautos de mis padres? Recuerdo que de nada valieron los reclamos de mi padre. Tuvimos que observar de manera impotente, cómo era remolcado un jeep Land Rover de nuestra propiedad.

Más hizo mi madre, que como siempre, sólo sabía llorar, turbada, sin saber qué hacer ante tantas desgracias. Ahora, completando el círculo de negros infortunios, las supuestas reses y fincas, jamás aparecieron. Parecía ser el final cruel de una trama infame de fraudes y engaños donde sólo había una víctima, mi familia.

Mi padre, ahora hundido ante el vicio de la bebida, hundía también el clima de unión que hubo en la familia, si es que alguna vez existió. Ya las discusiones entre los jugadores a altas horas de la noche, era una rutina. A esto, se le había anexado un ingrediente peligroso que, dado el ambiente en que se producía, se esperaba que ocurriera, eran las peleas entre los bebedores. Éstas, eran frecuentes y a todas horas. Para empeorar las cosas, el carácter de mi padre se tornaba más rudo que de costumbre. Los jugadores y aduladores que lo rodeaban, sacaban el máximo provecho de lo último que quedaba: el colmado y los billares.

Los problemas continuaban. Ahora, comenzaron a sucederse algunas peleas que, por poco terminan en tragedias.

Recuerdo una en la que mi pobre padre salvó su vida milagrosamente. Un día en horas de la mañana, mi madre le advertía sobre las quejas de los vecinos por el bullicio que se originaba en las horas en que todos dormían. Ya de tarde, mi padre decidió trasladarse al vecino sector del Lirial junto al chofer de uno de sus vehículos. Unos espesos nubarrones acompañaban la oscuridad que se tendía a lo largo de aquella noche que recién comenzaba. En nuestro hogar, mi madre caminaba inquieta y no era para menos, había recibido información de que mi padre bebía de nuevo. Su preocupación estaba justificada. Ella sabía, al igual que muchos, que cuando mi padre se encontraba bajo los efectos del alcohol cualquiera hacía de él como quería. En esta oportunidad quedaba nuevamente comprobado.

Bien entrada la noche, mi padre y su chofer llegaban en compañía de dos hombres más. Todos estaban borrachos. Minutos después de haber llegado tal parece que sus amigos lo convencieron de que abriera el colmado. Unas horas después, habían consumido varias botellas de ron. Todos dormíamos. No así mi madre que, aunque acostada, se mentenía siempre alerta de cuanto ocurría.

Lo que sucedió esa noche fue terrible. Cerca de las tres de la madrugada, una fiera lucha y el ruido de botellas rotas alertaron a mi madre que rápidamente, corrió a ver qué pasaba. El grito que salió de su garganta dejaba explícito el horror de la escena que sus ojos presenciaban. Todos nos lanzamos de nuestras camas presos del miedo. Como ella sabía —ya por costumbre— que yo era el primero en salir disparado de mi cama, regresó rápido a nuestro cuarto y nos advertía para que no saliéramos del mismo. Como siempre, estaba alerta, y puesto de pie, presto a salir y ver qué ocurría. Mi madre trató de detenerme y cuando lo hizo sentí sus manos empapadas de un líquido caliente. Al notar su voz entrecortaba por el llanto, me escabullé por entre sus piernas y me encaminé hasta el colmado. Pero, cuando iba atravesando la terraza donde estaba localizada la mesa de billar, la escena que estaba ante mis ojos me paralizó de terror. Allí, tirado en el suelo, como muerto, yacía el cuerpo de mi padre en medio de un verdadero mar de sangre. Aquella escena dantesca, demasiado cruda para mis pocos años, quedó grabada en mi mente como un cuadro cuando es marcado con tinta indeleble, en los recuerdos tristes de mi niñez.

Aquel suceso, marcaba el paso de cómo serían los días de la vida que tendría que enfrentar. Días marcados con toda clase de impiedades, tormentos y amarguras donde para subsistir, habría de jugarme la vida muchas veces.

Mi padre se desangraba sin que nadie hiciera nada por él o por contener la sangre que corría manchando todo el piso.

Alguien de sus mismos compañeros —después se supo que había sido su propio chofer— le había propinado un fuerte golpe en la cabeza dejándolo por muerto. Para el hecho, habían extraído previamente una de las herramientas de cambiar neumáticos del propio vehículo de mi padre. Con la misma, le asestaron un fuerte golpe que le había abierto el cráneo de una forma grotesca. Mi madre mientras tanto, iba y venía de un lado a otro dando gritos desesperados sin tener dirección de lo que haría. Mientras, los vecinos seguían llegando nerviosos a la casa y comentaban, que ya estaban preparados para una desgracia similar.

Una hora después de haber recibido el golpe, el cuerpo de mi padre continuaba tirado en el piso sangrando profusamente. La situación era difícil, pues los "amigos" que le acompañaban y el chofer, habían desaparecido del lugar.

Varias semanas en observación médica constante, algunas pintas de sangre, decenas de punto de sutura y una hendidura que aún es visible en su cabeza fue el balance de aquella cobarde agresión. la razón para el ataque, había sido tan estúpida como infame. Quien la ejecutó lo había hecho porque mi padre se negó a proporcionarle más dinero y alcohol para continuar la juerga.

Pasadas unas semanas de aquel hecho, tuvimos la esperanza de que algún cambio se efectuaría en la conducta de mi padre dada la gravedad de lo ocurrido. Pero, lamentablemente, no ocurrió como esperábamos y en poco tiempo sus "amigotes" estaban de nuevo en nuestra casa, como si nada hubiese ocurrido.

Desafortunadamente, las consecuencias la pagaba mi madre y mis hermanos que, enfrentando tan difíciles situaciones, había comenzado a mostrar señales de debilidad en su carácter y se deprimía constantemente.

Mi mamá para mí, comenzó a ser un profundo dilema. Tenía siempre el temor de alejarme de ella, o que alguien la alejara de mí. Siempre, desde niño me vi unido a ella por un sentimiento inexplicable. No era el simple y común lazo de hijo y madre, era algo más. Ahora, atravesando por los problemas que teníamos siempre estuve dispuesto a defenderla, incluso, hasta de mi propio padre.

Mis tiempos de infancia, fueron muy difíciles. Tanto para mí como para mis hermanos. Miguel y Olmedo, fueron los que llevaron la peor parte. A Miguel por ser el más grande era a quien mi padre agarraba primero. Mi pobre hermano, aún conserva en su cuerpo huellas de aquellos días tristes. Éste buscando escapar de la situación, y con la anuencia de mi madre, ingresó al ejército dominicano a temprana edad.

Ya siendo militar, regresaba algunos fines de semana, y aun así, continuaba mi padre dándole el trato de un niño malcriado a quien habría de corregir, a quien debía castigarse, con razón o sin ella.

La situación, enojosamente se extendía a mi madre que, en cada ocasión de borrachera se le notaba nerviosa por la incertidumbre de lo que en la noche ocurriría.

Es algo paradójico, pero en los recuerdos de mi niñez e infancia no recuerdo nunca haber visto envuelto a mi padre en ningún tipo de problema de violencia que fuese provocado por él. Más bien, cuando estaba sin tomar alcohol, era tranquilo y de trato afable. Mediaba en cualquier tipo de situación para imponer la paz. Su problema era la bebida que transformaba su personalidad en otra totalmente diferente.

Aunque mi padre, por lo general, siempre estaba borracho e insoportable, cuando solía tener sus arranques paternalistas me quedaba observándolo y me preguntaba ¿por qué no es así todo el tiempo? Habían ocasiones cuando, intentando acercarme a él, para buscar quizás un poco del cariño que mendigaba y creyendo que estaba de buen humor, de pronto nos hablaba de forma brusca y cortante. Esto partía mi alma. Era tanto el deseo de sentir una muestra de cariño, de amor, de ternura, que me producía envidia y tristeza a la misma vez, ver lo bien que los vecinos trataban a sus hijos pequeños.

Estas reacciones de mi papá sólo traían más confusión a mi corta mentalidad, que no sabía cómo se podía ser cariñoso ahora y un minuto después brusco hasta el extremo de llegar a sentir temor. Había momentos cuando llegué a pensar y actuar movido con sentimientos de rencor contra mi padre por los malos tratos que nos daba y por las situaciones ridículas que ocasionaba con sus impertinentes borracheras.

En uno de esos difíciles momentos que bajo el dominio del alcohol protagonizaba, me hizo vivir, una de las situaciones más embarazosas de mi vida, y de la cual, aún a pesar de los años, no he podido rebasar el trauma que ello me produjo.

Mi padre, bajo los efectos del alcohol hacía tales cosas que son dignas de escribirse. En ocasiones, cuando no lograba despertarnos con las impertinencias propias de una persona en su estado de ebriedad, escondía las llaves de la casa. Luego comenzaba a gritar fuertemente para que todos nos levantáramos a buscarle las llaves que previamente, él había guardado.

Mi madre, conociéndole el truco, siempre comenzaba por buscarle en sus bolsillos, pero él no se dejaba. Era sólo por usar un pretexto para mortificarnos y vacilar su borrachera.

Pero aquella mañana el pretexto utilizado conmigo, aparte de los raros problemas que venían perturbándome se convirtió en una especie de trauma que arrastraría conmigo por el resto de mis días.

Serían cerca de las diez de la mañana, cuando mi padre con una voz que apenas se escuchaba con claridad, gritaba mi nombre incesantemente. Temeroso, me fui acercando hacia donde estaba, mirando con cautela a mi alrededor tratando de ubicar la salida más cercana en caso de que tuviera que salir corriendo. Como adivinando mis intenciones, me tomó fuertemente de uno de mis brazos. Sentí sus fuertes manos presionarme como garras y cerrarse alrededor de mi muñeca izquierda.

Al darme cuenta que nada bueno había de por medio, intenté en vano zafarme de sus manos, pero todo esfuerzo resultó en vano. Era como la lucha de un enano contra un gigante.

Habían transcurrido varios minutos en los cuales había luchado con todo lo que mis fuerzas me permitían por zafarme de aquellas garras que aprisionaban inmisericorde mis diminutas muñecas. De pronto, mi padre salió de la casa conmigo a rastras iniciando una caminata que no sabía donde nos conduciría. Llevábamos recorrido unos metros de distancia fuera de la casa, cuando tratando de soltarme de sus manos unas velas cayeron de sus bolsillos. Esto me lució extraño y me produjo un miedo intenso. Días antes, lo había escuchado hacer una historia sobre "Gualo", un hombre de tez negra como la noche que había llegado a la pequeña comunidad quedándose a vivir en ella. A Gualo, le atribuían poderes sobrenaturales. Decía, que nadie lo podía matar, y que poseía la facultad de convertirse en "galipote" (personas que supuestamente se convierten en animales cuando su vida estaba en peligro y así podían atacar al enemigo).

En esos días, Julio, uno de nuestro vecinos más cercanos y amigo de mi padre se le escuchó decir, que en una de la juergas en que acompañó a mi papá se pasaron la noche dando vueltas en un pequeño perímetro del cual no habían podido salir porque unos animales feroces y velas encendidas no le habían permitido el paso. Al siguiente día, mi padre y Julio fueron al supuesto lugar el cual habían marcado con cartones y parte de las velas que habían visto encendidas esa noche.

Misteriosamente, nada encontraron en el lugar. Lo más inquietante del caso fue, que Gualo "el galipote", después del caso les preguntó —como chiste de mal gusto— cómo le había ido la noche anterior, sin siquiera ellos haber hecho mención de ello.

Todas estas historias de apariciones, de ruidos, de voces, de los casos extraños que nos rodeaban a mi madre y a mí, y en otros casos al resto de la familia, me hacían vivir como en un mundo fantasmal y de lo que, por todo, ya sentía temor. Sólo que este día, el temor estaría más que justificado.

Ramón, mi padre, continuaba arrastrándome tras de sí. Cuando vi que íbamos saliendo del pequeño vecindario en dirección a la carretera que unía todas las comunidades con el municipio de Navarrete, la incertidumbre me cubrió por completo. Al inquirirle en forma desesperada hacia dónde me llevaba la respuesta que me dio me llenó de terror. Mi padre, se encaminaba conmigo rumbo al cementerio de la localidad.

Aquello fue más de lo que mis nervios pudieron resistir. Los gritos desesperados que salían de mi garganta eran escuchados por toda la vecindad. Algunos le vociferaban cosas a mi padre al ver mi lucha por zafarme de sus manos. Mis intentos eran tan desesperados, que sentía el dolor que producían las piedras al chocar con mis pies descalzos en un vano intento de frenar aquella marcha.

Sin embargo, la resistencia que podría hacer, era nula en comparación con la fuerza de mi padre al arrastrarme tras de sí. El miedo y la angustia que me embargaba era tal que, de una de las casas que habíamos dejado atrás —Ramonita López, una señora ya fallecida—, alertada por los gritos que escuchaba, molesta hasta lo indecible, caminó detrás nuestro y al darnos alcance, le obstruía el paso a mi padre que tambaleante, luchaba por cruzar.

La noble señora, a la que ya me le había aferrado a sus faldas con todas las fuerzas que me quedaban, increpaba a mi padre diciéndole que por lo menos tomara en cuenta la crisis de nervios que en ese momento me afectaba. Para mi alivio, la señora me libró de las manos de mi padre, lo que aproveché de inmediato para aferrarme a una de sus piernas. Para mí, había sido como un ángel guardián, puesto en el momento exacto para salvarme de aquella situación.

Hoy día, no culpo a mi padre por este tipo de traumas que nos causó en nuestra niñez. Los límites de comportamiento en que puede llegar una persona cuando está bajo los efectos del alcohol, o cualquier otra droga, la hace actuar de formas no racionales. Recuerdo que mi padre negaba al siguiente día las cosas que le atribuían. Los místicos y asoteristas culpan de todo ello, a espíritus desencarnados, que teniendo aún ataduras a cosas terrenales, buscan satisfacer sus vicios por los llamados "métodos de procuración".

Esto no es más que, la incorporación del espíritu errante en el cuerpo de un humano para satisfacer el vicio del cual adolecía cuando estuvo en vida.

Algo de cierto hay, pues la Biblia nos relata las historias de cómo espíritus inmundos de demonios, se adueñaban del cuerpo de los humanos y aun de animales para hacer morada en ellos y tenían que ser reprendidos por Jesús o sus discípulos para que los abandonaran, pues éstos destruían las víctimas de los que poseían. Hoy día, podría entender la conducta irracional de mi padre para con nosotros que éramos su familia.

No obstante, cuando estaba sobrio, mi padre actuaba en ocasiones, hasta de forma ingenua y se le veía de buen humor.

Algunas veces, en mi afán de recibir alguna muestra de cariño me internaba en las fincas cercanas y trepándome en matas de mangos, o de naranjas, trataba de seleccionar el mejor y más bello ejemplar para llevárselo como regalo a mi padre.

Lamentablemente nunca encontré receptividad, esa reciprocidad de afecto y cariño que mendigaba, que deseaba y que por más que intenté... nunca pude recibir.

CINCO

NOCHE DE HORROR

La vida nos enseña que nos movemos en el mundo
como simples títeres de poderes enigmáticos
y de influencias que nos son desconocidas.

Joaquín Balaguer
(Memorias de un cortesano
de la era de Trujillo).

C omo había nacido en una comunidad rural de Navarrete, mi traslado obligatorio a la zona urbana, se vio venir a edad temprana. Lamentablemente, la escuela de nuestra sección, "Los Cabrera", de la Lomota donde residía con mis padres, alcanzaba sólo hasta el último grado del nivel primario.

Recuerdo que esto produjo más de una discusión en mi familia. Mi madre era partícipe de que nos mudáramos hacia el poblado de Navarrete distante unos once kilómetros de donde vivíamos. Argumentaba, que ese mismo problema se presentaría de nuevo con los demás miembros de la familia que tuvieran el deseo de seguir estudiando. Esto trajo opiniones divididas. Incluso, algunos vecinos, con no buenas intenciones, dieron sus pareceres contrarios a los de mi madre.

Algunos le aconsejaban no mudarse, según ellos nuestra casa era una de las primeras en la única calle y "afearía" el lugar, pues nadie aun, había mudado su hogar de allí. Nuestra madre entonces, cedió ante los "buenos" consejos y mi padre contento, pues él se oponía a mudarnos. Sin embargo, tiempo después, los vecinos que se oponían a nuestra mudanza emigraron entonces de la pequeña comuna, logrando éxitos notables. Hasta en eso sufrieron mis progenitores el asedio y la envidia, que por el solo hecho de ser exitosos en sus negocios, se ganaron en forma gratuita.

Después de intentar por todos los medios de persuadir a mi padre y no lograrlo, mi madre optó por enviarnos a vivir con unos familiares. Ya en Navarrete, donde vi transcurrir mis días de juventud, la situación comenzó a dificultarse. Posiblemente, ya el destino había decidido poner las primeras trabas en la sinuosa, triste y extraña senda, que en lo futuro viviría.

Iniciaba yo mi inscripción en el nivel secundario y fue precisamente allí donde comencé a comprender lo difícil que para mí serían los años posteriores. Mi corta edad y mi tamaño, para ese entonces, hacían de mí el centro de atención en toda actividad del plantel. En los días de clase, las horas del recreo se convertían en los minutos más infernales de mi vida. En ellos, era objeto de toda clase de burla y vejámenes que se les podían ocurrir a los demás estudiantes.

Esas "novatadas" ejecutadas por estudiantes veteranos a los de nuevo ingreso, variaban entre cocotazos, tirones de orejas y de mis cabellos, sin incluir los sobrenombres insultantes que nos vociferaban. La misma "suerte" era compartida por Olmedo, mi hermano junto a otro joven llamado Juanito Peralta a quien le decían "Cabirmita" por proceder de una zona rural del mismo nombre. A Cabirmita, hoy ingeniero de profesión y a mí, nos tocó sufrir el suplicio de ser "entretenimiento" de la clase. Éramos los "bebés" de todo el plantel. Lo mismo sucedió a nuestro ingreso a la universidad, donde por igual problema de edad, y porque apenas éramos como dos niñitos, nos hacían el centro de atención en todo. Nos gritaban que dónde estaban nuestras madres para que nos dieran los biberones, que aquello era para hombres, no para niños.

El problema radicaba en que, al menos en mi caso, desde la primaria los profesores de mi comunidad notaban la rapidez y capacidad que tenía para captar todo cuanto se explicaba en las clases. Esto los obligó a pasarme a dos cursos en un mismo año, pues consideraron que mi coeficiente de inteligencia estaba por encima del grado en que me encontraba. Este hecho, hizo que en los años subsiguientes confrontara problemas por mi corta edad, aunque no por mi capacidad de aprendizaje, tanto en la misma secundaria como más tarde en la universidad.

Pasadas varias semanas, aun no habíamos podido adaptarnos al nuevo sistema. Sentía temor de sólo pensar en regresar al centro docente al siguiente día. En las horas de los recesos nos veíamos obligados a desplazarnos escurridizamente por los pasillos del plantel escolar. Pretendíamos así, eludir la persecución de los estudiantes que buscaban su diversión a costa de nuestra humillación.

El liceo secundario Pedro María Espaillat, donde estudiamos, albergaba en sus aulas, estudiantes con ideales revolucionarios que rayaban en el fanatismo. Había allí distintos frentes de grupos estudiantiles y los líos que se armaban eran de antología. Esta problemática, era lo único que nos alejaba de la persecución a la que éramos sometidos, Cabirmita, mi hermano y yo. Para ese entonces, el Presidente del país, paradójicamente, nacido en el mismo poblado nuestro se había entronizado con tres períodos consecutivos en el palacio de gobierno. Fueron los llamados "Doce años", donde decir ser revolucionario, equivalía prácticamente a convertirse en un proscrito de la ley. Era uno de los centros estudiantiles que compartía con el "U.F.E" de Santiago y el "Duarte" de la ciudad capital, la fama de más revoltosos en todo el país.

Habíamos llegado a sentir tanto temor, que ya sólo pensaba en la hora de salida, más que pensar en la hora del inicio de las clases. Sólo quería que las horas terminaran rápido para regresar a la residencia de nuestros abuelos, donde vivíamos temporalmente.

Gracias a la intervención oportuna de algunos profesores notificados ya de la anomalía, y porque muchos de ellos llegaron a presenciar parte de aquellas arbitrariedades llamaron la atención del director del centro educativo para que tomara cartas en el asunto y detuviera la molestosa práctica.

Estando dedicado de lleno a mis estudios secundarios, mi vida comenzó a variar notablemente experimentando cambios de conductas verdaderamente sorprendentes. De buenas a primeras comencé a percibir sensaciones realmente extrañas y que me producían mucho temor.

Al principio, no presté atención a estos casos, pero luego los mismos fueron acrecentándose hasta convertirse en una gran preocupación tanto para mí como para algunos miembros de mi familia, especialmente mi madre.

Estos casos, se sucedieron con frecuencia. No importaba qué tipo de actividad estuviera haciendo en esos instantes.

Un día, por ejemplo, estando en el aula de clases trataba de concentrar mi atención en las instrucciones del profesor. De buenas a primeras comencé a recibir una especie de pequeñas descargas en mi cuerpo que me producían sobresaltos y escalofríos intensos. Mi espalda la sentía helada totalmente. Mis manos, por momentos temblaban rítmicamente. Mi cuerpo adquiría una extraña pesadez, mis extremidades no obedecían orden alguna para ejecutar movimientos. Era una fuerza poderosa que se adueñaba de mi cuerpo disponiendo de mi anatomía humana a su antojo.

En cierta ocasión estando en uno de esos extraños estados de semiinconciencia, me vi flotar en forma inexplicable en el espacio abierto del aula de clases. Lo extraño del caso era, que podía ver a mis compañeros "allá", más abajo mientras yo, como suspendido en el espacio, podía también observar mi cuerpo junto a los demás en el asiento que regularmente ocupaba. ¡Sí! ¡Mi cuerpo estaba allí abajo como los demás! Un día, al mirar aquella escena, me llené de terror y de un tirón me vi de nuevo de regreso a la realidad.

Un sobresalto y la respiración forzosa, marcaba el final de la extraña experiencia, la cual en las siguientes semanas se presentaría con más frecuencia.

En muchas ocasiones, cuando esto se presentaba, al tomar "posesión" de mi propio cuerpo, los casos venían precedidos de sobresaltos y escalofríos que me sacudían abruptamente. Esto ocasionaba reacciones de malestar entre los que estaban cerca de mi butaca, y creo, no era para menos. Lo real del caso es que estos hechos me tenían contrariado. Sentía como si mi yo, mi manera de pensar, mi espíritu, se separara de mi cuerpo.

Cuando esto sucedía, llegué a escuchar voces. Sí, voces que nada tenían que ver con las personas que me rodeaban.

En una de esas ocasiones, estuve como flotando en un lugar donde había una multitud inmensa de personas arrodilladas en un lugar en penumbras. Era como una enorme cueva que sólo estaba alumbrada con las luces de velas que cada uno poseía en sus manos. Pero esas personas, nunca levantaron sus cabezas.

En otras de esas oportunidades, que fueron las peores, me veía en lugares desconocidos perseguido por decenas de feroces y monstruosas criaturas que luchaban por darme alcance. Cuando estaban a punto de cazarme, "regresaba" a la realidad quedando en tal crisis, que hasta mi respiración se hacía dificultosa. Cuando llegaba la noche, las cosas se mostraban más difíciles aún. Preparado para dormir, en la cama ya, comenzaba a sentir una serie seguida de pequeñas descargas, y escalofríos que recorrían todo mi cuerpo.

Seguidamente, estando casi dormido, sentía cómo tiraban en forma brusca de mis cabellos y aun de las sábanas con las que cubría mi cuerpo. Esto no sólo me daba miedo, sentía espanto, que era peor. Cuando sucedían este tipo de raras manifestaciones, me tiraba de mi cama en plena oscuridad y encendía todas las luces de la casa para poder conciliar de nuevo el sueño.

Hasta llegué a insinuarle a mi madre, que los "muertos" que había en el campo, tal parece, se habían mudado a la casa de mis abuelos en Navarrete, pues también allí continuaban haciéndome las mismas maldades.

Terminaba la semana de clases. Como era ya costumbre mi hermano y yo preparábamos nuestros bultos para trasladarnos de nuevo al campo, a la casa de nuestros padres. Estaba tan temeroso por lo que venía ocurriéndome, que hasta me atreví a preguntarle a mi hermano que si a él le ocurría lo mismo. Su negativa me sumió aun más en mis preocupaciones. Deseaba que el tiempo volara para estar en compañía de mi madre y contarle todo cuanto ocurría.

Caía la tarde en el campo. Había extrañado el canto de las aves. El vaivén de las ramas de aquellos árboles frondosos al contacto de la brisa fresca que las movían de un lado a otro, y el ruido característico del arroyuelo cercano a mi casa. Aquello sí que era vivir. Sin esperar a que el vehículo que nos transportó desde Navarrete se detuviera por completo salté y corrí por la pedregosa callejuela hasta llegar a la casa.

El verdor de los árboles y esa magia que se experimenta al estar en contacto directo con una naturaleza tan hermosa y pura, me hacían olvidar por momentos, las situaciones por las que venía atravesando. Ya en nuestra casa me acerqué de inmediato a mi madre quien preparaba la cena para esa noche. Traté de informarle de los acontecimientos que venían afectándome; pero, ocupada con los que quehaceres culinarios, me pidió que la dejara terminar la cena, que después hablaríamos.

Dejando a mi madre en sus quehaceres, salí de la casa en busca de mis amigos del vecindario. Después de unas horas de juguetear por los alrededores, el negro manto de oscuridad daba paso a aquella noche que se mostraba friolenta.

Me acercaba a mi casa, y de pronto escuché que en forma clara pronunciaban mi nombre. De momento me detuve, pensando que aquella voz procedía de mi madre, o de alguno de mis hermanos para que fuera a cenar. Pero no, no sonaba igual al tono de voz de mi madre ni de ninguno de mis hermanos. Confuso, estuve parado en medio del camino. Ya estaba oscuro. De pronto sentí un escalofrío intenso que heló todo mi cuerpo. Sentí temor. Parecía como si miles de ojos me observaran desde la oscuridad. En fracciones de segundos sentí como si algo o alguien salía desde la oscuridad y se detenía detrás de mí.

Sudores fríos recorrieron todo mi cuerpo. Instintivamente moví mi cabeza a la derecha y a la izquierda. Pero no alcancé ver a nadie. Sin embargo, sentía la presencia de alguien. Sólo me faltaba tocar la figura que estaba a mi alrededor. Había dominado momentáneamente el terror que me embargaba y que inmovilizaba mis piernas. De pronto y sin aguantar un segundo más, eché a correr despavorido. Pero igualmente sentía aquellos pasos detrás de mí. Mientras corría pensaba y echaba ojeadas a todos lados. De momento, cansado, detuve mi marcha. Estaba dispuesto a enfrentar y ver quien me había jugado aquella broma. Ahora sí creía estar seguro de que alguien corría detras de mí. Pero al mirar hacia atrás mi sorpresa y miedo fueron más fuertes que en casos anteriores. Ahora, casi estaba seguro de tener a alguien corriendo a mis espaldas, pero no como otras veces ¡estaba solo! ¡no había nadie conmigo! Sentía que la sangre corría más aprisa por mis venas hasta llegar a percibir un calor intenso en todo mi cuerpo.

Mi corazón latía en forma rápida e incontrolable. Mi boca estaba reseca totalmente. Tal parecía que mis glándulas salivares hubiesen dejado de hacer su función. Sin pensar dos veces, inicié de inmediato una veloz carrera hasta llegar casi exhausto a mi casa. Quizás la ingenuidad de niño temeroso y desconocedor de todo cuanto venía sucediendo, me impulsó a llegar desesperado hasta donde estaba mi madre, que dejaba entrever por las líneas de su pálido rostro, la profunda preocupación que la embargaba.

La descripción de lo que acababa de contarle la dejó sumida en un mar de confusiones y de dudas. Habían pasado algunas horas y por temor a lo ocurrido momentos antes, decidí no separarme ni un solo instante de mi madre. Estaba aterrorizado. Sentía esa molesta presencia cerca de mí que me vigilaba, que me seguía a todos lados. Por ratos creía que echarían manos desde la oscuridad, que una fuerza invisible me abrasaría oprimiéndome hasta destruirme totalmente.

No existían palabras que pudieran describir aquella sensación de angustia. Ese día, el miedo había aumentado en mí a su máxima expresión. Mi madre lo sabía. Por tanto, fue compasiva como siempre, y me dejó todo el tiempo a su lado.

Por momentos, aquella molesta presencia de las sombras se acercaba por instante hasta el extremo, que sentía como si me fueran a tocar. Llegué a vociferar exclamaciones imprevistas, producto del miedo y el terror. Mi madre, un tanto temerosa porque había comenzado a percibir "cosas extrañas" me abrazaba y trataba de consolarme. Sin embargo, yo sentía que ella también sentía temor.

La razón para saberlo, era escucharla rezar en voz baja.

—Cálmate, cálmate —me repetía.

—¡Están en a espalda! ¡Están a mi espalda! —le decía.

Asustada, mi madre se dirigió conmigo a su cuarto y una vez allí, se echó de rodillas, tomó un rosario y encendiendo nerviosamente una vela la sostuvo entre sus manos, dando inicio entre sollozos, a la lectura del rosario. Práctica común entre los católicos. Yo, de pie al lado de mi madre, trataba de concentrarme en lo que ella hacía. Pero aun con la luz que despedía aquella pequeña vela que sostenía en sus manos, la oscuridad que envolvía el cuarto, me hacía sentir igual temor.

Después de finalizar aquel sencillo acto religioso con el cual pretendimos conjurar todo aquel tormento al que veníamos siendo sometidos, las horas por venir, nos dejarían ver lo contrario. Era ya hora de retirarnos a nuestras camas. Mi madre se dirigió a su cuarto habiéndose asegurado previamente de que todo marchaba bien conmigo y mis hermanos. Ya apagadas las luces, comenzaba mi zozobra, tratando de conciliar el sueño. Me mantenía por largo tiempo en la cama dando vueltas a un lado y a otro. Cuando ya vencido por el cansancio, mis ojos comenzaban a ceder pesadamente al paso del sueño, nuevamente oía aquellas voces que gritaban mi nombre. ¡Sí! Esas malditas voces que me seguían y que no sabían de dónde procedían.

Algunas veces en tono normal. Otras, con un timbre quejumbroso, daban la impresión de que venían desde ultratumba.

Aquello era algo muy real, no podía pensar que con todo lo que venía sucediendo se tratara de broma alguna. Además, ¿quién podría ser tan cruel para venir haciendo bromas semejantes? Habían pasado sólo unos segundos, cuando advertí la fuerte presencia de "algo", o de "alguien", parado frente a mi cama. De un salto, salí de mi lecho buscando la puerta que daba al cuarto de mi madre. Tanteando en la oscuridad de la noche, trataba de encontrar el cerrojo al tiempo de dar un grito desesperado.

Mi madre, atenta a lo que sucedía, encendió la luz. Tratando de tranquilizarme, decidió buscar en todo el cuarto y hasta por debajo de las camas. ¡Pero no! ¡No había nada! Sólo sentíamos un ambiente tenso, cortante. Ahora el silencio reinante hacía sentir aquella noche más tenebrosa que de costumbre.

De todas formas, buscando tranquilizarme un poco, mi madre se recostó por un momento en mi cama. Quería lograr tranquilizar mis nervios y dejarme calmado durmiendo. Eso quería, esos fueron sus planes. Pero esa noche el destino o los responsables de todo lo que provocaba esta cadena de hechos extraños, nos jugarían una broma bastante pesada. Lo que ocurrió hizo caer bajo una crisis nerviosa a mi madre, que comenzó a gritar desesperadamente.

Serían cerca de las once de la noche. A esa hora, ya todos dormían. En los campos como de costumbre, muy diferente a las grandes ciudades, se recogen en sus casas muy temprano.

Así sucedía en nuestro hogar que a excepción de mi padre, por estar envuelto en los juegos y bebida, era el último en acostarse. Esa noche parecía que todo el mundo se había recogido temprano en sus casas. La enramada de juegos, el billar, todo lucía desierto. Hasta mi padre lucía tranquilo. Ese día, no había bebido. Era una noche perfecta. Al menos lo parecía. Pero era demasiado maravillosa para ser real.

Yo estaba muy incómodo. Sentía todavía esa presencia extraña que me observaba, que seguía con atención el más mínimo de nuestros movimientos. Aquella tensa calma tenía mis nervios a punto de estallar. Lo mismo sucedía con mi madre, que aunque no lo demostraba la sentía inquieta.

Ahora, esa pasmosa quietud. Todo se mantenía en calma. Salvo uno que otros ladridos de perros vagabundos y el eterno trinar de los grillos durante toda la noche. Mientras yo seguía dando vueltas a diestra y siniestra, a mi lado mi madre parecía tranquila. Era como si el sueño la hubiese dominado. Mientras mi angustia inexplicablemente aumentaba.

La "doña", con un leve y suave movimiento, trató de calmarme, como dejándome saber que aún estaba allí.

El sueño se fue apoderando de mí en forma pesada y lenta. Creo que no habían transcurrido unos veinte minutos cuando algo verdaderamente fuera de toda explicación lógica sucedió en los minutos subsiguientes. Estaba acostado. Aún mi madre permanecía junto a mí, al parecer se había quedado dormida.

De pronto, mi cama comenzó a moverse brúscamente. Aquello era una fuerza brutal, violenta, salvaje. Era como si un gigante de garras descomunales la hubiese tomado por sus extremos y la zarandeara a uno y otro lado.

Desde mi posición, me había movido presa de terror hasta agazaparme casi debajo del cuerpo de mi madre. Ella, asustada, sólo atinaba a encomendarse a cuantos nombres de santos tenía recuerdos en aquel momento y a dar gritos angustiosos y llenos de terror. La escuchaba rezar el Padrenuestro una y otra vez. Era tal su rapidez que apenas se escuchaba en forma clara. Yo mientras tanto temblaba de terror.

Después de unos segundos apenas si respiraba, no quería hacer el más leve ruido. Quedamos mudos por unos segundos. Atentos al más leve de los movimientos. Creo que aquella fue la primera vez en que aprendí el Padrenuestro de las muchas veces que se lo escuché repetir a mi madre en tan corto tiempo. De pronto cuando pensábamos que todo había terminado y que, incluso, quizás con el fin de darme ánimos a mí mismo supuse que lo anterior había sido producto de un temblor de tierra o algo semejante. Esa manera de pensar perdió validez cuando en un momento inesperado sentimos como "alguien", por debajo de nuestra cama hacía presión en el centro del colchón como si buscara con esta acción sacarnos fuera de ella.

Los que siguieron fueron minutos de terror en los que mi pobre madre desesperada, ya no rezaba sino que maldecía y daba gritos al tiempo que llamaba a mi padre pidiéndole que a toda prisa encendiera las luces. Con todo el alboroto que se armó, mi padre desde el otro cuarto corrió hasta nosotros.

Después de transcurridos unos minutos, los estragos nerviosos aún eran patentes en mí y en mi madre que no encontraba explicación que darme por el horror vivido. ¿Qué sucedía, qué estaba produciendo todo aquello? Este último suceso puso fin a la paciencia de mi madre que habiendo demostrado ya temor, inició la búsqueda inmediata de la solución a la diabólica situación que vivíamos. Recibimos todo tipo de recomendaciones. Las mismas giraban en torno a los maleficios, la cura de los embrujos y los trabajos de hechicería. Mi madre había intentado todo, visitas médicas, ¡todo! Pero nada. Además, mi organismo no daba señales de irregularidad. Todo parecía normal. Fue entonces cuando comenzó la búsqueda de lo menos convencional y de lo que desde tiempos atrás, se le aconsejaba el espiritismo y la brujería. Hacia allá fueron dirigidos nuestros pasos, hasta un altar para invocaciones espiritistas al cual le debo la tragedia de toda una vida.

SEIS

MI TÍA Y SU ALTAR
PARA INVOCAR ESPÍRITUS

Y la persona que atendiere a encantadores
o adivinos, para prostituirse tras de ellos,
yo pondré mi rostro contra la tal persona,
y la cortaré de entre su pueblo.

Levítico 20:6

Proseguían los días de aquellas torturas psíquicas y así también en la búsqueda de posibles soluciones que pudieran poner fin a todo aquel tormento, que como niebla oscura, cubría nuestra familia. Mi madre, aunque no era muy dada a comentar asuntos personales, había dialogado con algunos sobre los problemas que veníamos confrontando. La única respuesta era, que éramos víctimas de un maleficio.

Así inducida a buscar solución por el camino de los curanderos y los espiritistas, nos vimos de pronto visitando a todo "manos santas" que se escuchaba mencionar. Mientras tanto los inusuales casos que nos rodeaban, específicamente a mí y a mi madre, continuaban sin poderlos detener.

Un "buen" día, ya cansados de curanderos y de recomendaciones y como último recurso, mi madre me comentaba que dentro de nuestra familia una de sus hermanas a la sazón —mi tía— tenía ciertos poderes de mediúmnidad y que era un "caballo de misterio" de las veintiuna divisiones. No entendía nada. Pero, sí servía para librarme de una buena vez de aquella incómoda situación, estaba dispuesto a hacer lo que fuese necesario.

Minutos después, vino la explicación de mi madre sobre lo que significaba aquello. Me decía que de acuerdo a lo que sabía, las "veintiuna divisiones" estaban formadas por ángeles del cielo los cuales, según ellos mismos decían eran enviados por Dios para ayudar al necesitado. Los "caballos de misterios" o médiums, eran las personas que les servían aquí en la tierra como enlace con los seres humanos.

Una tarde nos dispusimos a trasladarnos hacia el lugar donde vivía mi tía. Estaba ubicado a unos pocos kilómetros de distancia de nuestro hogar. En términos de distancia era relativamente corto. No obstante a esto el camino era de difícil acceso. Cañadas, un pequeño riachuelo, y una espesa y frondosa vegetación hacía más escabroso aquel sendero.

Cuando llegamos al lugar, tuvimos que esperar unos minutos por mi tía. Esta se había ido por los alrededores a cortar flores frescas, las cuales usaría para adornar el altar de sus espíritus. Según nos explicaría era una regla impuesta por los "seres" para cada día de invocación.

El lugar era un amplio solar en el cual estaba construida anteriormente la vivienda familiar de mi tía, lo recordaba de niño. Al emigrar hacia Navarrete, la estancia quedó desierta. Luego según ella misma expresaba, la casita levantada en medio del amplio solar, había sido construida por orden expresa de uno de los espíritus a quienes servía.

Un tanto temeroso seguía de cerca cada paso dado por mi tía. Sentí miedo al principio. Nunca antes había participado en actividades similares. Me sentí inquieto, temeroso. El ambiente era muy extraño. Mi madre como adivinando mi inquietud, me atrajo suavemente hacia ella pretendiendo con aquel gesto amoroso disipar mi nerviosismo y mi temor.

El ambiente era muy peculiar. La casita en medio del amplio terreno estaba rodeada de una frondosa y olorosa arboleda. El fuerte y embriagante aroma de los rosales se conjugaba con el incesante revolotear de miles de abejas que libaban a su vez el néctar de aquellas flores. Éstas con sus agradables matices y distintos colores le proporcionaban un aspecto más que original al jardín donde se llevaban a cabo los ritos de las invocaciones.

Llegada la hora, mi tía ordenó como primer paso colar un poco de café. Pensé que era una idea genial dado que la tarde había comenzado a variar de temperatura, para dar paso a una brisita fresca que luego se tornaría más friolenta. Pero unos segundos más tarde, se nos desvaneció la esperanza, porque el café no era para nosotros sino que formaba parte del rito de invocación de aquellos espíritus.

A una señal de mi tía, entramos al cuarto donde se efectuaría el rito de invocación. Ya en su interior una sensación extraña recorrió todo mi cuerpo. Escalofríos continuos comenzaron a sacudirme de pies a cabeza. Sentí miedo. La escena que tenía frente a mis ojos era impresionante. Desde el nivel del suelo hasta el techo mismo, y colocados ordenadamente en lo que parecía ser una formación jerárquica, yacía una enorme cantidad de cuadros y estatuas de cuanto ángel y figura celestial había oído mencionar en mi corta edad.

En medio de éstos había tres cuadros enormes y en medio de los tres un cuadro de mayor tamaño, era la imagen del Gran Poder de Dios. A su lado derecho un cuadro de Jesús en la cruz flanqueado a su izquierda por una imagen de San Miguel Arcángel. A éste le seguía una del apóstol Santiago montado en un caballo blanco. Éste vestía un vistoso traje azul y blanco al tiempo que mostraba en forma amenazante una enorme espada en su mano derecha.

Después de transcurridos unos minutos, observé cómo mi tía se acomodaba a mi lado derecho en una de tres sillas que habían sido colocadas en forma triangular. Mi madre ocupaba la tercera de forma tal que yo quedaba en medio y de frente al atestado altar.

Entre la penumbra de aquel cuarto misterioso, las imágenes y cuadros parecían cobrar vida al verlos entremezclados con los destellos de las decenas de velas, que para agradar a los espíritus habían sido encendidas.

Transcurridos unos segundos mi tía tomó entre sus manos una pequeña campanita y la hizo repicar por unos instantes.

Luego repitió la misma acción dos veces más. Mi madre sentada a mi izquierda quedaba de frente a mi tía. Yo en el centro de ambas de frente al imponente altar, trataba de no perder el más mínimo de los detalles; pero el miedo y la angustia me tenían inquieto. Sólo la curiosidad por indagar qué sucedía conmigo, con mi madre y mi casa, me mantenían allí dentro.

Al dirigir la mirada hacia mi tía observé con curiosidad cómo ésta se cubría por completo con una amplia manta de vivos colores azul y blanco. En su cabeza ató dando varias vueltas, una manta pequeña de los mismos colores que apenas le dejaba ver su rostro. Acto seguido comenzó a experimentar leves quejidos y bostezos continuados. Eructos continuos escaparon de lo profundo de su garganta. Confuso por lo que sucedía buscaba una explicación y observé a mi madre que a su vez como adivinando mi intención, me hizo una señal para que me mantuviera tranquilo.

Pocos segundos después a los bostezos le siguió una pequeña sacudida. Luego otra y otras más. Una más fuerte y pequeños temblores en forma continua. Después de unos segundos quedó quieta. Pensé que todo había quedado allí. Pero no. Una sacudida más fuerte que todas las anteriores juntas, me hizo creer que el cuerpo de mi tía caería al suelo. Asustado pensé salir del lugar, intenté ponerme de pie; pero mi madre me detuvo. En ese mismo instante, una voz fuerte y quejumbrosa con un dialecto confuso se dejó escuchar en todo el cuarto:

—Santa y buena taide pa' to utede lo viviente.

Confuso observé por todo mi alrededor. Aquella era la inconfundible voz de un hombre. ¡Sí! ¡De un hombre! ¡Pero un hombre que hablaba por medio de mi tía!

¡Ella estaba transformada totalmente! Sus gestos, las facciones de su rostro! Además aquella forma de hablar. Era un acento tan extraño, tan informal.

—Yo sé el problema que tienes tú y el petit, yo te lo voy a arreglai.

Aquella extraña y carrasposa voz se dejó escuchar de nuevo con ese raro sonido. Era como metálico, gutural. Mientras tanto yo permanecía impávido. Estaba mudo en mi asiento, sin saber qué sucedía. De nuevo increpando acremente a mi madre, "aquella voz" se dejó escuchar en términos más enérgicos que la anterior ocasión. Esta vez acompañaba con gestos fuertes sus expresiones conmosionando a mi madre, hasta hacerle saltar las lágrimas. Con palabras apenas inteligibles y con acento que me hacía recordar la forma de hablar de algunos nacionales haitianos que andaban por los alrededores de nuestra comunidad, aquella voz que hablaba por medio de mi tía, se dejó escuchar de nuevo. Esta vez fue más explícito, más enérgico. Le proporcionó detalles a mi madre que por lo que podía darme cuenta la tenían más que asustada.

Mi madre ante la avalancha de reproches por parte del espíritu que se identificó como "San Santiago", prorrumpió en sollozos al tiempo que trataba de ocultar su rostro entre sus manos. Por mi parte yo no hacía ningún movimiento no atinaba a hacer ningún comentario, sólo escuchaba sin entender qué sucedía. No sabía si era cierto o no todo cuanto veía y escuchaba. Eso de estar hablando con un "ángel del cielo" me parecía increíble; pero más increíble era aun escucharlo describiendo todos los hechos horribles que venían aconteciendo a nuestro alrededor, incluso desde mi niñez.

La voz de aquel espíritu que aunque se identificó como "San Santiago" dijo que le gustaba que lo llamaran "Ogóm Balenyo", le narró a mi madre acontecimientos que habían sucedido cuando ella estuvo embarazada de mí. Le recordó que estando en estado de gestación había confrontado serios problemas. Que incluso Ramón mi padre, aparentemente no quería que mi madre me tuviera. Que no deseaba mi nacimiento.

Entre otras cosas le recriminaba también una supuesta promesa que mi madre había hecho ante un altar de ellos, para que todo en el embarazo saliera bien, por lo que yo según ellos les pertenecía. Como para darle más validez a sus palabras comenzó a describir con lujo de detalles todos los pormenores de los extraños y aterrorizantes casos por los que atravesábamos en nuestro hogar, específicamente mi madre y yo.

Continuó dándole detalles que no sé realmente cómo los sabía. Hechos que sólo mi madre y yo conocíamos y que no habíamos comentado con nadie. Esto me tenía perplejo. ¿Cómo sabía "aquella voz" todo cuanto venía ocurriendo en nuestro hogar?

—Te voy a dejai pensai un rato. Me voy a dai otra vueitecita por ahí. Ma'taide vueivo.

Después de dicho esto, el espíritu me mandó a salir del cuarto pues según él mi vida cambiaría desde ese mismo día en adelante, pero con el fin de que todo comenzara a marchar bien tenía que seguir algunas "instrucciones" que le daría a mi madre y que ella tendría que seguir al pie de la letra.

Después de haber impartido instrucciones sobre lo que había de hacer tanto conmigo como en mi casa fui llamado nuevamente a ingresar dentro de aquel altar para invocaciones espiritistas. Aquella voz con tono seguro me decía que no tenía de qué preocuparme que mis molestias desaparecerían porque ellos pasarían a protegerme desde ese mismo momento.

Dicho esto me pidió que me pusiera de pie frente a él. Me tomó de mis dos manos y de forma extraña dio varias vueltas a mi cuerpo. Acto seguido tomó de su altar un recipiente con agua mezclada con rosas y esencias de fuertes olores y la vertió sobre mi cuerpo.

Unos segundos después estando empapado de aquella agua impregnada de rosas y perfumes una sensación extraña comenzó a sacudirme. Sentí que "algo" rodeaba mi cuerpo que me abrazaba. De momento pensé que perdería el conocimiento. Después percibí el eco misterioso de una rara carcajada en mi interior. Era como si escuchara a alguien que hablara dentro de mí mismo. Esa voz esa sensación de estar "acompañado", nunca me dejó desde entonces. "Ellos" pasaron a ser los guías de mi vida. Eran los que tomaban las decisiones, los que ordenaban, los que decían qué se debía y qué no se debía hacer. Todo cambió para mí. Incluso mi carácter.

En ocasiones mi violencia era tal, que después de pasar el exabrupto y ver las cosas que hacía, tenía miedo. ¿Qué me hacía actuar de tal forma?

Aunque extraños casos venían rodeando mi infancia tenía momentos que yo mismo me desconocía totalmente. Uno de esos casos me llenó de terror. Una mañana tuve una fuerte pelea con Miguel, el mayor. Estaba desayunando, Miguel atendía el colmado. Bromista como siempre me llamó por un sobrenombre que me hizo perder toda compostura en fracciones de segundos.

Impelido por una extraña y diabólica fuerza, corrí como loco detrás de mi hermano que sorprendido por mi reacción no encontró qué hacer e intentó detenerse para agarrarme.

En mis manos llevaba amenazante el tenedor con que momentos antes ingería mis alimentos. Estaba claro que el demonio obraba en mí porque de la forma en que lo ataqué solamente esa explicación cabría. Aquel tenedor fue a dar a uno de los brazos de mi hermano causándole heridas.

Desde ese momento me mantuve huyendo por los montes cercanos. Ya de noche escuchaba las voces de mis padres al ver que no aparecía. Me preguntaba cuando huía en el monte, ¿realmente qué estaba ocurriendo conmigo? ¿Cómo fui capaz de ser tan fiero, tan salvaje contra mi propio hermano? En aquel tiempo no podía deducirlo, pero realmente, era evidente que una fuerza diabólica operaba en mí.

Una enérgica sacudida al cuerpo de mi tía parecía indicar, que la sesión espiritista había terminado. Su cuerpo se retorcía en aparente estado de cansancio y pesadez extrema. Parecía como si despertara de un sueño profundo. Pero si lo que hasta ese momento había visto y oído me pareció increíble más lo fue cuando escuché a mi tía —ya en su estado normal— preguntarle a mi madre, detalles sobre lo que había ocurrido.

Mi confusión era extrema. ¿Cómo era que mi tía no sabía nada de lo que ella misma nos había hablado, de lo que había hecho en un lapso aproximado de casi una hora? Mi madre, tratando de contener el llanto y nerviosismo que la embargaba le informaba de un "recado" que el mismo espíritu le dejaba a mi tía y sobre algunas medidas que deberían ser tomadas conmigo en lo adelante.

De regreso a nuestra casa y con el compromiso de regresar el martes siguiente, mi madre caminaba cabizbaja. Por mi parte yo iba lleno de ilusiones, de expectativas. Era claro que las ideas que "aquella voz" me había metido en mi cabeza habían dado resultados. ¡Iba a ser grande! ¡Ellos me harían millonario! ¡Yo era hijo de ellos! Mi madre según éstos, me había ofrecido a ellos, y como había olvidado su promesa al yo nacer todas esas "cosas extrañas" sucedían en mi casa y alrededor de mí; porque los espíritus la provocaban. Querían que se cumpliera el trato por parte de mi madre que al parecer lo había olvidado. Esta fue la explicación dada por "San Santiago" u "Ogón", o como se le llamare. Pero yo seguía sin entender.

Continuamos el camino a casa y mis interrogantes eran muchas. ¿Cómo era que "algo" podía introducirse en el cuerpo de mi tía y hablar por medio de ella todo lo que le viniese a su antojo? ¿Y el espíritu de mi tía para dónde iba mientras otro se adueñaba de su cuerpo?

Transcurrieron los días señalados para nuestro próximo encuentro con los espíritus que invocaba mi tía. Ese día nos dieron instrucciones específicas sobre cómo iba a ser mi vida en lo adelante. Tenía que saber que era "hijo de los espíritus". Que tenía que obedecerlos y darles ofrendas por lo menos dos veces por semana, de por vida. A esto tendría que acostumbrarme pues yo formaba parte de ellos.

Como forma de asegurarse de que realmente yo cumpliría con todo lo acordado, debía de tener un pequeño altar dondequiera que yo estuviese viviendo. Mi altar estaría formado por imágenes idénticas a las que habían en el santuario de mi tía, y ofrecer "trabajos" y ofrendas para mantener a los espíritus que me "guiaban" de buen ánimo. Pero la cosa iba más allá, los espíritus querían usarme como médium, como a mi tía y esto sí que yo no lo haría. Mi madre tampoco estuvo de acuerdo, pero aun así tuvimos que obedecer la orden de los "guías espirituales" porque a mí había que "prepararme".

Habían transcurrido los días previstos. Me sentía inquieto a la espera del día señalado. Llegado el momento, nos reunimos de nuevo en el mismo lugar. El centro de invocaciones de mi tía. Su pequeño centro espiritista apartado de todo el bullicio de la comunidad. De nuevo los mismos preparativos que en nada variaron de la vez anterior. De frente al impresionante altar mi tía la médium, hacía repicar una pequeña campanita, la cual al parecer servía para enlazar los dos mundos. El primero el terrenal el de los humanos. El otro el más increíble el habitado por los espíritus.

El sonido peculiar de aquella campanita me hizo volver de mis pensamientos hacia la realidad. Después de aquella extraña forma de comunicación, el espíritu de "San Santiago", u "Ogón", estremeció brevemente el cuerpo de mi tía y la poseyó sin hacerse esperar por mucho tiempo.

Acto seguido su misteriosa y peculiar voz se dejó escuchar a través del cuerpo de mi tía.

—¿Cómo tan to'utede? ¿Gasona, me trajiste a mi pitit?

Se dirigía a mi madre en clara alusión a si me había llevado al altar para continuar "trabajando" en mí. Mi madre ahora lucía calmada, ya no existía la tensión de la primera vez. Yo mismo ya no sentía ningún temor. Por el contrario disfrutaba todo aquello. Y por lo de proveerme de los cuadros de los santos no tenía ningún inconveniente. En todas las casas que visitaba lo primero que observaba eran imágenes y cuadros en las salas. Además a esto ya venía acostumbrado pues esos mismos "santos" eran los que veía en los altares de la iglesia católica cuando la visitaba con mi madre. Entonces era de suponer que realmente "la voz" que me hablaba por medio de mi tía era realmente de un ángel del cielo.

Mis visitas al santuario de mi tía ya eran cosa rutinaria. Estando en Navarrete sólo pensaba en regresar al campo para ir a "consultar" con mis guías. Debía visitarlo los días martes y viernes o por lo menos, uno de esos días de la semana. Cuando llegaba al altar los "seres" se ponían contentos porque "su hijo" estaba de vuelta. Mis visitas la aprovechaban para cargarme de energías para "bendecirme". Para esto mi tía poseída por uno de los espíritus, me ordenaba ponerme de pie frente al altar. Seguidamente ponía una vela en mis manos y desparramaba sobre mi cabeza el agua con esencias de rosas y perfumes, que siempre había en el altar.

Otras veces me daba de tomar del agua supuestamente "bendecida" por ellos. En otras ocasiones me daban vasos preparados por los propios espíritus, los cuales balbuceaban palabras que yo no entendía al tiempo de echar el agua sobre mi cuerpo.

Hoy día y sin temor a equivocarme, pienso que ésta fue la forma en la que desde pequeño estos espíritus infernales comenzaron a hacerme víctima de sus conjuros y maleficios para así, esclavizar mi voluntad a su antojo como lo habían logrado por largos años.

En ese transcurso de tiempo en que estuve involucrado en ese peligroso submundo de lo sobrenatural, pude darme cuenta de cosas sorprendentes. Los espíritus tenían diferencias de caracteres entre unos y otros. Unos eran dados a satisfacer placeres carnales como cualquier humano. Otros fumaban, tomaban alcohol y eran violentos.

En una de esas ocasiones sucedió algo curioso, algo que me llenó de muchas dudas sobre la forma de comportamiento de estos "ángeles de Dios".

Crisóstomo era uno de estos hombres que se dedicaban a realizar cualquier tipo de trabajos con tal de subsistir y conseguir el sustento de su familia. Pero al igual que mi padre muy aficionado a la bebida. Él convivía con Tania, una de mis tías hermana de mi madre. Éstos residían en Navarrete desde hacía mucho tiempo. Desde allá Crisóstomo se trasladaba hasta la pequeña comunidad donde vivíamos, pues él era un devoto fiel de los espíritus, o "seres" que mi tía invocaba. Esa tarde yo había llegado al santuario sin consultarlo con mi madre. Llevaba conmigo algunas "cosas" que había tomado del colmado momentos antes. Ron, cigarros, velas y sin saber cómo ni por qué me había fijado en una cajetilla de cigarrillos mentolados la cual también tomé. La razón la sabría horas después.

Estando en el lugar me encontré con muchas personas de la localidad y áreas vecinas que habían acudido al altar de mi tía. Era viernes uno de los días escogidos por aquellos "seres" para dar sus "bendiciones". La tarde era calurosa pero la brisa producida por la espesa arboleda disminuían los efectos de los rayos del sol, haciendo que la temperatura fuera más agradable.

Después de haber terminado con las personas que procedían de lugares más lejanos quedamos los lugareños. Más tarde el ambiente se tornó festivo. Crisóstomo que era de temperamento muy alegre, le gastaba bromas a todo el mundo. Entraba y salía del altar. Se le escuchaba bromear, incluso con los mismos espíritus con los que hacía juegos de manos y charlaba como si de cualquier otro ser humano se tratara.

En un momento determinado el espíritu de "Olgóm", molesto con las bromas que Crisóstomo le jugaba lo mandó a salir del altar. Más tarde habiendo transcurrido cerca de media hora, otro espíritu poseyó a mi tía. Habíamos algunos charlando en el patio. Se nos avisó que nos dejarían entrar en orden hasta el altar.

El primero en ser llamado fue Crisóstomo, el cual sin poder disimular su sonrisa ingresó al cuarto y se le oyó exclamar eufórico:

—¡Cara.., yo sabía que no me iba sin ver a mi novia!

¿Novia? ¿Cuál novia si adentro sólo estaba mi tía? Y por lo que sabía Crisóstomo convivía con mi otra tía, con Tania.

Si aquello me confundió, aun más lo estuve cuando fui llamado hacia el interior del cuarto que servía de altar.

Allí sentada en las piernas del hombre estaba mi tía. Ésta, de una forma extraña esta vez, hablaba de formas y maneras diferentes a todas las anteriores. Acariciaba, besaba y trataba de forma coqueta a Crisóstomo que al parecer, gozaba ampliamente de la situación.

Mi tía poseída ahora por el espíritu de una mujer, ataviada con un elegante vestido y bien maquillada se puso de pie. Dio varias vueltas a mi alrededor. Yo que estaba parado en medio del altar, escuché cuando aquel ser hablando en lengua confusa comenzó a invocar otros nombres de espíritus al tiempo que, como en ocasiones anteriores, tomó la fuente de agua que permanentemente mantenían en el altar y dejando caer en ella cenizas de un cigarrillo que mantenía en sus dedos, la vertió sobre mi cuerpo.

Pasados unos segundos después de empaparme de agua, el espíritu de aquella mujer que decía llamarse "Santa Ana" pero que le gustaba le llamaran "Anaisa", me preguntaba que para quién eran los cigarrillos que había traído. Le contesté que no tenía la menor idea. Después me decía que si no había sentido algo extraño al tomar las "ofrendas" para ellos cuando tomé los cigarrillos. Estaba confuso y realmente sí había sentido algo extraño. Había sido como una orden interior que me había impulsado a hacerlo, pero no había tenido reparo en esto. De todas formas el espíritu de aquella mujer me dejaba saber que estaban en control sobre mí y que de esa manera, se comunicarían conmigo siempre. Realmente así ocurría.

Así de las formas más extrañas, mantuvieron dominio sobre mí incluso dejándome saber por medio de sueños y otros médium, todo cuanto debía hacer en determinados momentos.

Trascurrían las semanas y, después de la primera vez de haber asistido y participado en aquellos extraños ritos, me había acostumbrado a ellos. Era algo desconocido, embriagante, realmente estaba fascinado con aquel velo misterioso que me rodeaba. Además, me sentía privilegiado. Ellos, mis guías, me confirmaban que yo había nacido para ser "grande" poderoso. Nadie podría obstaculizar mi camino. ¡Nadie! "ellos" estarían ahí para protegerme siempre.

Mis pesadillas y "molestias" habían desaparecido. Era otra persona. No obstante sentía algo raro en mí. En mi interior. Algo que prácticamente parecía hablarme, darme órdenes. Y ese "algo", lo sentía junto a mí a toda hora, siempre.

Eran "ellos" los espíritus, los "seres" mis guías.

SIETE

EL LLAMADO DE DIOS

He aquí, yo estoy a la puerta y llamo;
si alguno oye mi voz y abre la puerta, entraré a él,
y cenaré con él, y él conmigo.
Al que venciere, le daré que se siente conmigo en
mi trono, así como yo he vencido, y me he sentado
con mi Padre en su trono.

Apocalipsis 3:20-21

En los días en que hechos extraños marcaban mi no muy común adolescencia, debo reconocer que desde entonces la mano de Dios en forma generosa, me había señalado para traerme a sus caminos y sirviera para su causa de evangelización.

Hoy día doy gracias por ello y este relato lo confirma. Previamente había estado en los caminos del Señor. Pero un caso inesperado ocurrido en una emocionante campaña de evangelización, me produjo una perturbación emocional tan profunda que desaparecí de la iglesia esa misma noche.

El lapso de tiempo ocurrido entre mi separación de la iglesia y la forma en que el Señor me llamó de nuevo a sus caminos, me permitió vivir a profundidad todo lo que el mundo me ofrecía. Los peligros, las vanidades, placeres, los deleites carnales. Todo lo que ofrecían las actividades a las que me dediqué: el espiritismo y el tráfico y consumo de cocaína.

Dios por medio de Jesús me permitió sobrevivir a todas ellas, para traerme de nuevo a sus pies. Ahora en forma más sólida, más profunda, para que dé testimonio a todo el mundo de su sin igual poder y gloria.

Corrían el decenio de mil novecientos setenta. Mi vida se consolidaba ya en el área de Navarrete. Al campo sólo íbamos algunos fines de semana. Muchos comunitarios se habían mudado hacia la zona urbana. Unos de los pocos que aún vivían en la zona, eran mis padres. Éstos nunca se inmutaron ante la idea de ver cómo uno por uno, los que deseábamos continuar con los estudios, teníamos que abandonar nuestro hogar y prácticamente "refugiarnos" en casas particulares en Navarrete.

Paradójicamente, los vecinos que antes le aconsejaban no mudarse del área, ahora eran ellos quienes abandonaban el lugar para convertirse en orgullosos propietarios de casas y negocios en las regiones vecinas. Hasta en este aspecto recibieron mis padres la envidia y la conjura de los demás. Esta desventaja nos privó a mí y a mis hermanos de las conveniencias que hubiésemos disfrutado si por lo menos hubiéramos contado con el apoyo básico de nuestra familia. Esto es, hogar, calor de nuestros padres y la alimentación adecuada que requeríamos para entonces.

Recuerdo con tristeza, que éste fue uno de los motivos para que mi familia creciera disgregada sin ese calor y amor que debía emanar de un círculo familiar.

Los tres mayores estábamos en niveles de estudios diferentes. Miguel el mayor, Olmedo el segundo, y yo el tercero, habíamos tenido que pasar por la dura experiencia de separarnos del resto de la familia para trasladarnos a Navarrete. Sólo que en la forma que sucedió afectaría nuestra formación aun después de mayores.

Este hecho perjudicó en gran manera nuestro trato, al mismo tiempo que nuestra capacidad y desarrollo como estudiantes. Miguel cargó siempre con la peor parte. Mi padre era muy rudo y mi hermano le tenía terror. En Navarrete estuvo viviendo en casa de Mercedita, una hermana de mi padre.

Ella al igual que mi papá eran comerciantes. También tenían gran similitud en ese carácter un tanto impiadoso, que a veces les caracterizaba.

Cuando mi hermano salía de sus clases, era asignado por mi tía a que atendiera un negocio de provisiones que ésta poseía en la calle de mayor tráfico en el poblado navarretense.

Al llegar el fin de semana ya de regreso al campo, nuevamente mi hermano era colocado al frente del negocio que mis padres tenían. Hoy veo con justificadas razones los motivos por los cuales mi hermano no lograba buenas calificaciones cuando presentaba sus exámenes. Y con suficiente afán de vida ¿a quién no le sucedería lo mismo? A mi padre esto no le importaba. El hecho de que Miguel no aprobara sus materias, era motivo más que suficiente para darle rienda suelta a sus frustraciones.

Yna nuestra madre, llegó a temer que un día sucediera una desgracia. Por tanto tomó la decisión de hacerlo enlistar en el ejército, aun con una edad y formación física insuficientes para tan duras tareas. La vieja lloró cuando llegó el día de la partida. Ahora venía un reto más, Olmedo y yo, que a duras penas, luchábamos por mantenernos estudiando.

En mi familia no se conocía otra religión que no fuera la católica. Y yo no sabía entonces que existieran otras, ni a qué Dios ellos adoraban. Lo que sí desde niño sabíamos era que no había otra religión fuera de la de nosotros. Que era malo escuchar de otras religiones y asistir a otras iglesias porque era pecado.

Así pensábamos y así continuamos hasta que hoy día admito que el Redentor tenía conmigo sus objetivos prediseñados, que sus planes eran encausarme por otros senderos.

En el campo donde vivíamos también residía una hermana de mi padre con su familia. Ésta fue más visionaria y disuadió a su esposo, que para entonces se había alistado como policía, para que se mudara a Navarrete.

Para ese entonces Arturo el político aquel que embaucó a mi padre con negocios que lo llevaron a la quiebra, tenía amplias relaciones en los círculos militares. Todo lugareño que quería enlistarse como militar, sólo tenía que hablarle a mis padres y éstos a su vez le hablaban al político. Creo que éste fue el único "beneficio" que pudo sacársele al personaje. Del lugar casi todas las familias tienen un miembro que pertenece o perteneció a una de las distintas ramas policiales o militares del país.

Uno de los hijos de mi tía y yo fuimos prácticamente inseparables. Desde las butacas de nuestra escuela primaria en el campo, veníamos compartiendo la niñez y adolescencia, que gracias al esfuerzo de sus padres, para él y sus hermanos fue más promisoria que la nuestra.

Vivíamos juntos en el mismo vecindario. Estudiamos en la misma escuela de la comunidad, en la misma secundaria y además fuimos a la misma universidad. Compartimos las travesuras propias de nuestra edad. Las corridas en bicicletas y los baños diarios en el legendario río Yaque del Norte donde nos encaminábamos todas las tardes después de las clases.

Juntos desde entonces, Dios obraría por circunstancias muy extrañas, pero idénticas, para traernos a su camino de redención. El Señor se vale de muchos medios y de muchos caminos para atraernos hacia Él.

Mi primo de buenas a primeras comenzó a perder clases. Nadie sabía qué ocurría. Sólo que se había enfermado repentinamente. Lo de la enfermedad era más extraño aún, pues los médicos supuestamente no encontraban las causas del extraño mal que le aquejaba.

Todos los medios de la ciencia moderna habían sido agotados. No obstante a esto el enfermo seguía empeorando. Por momentos era poseedor de fuerzas sobrenaturales incompatibles con su estado físico. Su cuerpo estaba inflamado de tal forma que los médicos ya no tenían más qué hacer y lo habían enviado para su hogar. Allí comenzó a funcionar lo que no funciona en la ciencia médica, lo sobrenatural.

Los hechos que acontecieron con mi primo y su familia de ahí en adelante, es como para hacer un trabajo de edición separado. Manifestaciones extrañas se sucedían una tras otra en el organismo del enfermo. Las visitas a una curandera por los alrededores de Puñal, una sección de la ciudad de Santiago, comenzaron a esclarecer la oscura situación de la familia.

Éstos habían sido víctimas de un maleficio. Según las versiones, mi primo había encontrado "algo" frente a su casa y al cogerlo, desde ese momento su vida cambió drástica y peligrosamente. Pero no fue hasta que Core, otra hermana de mi padre que ya conocía del Señor, tomó cartas en el asunto. La tía tomó al enfermo y a su madre y asistieron a una campaña de evangelización, que para entonces, el conocido Yiye Ávila, ofrecía en República Dominicana.

Mi primo fue liberado esa noche de la mano de los poderes infernales que lo aprisionaban. El poder de Jesús se manifestaba de nuevo. Así también, años después, se habría de manifestar en mi vida para traerme a sus caminos de paz.

Después de cierto tiempo mi primo se reincorporó a las clases. Nuestra relación siguió como de costumbre. Donde iba uno allí iba el otro. Y poco a poco aunque a escondidas de mis padres, comencé a perder el temor que me inspiraba solamente pensar en visitar otra iglesia que no fuera a la que estaba acostumbrado.

La iglesia Evangélica de Navarrete, estaba dirigida por un joven pastor de nombre José Reyes, a quien fui presentado. Amistoso, delgado y siempre con un chiste en sus conversaciones, logramos consolidar una estrecha amistad que hoy día aún perdura. Esa relación fue estrechándose más al transcurrir los días. Pruebas para ello no faltaron.

José era uno de esos jóvenes que aunque no tuviera el aspecto de religioso que regularmente conocía, estaba consagrado totalmente a la vida cristiana. Aquello era totalmente diferente para mí. Era algo que hasta entonces no conocía.

Al asistir a los primeros cultos como era de esperarse, todo me pareció extraño. El ambiente no era al que desde niño estaba acostumbrado. Allí no habían cuadros con los "santos". Tampoco habían velas encendidas y me sentí extraño.

Aun así aquello me impactó. Estaba ante algo totalmente diferente. Cuando asistía a las misas con mi madre era como ver la repetición de una película en donde siempre ocurría lo mismo. Las mismas palabras, los mismos actos, ¡todo!, siempre igual. Sólo que en este lugar las cosas eran totalmente diferentes ante mis ojos. Todos en forma independiente oraban solemnemente. Pero, ¿orar? ¿qué significa eso? Yo sabía lo que era rezar, repetir oraciones que leía en el catecismo católico, pero ¿orar?

Para mí lo más impresionante fue ver lágrimas en los ojos de aquellos que "oraban". No entendía cómo lograban ese fervor tan grande al "hablar" con Dios, que incluso los hacía llorar. Esto para mí era nuevo, totalmente maravilloso. Yo quería sentir aquello pero yo no sabía orar.

Siempre comentaba todo con mi madre. Ella al ver el entusiasmo con que le narraba mi experiencia, aunque no lo aprobaba, no se opuso a que siguiera visitando la iglesia. Le comentaba que para una persona llegar a las lágrimas, era porque realmente sentía de manera profunda todo cuanto expresaba y eso yo nunca lo había visto en nuestra iglesia.

Así continué entre mis clases y asistiendo tímidamente a mi nueva iglesia hasta que comenzaron los problemas. Yo había recorrido ya varias casas de familiares y amigos de mis padres. Mi temperamento me había hecho inaguantable donde quiera que llegaba. Nunca me dejaba dominar por nadie. No acataba órdenes de nadie, era totalmente rebelde. En los hogares en que estaba optaban por llamar a mis padres, que ya no hallaban qué decidir conmigo.

Ahora el problema que enfrentaba esta vez era que la familia donde mis padres me enviaron, formaba parte activa de la iglesia católica y éstos parece que no aceptarían un disidente en su hogar. Por lo tanto comenzaron a presionarme. Querían que dejara de asistir a la iglesia evangélica pero como siempre no me dejaría.

La situación se tornó difícil para mí. Hasta me habían prohibido salir después de las ocho de la noche hora en que regularmente visitaba la iglesia. A mi primo lo acusaban de ser el culpable de toda la situación creada y de inculcarme ideas "raras" que me estaban trastornando.

Una noche aun a pesar de la advertencia que me habían hecho, me fui a la iglesia por encima de toda oposición. Tenía una peculiaridad, era que mientras más me prohibían algo era como si me dijeran que la hiciera. Esto me trajo problemas después de alcanzar más edad. Esa noche la decisión que tomaría sería más riesgosa. Estaba decidido a irme de la casa. Pero ¿para dónde? La pregunta tuvo respuesta esa misma noche en la iglesia.

José Reyes, el pastor al cual ya me unía una sincera relación amistosa, me ofreció una habitación de la casa pastoral ubicada detrás de la iglesia. Aquello resolvía mi situación momentáneamente. Así nos mantuvimos por un largo período en que este varón de Dios, incluso se veía precisado a compartir su comida con un "huésped" que había llegado de imprevisto.

Con José aprendía entonces los primeros pasos del mundo cristiano. Ahora estando en la iglesia permanentemente, participaba en todos los cultos y estando bajo la protección y orientación del pastor, mi vida como cristiano crecía rápidamente. Para entonces, José, mi primo y yo, formábamos el trío de fuego, que imprimía ánimo a las actividades de la iglesia.

Dirigido por el inquieto y joven pastor, se había creado un grupo de poesía coreada, que estaba dejando sus huellas en el área. En poco tiempo el grupo se dejó sentir por doquier.

Atendíamos invitaciones para presentarnos desde lugares tan distantes el uno del otro, como la ciudad de La Vega, Monte Cristi y Puerto Plata.

Lamentablemente un mal día apareció la mano del maligno. Éste extendiendo sus garras de destrucción y quizás aprovechando mi poca experiencia como cristiano y encolerizado al parecer, por el éxito que veníamos teniendo, alcanzó un miembro de una iglesia invitada por nosotros para que nos acompañara en una campaña de evangelización en un poblado cercano al nuestro. Ésta no sería la primera decepción a que me vería sometido dentro de la iglesia.

Asistimos a una campaña de evangelización programada en la sección de Estancia del Yaque, una comunidad situada unos siete kilómetros entre Santiago y Navarrete.

El pastor Reyes, en su afán de cumplir con la gran comisión de: "id por el mundo y predicad el evangelio a toda criatura", programó esta actividad en la ciudad vecina. Para ese día, había invitado a dos "hermanos" de una iglesia del área de Puerto Plata.

La tarde caía cubierta de una estela de nubarrones grises que presagiaban lluvia. Aun así, el culto que se haría al aire libre, próximo a la intersección de dos calles fue glorioso. Habíamos preparado una tarima con altoparlantes. Desde allí el pastor y los expositores se dirigieron a los presentes. El Señor tal parece que para bendecir la tarde por los que habían entregado su vida, la coronó con una llovizna que los agricultores de la zona recibieron con júbilo.

Sólo que el regalo fue muy grande, porque de llovizna se convirtió en un cerrado aguacero que dificultó nuestra salida del lugar. Ya entrada la noche y notando que el agua no se detenía decidimos iniciar nuestro regreso.

Lamentablemente el vehículo que estaba supuesto a recogernos en el lugar, no cumplió con lo acordado. Al menos se había hecho difícil penetrar hasta donde estábamos, por lo que debimos regresar a pie hasta Navarrete en medio del torrencial aguacero. Pero para nosotros, al menos para mí, la experiencia era maravillosa. Difícil de describir con palabras.

El pastor siempre con sus salidas de humor nos animaba diciendo que el Señor quería que hiciésemos el sacrificio completo y por tanto debíamos de regresar a pie. Lo real de la situación era que aquello sí se había constituido en un verdadero sacrificio, pues el trayecto que nos separaba de la autopista, arteria vehicular que une las ciudades del área, era casi infranqueable.

En aquella época se estaba construyendo precisamente una entrada hacia el sector para facilitar el paso de los vehículos y el fácil acceso a los comunitarios. Sólo que, los vehículos de transporte pesado, usado en la construcción de la vía habían acumulado enormes cantidades de tierra al borde del camino. Esto, unido a la pertinaz llovizna convirtió toda el área en un extenso terreno fangoso, que por ratos hacía penoso nuestro andar.

No obstante, el gozo que nos envolvía era inmenso. Al menos el que yo sentía era maravilloso. La noche era oscura y sólo nos permitía ver nuestros rostros, gracias al intenso relampaguear que surcaba el vasto firmamento.

En un momento determinado el escenario que nos envolvía en aquellos momentos, me brindó tanto regocijo espiritual que junto con los cánticos de himnos y alabanzas, convirtieron el momento en uno de los más inolvidables de mi vida. Sólo que esa felicidad indescriptible de supremo regocijo, no duraría más que unos escasos minutos.

Aquel gozo indescriptible con palabras, provocaron que de mis labios saliera una expresión que no era más que fruto del sublime momento que vivía en ese instante. Lo que nunca pensé fue que la felicidad que me embargaba molestaría a alguien dentro del grupo, y que lo llevaría a herir mi suceptibilidad, de tal manera que destruyó en aquel momento toda la felicidad que me embargaba, sepultando el primer gozo significativo que mi alma había experimentado.

Continuábamos la marcha hacia la autopista. El aguacero aunque no tan fuerte como al principio, no cesaba. Estábamos empapados por completo. Los arroyos de los alrededores se habían desbordado. El reducido grupo donde yo venía estaba a punto de salirse de una pequeña hondonada, uno de mis zapatos se había atascado en el fango. Mi primo iba cerca de mí. Sentíamos cómo las aguas, incontenibles, corrían por nuestros pies. Aquella situación nos obligaba a tomarnos por momentos de las manos unos y otros para evitar caer al suelo.

En un momento en que mi éxtasis espiritual parecía haber llegado a su clímax y guiado por la emoción de los himnos que bajo la lluvia se interpretaba, quise hacerle una confidencia a mi primo que salió de lo más profundo de mi ser. Sólo fue un diálogo pequeño, pero hecho con el alma:

—Primo, ¿te digo algo? en un momento como éste es que a mí me gustaría ir a la presencia del Señor.

—¿Cómo así? —repuso éste.

—Me refiero, a morir. Sé que si muriera, si las aguas me arrastraran conocería a Dios inmediatamente. Siento tanta tranquilidad y tanta paz que no tendría miedo de morir ahora mismo.

Hubo un silencio profundo. ¡Absoluto! Sólo se escuchó un amén de mi primo, y luego el sonido peculiar del agua al deslizarse atropelladamente bajo nuestros pies. De pronto una carcajada sonora se dejó escuchar, cambiando de un golpe la sublime experiencia y la magia de aquel momento maravilloso que segundos antes se manifestaba en mí.

Fue una voz grotesca y burlona que se dejó escuchar para marcar en forma indeleble toda mi vida desde ese momento en adelante.

—¡Ja, ja!, es verdad que los muchachos no saben lo que dicen. Cállate y no hables tonterías, que tú no sabes lo que has hablado. Tú no tienes experiencia para decir eso. ¡Qué sabes tú de Dios para hablar así!

Al escuchar aquello pareció como si un silencio de muerte hubiera caído sobre mí. Quedé mudo. No encontré qué hablar. Sentí vergüenza, ¡Sí! ¡Una gran vergüenza! Quería desaparecer del lugar en aquel mismo instante. Sentía que mis piernas se ponían pesadas, que no respondían. Escuché el murmullo y las risas entredientes de otro. ¿Qué había dicho mal? ¿Por qué la burla?

El impacto en mí fue fulminante. Dentro de la oscuridad no me fue difícil disminuir mis pasos y dejar que todos se adelantaran. Los escuchaba alejarse. Mientras yo quería desaparecer de todos los alrededores. Ya no los escuchaba se habían marchado. De pronto sentí miedo. Había vuelto a sentir temor como todo mortal. Ahora tenía miedo de morir.

Caminé varios kilómetros por la solitaria carretera. De pronto sentí que un vehículo aminoraba su marcha unos pasos delante de mí, con la intención de que le diera alcance. Pero, para como estaba emocionalmente, lo que menos yo quería era retornar a tiempo.

El conductor se sorprendió más cuando rechacé la oferta y no subí al vehículo. Realmente ya ni quería llegar. Sabía que tendría que regresar a la iglesia. A la casa pastoral donde también iba a estar alojado el que momentos antes me había humillado. Solitario quedé allí, en medio de la oscuridad. Una oscuridad que prefería fuera eterna para no mirar jamás el rostro de nadie. Ya ni el agua, ni el frío que antes pudo haber hecho tiritar mi cuerpo me importaba.

Horas más tarde, cabizbajo, después de un lento y triste caminar, había recorrido la distancia que me separaba de las dos comunidades. No me había importado que los vehículos a esas horas pasaran cerca de mí y que unas veces se vieran precisados a tocar sus bocinas para evitar atropellarme. Sólo deseaba que nadie notara mi llegada para así a escondidas, recoger mis pertenencias de la casa pastoral y largarme para siempre. Y exactamente eso fue lo que esa noche hice.

OCHO

ESOTERISMO - NUEVA MÉDIUM - NUEVOS ESPÍRITUS - NUEVOS PELIGROS

El deseo, siempre impulsa al hombre a seguir hacia adelante.
Desilusionado de una cosa, busca otra.
Pero, en ninguna de ellas obtiene satisfacción,
pues todas, tienen dolor y sufrimiento.

H. T. Hamblin

Después de la decepcionante experiencia que había atravesado, de lo que menos quería oír hablar, era de iglesias. Las palabras expresadas por aquel "hermano cristiano" habían quedado grabadas en mi mente, como cuando se marca algo con tinta endeleble, que se hace imborrable por siempre.

A veces, sólo recordar este hecho me llena de tristeza profunda. Hoy al compararlo con casos que he tenido que enfrentar dentro de la propia iglesia en Nueva York, hacen que actúe con cautela. Esto obliga a uno a estar en guardia permanente a la espera de ver de qué dirección vendrá el próximo ataque. Ejemplos tengo bastantes para graficar los casos.

Cuando por anuencia del Señor, expuse en mi iglesia los planes para levantar mi ministerio, el gozo en los cristianos reales no se hizo esperar. La mayoría recibieron la noticia con agrado. Muchos se ofrecieron a cooperar dando su apoyo en todos los aspectos, pero así también, en muchos se vio claramente el malestar.

La iglesia para entonces, atravesaba por una lastimosa crisis de liderazgo, esto hizo tambalear sus cimientos morales y espirituales de una manera peligrosa. La situación me tenía totalmente decepcionado. Creo que con la nueva etapa de cambios y transición que vivía en esos días, lo que menos necesitaba era encontrarme tan penosa situación de quienes estaba supuesto a aprender. Gracias al Señor, hoy día, las experiencias vividas dentro de la iglesia y lo aprendido de cada situación me han permitido conocer las múltiples formas que usa el maligno para tronchar el ánimo de los que han sido llamados a la senda del Señor.

Recuerdo que la noche del incidente de la campaña, fui el último en llegar a Navarrete y por consiguiente a la iglesia. En la localidad había un apagón general. Al parecer, el tendido eléctrico, dado lo fuerte de las lluvias, había recibido serias averías. Esto facilitó mi entrada y salida de la casa pastoral con tan sólo algunas cosas imprescindibles que tomé en la oscuridad.

En esa época mis abuelos por parte de mi madre, Anita y Marcelino se habían mudado del campo hacia Navarrete. Esa noche, para mis abuelos con su tradicionalismo católico, fue una oportunidad para dejarme ver lo "errado" que estaba con esa "otra" religión, y al mismo tiempo, recibirme en su hogar. De todas formas no puse objeción alguna a la andanada de reproches. Y eso que si hubiese llegado a contarle lo que acababa de pasarme hubiera sido peor.

Hasta allí había llegado para mí lo que había significado la iglesia. Nunca desde entonces, tuve deseos de acercarme a congregación alguna. Pero el Señor obraría de extrañas maneras, trayéndome de nuevo a sus caminos. Ahora era poseedor de una convicción cristiana profunda, más serena. Ahora seguía el llamado de Jesucristo.

Había pasado ya un buen tiempo desde que me había apartado de la iglesia. Pero algo extraño ocurría en mí. Había un vacío que no encontraba cómo llenar. Me gustaban las cosas fuera de lo normal. Siempre estaba indagando, coleccionando relatos de casos extraños.

De buenas a primeras, me vi involucrado en movimientos de estudios esotéricos, que en el año 1976, se habían hecho muy populares en toda la República Dominicana. En esa época venían a Navarrete desde Santiago, instructores del Movimiento Gnóstico Universal. Un grupo que promovía la "superación del ser", a base de meditación profunda y varios tipos de prácticas poco comunes. Allí fui a parar.

El entusiasmo entre estudiantes de la universidad y otros sectores de la población por aquellos extraños temas nos traía subyugados. Civilizaciones antiguas, objetos voladores no identificados (ovnis), prácticas para salidas astrales, etcétera, formaban parte de aquella nueva aventura en la que me había embarcado esta vez. Trataba de complacer aquella curiosidad casi morbosa, que me obligaba a seguir urgando, rebuscando "algo" que no alcanzaba a definir y mucho menos a encontrar.

Los meses transcurrían y mi costumbre de asistir al altar de mi tía, era como si formara parte de mi vida misma.

Estas obligadas visitas iban alternadas con mis prácticas de esoterismo, a las cuales ahora le había anexado mi suscripción a la Orden de los Rosacruces, una institución que se dedicaba también a la "búsqueda de la verdad" por medio de las enseñanzas místicas.

En una de las visitas al santuario de mis "guías", uno de los espíritus me dejó saber que dentro de un tiempo no me verían más en el santuario de mi tía. Que por un tiempo no utilizarían su cuerpo, pero que me dejarían saber el momento indicado para hacer contacto conmigo de nuevo. Aquello me extrañó por completo. No entendía nada. Sólo años después, vine a comprender lo que aquello significaba.

Hacia los años 1980-81, cuando por medio de un tórrido romance con una joven de Navarrete que laboraba como secretaria de unas oficinas en Santiago, escucharía de un lugar donde se decía, existía una mujer con poderes sobrenaturales y facultad de adivinación asombrosa. Ésta, según los relatos que escuchaba, tenía clarividencia, o poder para adelantar y relatar hechos acaecidos o eventualidades futuras, con precisiones increíbles. No importaba el lugar de donde viniera la persona, ni si la conocía o no. Igual podía relatar hechos secretos de su vida y alertarlo sobre sucesos por acontecer. El lugar estaba ubicado a unos siete kilómetros de la ciudad de Santiago. Al comienzo, pero en la misma carretera, del municipio de Tamboril.

Dentro de nuestro grupo de tertulias diarias, el número mayor, era de mujeres. Todos trabajábamos en distintas dependencias. Para entonces, yo era supervisor de Salud Pública en toda el área rural de Navarrete. Después de nuestras jornadas de trabajo, nos reuníamos para pasar balance a nuestras actividades y para programar lo que haríamos el fin de semana siguiente.

Algunos de los del grupo, como yo, trabajábamos y estudiábamos simultáneamente. En esa época yo formaba parte del estudiantado de la Universidad Católica Madre y Maestra de Santiago. Había escuchado en conversaciones fuera de aulas, que habían estudiantes que "consultaban" con una "adivina" cómo les iría en los exámenes y cómo marchaban sus asuntos particulares. Aunque me interesó la conversación, jamás imaginaría que se trataba de la misma mujer que mis amigas de Navarrete conocían.

El descubrimiento de la nombrada "adivina", se guardaba muy celosamente. Aunque en nuestros países caribeños es común la práctica del espiritismo, la santería y ese tipo de cosas que conlleva la invocación de espíritus no pertenecientes a nuestro mundo físico, tampoco es menos cierto, que las personas asiduas a estos lugares tratan de mantener en el anonimato sus actividades. La razón es sencilla. Aunque lo hacen y reciben los "supuestos beneficios" de los espíritus, no quieren que nadie lo sepa.

Una tarde, insistiendo con mis amigas para que me informaran sobre el lugar, éstas accedieron a tomarme una "cita". Lo de la cita me pareció extraño, pero al inquirir sobre ello las muchachas me informaban que era debido a la cantidad de personas que allí acudían día por día. Por tanto, tenían que limitar la cantidad.

Fue un lunes cuando me entregaron un boleto. En el mismo había escrito un número y una fecha. Era el número de orden y la fecha en que debería de presentarme al lugar. Sentí gran extrañeza, pues, la fecha inscrita en el boleto era para quince días después del día en que la había recibido. Se me advertía además, que debido a la gran cantidad de personas que acudían, nadie me aseguraría que ese mismo día me podría ver con los espíritus de aquella médium.

Según se comentaba, se daban casos de posesiones terribles de espíritus sobre los humanos y que, algunas veces, se veían precisados a suspender las "consultas". Entonces a las personas se les invitaba al siguiente día, pero se acumulaban con los del día siguiente. Más tarde, cuando se iniciaban de nuevo los "trabajos" se le daba prioridad a aquellos que más necesitaran de la ayuda de estos "enviados divinos".

Aun a pesar de que vi mucha dificultad de este nuevo reto, no me desanimé. Algo muy dentro de mí parecía decirme que debía vencer todo obstáculo y llegar a este lugar.

Por las noches, en nuestras obligadas tertulias, sólo se hablaba acerca de las cosas asombrosas que en el lugar cercano a Santiago sucedían. Nuestras tertulias eran aprovechadas por mi novia y yo para vernos, pues su madre, escuchando los comentarios que de mí se hablaban, pensaba que no era un buen partido para su hija. Entre otras cosas, porque era muy mujeriego. No obstante a la oposición de su madre, continuábamos viéndonos.

Así en aquellas tertulias y encuentros furtivos, continuaban las historias sobre la mística "adivina" y los "prodigios" que los espíritus por medio de ella realizaban.

Los relatos que escuchaba, me traían fascinado. Pero aunque escuchaba a mis amigas hacerlos, no me atrevía a comentar acerca de mi relación real con aquellos seres etéreos. No creía que era tiempo para que se enteraran de los nexos que existían entre éstos y yo. Por tanto, les hice creer que la curiosidad era el motivo principal de mi interés.

Yo no tenía temor, pero alguna de ellas sí. Aunque eran muy dadas a estar "visitando altares", también era cierto que como muchas personas sentían temor de adentrarse en las profundidades de aquellas fuerzas desconocidas. Varias de ellas confesaban que tenían miedo de todo lo que los espíritus le decían. Incluso, no se atrevían a ingresar solas al altar.

Unas alegaban que la impresión que les producía aquella oscuridad, sólo quebrada por las débiles llamas de las velas que alumbraban la misteriosa habitación y los innumerables cuadros y pequeñas estatuas de cuantos santos se conocían, le producían un miedo profundo. Esto sin incluir las extrañas facciones que adquiría el rostro de aquella mujer, la cual según ellas, se transformaba de una forma temerosa.

Me preguntaba, si tendrían que ver algo estos espíritus con los que años atrás me habían bautizado como "hijo" en el altar de mi tía. Cuán lejos estuve de saber que mi impertinencia de querer llegar a aquel lugar donde se hacían invocaciones a estos "seres del más allá", vendrían a convertir mi vida en una especie de hombre "zombie", que sólo obedecía y escuchaba órdenes de los que aparentemente ejercían control sobre mi voluntad.

De esta manera me vi participando en innumerables casos y hechos poco comunes. Totalmente ajenos de la realidad que nos envuelve en la vida diaria. Unas veces, mi participación se limitaba a ser testigo de estos casos. Otras tantas, como parte activa de los mismos. Para mí en ese entonces, me parecían designios obligatorios por parte de estos "enviados de Dios". Así nos lo hacían creer estos seres diabólicos, y así, se los hacía saber yo a los demás.

El día anterior al señalado para mi cita, me encontraba sumamente nervioso. Las razones eran enexplicables. Yo las atribuía al deseo que sentía para que, por fin, aquel día llegara. Lo extraño era que venía teniendo pesadillas y sueños extraños noches antes de mi cita. Como me habían señalado mis "guías" años atrás, siempre llevaba conmigo las imágenes de algunos de ellos. Por tanto, en la pensión donde ahora residía en Navarrete, en un pequeño y discreto espacio de mi cuarto tenía ordenado las imágenes y cuadros de mis guías. Velas encendidas, incienso y flores, nunca faltaron.

Unos meses atrás, había sido nombrado como supervisor de promotores de salud pública para nuestra área rural. Un comisionado de la secretaría del gobierno, buscaba un líder comunitario que tuviera capacidad de liderazgo y don de mando para implementar soluciones independientes en la zona. Allí se llevaría a cabo un programa de medicina preventiva en el área rural y necesitaban una persona con esas condiciones.

Al preguntarle al director de la escuela de la comunidad Víctor Adames, quien había sido mi profesor, optó por recomendarme. Junto a las actividades que debía de realizar en el campo, tenía que prestar servicios en horas de la mañana en el hospital de Navarrete en el área de estadística.

El día de mi cita con la espiritista, acordé con Librado Disla, un compañero de trabajo de mi misma comunidad para que cubriera en el hospital las horas que estuviera ausente. Hice el arreglo y disponiendo mi reloj despertador para las cinco de la mañana, para esa hora, ya debería estar de camino hacia el lugar. Tenía que estar en el centro de espiritismo a más tardar a las seis en punto. En esa época tenía una moto para realizar mis tareas de supervisión.

El reloj cumplió a cabalidad su cometido. Su insistente repicar había rasgado el silencio de aquella hermosa mañana. A primera instancia no tuve intenciones de levantarme. Pensé quedarme entre la tibieza generosa que producían las colchas de mi cama. En los días de diciembre, las cálidas temperaturas de nuestro clima tropical, algunas veces bajan considerablemente. Pero sobreponiéndome al momento me puse de pie. Quería ver si aquella espera realmente había valido la pena.

Todo estaba oscuro. La fuerte y helada brisa golpeaba inclemente mi rostro en el que apenas percibía sensibilidad alguna. En el trayecto tuve que hacer un alto en el camino para tomar un sorbo de café caliente. Regularmente, en República Dominicana como en otros países hay paradas para las ventas de comidas a todo lo largo de sus carreteras.

Allí al igual que los innumerables viajeros que se dirigían hacia distintos puntos del país, había hecho un alto en el camino. Reanudé la marcha ahora acompañado de una llovizna que hacía más dificultoso andar con la helada brisa y la niebla de aquella mañana.

Llevaba recorrido unos kilómetros, cuando se presentó un percance que hoy día, pienso que debí tomarlo como aviso del Señor en claro mensaje de disuación y así evitarme caer en las garras diabólicas en que me vi de ahí en adelante. Pero tal parece que para castigar mi terquedad, dejaría que pasara situaciones de verdadero terror, miedo y peligro, para rescatarme después y dejarme ver la misericordia de su amor.

Era cerca a la ciudad de Santiago. Trataba de ganar el tiempo que había perdido en la pequeña parada para vehículos. Por tanto aceleraba al máximo la moto que al parecer daba todo cuanto podía. De pronto la máquina se detuvo en seco. Fue como un golpe brusco, peligroso que de forma imprevista detenía la marcha de la máquina en medio de la autopista.

Sin atinar qué hacer, quise accionar el pedal del freno, pero la motocicleta no respondía. Tuve miedo con la velocidad a la que me desplazaba y con la rueda trasera atascada, sólo segundos para darme cuenta de lo que pudo haber ocurrido si hubiese caído al pavimento. Con la autopista mojada se había hecho más riesgosa la maniobra. Pero increíblemente nada me había ocurrido.

Después de tratar de componer la máquina a la que se le había atascado la cadena de tracción en la rueda trasera, reinicié la marcha.

Al llegar a Santiago, dirigí mi rumbo hacia el lugar indicado: el poblado de Tamboril. Para entonces ya mis manos y rodillas estaban entumecidas por el castigo de la brisa y la llovizna que caía inmisericorde. Por momentos me preguntaba ¿qué locura estoy haciendo? ¿qué rayos busco a estas horas de la mañana en calles tan oscuras?

Habiendo tomado la maltrecha carretera rumbo al poblado de Tamboril y después de haber recorrido una distancia aproximada a los siete kilómetros como me habían indicado, observaba a ambos lados de la calle tratando de encontrar la casa con las descripciones que tenía. La lluvia continuaba golpeando mi rostro por lo que había tenido que reducir la marcha.

Después de unos kilómetros recorridos, y estando a unos metros de distancia alcancé a observar lo que creí, y estaba en lo cierto, era la residencia buscada. La casa, una amplia construcción con marquesina doble y verjas frontales elevadas estaba llena de vehículos a ambos lados de la vía que la cruzaba al frente. De inmediato me desmonté en forma discreta en medio de aquellos carros estacionados. Todo seguía a oscuras.

Introduciendo mi moto en la marquesina por un lado adyacente, tuve temor de presentarme en las condiciones en que me encontraba. Parecía como si me hubiesen rescatado de una inundación. Estaba totalmente mojado y tiritaba de frío. Pasaron unos minutos, trataba de ver si recuperaba un poco de calor corporal, pero era inútil. Me dispuse entonces a ingresar a un salón de espera ubicado en un costado de la amplia casa.

Algunos de los presentes, quizás por la apariencia que presentaba en aquellos momentos, me miraron con desdén. Dándome cuenta rápido de la situación, sólo atiné a musitar un tímido "buenos días" que, apenas fue contestado. Por las miradas que me daban, me sentí como el hazmerreír del grupo. Tuve deseos hasta de marcharme, pero no. Yo ya estaba allí y sentía algo que me hacía aferrar más al interés que me había movido a llegar. Ahora estando en aquel lugar una fuerza desconocida se removía dentro de mí.

Los primeros minutos que pasé después de mi llegada, me permitieron escudriñar con detenimiento cada una de las personas que se encontraban allí. Algunos de ellos, por su manera de vestir y por los vehículos que minutos antes había visto al frente de la residencia, me dejaban convencido de que realmente esta mujer era visitada por personas poderosas de diferentes sectores del país. Otros, con ropas sencillas, marcaban el contraste con las finas vestimentas de algunos. Pero a todos los unía una sola meta: lograr una cita con los espíritus.

De todas formas la cantidad de personas reunidas en el lugar dejaban claramente de manifiesto lo enraizado que estaba este tipo de práctica dentro de los distintos grupos de la "sociedad" de nuestro país.

Otra cosa que pude notar y que ya después de familiarizarme con aquel mundo de prácticas ocultas, no me pareció extraño fue la frecuencia con que personas de reconocida fama asistían al lugar para consultar con los "seres".

Abogados de renombre, artistas conocidos, destacados empresarios y personas del sector oficial como militar se daban cita en la casa de la espiritista. Éstos, aunque trataban de pasar desapercibidos en el lugar, sus autos con placas oficiales estacionados al frente de la residencia los delataba.

Después de unos minutos la claridad de la luz natural anunciaba la presencia de un nuevo día. Todos estábamos a la espera de los acontecimientos que se avecinaban. A eso de las seis de la mañana, se escuchó el sonido peculiar de una puerta al abrirse. Era un hombre de aspecto juvenil que sin decir ni buenos días pidió los boletos a todos los que allí estábamos. El joven resultó ser el esposo de la "famosa señora" a la cual no alcanzaba ver por ninguna parte.

Al pedir los boletos, comenzaron los problemas. Del día anterior había una buena cantidad de personas y éstos tendrían prioridad sobre los que habíamos llegado. Pero no teníamos opción, esa eran las reglas. Yo hube de sujetarme a las mismas a pesar de tener el primer número para ese día, me colocaron cinco personas por encima de mí porque estaban desde el día anterior. Según había escuchado el espíritu que se posesionaba del cuerpo de la médium atendía por turnos. Sólo la cantidad de cinco personas eran atendidos en cada turno. Supuestamente lo hacía para darle descanso al cuerpo de la mujer.

Llegado el momento previo a las consultas, hizo aparición detrás del hombre una joven mujer de no más de unos cinco pies y cuatro pulgadas de estatura. Su piel oscura como la noche y su mirada tan escrutadora como profunda, petrificaban a cualquiera. La mujer parecía estudiar minuciosamente a cada uno de los que allí estábamos deteniéndose por leves segundos y saludar a los que conocía. En aquella inspección visual su mirada llegó hasta el lugar donde yo me encontraba. Por unos segundos se quedó observándome fijamente. Podría honestamente afirmar que por unos instantes sentí temor.

Mi cuerpo fue sacudido entonces por una sensación muy extraña. La mirada de aquella mujer pareció petrificarme en mi asiento dejándome turbado momentáneamente. Luego sonrió levemente desapareciendo por el pasillo de la amplia residencia, con la misma rapidez con la que había aparecido.

Quedé sumido en mis pensamientos. Aquella mirada tan extraña parecía haberme llegado hasta los huesos. Si lejos tuve en aquel momento que esa era la famosa mujer, o la "adivina" —pues la creí con más años— más lejos tendría, que por medio de aquella mujer que servía de vehículo a las fuerzas más oscuras de las tinieblas, iba yo a conocer las interioridades del infierno. Llegar a enterarme de la manera como actúan los espíritus inmundos sobre el ser humano. Y cómo éstos, van dejando una estela de destrucción y dolor sobre todo lo que se pone en su paso.

Después de casi una hora de espera, la pareja, compuesta por la médium y su joven esposo salió de la residencia dirigiéndose entonces hacia un pequeño cuarto ubicado a unos metros en la parte trasera de la vivienda.

En el cuarto adonde se dirigió la pareja, se notaban características peculiares, tanto en su simpleza como por los materiales usados en su construcción.

Ya dentro del mismo pasaron unos diez o quince minutos que al parecer fueron de preparación. Luego se escuchó el peculiar sonido de una campanita que para mí sonó familiar. Esto trajo recuerdos a mi mente de los ritos en que había estado con mi tía varios años atrás. Pensé de inmediato si tendrían la misma manera de actuar o si los "caballos" o "médium" actuaban todos de igual manera.

De esas inquietudes pude obtener respuesta a través de los años cuando me adentré en este mundo peligroso, infernal. En él conocí las distintas características de ejercer el mal de estos engendros del mismo infierno. Algunos espíritus son malos. Otros son peores. Cada uno se "agrega", se adhiere al humano que resulte idóneo a sus características y maldades.

Después de unos minutos la puerta del pequeño "bohío" se abrió a medias dejando escuchar una voz carrasposa y lúgubre que en el exterior se percibía claramente.

Por la puerta entreabierta de aquel cuarto, construido con maderas de palma techado con hojas de caña, se dejaba ver la figura del esposo de la médium. Éste con fuerte voz, gritaba el número de la primera persona que pasaría a "verse" con el espíritu de "San

Miguel" como el ser se hacía llamar. Quien poseía el número, era una joven abogado de Santiago que momentos antes se quejaba de que si no se iniciaba rápido la sesión, llegaría tarde a sus oficinas.

Ya dentro del cuarto todo era misterio. Afuera, impacientes esperábamos a ver qué ocurría con la joven. Unos quince minutos después, en un tiempo que parecía no transcurrir, apareció de nuevo el esposo de la mística mujer. Ahora traía tomada por las manos, a la joven que minutos antes había penetrado al misterioso y oscuro cuarto. Pero ¿qué pudo ocurrir allí dentro? La joven estaba descontrolada totalmente. Se le notaba pálida, con el rostro lleno de lágrimas.

Ante la interrogante de algunos que como yo, procurábamos saber, qué le había ocurrido, la joven accedió a relatar parte de una historia que parecía ser sacaba de una película de ciencia ficción, o de un guión de horror.

Aquel relato de ser cierto, nos ponía delante de algo totalmente irracional, inexplicable. Según la joven algunos meses atrás había sufrido un accidente junto a varios amigos y su novio que, lamentablemente pereció en el accidente.

Después del infausto suceso, la joven tenía noches que no podía conciliar el sueño. Sentía según ella, escalofríos intensos y repentinos en todo su cuerpo. La atribulada muchacha por momentos, no podía reprimir el llanto.

Relataba que cuando fue llamada, al dirigirse a la puerta de entrada del altar el espíritu poseído de la médium y que decía era "San Miguel", en vez de dirigir su saludo hacia ella, a quien lo había dirigido era supuestamente a un espíritu que la acompañaba y que no era otro más que el de su novio ya muerto.

La historia me puso los pelos de punta. En ocasiones por muy curiosos que queramos ser, en frente de eventualidades tan extrañas, no sabemos realmente cómo reaccionaríamos, y ésta es una de ellas.

Los minutos iban pasando. Así también iban siendo llamados los que estaban en orden numérico para ser "vistos" por el espíritu. Algunas veces se hacía necesaria la presencia del joven esposo de la médium, pues, muchos que asistían por vez primera, sentían temor y además el dialecto extraño que era usado por los espíritus, no era entendible.

—Número cinco —gritaba de nuevo quien fungía como especie de intérprete entre los que se consultaban y los espíritus que tenían poseído el cuerpo de su esposa.

Es sabido, que los médium no saben nada de lo que ocurre a su alrededor y por tal razón, se necesitaba una tercera persona para interpretar las indicaciones dadas por los espíritus. Muchas veces éstos utilizaban términos no conocidos por personas que no están acostumbradas a escuchar el extraño dialecto que ellos utilizan.

El tiempo transcurría y la intranquilidad se estaba apoderando de todos nosotros. Algunos protestaban por el tiempo que se tardaban en salir los que ingresaban al altar. Otros se limitaban a llamarle la atención a los que dialogaban en voz alta dejándoles saber, que a los seres no les gustaba el ruido. Que a éstos había que guardarle reverencia.

Allí habían personas que al escuchar tales cosas, creían que les hablaban de personas reales de carne y hueso. Pero no hacían alusión a estos espíritus errantes que tomando posesión del cuerpo de aquella mujer, se podían manifestar en los humanos y cometer cuanto desmanes se les ocurría.

Después de casi una hora, cuando sólo cinco personas habían sido "consultadas" por el "ser", vimos salir a la joven médium acompañada por su esposo y ayudante. Al parecer, tomaría un descanso como supuestamente acostumbraba, o todo había finalizado por ese día. Tuvimos temor. Pero sólo se trató de un descanso. Dos horas se tomó la mujer para entre otras cosas prepararse, por indicaciones expresas de sus "guías", tomar bebidas con alto concentrado de proteínas.

La mujer, supuestamente, debía alimentarse bien porque los espíritus le "consumían mucha energía a su cerebro".

El tiempo que transcurrió en lo que tardaba la médium en "ponerse", fue utilizado por los que estaban reunidos allí para hacer los más variados relatos de hechos que en el lugar ocurrían y sobre "milagros" que se habían efectuado.

Unos hasta alardeaban en estar "protegidos" por uno de los espíritus más cercanos a Dios. Era de acuerdo a los que asistían al lugar, el espíritu que allí se presentaba. El que para conseguir su "ayuda", había que pagarle cuarenta pesos.

El arcángel Miguel, de acuerdo a las narraciones bíblicas ocupa un lugar predominante dentro de las jerarquías de los guardianes celestiales. Siendo, incluso, uno de los querubines ordenados por Dios el Hacedor Supremo, para la batalla en la que resultó expulsado del paraíso Satanás con todo el reducto de las huestes que le seguían. Pero lejos estaba éste y los demás seres inescrupulosos, llenos de vicios y vulgaridades que se posesionaban del cuerpo de los humanos en aquel lugar, de ser las entidades angelicales y celestiales que decían ser. Estaba allí otra prueba del gran falsificador de la obra de Dios que es el espíritu del maligno tratando de tener confundido el pueblo de Dios.

Ese día, al parecer tendría que conformarme con escuchar de nuevo las historias de hechos y posesiones que se efectuaban por medio de aquella mujer. Pero varios minutos transcurrieron, y aunque la médium se ofreció en su altar para que la poseyeran de nuevo, nada pareció ocurrir.

NUEVE

LA BIENVENIDA

Vosotros sois de vuestro padre el diablo, y los
deseos de vuestro padre queréis hacer.
Él ha sido homicida desde el principio,
y no ha permanecido en la verdad, porque no hay
verdad en él. Cuando habla mentira,
de suyo habla; porque es mentiroso,
y padre de mentira.

Evangelio de Juan 8:44

Aún nos encontrábamos en aquel lugar de invocaciones espiritistas y, aunque sabíamos que era improbable que se nos atendiera ese día, nos mantuvimos allí, pues al menos en mi caso, había perdido prácticamente otro día de trabajo.

Una tensa calma parecía cubrir el ambiente del pequeño salón de espera. No obstante, se podía percibir en forma clara el nerviosismo e intranquilidad que reflejaban los rostros en algunos. El proceso de preselección de los que pasarían había sido efectuado. Y de nuevo habíamos sido excluidos los que habíamos arribado tarde al lugar.

Un tanto decepcionado, me disponía a marcharme de la residencia. Cuando iniciaba el recorrido que me conducía hacia el pasillo

111

exterior, ocurrió un hecho que me conmocionó completamente. Hasta tuve que sentarme pues había sentido que mis rodillas se habían aflojado.

Batista, que así se llamaba el jovenzuelo esposo de la vidente, en forma imprevista había abierto la puerta del cuarto que fungía como altar. Venía con cierta prisa. Traía un mensaje proveniente del misterioso ser que poseía a su esposa, en los precisos momentos en que me disponía a marcharme.

—Hey, a un muchacho que anda en una motocicleta y que tuvo un accidente cuando venía para acá. Dice el "misterio", ¡que cuidado con irse, que corre peligro!

Aquellas palabras me dejaron perplejo. Sin habla. Tenía que oír aquello de nuevo para poder creerlo. Sencillamente no podía ser. Del incidente a nadie allí le había comentado aún ¿entonces cómo es que lo sabían? Y además ¿cómo supieron ellos que yo en ese preciso instante me disponía a marcharme del lugar si sólo en mis adentros había tomado la decisión? El imprevisto me dejó aturdido. Las demás personas sólo atinaron a dirigir sus miradas hacia el lugar donde yo aún desconcertado, me había echado en una silla.

Unos minutos después la vidente y su esposo se tomaron uno de sus descansos, habiéndole comentado el mensaje que los "misterios" me habían dejado, se acercó hacia donde yo estaba.

Era la primera vez que la tenía cerca. Su mirada escrutadora y misteriosa, me recorrió de pies a cabeza haciéndome estremecer inexplicablemente.

—No te preocupes, nada te pasará si haces siempre lo que te ordenen hacer, así nunca tendrás problemas con "ellos".

Guardé silencio. No sabía qué hablar. Estaba aturdido.

En esta oportunidad sólo dispusieron de unos treinta minutos de descanso. La mujer se introdujo en el misterioso cuarto y, de nuevo el peculiar sonido de aquella campanita repicaba en forma ininterrumpida. Era la señal dada por la médium a sus "seres" dejándole saber que se encontraba lista para ser poseída.

Estaba nervioso. Todos me observaban fijamente. Quizás advertían el miedo que mi cara reflejaba. Unos segundos más y la puerta del "altar" se abría otra vez. Nuevamente se escuchó la voz del joven portador de los mensajes de los espíritus con un nuevo recado.

—El muchacho del motor. ¡Acércate!

Temeroso ante lo incierto del momento, fui hasta el joven.

—Deténte. Dice "el viejo" que camines hasta la puerta del cuarto y te detengas antes de entrar.

Tomándome del hombro, el joven caminó conmigo hasta la entrada y deteniendo la marcha se adelantó penetrando al oscuro cuarto dejándome parado afuera con la puerta entreabierta. Allí, de pie, tratando de adivinar lo que sucedía en aquella habitación en penumbras, se dejó escuchar una voz tan extraña como confusa. Aquel sonido gutural y carrasposo llegaba a mis oídos aunque de manera muy difusa. El mensaje iba dirigido a mí en forma directa. De primera instancia, quedé perplejo. Todo en ese momento se convirtió para mí en un mar de confusiones y de recuerdos.

"La voz", con un sonido y expresiones verbales de dudosa pureza idiomática, me informaba en su extraño lenguaje de los últimos acontecimientos que venían rodeando mi vida.

Lo primero fue saludarme como su hijo y que por fin llegaba después de mucha espera. Que si no recordaba que años atrás, en el lugar de mi tía, la médium, me habían dicho que después de un tiempo me verían en otro lugar. Que el tiempo ya había llegado. Que ya no tenía de qué preocuparme. Incluso, que el accidente de horas atrás, era una prueba de cómo ellos, aun sin tenerme bajo "las bendiciones" del nuevo altar, ya venían protegiéndome. Después de recomendaciones e instrucciones recibidas por el "ser" o "misterio", estuve más tranquilo.

Según me decía para "verme" en forma oficial, como lo merecía uno de sus "hijos", había que hacerse una especie de ceremonia de recibimiento. Por tanto, debía regresar para una ocasión especial. Regresé al hospital donde trabajaba. Estaba confuso. No sabía cómo reaccionar. Me preguntaba si realmente merecía las situaciones por las que venía atravesando.

Siempre desde pequeño, sentí inquietud por las cosas extrañas. Urgaba en todo lo que tuviera que ver con ocultismo y cosas raras. Pero esto sobrepasaba toda lógica, toda normalidad. ¿Cómo era eso de que me protegían desde mucho tiempo atrás?, que mi tiempo había llegado. ¿Acaso realmente llevaban ellos algún control sobre mi vida?

Llegado el día para mi entrada en el "altar", ya en el lugar, habían personas de todos los lugares. El pequeño salón de espera estaba abarrotado. Serían cerca de las siete de la mañana. Ya la médium se encontraba dentro del cuarto donde el espíritu de "San Miguel" se presentaba.

Comenzaron los rituales que daba paso a la ceremonia de aquel día. Prontamente se dejó escuchar el característico sonido de aquella familiar campanita, que era al igual que con mi tía la señal de que el médium estaba lista para la posesión. Mis músculos estaban tensos. Al primer repicar de la campana, un raro escalofrío recorrió todo mi cuerpo. Era como si se hubiese tratado de una descarga eléctrica, aunque de menores proporciones. Casi al mismo instante una carcajada estridente se dejó escuchar en el ambiente, rasgando por completo el silencio de las primeras horas de aquella mañana.

La resonante e impetuosa risa, la había producido aquel misterioso ser al instante de ocupar el cuerpo de la vidente. Éstas parecían escucharse por todos lados, al resonar en eco por todos los alrededores. Entre las risas, se dejo escuchar la voz de aquel ser como salida de ultratumba.

—Hoy van a ocurri cosa grande. Cosa inoividable entre to'lo gasone y la mujeros que hay aquí.

Las carcajadas del ser se dejaban escuchar de nuevo, filtrándose claramente hacia el interior.

Batista, el esposo de la santera, estaba dentro del lugar de invocaciones espiritista. Seguía las instrucciones que aquel espíritu le impartía. De pronto, la puerta se abrió.

—Que venga el hijo del "viejo".

Todos nos miramos extrañados. Sabíamos que, día a día las personas eran llamadas por los números que se les asignaba de antemano. Pero ahora, la cosa no parecía ser así.

Dirigiéndose a mí, la voz de Batista se dejó escuchar nuevamente.

—¡Hey, es contigo! —el "misterio" quiere verte, apúrate.

Poniéndome de pie, un tanto nervioso, caminé en medio del numeroso grupo que se había reunido esa mañana. Al comenzar a penetrar hacia el interior del "santuario", esa "voz" de sonido gutural, se dejó escuchar de nuevo dejándome como petrificado en medio de aquel extraño ambiente.

Allí, sentada en el fondo del altar, en lo que parecía ser el lugar principal del lugar de invocación, habían unos ojos fulgurantes, como de fuego, que me observaban fijamente.

—No tené poiqué temei. Poi fin llegate.

Dirigí mi vista por todo mi alrededor. Confundido momentáneamente. Sentada y cubierta de pies a cabeza por una enorme manta de encendidos colores verde y rojo, con un pañuelo más pequeño, pero de los mismos colores envuelta en su cabeza y que apenas dejaba al descubierto su cara morena, estaba la espiritista. Sí de ella había salido aquella voz de extraño sonido. Una voz con fuertes rasgos masculinos, pero como de un hombre envejeciente.

La voz aunque de hombre, procedía nada más y nada menos que del cuerpo de aquella mujer. De Clarilda, que para entonces estaba poseída por aquellos seres extraños. Los ojos de la mujer, manejados por la diabólica fuerza que la poseía parecían escudriñar hasta lo más íntimo de mis pensamientos.

Era una mirada que producía escalofríos. Aun hoy día la recuerdo y me produce una sensación extraña, aunque ya no de temor. La fuerza que el espíritu del Señor ha depositado en mí ha sido suficiente para no temer más a estas fuerzas de la oscuridad. Quizás aquel ser infernal, previendo que con tal mirada me estaba infundiendo temor, cambió su ceño fruncido por una especie de sonrisa que parecía invitarme a "entrar" en una especie de "confianza", que estuve lejos de sentir.

Poco a poco, aquella sensación de miedo fue desapareciendo. Entonces, usando el cuerpo de la mujer para manifestarse, aquel espíritu extendió sus brazos invitándome para acercarme hasta donde él estaba. Al llegar frente al lugar donde se encontraba sentado, sus brazos extendidos se cruzaron en forma de cruz invitándome al mismo tiempo a que lo imitara haciendo lo mismo y cruzara mis manos con las de él. Desde ese día, y por los años que estuve bajo sus dominios, esa sería una de nuestras "contraseñas".

Este saludo y arrodillarme diariamente delante de estos seres infernales, fue un rito al que tuve que acostumbrarme a diario hasta haber sido liberado por nuestro Señor Jesús, a quien debo el haber salido de ese mundo nefasto y abominable.

Después del saludo, el "misterio" me ordenó ponerme de rodillas delante de él. Acto seguido tomó un recipiente que estaba en el centro del altar. El mismo, lleno de agua, estaba repleto de rosas de variados colores y ligadas con esencias perfumadas.

Tomándolo entre sus manos, se le escuchó balbucear unas cuantas palabras, que para mí fueron desconocidas. Seguido a esto vertió un poco de ella sobre mi cabeza. Nuevamente, palabras de origen desconocido le escuché pronunciar.

Inmediatamente a esto, vertió todo el contenido del recipiente sobre mi cuerpo, acto éste que acompañó con una carcajada estridente, que al parecer era como de satisfacción y triunfo por lo que estaba haciendo. Aunque en aquella oportunidad, nos hacían creer que eso era un privilegio para quien era recibido de esa manera, hoy día lo veo como cuando el conocido personaje de las historietas, Tarzán de los monos obtenía victoria sobre los que vencía. A los cuales poniendo un pie sobre la víctima se golpeaba el pecho y echando su cabeza hacia atrás, quebraba el silencio de la selva con un estridente grito de victoria.

Unos minutos después de haberme empapado de agua misteriosa, una sensación realmente extraña comenzó a sacudirme. Era como si "algo" comenzara a invadirme apoderándose de mi cuerpo, de mi voluntad. El ser me extendió una jarra con una bebida que me invitó a tomar. Sin saber cómo ni por qué lo hacía obedecí cada una de las órdenes y lentamente acerqué la pócima hasta mi boca hasta que ingerí todo el contenido.

Instantes después, mi cabeza daba vueltas. Sentía como si me fuera a caer. Los cuadros, velas y las imágenes del altar los veía dar vueltas alrededor de mí. Dentro de aquella especie de "mareo" pude observar el rostro sonriente de la vidente, o más bien del espíritu que la poseía. Parecía estar satisfecho de lo que acababa de hacer.

Acto seguido hube de repetir unas palabras, que tal parece me dejaba atado a ellos. Era una especie de "trato" entre éstos y yo, donde me comprometía a obedecer los requerimientos que los espíritus me pidieran que hiciese. A cambio de esto recibiría "protección" y la "grandeza" de sus bendiciones. "El viejo", "misterio", "Belier Bercan" o "San Miguel" —como este espíritu inmundo como lo califica la Biblia se hacía llamar—, destapó varias botellas de whisky que al parecer guardaba para ocasiones especiales. Y ésta era una de ellas.

Con la botella en alto dieron inicio nuevamente las invocaciones. Luego el espíritu tomó de la botella. Seguido otra invocación, y luego mi trago.

—Mi jijo, ya tú ere parte directa de este "bayi" yo me voy a dai una vuelta por él para darle paso a los demás seres, que hoy, vienen a darte la bienvenida. No te preocupes que nada te va a faltar de hoy en adelante. Tú nos perteneces y te daremos todo cuanto tú quieras y necesites.

Ante todo aquello, mi imaginación no hacía más que dar vueltas sin atinar a dar credibilidad a todo lo que en el lugar venía aconteciendo. Lo cierto del caso, fue que por todos los años que estuve "enredado" en esta oscura telaraña del espiritismo y los ritos santeros, siempre estos espíritus infernales se las arreglaron para hacerme creer como cierto, que yo les pertenecía, porque mi madre supuestamente me había ofrecido a ellos antes de nacer.

Hoy día, despejada toda mi vida de las influencias satánicas que ejercieron estos seres infernales sobre mí, puedo darme cuenta de la gran mentira que utilizan estos espíritus de maldad para atraer hacia sí a todo aquel que "cae" inocentemente en sus garras de perversión.

Mi madre, según narra, admite que hubo algo. Pero que no de la manera tan profunda que los espíritus hicieron ver las cosas. Cuenta que desde mi embarazo, no podía apartar de su mente la imagen de un pequeño santo. Ésta era la imagen de San Juan de la conquista. Tan apegado estaba a la figura que compró el cuadro y lo reverenciaba día tras día. Buscaba con esto que su hijo se "pareciera" al cuadro que tanto ella veneraba. Esto fue aprovechado por estos demonios de maldad en plan para atemorizarnos y desarrollar una cadena de acontecimientos que por poco me cuesta la vida.

Después que el espíritu guía de aquel altar o "bayi" como los seres le llamaban, me recibió "personalmente" vendría entonces una cadena interminable de manifestaciones en el cuerpo de aquella mujer. Sacudidas incesantes estremecían a la vidente, que por momentos daba la impresión de que se desmembraría en muchas partes.

Las violentas contorsiones marcaban las entradas y las salidas de espíritus diferentes, quienes en su forma individual hacían sobre mí ademanes y gestos diferentes. Tuve el temor en cierto momento de salir corriendo. Pero sentía que no podía moverme, todo se me hacía pesado. Hasta mis movimientos eran lentos.

Lo más extraño y asombroso era que por cada espíritu que poseía aquel cuerpo, sus facciones, increíblemente variaban. Su fisonomía se hacía diferente. En una ocasión cayó al suelo y su cuerpo pareció extenderse más del tamaño natural de la vidente. Luego, su cuerpo comenzó a reptar en el suelo como si se hubiese tratado de una serpiente o algo parecido.

Pero una de las cosas que más me asombraron fue, que después de haber sido poseída por el espíritu de una mujer, y quejarse este espíritu femenino de lo asqueroso y maltrecho que los demás espíritus habían dejado el cuerpo de la vidente, porque supuestamente a este ser le gustaba mucho la limpieza, abandonó airada el cuerpo de ésta para darle pasó a algo que me dejó boquiabierto. De buenas a primeras el cuerpo de la vidente pareció irse poniendo pequeño, sus facciones fueron cambiando hasta adquirir rasgos de una criatura inocente. Echándose al suelo, se arrastró hacia donde yo estaba. Parecía un niño juguetón que, incluso, pidió que le buscara golosinas. Al mismo tiempo, se aferraba a una de mis piernas como un niño malcriado.

Las manifestaciones de aquel espíritu que supuestamente respondía al "niño de Atocha" terminaron. Yo estaba confuso. Aquello era demasiado para un solo día. Sentía como si me hubiera golpeado un tren, pues uno de los seres prácticamente me había levantado del suelo y colocándome en las espaldas de la médium había dado varias vueltas conmigo soportando todo el peso de mi cuerpo. Luego me "santiguó" con varias zarandeadas violentas tomándome de los brazos y moviéndolos a su antojo.

Transcurrieron unos minutos, la anatomía de la vidente parecía no tener vida. Parecía desparramada sobre la silla.

Para entonces, Batista conocedor de su función como ayudante de los espíritus y las condiciones en que dejaban a los incautos, que como yo caían en sus manos, al verme un tanto tambaleante me agarró por uno de mis brazos y me ayudó a sentarme en una de las sillas colocadas en aquel cuarto sombrío.

En el ambiente reinó de pronto un silencio de muerte. A mi lado de pie, Batista parecía sorprendido. A mi derecha, el cuerpo, al parecer desecho, de la que servía de vehículo de comunicación a estas entidades inmundas. Envuelta entre las mantas verde y roja, la mujer permanecía inmóvil. De repente una mueca desfiguró totalmente su rostro. Su tez oscura como la noche le imprimía un ingrediente más diabólico a las facciones de su cara. Sus brazos se extendieron en forma simultánea hacia el frente y comenzaron a sacudirse violentamente. Una pausa siguió a los bruscos movimientos.

El cuerpo de la mujer parecía inerte. Pero nuevamente aquella carcajada siniestra. Era indicio de que una nueva entidad posesionaba a la vidente. Y realmente era cierto, estábamos ahora ante la presencia del primer espíritu que me había recibido. Éste se dirigió a Batista y le ordenaba que dejara pasar hacia el interior del altar a todos los que estaban en el salón de espera, porque según él habría fiesta todo el día.

La orden fue ejecutada de inmediato. Las personas de afuera, deseosos de saber lo que ocurría, se avalanzaron hacia el interior del santuario esperando alcanzar las "bendiciones" que los seres le impartían a sus hijos. Ya dentro se repartieron bebidas alcohólicas seleccionadas de una apreciable cantidad de diferentes marcas de distintos licores y whiskys importados que se reservaban para ocasiones especiales.

En medio de la algarabía, la peculiar voz de aquel ser extraño se dejó escuchar de nuevo. Esta vez se dirigía no sólo a mí sino a todos los que estábamos allí reunidos. En el mensaje que nos daba, dio a conocer todo cuanto ocurrió en la casa del campo de mis padres muchos años atrás. Los hechos al parecer, los conocía a la perfección. No perdió detalle alguno. Asombrados, todos me observaban como incrédulo de que lo que hablaba fuera cierto. Decía que los humanos querían ser muy listos, pero que con ellos, los seres, no se jugaba. Que mucho trabajo les había costado hacerme llegar hasta el lugar en que me encontraba ahora, pero que había llegado para quedarme, que gozaría de las riquezas y privilegios que merecía por ser "hijo" de ellos.

El destino que me aguardaba, si era como lo describían sería para mí, algo realmente envidiable. Con cuanta certeza son descritas por Jesús las actividades del diablo en el evangelio de Juan, cuando dice que Satanás es padre de mentira y que cuando habla de mentira, de suyo habla, porque nunca ha permanecido en la verdad y porque ha sido homicida desde el inicio de la creación, (Juan 8:44).

Después del "discurso" de recibimiento, las actividades del día apenas se iniciaron. Cada persona quería llegar hasta el fondo del altar, donde estaba el ser en posesión de la mujer. Todos querían recibir "bendición" en forma individual. Nadie salía, todos querían permanecer allí escuchando predicciones. Esperando que se le dijera algo sobre sus actividades, sobre su vida, sus negocios y relaciones sentimentales.

Mientras tanto, yo aún continuaba adentro del altar y enfrente de aquellos ojos fulgurantes que me observaban sin pestañear. De nuevo escuché aquella voz dirigirse a mí dejándome saber lo contento que estaba por verme allí.

Realmente no tendré cómo agradecerle a mi Redentor y Salvador Jesús el haberme rescatado de tan asqueroso camino.

Aunque por los desconcertantes hechos y casos que vi realizarse, en los cuales, en algunos llegué a tener participación directa, debí suponer que algo andaba mal. En algunas ocasiones mirando los resultados obtenidos por medio de las prácticas ocultistas, pensaba si "esto" podía proceder de algo "bueno". Pero me habían adiestrado a aceptar todo como bueno y válido, pues de los espíritus ninguna cosa mala podía salir ¿por qué? pues sencillamente porque estos espíritus eran enviados por Dios para ayudar a los humanos.

Aún sentado enfrente de aquel ser extraño, sentí que comenzaba a perder contacto con la realidad. Era una sensación de adormecimiento que me causó temor. Casi por instinto quise ponerme de pie, pero no pude. Mis fuerzas fueron insuficientes para lograr mi propósito. El espíritu advirtiendo quizás mis intenciones, se quedó observándome unos instantes.

—Ahora puedes pararte —repuso, como si mi incapacidad momentánea hubiese sido producida por él.

Con ademán reverente, me puse de pie para abrirme paso en medio del numeroso grupo de personas que abarrotaban el lugar. Ya afuera, permanecí por largo rato tratando de volver a la "realidad". Quería saber si realmente todo aquello no se trataba de un sueño o una pesadilla. Pero no, todo era real. Las entradas y salidas interminables de los que pugnaban por escuchar las recomendaciones del "misterio" y así aplicarlas en sus vidas diarias. Así entre posesiones, bautizos y bebidas continuaron las actividades espiritistas por todo el día.

DIEZ

LOS RITOS BAUTISMALES - LAS POSESIONES - LOS CASTIGOS

Porque no te has de inclinar a ningún otro Dios,
pues Jehová, cuyo nombre es Celoso,
Dios celoso es.

Éxodo 34:14

Habían transcurrido cerca de dos semanas después de visitar aquel lugar donde habían tenido efecto tan singulares y extraños hechos. No obstante a esto, aún no me había recuperado de los efectos que me habían causado.

Me preguntaba si haría bien en discutir el tema con mi madre. No me atrevía, pero tendría que hacerlo, pues el "santo" me había pedido que tendría que invitarla en mi próxima visita al altar en la cual ya estaba retrasado.

Mis padres aún vivían en el campo. Allí disfrutaban de las bellezas y los frutos que la naturaleza, bondadosamente les prodigaba. A éstos ni quien les hablara de la ciudad. No obstante la comunicación con el resto de la familia era permanente. Del lugar sólo nos separaban unos angostos kilómetros de distancia hacia el corazón de las lomas cercanas.

Una tarde tuve que trasladarme hacia la casa de mis padres en el campo. Estaba decidido terminantemente a dialogar francamente con mi madre sobre las cosas que venían aconteciendo a mi alrededor en los últimos días. Mi madre no era muy dada a la concurrencia asidua de estos lugares, pero si tenía que ir iba aunque de manera discreta. Muy por el contrario, a mi padre esto nunca le llamó la atención. Él decía que esto no existía que eso eran estupideces.

Aun hoy día así lo habla. Sin embargo la realidad era otra. Pues de la existencia de aquellos seres, yo lo tenía por seguro. Con las experiencias que ya había vivido de niño y las que ahora experimentaba, me daban autoridad sobrada para hablar sobre la realidad y existencia de estos seres. Aunque no sabía a ciencia cierta de donde venían, sí querían según ellos, "ayudar" a la humanidad, la cual precisaba de sus "orientaciones".

Después de dialogar con mi madre y haberle dado el mensaje que el espíritu le enviara, accedió a acompañarme. Con leve temor me confirmó parte de la historia que aquellos espíritus, días atrás, los espíritus que poseían a mi tía, me habían narrado. Sólo que la realidad de toda esta telaraña de informaciones falaces, inventadas por la mente criminal y diabólica de estos seres infernales, habían desvirtuado en forma total el hecho ingenuo de mi madre, quien en su profundo amor materno, quería que su hijo se pareciera a la imagen de una angelical figura a la cual ella era devota.

Llegado el día de presentar a mi madre en el altar, llegamos tan temprano como pudimos. Mi pobre madre, se le notaba algo nerviosa por lo que traté de confortarla. Ahora me sentía diferente a las ocasiones anteriores a las que había asistido al lugar. Me sentía más confiado. Había algo en mi interior, que me hacía sentir parte íntegra del lugar. Me creía importante. Y para mí, sí lo era en ese entonces. Era algo reservado para pocos. Ser recibido con tanta distinción por seres de otros mundos, era más que inimaginable, un privilegio grandísimo. Pero, realmente, con cada segundo que pasaba dentro de aquel ambiente diabólico, lo único que estaba consiguiendo era ir labrando lentamente la destrucción mía y la de mi propia familia.

Los años por venir, me confirmarían de forma clara, que habíamos estado expuestos, convertidos en instrumentos de diversión, de las fuerzas más oscuras del infierno.

El ambiente estaba preparado. Como en ocasiones anteriores, el cúmulo de personas que se daban cita en el lugar, era asombroso. Pero ahora, muy por el contrario a ocasiones anteriores, esta vez me había convertido en una especie de celebridad dentro de aquel mundo siniestro. Ya todos me conocían. Ya se escuchaba hablar de mí como el "hijo del viejo", como el "hijo de San Miguel", "el hijo de Belié".

Hechos los preparativos para los ritos espirituales del día, el fuerte aroma de la humareda que se esparcía en el ambiente se conjugaba con la frescura del aire que se respiraba aquella mañana. La humareda hecha con incienso y otras especies, era algo obligatorio antes de cada actividad de invocación espiritista. Había una persona encargada para tal cosa. Esta persona se paseaba en medio de todos los que acudían al lugar y esparcía el aroma del incienso por todo los alrededores, incluso, los alrededores del "bayi" como le llamaban al altar y alrededor de la amplia residencia.

Hoy día pienso, que lejos del motivo esgrimido por estos seres malignos al decir que era para "despojar" el lugar de la influencia de "malos espíritus", lo hacían más para tener cauterizada la mente y las voluntades de los que en sus garras caían.

Llegado el momento esperado por todos, algo inesperado y que puso mis nervios de punta, sucedió dentro del altar donde se hacían la invocaciones. Todos estábamos esperando que los acontecimientos se desarrollaran en forma normal. Pero de repente, unos ruidos estrepitosos, comenzaron a escucharse dentro del lugar en que los espíritus tomaban posesión de la vidente. Aquello era bastante extraño. Al menos para los que no sabíamos qué ocurría.

Los ruidos iban en aumento. Tal parecía que toda la estructura del cuarto aquel, construido independientemente de la residencia de la santera se vendría abajo. Después de unos minutos de escuchar golpes secos que llegaban en forma clara al exterior, el marido de la mujer salió de la habitación dejando la puerta abierta de par en par. Éste de forma inesperada, nos pidió a todos que nos acercáramos.

La escena fue de terror, de miedo, de confusión. Allí, en el suelo, dando tumbos de forma incontrolable y otras veces reptando como una serpiente, estaba la médium con los ojos distorsionados totalmente. Su rostro, con una mueca de espanto le imprimía el grado de horror que necesitaba la escena para dejar petrificado a cualquier persona, que no estuviera acostumbrado a tratar aquella clase de hechos sobrenaturales.

Dentro del cuarto donde estaba erigido el altar, aparte de su impresionante confección, había construida una especie de pequeña tina de unos ocho pies de largo por unos cuatro de ancho. Parecía más una tumba amplia. Era algo así como una bañera de concreto, utilizada por los diferentes espíritus para "prescribirle" baños a sus fieles seguidores.

Según se sabría más tarde, aunque la tina era utilizada para tales efectos ésta supuestamente, pertenecía de manera exclusiva a los espíritus de unos indios que también tenían su "turno" para poseer el cuerpo de la vidente. A mi entender para como estaba la escena, era de suponerse que los "espíritus indios" la habían poseído minutos antes, porque la pobre mujer estaba empapada de agua completamente. A esto había que agregarle que el piso del altar era pura tierra, y al estar revolcándose en el suelo, el aspecto que presentaba era más que lastimoso.

Sus cabellos y vestimentas, eran una sola capa de lodo. Su cara completamente cubierta de tierra, daba la impresión de haber sido rescatada de alguna trampa de arenas movedizas.

Dentro del local, la pregunta obligada en todos era ¿qué estaba ocurriendo allí? La respuesta la sabríamos más tarde.

Mientras tanto la mujer poseída sabrá Dios por qué infernal entidad, continuaba topetándose con cuantas botellas e imágenes de santos encontraba a su paso. Giraba a todos lados en aparente muestra de que su cuerpo y su voluntad estaban sujetos a otras voluntades, éstas eran las que le estaban proporcionando aquel castigo infernal.

Un tanto temeroso, confundido por lo que sucedía, decidí salir del lugar. Fue en ese momento cuando casi a punto de alcanzar la puerta de salida, sentí que una mano se aferraba fuertemente a uno de mis tobillos, al punto de casi hacerme perder el equilibrio. Una risa estrepitosa se dejaba escuchar simultáneamente. Fue una risa de mujer, que se oyó en forma clara en aquel ambiente cargado de tensión.

Si aturdido quedé con aquella risa extraña, sarcástica, más lo estuve cuando di vuelta y vi de quién se trataba. La médium poseída de un ser desconocido se había aferrado de mi pierna imposibilitándome los movimientos e impidiendo que saliera yo del recinto.

—De aquí nadie sale —se escuchó decir al espíritu—. Tú eres hijo de nosotros y serás privilegiado en este altar como nadie lo ha sido hasta ahora.

De nuevo aquella risa misteriosa se dejaba escuchar abiertamente en medio de la tensión y el miedo que la escena me produjo. El espectáculo era tétrico. Pasaron unos minutos de contorsiones y choques del cuerpo de la mujer contra las paredes del cuarto de invocación. Instintivamente, dirigí la mirada hasta donde estaba mi madre que, temerosa buscaba escabullirse hacia afuera y escapar de aquel espectáculo, que al parecer, resultó mucho para ella.

De pronto un sordo quejido se dejó escuchar de la garganta de aquella mujer, la cual simultáneamente se retorcía como en aparente muestra de cansancio. Era como si se hubiese quitado un enorme peso de encima. Dejando escapar un quejido sordo, sacudió su cabeza. Lentamente fue regresando a la realidad que la rodeaba.

—¿Qué ha ocurrido aquí? —preguntó.

Asombrada por el gentío que la rodeaba comenzó a entender con claridad lo ocurrido. Instintivamente, se llevó las manos lodosas a la cabeza y con los ojos desorbitados, salió despavorida del lugar corriendo hacia la puerta de salida, disparada como alma que lleva el diablo.

Después de casi una hora de gritos y desconcierto por lo que le había ocurrido, la médium, asistida ahora por una de las jóvenes que prestaban servicios en su casa, había tomado un baño y, vestida con ropas nuevas, recobraba su aspecto natural. Un tanto más calmada, trataba de darnos explicación acerca de lo que le había ocurrido. La explicación no quedó del todo despejada hasta que otra entidad espiritual poseyó de nuevo el cuerpo de la vidente y dejó claramente detallado los motivos por los cuales había sucedido todo aquello.

Decía el espíritu, que dentro del altar, ellos tenían un lugar que era intocable. Y que todo aquel que traspasara estos límites aun fuera su propio "caballo" como éstos le llamaban a sus servidores, serían castigados. Eso había ocurrido aquel día. Supuestamente la vidente había tomado dinero del que pertenecía a los seres y éstos no habían hecho esperar su represalia.

Después de una dos horas, en que la vidente recobró su compostura, incluso charlando con algunos de los presentes, todo estaba preparado para dar inicio a las actividades espiritistas. Ese día, como lo había predicho el espíritu de mujer que anteriormente le había producido aquel tormento, se iban a ver cosas que realmente iban a ser difíciles de olvidar.

Aquellos hechos marcaron una etapa de alejamiento total de la realidad, para vivir bajo los designios y deseos de espíritus desencarnados que, por años, me tuvieron bajo su voluntad disponiendo de mis deseos y hasta de mi cuerpo como ellos quisieron.

Para este día especial, desde tempranas horas, se habían comenzado a preparar las comidas predilectas de los seres. Consistían en combinaciones de arroz con leche. Otra de las comidas preparadas en honor a los espíritus eran una combinación preparada con maíz, ajonjolí, pedazos de coco y maní tostado. Esto era ingerido por algunos, mientras que otros guardaban una porción en sus carteras para "llamar" el dinero y buena suerte.

Para el día, habían señaladas dos actividades estelares. Eran mi presentación oficial ante el altar y a las veintiuna divisiones de seres. Y, el bautismo para incorporarle "seres" a una señora de Puerto Plata. La misma, iba a ser "preparada" para en lo futuro recibir espíritus y continuar aumentando la interminable legión de médium, que según los mismos espíritus tenían dispersos en toda la tierra. Ese día, quedaría demostrado una vez más, la falsedad de maniobrar de estos seres infernales para confundir a los hijos de Dios.

Ya preparado para la ceremonia, a la señora a la que se le iba a "incorporar" espíritus y a mí, se nos había señalado un lugar en el centro del altar donde deberíamos colocarnos. Allí permanecimos en espera de que se oficializara la ceremonia con la aparición o posesión del espíritu de "San Miguel" o de "Belier". Este era la cabeza líder de aquel altar, y él debía de tomar la iniciativa en la ceremonia.

El cuarto estaba lleno a capacidad. Se trataba de una ocasión especial, y nadie quería perdérsela. Ya la médium estaba preparada. Vestía su original vestimenta de color rojo verdoso. En el lugar habían vistosos arreglos florales, cuyo número iba en aumento a medida que iban llegando los seguidores y creyentes de los seres.

El incesante repiquetear de una campanita, nos hizo volver a la realidad del momento que vivíamos en aquel instante. Bostezos leves escaparon de los labios de la vidente. Luego, un eructo prolongado. Y seguido de esto, los dedos de sus manos se crisparon abrúptamente. Inmediatamente, sus brazos y piernas comenzaron a sacudirse violentamente hacia adelante y hacia atrás, seguido de una carcajada sonora y estridente que se dejó escuchar en todo el local. La médium, había sido poseída.

Después de saludar a todos los presentes, a los que llamó sus "hijos", aquel ser inmaterial se dirigió a mí y a la señora a la que se incorporarían espíritus, y nos hizo señales para que nos arrodillásemos enfrente de él. Acto seguido, con ademanes y oraciones

incompresibles, comenzó a "santiguar" un recipiente de buen tamaño, que estaba lleno de agua con rosas perfumadas y raíces de
plantas que desconocía por completo.

Luego el ser "se fue" para dar paso a los demás espíritus que
tomarían parte de este bautizo especial. Éstos según él, vendrían a
"bendecir" las comidas que se ofrecerían a las persona y a darnos
la bienvenida al altar tanto a mí como a la señora a la que le
incorporarían espíritus en su cuerpo.

Hubo una manifestación interminable de entidades en el cuerpo
de aquella mujer y para mi asombro, en algunas de las personas que
se encontraban en el público. Dentro del grupo, los espíritus se le
incorporaron a varias personas, que más tarde, en un aparte, mostraron su temor y descontento, pues según ellos mismos nunca les
había ocurrido antes.

La fiesta transcurría con mucho colorido. El entusiasmo se
reflejaba en los rostros alegres de todos los asistentes. Unos a otros
se comentaban jubilosos las grandes cosas que los espíritus les
pronosticaban. Todo era alegría, risas, bailes y ... bebidas.

Pasadas unas horas, el espíritu guía del lugar, dio una orden para
formar una fila y así, "personalmente", repartir las comidas y sus
especiales bendiciones a todos sus "hijos". Después de repartir,
además de las comidas, aquella extraña combinación de semillas de
ajonjolí, pequeños trozos de coco y granos de maní tostado, supuestamente para aumentar las riquezas, venía la parte más emocionante de
la ceremonia. Era mi "consagración" al altar de los seres y la ceremonia de "afirmación de seres" a Juana, una mujer puertoplateña que iba
a ser "preparada" para que recibiera espíritus.

En el futuro, este tipo de ceremonias se fue haciendo más
frecuentes, pues era ya práctica común que día a día en los ritos que
se hacían en el lugar, no faltaba alguien, casi siempre una mujer o
un homosexual, que decía poseer "corriente de seres". De ahí, que
hoy día las prácticas de la santería y el espiritismo está tan disemi-
nada en toda la geografía dominicana y áreas vecinas. Ya Satanás
se ha encargado de regar su semilla de destrucción por todos lados
utilizando estos centros de santería, como base de operaciones de
sus espíritus de inmundicia.

Estando ya todo listo para el acto central de la ceremonia, Juana
fue llamada. A mí, me habían ordenado colocarme en el centro del
altar. Después de que ambos fuimos presentados frente a los que
allí habían acudido desde todas las remotas áreas, se inició la

"solemne" ceremonia, donde inclusive, se invocó entre risas de los espíritus, "en nombre del señor", lo que nosotros asimilábamos como que se hablaba de Jesús y, por tanto todo parecía normal.

Entre las invocaciones, se nos exigía repetir unas palabras pronunciadas por el ser, y a la cual, nosotros nos comprometíamos a guardar fidelidad y obediencia ante las órdenes y mandatos de los espíritus, sin importar cual de éstos fuera.

Los dos tuvimos que repetir aquella especie de acuerdo. La diferencia entre ambos, radicaba en que en Juana se iban a incorporar espíritus para que trabajara como médium, para que les sirviera a ellos como "caballo de misterio". Conmigo se llevaría a cabo mi supuesta confirmación como hijo de éstos y adherirme los espíritus que me protegerían.

Para esta ocasión, se habían traído músicos especiales desde una lejana ciudad llamada San Cristóbal, distante a muchos kilómetros de la ciudad capital. Se alegaba que éstos, eran los únicos que sabían tocar la música que le gustaba a los seres.

Ésta consistía en un peculiar sonido provocado por palos y tambores, los cuales, al unísono, producían unos extraños efectos en quien lo escuchaba y donde "supuestamente", quien tuviera "corrientes" espiritistas, entraba en una especie de trance siendo poseído por entidades espiritistas.

Esto quedó de manifiesto ese día. Por tanto, desde ese momento en adelante, supe cuidarme de las ceremonias venideras, alejándome del círculo de los músicos cuando éstos ejecutaban sus extraños cánticos acompañado de los tambores y palos. Esto era como un torbellino que arrastraba, que envolvía a cualquiera que estuviese bajo su influencia.

Cuando comenzó la ceremonia de "aclaración" de la futura médium y mi presentación al altar, los ejecutantes de la extraña música aceleraron el compás de la misma. Unos segundos después, aquello se convirtió en un pandemónium. Casi todos los presentes comenzaron a contonearse de maneras descontroladas. Era como si una legión de espíritus invisibles hubiese poseído de pronto aquellos cuerpos, que comenzaron a danzar en forma frenética al compás de estos tambores misteriosos.

Hubo personas que teniendo aún en sus manos el almuerzo que se les había servido momentos antes, sus comidas cayeron al suelo, y sin tener control aparente, sus cuerpos de pronto se veían contonearse al ritmo de aquella música de sonidos extraños como si se tratara de algo contagioso.

Después de unos momentos de danzar en forma alocada, me mantenía siempre con las manos en mis oídos para no escuchar a plenitud aquella música y no caer presa también de esa especie de maleficio. Otros con menos suerte, caían al piso y reptaban allí poseídos obviamente por una extraña fuerza que, obviamente, no podían controlar. El temor se estaba apoderando de mí; sentía que iba a caer presa de aquella música infernal que terminaría controlándome a mí también.

Fue en ese instante, cuando a una señal del espíritu que se decía ser San Miguel, los músicos detuvieron en seco el golpeteo incesante de aquellos tambores.

—Que vengan al frente los dos que vamos a bautizar.

Mientras algunos parecían haber "vuelto" a la realidad, otros quedaban turbados por lo que les había ocurrido al haber caído bajo los efectos embriagantes de aquella música de tambores y palos que los enloquecía haciéndoles caer bajo el poder de aquellos espíritus inmundos.

El estado de nervios de todos, estaba exaltado por las danzas y los tambores. El calor era sofocante y el aire, parecía faltar en aquellos que habían sido zarandeados en las danzas desenfrenadas minutos antes. El mismo cuerpo de la vidente estaba bañado en sudor, aun estando poseída por "el viejo" o "belie", el espíritu que comandaba aquel altar. Éste, desde su asiento danzaba frenéticamente al tiempo que tomaba de una botella como un ser humano dominado por el vicio del alcohol. Decía este espíritu que danzaba y bailaba desde su asiento porque en una de las batallas que había peleado al lado del "Señor" había perdido una pierna. Que ésta se convertiría en una de las señales que nos daría para que lo identificáramos, porque habían altares por ahí, donde se hacían pasar por él. Comentaba el espíritu que hasta en su mundo habían impostores. Que habían otros seres que se hacían pasar por él. A mí me facilitó una clave para que dondequiera que yo fuese y un espíritu se presentara y dijera que era él, yo lo confrontara con esas palabras que él me había dado. Éstas eran una mezcla de un lenguaje en creol, un dialecto del pueblo haitiano.

Hoy día comprendo que entre demonios, eso es lo único que saben hacer, maldad. Y ¿por qué no hacerse trampa entre ellos mismos si esa es su naturaleza, ser seres de maldad? ¿Acaso no lo decía Jesús, que Satanás nunca había permanecido en la verdad, que nunca la verdad ha existido en él, y que cuando habla de mentira, de suyo habla porque es padre de mentira? (Juan 8:44).

Por tanto, con esa falacia, con esa mentira monstruosa, fui bautizado ante aquel numeroso grupo. En una ceremonia demoníaca donde estos espíritus, poseyendo los cuerpos de los humanos incautos, que como yo, nos poníamos en manos de estos espíritus vulgares y aberrantes, que sólo querían usarnos para destruir y burlarse de la perfecta obra de Dios que ha sido la creación del hombre.

Tal es el deseo de pervertir y desvirtuar la sagrada obra de Dios, que cuando llegó el momento de "bautizar" a la señora puertoplateña, se le colocó una paloma blanca en la cabeza y se le obligaba a danzar al compás de los tambores. Esta paloma después sería sacrificada y echarían a volar algunas más que fueran de plumas blancas.

Hoy día, mi alma se llena de un hondo pesar solamente por el hecho de recordar la escena. Mi espíritu no puede evitar quebrantarse al tener que reconocer hoy día que, en aquel entonces era partícipe de una de las peores burlas que se pueden hacer contra el Espíritu Santo.

No es un secreto para ningún cristiano que de acuerdo a los hechos bíblicos, estando Juan el Bautista inmerso en el río Jordán, Jesús vino a él para ser bautizado, y el Espíritu Santo vino en forma de paloma. He aquí la cita:

Y Jesús, después que fue bautizado, subió luego del
agua y he aquí los cielos fueron abiertos, y vio al
espíritu de Dios que descendía como paloma,
y venía sobre él. Y hubo una voz que decía:
Este es mi Hijo amado en quien tengo
complacencia.

Mateo 3:16-17

¿No está completamente claro que Satanás por medio de sus demonios, llámese como se llame y que se dedique a las prácticas de estos ritos, no buscan ridiculizar la obra gloriosa de Dios? ¿No es un bochorno y una infamia contra la obra del Creador saber que, bajo la apariencia de una paloma se manifestó la presencia del

Espíritu Santo en el bautismo de Jesús; y que Satanás por medio de belie, el viejo, o cualquiera de los demonios bajo sus órdenes, quieren ridiculizar la creación de Dios sacrificando una paloma después de burlarse del ser humano para luego incorporarle un espíritu inmundo? ¿No buscan con esto confundir la humanidad como lo estuve yo, hasta que gracias al infinito poder y amor de Dios, me ha sido develada la ceguera que me impedía ver la realidad para que hoy día sea yo uno de los que lleve la voz de alerta sobre cómo se pretende falsificar la obra de Dios? Bendito sea el Todopoderoso Redentor Jesucristo, por haberme liberado de las garras del homicida y padre de la mentira y engaño, para que cante yo hoy día las alabanzas a mi Señor Jesús.

ONCE

EL HOSPITAL -
LOS RADIOAFICIONADOS -
LAS PREDICCIONES

Para el hombre trivial el espacio es un misterio incontrolable.
Para el hombre tecnológico es el tiempo el que
ocupa esta función.

T uvieron razón aquellos espíritus perversos al momento de hacer los vaticinios sobre mi futuro inmediato. Incluso, acerca de un problema que tendría ese mismo día al llegar al hospital. De éste pude darme cuenta tan pronto como llegué al mismo. De sólo notar la cantidad de pacientes que había en fila, y que, Librado, mi compañero de trabajo no daba abasto para atenderlos a todos, sabía que eso había llamado la atención de los médicos y por consiguiente, del director. La tardanza en llegar los expedientes de los nuevos pacientes disgustó a más de uno de los médicos.

Traté de colocarme rápido al lado de mi compañero de labores. Su rostro sombrío, dejaba notar la rabia que lo embargaba. Los demás empleados, con sus miradas, me dejaban saber cómo andaba la situación. No obstante a esto, ya "los seres" me lo habían advertido. Por tanto, no tuve temor. Ellos, iban a estar conmigo.

Pero me preocupaba qué excusa daría cuando fuera llamado al despacho del director, y tuve temor.

El doctor Camilo, era un joven médico oriundo de Salcedo. Había llegado a Navarrete con la encomienda de poner a funcionar el hospital. Éste, gracias a la pésima administración de personal político, había dejado el centro en ruinas. El joven médico, al llegar al desvencijado establecimiento "de salud", supongo que, encogiéndose de hombros, se preguntaría a sí mismo ¿qué hice yo para merecer esto?

Pocas semanas después de su llegada, la política que este hombre, delgado, de buena estatura y alma noble, como la de pocos, había llevado a cabo, se ganó el aprecio y respeto de todos los sectores de la comunidad.

Haciendo un llamado a todos los sectores del pequeño poblado, arreció una campaña en que se recaudaron fondos para poner a funcionar el único y destartalado centro de salud de la comunidad. La comunidad respondió entusiasta a la inusual idea. Inusual, porque siempre se recurría a los medios oficiales, y éstos, nunca respondían. Poco tiempo después, era un hecho concreto la reconstrucción del hospital. Lucía como nuevo. Sus equipos funcionaban, y en los médicos, se notaba un ánimo diferente, entusiasta para enfrentar los distintos problemas que se enfrentaban.

Mi primer encuentro con este hombre de nobleza indecible había sido más abrupto que cordial. Una mañana tecleando torpemente en una de las máquinas de escribir en la oficina de administración del centro, avisté una pequeña maquinilla que, para mí, resultó llamativa. Aún no teníamos director. Sólo se sabía, que vendría uno nuevo. Dejando de lado la que tenía, me dispuse a poner en función la que acababa de descubrir.

Había tomado aquella pequeña Olivetti que me había llamado la atención. Con lo que no contaba, era que aquella pequeña intromisión me pondría de frente con el nuevo director del centro hospitalario. Sin proponérmelo, había tocado una pieza fundamental en la vida de aquel hombre. Esta pequeña máquina, era la compañera inseparable de aquel hombre enigmático y del que, poco tiempo después del incidente, hube de granjear unos lazos de amistad y confraternidad como pocos he tenido, quizás el único. De ahí el temor de enfrentarme aquel día en su despacho a un hombre que creí inquebrantable en su carácter severo, pero en quien veía contrastar esa actitud con la que presentaba en aquel momento.

Nuestra conversación se inicio de inmediato. Pude notar de inmediato, que lejos de aquel hombre de "línea dura", era un ser afable y de diplomacia única. Mi reprimenda consistió en observar la cantidad enorme de pacientes que había en el centro a esa hora y que no habían logrado ser atendidos por mi ausencia. Que me pusiera en el lugar de uno de ellos y le dijera cómo pensaba. Aquella forma de disciplinar, sí que no la conocía. Era una forma salomónica, propia de un hombre con un gran sentido humano como el que poseía.

De ahí en adelante, nació una amistad verdadera, sincera, que me llevó a admirar a este hombre de entrega absoluta hacia los demás, más allá que a cualquiera de los amigos que había tenido hasta entonces. Después de una amena conversación, no tuve reparos en contarle al médico dónde realmente había estado. Lo único que hizo fue reír de buena gana y preguntarme, que si yo creía en esas cosas. Pienso hoy día, que debí inspirarle lástima o asombro a este hombre al ver de la manera vehemente que trataba de explicarle, "que yo era hijo de unos espíritus". Debí de parecerle un atormentado.

Pasaban los días y mi amistad con el médico fue haciéndose más sólida. Vendrían después las confidencias, su incansable amor por la literatura, la cual transmitió en charlas en los clubes de la localidad. A las invitaciones que me hacía para participar en ensayos literarios y al tiempo que dedicaba para enseñarme sus escritos, le debo hoy día mi pasión por la literatura. El ser conocedor —pues era su compañero de labores—, de que padecía de una enfermedad que mermaba su condición física día por día y aún así se mantenía dando servicios aun fuera de su horario, no hacía más que aumentar mi admiración por este desinterés sin igual.

Por la amistad estrecha que se cultivó entre ambos, por mi culpa, se vio involucrado en forma casi directa en algunos acontecimientos con estos seres infernales. Gracias a Dios, el doctor Camilo, por sus conocimientos, no se dejó cegar como yo lo estaba. Creo que quizás, por eso me tomó más aprecio al darse cuenta lo vulnerable que yo era para caer víctima de engaños. Camilo, trató incluso de prevenirme de los peligros en que me estaba metiendo. Y así me lo dejó saber cuando, dejándose convencer por mí, claro que sólo por complacerme, accedió a acompañarme a una sesión de espiritismo.

Para lograrlo, le decía que tomara aquello como un reto a la ciencia, que probara. Gracias a Dios, de ahí en adelante no aceptó una invitación más. Y fue, que con el doctor se dio un hecho raro, pero que yo no quise tomarlo como valedero.

Recuerdo, que después de la "consulta" al médico, el ser me llamó dentro del altar para decirme, acerca del galeno, que se le hacía difícil "trabajar" con una persona tan incrédula. De camino a Navarrete, Camilo me hablaba, orgulloso de lo que había hecho, que había logrado bloquear todo lo que el ser le hablaba, pues según él, se le oponía mentalmente a todo y con esto lograba interferir entre las decisiones que el espíritu quería que él hiciese y la que él personalmente deseaba.

Aquello en lo personal me molestó, aunque no se lo dejé saber de inmediato. Era como si estuviera tratando de destruir el mundo de fantasía en el que, aquellos seres demoníacos me tenían inmerso.

Después de aclarar mi situación en el hospital, los días inmediatos fueron sorprendentes. Una por una fueron cumpliéndose las predicciones que aquellos espíritus habían hecho.

Uno de esos vaticinios, responsable de que yo abandonara prácticamente mi vida normal para convertirme en un seguidor a fe ciega de estos seres despreciables, fue uno que ocurría cada tarde, después que terminaba mis labores en el centro de salud de la localidad, dedicaba todo el tiempo que me restaba del día a una actividad que me traía realmente apasionado. Era mi hobby como radioaficionado. Donde yo residía era una especie de hotel, donde la dueña, que vivía en el mismo, tenía fama de ser estricta a la hora de elegir a sus huésped. Yo había sido aceptado por ser conocido en mis labores en el hospital.

El hotel, una amplia casona tipo familiar, estaba ubicado en la principal arteria vehicular, en el mismo centro de la ciudad. Como vecinos inmediatos estaba la familia Acosta. Tenían una hermosa residencia de dos niveles. Era amigo de la familia. Dos de sus hijos, Rafaelito y Luis, tenían instalado en la parte alta de la residencia un equipo de radio receptor (C.B.) adaptado con las denominadas "bandas submarinas" que le imprimían mayor poder al aparato y así lográbamos captar ondas de frecuencias internacionales, específicamente de todo Estados Unidos, nos pasábamos la tarde conversando.

Por las tardes, dependiendo de las condiciones atmosféricas que influye mucho en las transmisiones, era algo obligado para nosotros permanecer horas y horas en el apasionante entretenimiento. Por medio de una de esas transmisiones, ocurrió algo que, aún hoy lo recuerdo, y me asombra. Por vía del equipo de radio, conocería yo a la muchacha con quien unos meses después, por esas extrañas circunstancias de la vida, me casaría de forma imprevista.

Todo fue tan rápido, tan asombroso, tan apasionado, que quizás por ello tuvo tan rápido y peligroso final. Aunque hace muchos años, la recuerdo como una de las locuras entre las muchas que viví, que me llevó a la aventura más peligrosa de toda mi vida. Hoy día, no sé cómo escapé a tanto peligro. Ese desafío, dio un giro completo a mi vida. Fue un cambio drástico. En costumbres, en aptitudes. En todo.

Caía la tarde. Y como siempre, nuestras conversaciones por radio con compañeros locales y extranjeros, seguían tan normales como siempre. El día había sido caluroso. Se sentía aún al término de la tarde. Para nosotros en la radio, había sido de bendición, pues las condiciones para las transmisiones habían sido muy favorables a todo lo largo del día.

Era un viernes precioso del mes de julio del año 1982. Los fines de semana, eran los días que más radioaficionados se unían a las transmisiones. Con los "colegas" nuestras conversaciones abarcaban los temas más variados. Pero para esos días, el tema obligado era: lo espectacular que venían desenvolviéndose las fiestas patronales en Navarrete. Gozábamos en forma amplia al escuchar las retransmisiones de radio de quienes captaban nuestra señal en el extranjero. Taxistas hispanos, mayormente dominicanos, nos respondían los llamados desde sus autos en las calles neoyorquinas. Muchos otros, desde sus casas, tenían aparatos retransmisores de gran capacidad y desde allí, contestaban nuestros llamados.

Esa tarde, mientras intercambiábamos impresiones acerca de diversas actividades, alguien pidió una oportunidad para participar en nuestra conversación. Quien lo hizo, al parecer desde días atrás, venía escuchando nuestras transmisiones en la frecuencia que nosotros usábamos. Estaba al tanto de todo cuanto hablábamos. En especial, de las fiestas patronales.

Se trataba de una mujer que se dio a conocer por sobrenombre de "Fany". (Es de saberse, que dentro del mundo de radioaficionados, todos transmiten bajo un seudónimo). Fany, residía en su apartamento del Bronx. Desde allí, escuchaba casi a diario nuestras conversaciones por radio. Su interés era aceptable. Por coincidencia era dominicana, y parte de su familia residía en un poblado no muy lejano de Navarrete. Por tanto, conocía toda la zona.

Las conversaciones por radio con nuestra desconocida huésped de frecuencia continuaron. Cada vez se fueron haciendo más frecuentes. Para mí, se había convertido ya en algo casi obligado cada tarde. Esto marcó una de las etapas más sorprendentes de mi vida. Etapa que, por los altibajos emocionales y los riesgos que me tocó sortear en los sinuosos caminos que tuve que recorrer, dejaron un estigma en mi memoria, casi imposible de olvidar.

Pasaban los días y las conversaciones con "Fany", se estaba convirtiendo en algo casi personal. Dado esto, un día decidí tomar el rumbo del altar de los espíritus, pues quería ver cómo andaba mi futuro inmediato. Quería que los espíritus me dijeran qué estaba sucediendo con todo esto.

Al llegar al lugar, fui recibido alegremente por los que allí estaban congregados. Ya no tenía que hacer las filas tediosas ni levantarme de madrugada para ser de los primeros en llegar. Ahora el que llegaba era el hijo de los seres, el hijo de los espíritus, y era visto con agrado por todos.

Era el único, y esto lo sabían muchos, que los seres le daban el "privilegio" de poseer la médium en cualquier lugar fuera del altar para darme cualquier instrucción inmediata, o bien advertirme contra cualquier peligro. Ya lo habían en hecho en algunas fiestas y en algunas casas de particulares cuando andaba con la vidente. Incluso, lo hicieron dentro de mi auto un día que me trasladaba con la médium a otra ciudad. Nos advertían de un accidente varios kilómetros más adelante y nos ordenaban que debíamos desviarnos.

Esto de las posesiones imprevistas y en cualquier lugar ya era común. Aunque la primera vez que sucedió, tuve tanto miedo por la forma en que sucedió, que por poco y me salgo de la carretera. La vidente, en esa ocasión, sacudió sus brazos y piernas de formas tan violentas, que tuve miedo que con sus bruscos movimientos se hiciera daño con el tablero del carro. Pero los espíritus, tenían suficiente control sobre los movimientos de su "caballo".

En esta nueva ocasión cuando llegué a la casa y cruzaba el salón de espera, algunos se sorprendieron, pues mi llegada había sido anunciada por el espíritu que poseía la médium. A estas cosas, ya estaba acostumbrado. Habían fuerzas en mí, que me hacían saber cuándo en el altar querían verme o me necesitaban. Así ocurrió aquel día. Y esto, realmente ya no me extrañaba. Ya existía una compenetración directa entre estos seres inmundos y yo.

Tenía palabras claves en el dialecto "creol" que usaban para identificarse conmigo y para saludarme y yo responderle en su propia lengua.

Apenas llegué lo primero que escuché fue: —Pasa a ti te están esperando adentro. Ya dijeron que tú venías de camino. Nadie lo sabía. A nadie le había dicho que vendría. Pero los espíritus sí lo sabían. Estos demonios sí que obraban en mí como ellos querían. Y lo demostraban cada día.

—Entra te esperaba —dijo aquella voz casi metálica—. Te esperan sorpresas grandes en los próximos días. Peligrosos incidentes se ciernen sobre ti, pero nada te pasará, estaremos protegiéndote a toda hora. Hay un accidente en pocas semanas, varios después. Te he confeccionado un resguardo. Lo preparé yo mismo, nunca te lo quites de encima. Mantendrás así, muy cerca los guías que te protegen. Ocurrirán muchas cosas. Hasta te vas a casar. No te asustes, si vemos que esto no funciona, destruiremos todo.

De aquello no entendí nada. ¿Matrimonio? ¿y para qué? Esto era en lo que menos pensé hacer nunca.

Lo de radioaficionados, era una experiencia cautivante. Nos manteníamos por largas horas sentado ante la radio. Conociendo personas nuevas cada día. Intercambiando experiencias con colegas de otros países, y formando un círculo de hermandad que se extendía cada día.

Una tarde como de costumbre, trataba de sintonizar las frecuencias donde regularmente dialogábamos con nuestros colegas de radio. De inmediato, la voz familiar de Fany, se dejó escuchar en forma clara y precisa.

—Adelante Santo Domingo. ¿Me copias? Es Fany de Nueva York.

—Comanche copiando desde República Dominicana. Diez cuatro, adelante Fany. Te escucho perfectamente. Adelante.

Una vez más continuábamos nuestras cambios de impresiones, sólo que esta vez, algo sucedió diferente. Hubo algunos detalles que no llegué a entender. Es de saberse que en la radio, muchos te escuchan en la misma frecuencia y hay informaciones que, siendo personales, se dan en claves. Esto ocurrió en mi última conversación con Fany. Estuve confundido con los códigos y no llegué a captar bien o, por el contrario, probablemente Fany lo había hecho a propósito. Aunque al día siguiente traté de comunicarme con ella, extrañamente, no se le escuchaba por ninguna de las frecuencias.

El motivo de su ausencia en la radio, quedó aclarado varios días después.

Era víspera del fin de semana. Un viernes por la mañana donde los empleados que terminaban sus labores en el hospital no escondían la alegría en sus rostros. Unos regresaban a sus lugares de procedencia. Otros, como yo y Librado, mi compañero de oficina, lo tomábamos para planear las discotecas que visitaríamos y a cuáles muchachas invitaríamos esa semana.

Terminamos las labores al mediodía. Como de costumbre, fui a despedirme de los demás empleados, especialmente, los de la cocina. Gozaba de gran aprecio en el centro.

—Hasta el lunes —les dije en señal de despedida.

—Adiós mi hijo, que goces mucho. Y mira a ver si ya te encuentras una mujer y te casas para que dejes las parrandas.

"El sermón", había salido de Colasa, una de las cocineras del centro médico a la cual le tenía gran aprecio. Cuán lejos estaba aquella mujer de carácter humilde, de que su enunciado había sido casi profético.

Conducía mi moto por la principal avenida del pueblo. Me dirigía al hotel donde vivía. Iba sin prisa. Tan ajeno a los acontecimientos que se estaban desarrollando, que continué la marcha sin detenerme donde residía. Pensaba tomarme, como de costumbre, unas cuantas cervezas en un lavadero de autos situado unos metros más abajo. Pero al pasar frente a mi casa, algo me llamó la atención en forma inmediata. Era una hermosa mujer de unos veinticinco a treinta años. Vestía un llamativo traje rojo, que hacía contrastar su blanca piel y su hermosa cabellera negra. Con ella, una avispada niña de unos cinco años, y una mujer más adulta.

Aquello me resultó curioso. Tal parece que esperaban algo, o a alguien, pues pensaba, si buscaran quedarse en el hotel no estuvieran frente a la puerta de entrada, en la calle. Siendo tan amigo de las faldas, era una oportunidad que no se me escaparía. Por tanto, di vuelta atrás inmediatamente. En plena marcha, subí la motocicleta por la calzada hasta ponerme en medio de las tres desconocidas abordándolas de inmediato.

—Excúsenme, pero ¿puedo ayudarlas en algo?

—¿Vive usted aquí? —preguntó la joven y elegante mujer.

—Sí —repuse en forma solícita.

—¿Conoce usted a Rony Cabrera? Tengo su dirección y es aquí.

—Es correcto. Soy yo y realmente vivo acá.

Las dos mujeres se miraron una a la otra. Al parecer satisfechas de que la espera le había dado sus frutos.

—¿No me reconoces? ¿Es que no te acuerdas ya de mí? Vamos has memoria.

Sumido en tan delicado aprieto, comencé a ponerme nervioso. Creo que hasta sentí vergüenza. Rebuscaba la imagen de su rostro entre las mujeres que conocí en las discotecas que frecuentaba, pero no. Antes, me había encontrado en casos similares. Incluso, olvidaba nombres de muchachas con las que había salido. O que varias se me juntaran en un mismo lugar. Pero ésta, sí que no la recordaba.

Mi mente continuó trabajando a velocidades vertiginosas, con todo y con eso, su rostro no podía identificarlo. Quizás adivinando mi frustración del momento, aquella hermosa mujer, como para liberarme, repuso nuevamente.

—No te esfuerces más. Realmente, no me conoces. Hace varios días, hablamos por última vez. No pude explicarte realmente. Mi nombre es Lisa, "Fany" para los colegas. Gusto en conocerte.

Me dejó en una sola pieza. No podía creerlo. Por varios segundos no pude articular palabras. Pero una hermosa sonrisa que dejó ver una dentadura bien cuidada y blanca como el nácar, me hizo volver a la realidad.

Aquel encuentro, marcó el inicio de una de las aventuras amorosas más fascinantes y peligrosas en las que me vi envuelto a lo largo de mi vida. Un día en el campo, en la casa de mis padres, unos cuantos encuentros y una noche bailando una de las canciones de moda en el momento, fue más que suficiente para dar comienzo a un romance como pocos.

Aquella canción, interpretada por el artista más carismático de República Dominicana y con quien, por esos casos de la vida, más tarde nos veríamos involucrados en diversas actividades, incluso en el centro de espiritismo, se constituyó en el himno de unión de nuestras vidas. Las notas musicales de la canción: "Hay música en tu voz", sirvieron de marco al inicio de aquel romance. Quizás por eso y porque por coincidencia tuvimos muchos puntos en común, me convertí en uno de los seguidores de este artista llegando a compartir innumerables actividades y aventuras, tanto en mi país como en el extranjero.

Entre Liz y yo comenzó una relación muy especial. Pero, llegó lo que ninguno de los dos quería que llegara, el momento de la partida. Habíamos compartido de todo. Nuestras vidas. Las tragedias que la rodeaban. Me había comentado la muerte trágica de su padre, y otros hechos que me impactaron.

Aunque no quería hacerme ilusiones, mis sentimientos me estaban traicionando. No quería pensar. Quería hacerme idea de que era una aventura más. Y más aún, por las trabas existentes. La mujer atravesaba por problemas matrimoniales estaba casada y, aunque era algo hermosa, no era menos cierto que era algo prohibido. Pero, la persistencia de esta mujer por defender lo que creyó, era el amor de su vida, fue más lejos de donde yo mismo esperaba.

Ya en el aeropuerto, el día de su partida, estaba parado inmóvil frente a la puerta que conduciría a Lisa a abordar el avión. Se iría, no la vería más. Quizá, pensé, era mejor así. Pero en su despedida, se le vio segura al despedirse.

—Puedes tener la seguridad de que volveré. Volveré... más rápido de lo que imaginas. ¡Volveré!

DOCE

COQUETEANDO CON LA MUERTE

Pues son espíritus de demonios que hacen señales.

Apocalipsis 16:14

Habían transcurrido unos tres días de la partida de Liz. El vacío que sentía era inmenso. Lo días que pasamos juntos habían sido tan intensos, que realmente la extrañaba. No obstante, debía de pensar con los pies bien firmes en la tierra. No sé que me había sucedido con aquella mujer. Quizás porque era algo prohibido. Pues si por mujeres era, eso lo tenía de sobra. Sólo que me había acostumbrado mucho a su compañía. Lo que me tenía raro era, que para alguien acostumbrado al estilo de vida que yo llevaba, que no le importaba nada, que sólo vivía entre las diversiones y la bebida, con ésta había sido diferente.

El miércoles de aquella primera semana, cuando aun hacía intentos por olvidarme de aquella aventura, ocurrió algo que dio visos reales a lo que había comenzado como una andanza. La señora que acompañaba a Liz aquel primer día, estaba frente a mi oficina del hospital. La misma, venía con un recado de Liz. Quería que la llamara cuanto antes a Nueva York. Quedé de una sola pieza. Sin dar crédito a lo que escuchaba.

—¿Cómo dice usted señora? —pregunté sorprendido.

—Toma este número de teléfono. Llama a Liz.

Varios minutos después, estaba conectado con Liz. De su lado, el romántico disco que nos había servido de mudo testigo de nuestro primer beso furtivo.

> "Hay música en tu voz,
> hay música en tus manos,
> son tus labios de miel
> dos corales hermanos.
> Terciopelo son tus ojos soñadores..."

Continuó el tema por espacio de una hora. Mientras, comentábamos los momentos vividos días atrás.

Comenzaron las llamadas, las cartas, y los sentimientos a profundizarse. Casi exactos, fueron los tres meses transcurridos desde la despedida de Liz, y ya había llamado para que la fuera a recibir al aeropuerto de Puerto Plata. No le creí no, hasta tenerla frente a mí.

Era viernes, cercano a las once de la mañana. También el día de marcharse el doctor Camilo para su natal Salcedo. No sé de dónde se me ocurrió tomarle el vehículo prestado al bueno del doctor. Éste, ni segundos perdió en entregarme las llaves, pero, con la advertencia de que tenía que regresar a tiempo para irse a su pueblo.

Hacía varios días que venía teniendo sueños extraños, y advertencias de los seres sobre mi forma de conducir. Pero no les ponía atención. ¿Acaso no estaba protegido por ellos? Entonces ¿para qué temer?

Después de recogerla en el aeropuerto, llegué al centro asistencial presentando a Liz ante el médico. Segundos después, continué mi marcha unos cuarenta kilómetros más hacia abajo del poblado de Navarrete. A Mao Valverde, el pueblo de Liz.

Apuraba la marcha. Sabía que estaba sobrepasado del tiempo que el doctor me había dado. De camino, siempre que manejaba, recogía a todo el que me encontraba, especialmente si eran mujeres. Ese día, a quien le tocaría vivir la más inesperada de las aventuras, fue a un teniente del ejército maeño. Éste se dirigía a la ciudad de Santiago, y como de costumbre en los militares, esperaba que alguien le diera un aventón. Ya no tenía excusa para el médico. Venía con cerca de dos horas de retraso. Por tanto, apuré la marcha todo cuanto pude.

Llevábamos recorridos unos trece kilómetros de ruta, de Mao hacia Navarrete. Nos aproximábamos a unos sembradíos de caña próximo al municipio de Esperanza. Intempestivamente, un moto-rista, que errando al parecer el cálculo y la distancia a la que yo venía, trató de cruzar la carretera de un extremo a otro. Los resultados no se hicieron esperar. Todo ocurrió en fracciones de segundos. A la velocidad a la que venía, traté de accionar el freno y de maniobrar como pude dirigiendo el volante hacia mi izquierda y así evitar el impacto con el motorista. Hasta ahí salió bien. Sólo que, ahora tenía de frente a un tractor con una rastra cargada de caña. Todo fue muy rápido, ya no tenía el espacio ni el tiempo para maniobrar.

Accioné el volante hacia uno y otro lado y hundí el freno hasta el máximo. El pequeño Volswagen se barrió en el borde de la carretera con tal fuerza, que habiendo chocado con el muro de contención de la orilla, el carro continuó su descontrolada carrera hasta incrustarse en la galería de una humilde residencia que estaba en el nivel inferior de la carretera. Lamentablemente, antes de estrellarnos dentro de la casa, habíamos impactado a una persona a la que vi en el aire y después caer unos metros más adelante.

No había pasado un minuto del accidente para que se conglome-rara una multitud suficiente para hacer huir a cualquiera. La turba quería lincharnos. El carro era sacudido con rabia por los lugareños que creían muerto al joven. Unos gritaban que buscaran gasolina, que nos quemarían vivos.

—¿Qué, vas a dejar que nos prendan fuego aquí dentro? —le dije al militar un poco temeroso.

El oficial, confundido, bajó del vehículo. Como vestía de militar, los ánimos de la turba parecieron calmarse. Después de un breve diálogo, procedimos a sacar el carro de donde estaba y conducir los heridos al hospital más cercano.

El vehículo, aunque corría bien, se podían notar a leguas los impactos del choque. El rostro del médico estaba demudado. Era todo confusión y rabia contenida. Aun con lo serio del problema, se limitó a tomar las llaves. Creí que me diría todo cuanto realmente merecía. Pero no. No dijo nada. Traté de hacer menos conflictivo el incidente, responsabilizándome a cubrir todos los daños.

Aunque todo lo ocurrido era para preocupar a cualquiera, en mí no se veía esa inquietud. Me sentía seguro. Sabía y estaba plenamente seguro de que nada me pasaría. Así me lo confirmaban los espíritus cuando, algunos de los que asistían al altar, preocupados, le pedían que mediara conmigo para ver si yo podía cambiar, que podía matarme si continuaba así. Carcajadas sonoras salían de estos seres al respon-der, que sólo ellos, o Dios podían matarme.

Escasamente cinco días habían transcurrido desde el día de la llegada de Liz para que otro hecho nos sacudiera de nuevo. Esto hizo precipitar todo una cadena de acontecimientos imprevistos en mi vida. Hoy día debo pensar y con justa razón que, todos estos accidentes y las confusas situaciones en que nos vimos involucrados, fueron provocadas por estos espíritus inmundos. Y tenían un propósito específico al hacerlo. Querían demostrarnos que realmente tenían control en nuestras vidas. Que fuera de ellos, de su protección sólo encontraríamos la muerte. Así nos lo hicieron saber el día que asistí al santuario con Liz por primera vez.

Esa tarde, los espíritus hicieron unos ritos especiales pues decían que se cernían sobre nosotros graves peligros. Liz, me miraba un tanto sorprendida. En ese instante el espíritu se dirigió a ella en forma clara, directa. Comenzó a inquirirle sobre asuntos personales, sobre su familia y sobre sus hermanos. Yo me quedé asombrado, sólo conocía algunos detalles, pero no "otros", como la forma en que habían asesinado a su padre. Aquello me produjo conmoción. Primero por lo confundido que estaba y, segundo porque noté cómo afectó a Liz. Estaba pálida, sus manos sudaban. Me observaba como queriéndome decir, "perdóname por no decírtelo antes".

Pasaron unos minutos. El ser en posesión de la vidente, le extendió entonces una especie de vaso de madera con una de las bebidas de las que se usaban en los ritos del altar. Unos segundos después, Liz parecía más tranquila, pero lloraba por haber escuchado algunos detalles que ella misma desconocía y que se estaba enterando en aquel momento.

Después de unos momentos de verdadera conmoción, el ser nos mandó arrodillar delante de él. Y, haciendo unas oraciones y mandando a quemar incienso alrededor nuestro, extendió sus manos poniéndolas en nuestras cabezas al tiempo que decía que:

—Ahora más que nunca debo tener cuidado de ti. No puedes dejar el resguardo que te preparé para nada. A ti mujer, como no te he bautizado, usa este pañuelo, sin quitártelo para nada, graves peligros se acercan para ustedes.

Al mismo tiempo que hablaba, aquel espíritu fue desamarrando aquella especie de turbante rojo con verde que envolvía su cabeza.

—Esto puede salvar tu vida. No te lo quites por nada, llévalo contigo hasta que yo te lo pida de nuevo, concluyó.

Pude haberme atemorizado, pero acostumbrado a los hechos sobrenaturales sin precedentes, como estaba, no le presté mucha importancia al asunto. Creo que, honestamente, confiaba mucho en mi buena suerte.

A sólo una semana de su llegada, nos veíamos nuevamente involucrados en uno de los accidentes más sonados de Navarrete. En el mismo, estuvieron envueltos algunos de mis hermanos que esa noche nos acompañaban. Era la noche de un sábado. En Villa González, un poblado cercano a Navarrete, se anunciaba una fiesta que iba a ser amenizada por una de las orquestas más populares del país. Para Liz, era otra oportunidad de aprovechar su estadía en suelo dominicano. Pero esa noche, las cosas resultarían más problemáticas que nunca.

Carlos, era un joven que se había criado prácticamente en el campo, junto a nosotros. Pero después de unos años, su madre los había traído a vivir a Nueva York junto al resto de sus hermanos. Para Carlos, a quien le decían el "pachuco" por su peculiar forma de vestir, la vida era todo diversión, fantasía, bebidas, viajes y... mujeres. En uno de sus viajes, nos encontramos en Navarrete. La diferencia en nuestros estilos de vida, no era mucha. Y como éramos afines a los mismos gustos, esa noche habíamos coincidido nuevamente.

Estábamos, listos a partir para la fiesta. Le presenté a Liz. Para esos días, Carlos y uno de sus hermanos, habían traído a República Dominicana desde Nueva York, una pequeña camioneta que era la sensación del momento en nuestro poblado. Después del accidente ocurrido sólo unos días atrás, no volví a guiar más. Para movilizarnos, Liz, sacó el auto que pertenecía a la familia. Era grande. Distinto a los que yo regularmente utilizaba que eran de pocos cilindros. El de su familia era un *Chevrolet Classic*, bien cuidado. Sus condiciones eran perfectas.

Carlos, nos retó a una carrera desde Navarrete hasta la discoteca. Me opuse totalmente, conocía al "pachuco", nada le importaba. Pero Liz era de esas mujeres de temperamento fuerte, que no aceptaba opiniones. Ésta fue una de las causas de nuestro, casi inmediato divorcio.

El reto de la carrera fue aceptado. El haberlo hecho, me dejó vislumbrar lo que sería el futuro. En lo adelante aparecieron otras facetas en Liz que yo desconocía. Cuando llegamos al lugar, más problemas se agregaron. Al tiempo de adquirir las boletas de entrada, Carlos comenzó bromeando con una de las jóvenes que vendía los tickets. Le decía jocosamente, que si no se casaba con él, tenía que casarse conmigo porque los dos teníamos mucho dinero además de ser "buenos mozos". A Liz no le gustó la broma. De allí salió el malentendido que, por poco nos cuesta la vida.

La fiesta terminaba. Eran cerca de las cinco de la mañana. Liz, había bebido bastante. Pero lo había hecho más por rabia que por el deseo de hacerlo. Estaba enfadada. Pero sin razón. No había ninguna justificación para aquello. Yo a la otra joven, ni la conocía siquiera.

Cuando íbamos a abordar el vehículo, uno de los guardianes del estacionamiento nos recomendó que otro tomara el volante a lo que Liz se opuso. Decía que estaba bien. Pero no era cierto, no estaba bien. La sola manera en que las gomas chillaron en la parte frontal del establecimiento, hicieron pensar a los vigilantes del sitio, que no llegaríamos lejos, como realmente ocurrió.

Liz pisó el acelerador hasta el límite. El carro hizo un zigzag sacudiéndose fuertemente al tocar el pavimento de la carretera. De forma instintiva, tomé la cinta de seguridad y la puse alrededor de mi cintura. El hecho provocó risa en Liz que, sin reducir la marcha, hacía burlas preguntándome que si sentía miedo.

—¿Tienes miedo?

—No —repuse—. Es simple precaución. Además si se te olvidó, dos de mis hermanos me acompañan. Si buscas que nos matemos, no es justo que ellos paguen con nosotros.

Aquello, lejos de disuadir a Liz, la enfureció más. Nada se podía hacer. La velocidad aumentaba. Los árboles y las casas, se veían desaparecer tan pronto aparecían. Monchy, dos años menor que yo, trató de hablarle sin tener resultados. Lourdes, mi otra hermana, guardaba silencio. Estaba asustada y creo, que yo también.

Preocupado en grado sumo, recordé algo que me provocó más temor. Eran las palabras de los seres. Sentí como si en ese mismo instante estuvieran pasando frente a mí el recuento de una película, cuando éste nos advertía y nos reiteraba sobre los peligros de otro accidente de mayores proporciones. Pero ya era muy tarde. Liz, no conocía la carretera tanto como yo. A pocos metros de donde nos encontrábamos, existe una de las curvas más peligrosas de todo el trayecto de Navarrete a Santiago. Tenía que hacer algo, pero a esa velocidad, nada se me ocurría.

—¡Liz reduce por favor! ¡Adelante hay una curva muy peligrosa, reduce!

En el lugar donde comienza la curva, incomprensible para mí, existe un puente construido de hormigón armado, sobre una altura considerable. Por debajo le cruza el río Las Lavas. El lugar siempre es temido por los choferes que lo toman con cautela. En uno de sus lados, estaba enclavada una fábrica de asfalto y agregados, a la postre, culpable de la deforestación del lugar por ser extraídas de allí material vital para la preservación de los ríos.

Al darme cuenta de la cercanía de la mencionada fábrica y que la distancia que nos separaba de la curva y el puente eran sólo unos metros, sabía que la colisión era inminente.

Sólo recuerdo haber echado una última ojeada hacia donde estaban mis hermanos, como sintiéndome culpable de lo que podría ocurrirles. Ya cuando volví a mirar hacia el frente, la colisión era un hecho.

—¡Cuidado!

Pero ya era demasiado. Al tratar de tomar la curva y ver el puente casi encima de nosotros, Liz, intentó frenar y a girar el volante hacia su izquierda. El vehículo comenzó a resbalar entre los cascajos sueltos de la orilla en el extremo derecho de la carretera, yendo a dar con la parte trasera contra las primeras barras de cemento, arrasando con todos ellos. Con este primer impacto, una de las ruedas traseras, hizo explosión al instante. El vehículo enfiló entonces hacia el lado izquierdo y opuesto de la carretera, justo en el centro del puente donde, finalmente, con ensordecedor estruendo se estrelló para terminar aquella loca carrera.

El carro, milagrosamente no se fue al abismo por el hueco que abrió en mitad del puente. Allí quedó atascado por el tanque de la gasolina entre los escombros de concreto, pero balanceándose en forma peligrosa hacia el vacío. La parte delantera, se había incrustado prácticamente hacia el interior del carro que, ahora, parecía de un modelo pequeño. Aturdido, sentí que unas manos me tiraban por los hombros tratando de halarme fuera hacia atrás, pero no podía moverme. El tablero del auto me aprisionaba contra el asiento delantero.

En igual posición se encontraba Liz, aunque en desiguales condiciones. Ésta tenía la mala suerte de que el volante del vehículo, le hacía fuerte presión sobre el pecho. Esto le imposibilitaba todo movimiento. Yo estaba aturdido y no atinaba a ver en la oscuridad de la noche, a quien trataba de auxiliarnos. El héroe de la jornada era Monchy mi hermano. Éste, habiendo salido del auto por uno de los cristales laterales, hacía esfuerzo por sacar a Lourdes que, curiosamente, al parecer fruto del impacto y la fuerte impresión por el accidente, sólo atinaba a preguntar por uno de sus zapatos.

Minutos después, aprovechando que debido al choque la puerta del baúl quedó abierta, Monchy, rebuscando, encontró una linterna que facilitó su tarea de salvamento. Al iluminar hacia el interior del vehículo, el haz de luz alumbró el rostro de Liz. No fue sino hasta entonces, que pude darme cuenta que estaba herida y que un delgado hilo de sangre bajaba por su rostro. Después de casi media hora de espera, comenzaron a llegar vehículos. Uno de los primeros, era de los músicos que amenizaron la fiesta donde nos encontrábamos.

Éstos ayudaron a mi hermano y nos introdujeron a un minibus que guiaban conduciéndonos al hospital de Navarrete donde paradójicamente yo laboraba. En el centro médico, bajo el asombro del doctor Camilo quién se encargó de suturar la herida de Liz y darnos asistencia, terminaba una noche que pudo haber sido trágica.

Al día siguiente, entre papeleos policiales y médicos y aun sin acabar de salir del peligroso trance y siendo una hora irregular para tal actividad, invitamos al doctor Camilo a que nos acompañara "a dar una vuelta".

Después de tomarnos unos cuantos tragos en un establecimiento de la localidad, Liz sonrió maliciosamente. Yo sabía lo que se proponía y, sin dejar escapar la oportunidad, entre risas le preguntábamos al doctor que si no tenía problemas en apadrinar una boda.

—¿De quién y para cuándo? —preguntaba un tanto sorprendido.

—Pues para nosotros y ahora mismo. ¡Vamos que se nos hace tarde!

Fue la comidilla de muchos días en la localidad. Los hechos que estaban rodeando mi vida últimamente era diálogo diario en la pequeña población que gustaba de las emociones fuertes. Ahora, no bien salía de un problema cuando ya estaba acercándome al otro. Ya estaba casado. Del accidente, nadie que miraba las condiciones del vehículo pensaba que alguien había salido ileso. Nosotros mismos estuvimos al día siguiente dentro de los curiosos y los comentarios eran tan duros como risibles. Al hacer un reconocimiento en el lugar, aún no sé, realmente, cómo el vehículo no se fue al vacío. Las personas sólo preguntaban al examinar las chatarras, cuántas personas habían muerto en el accidente.

Hoy día, cuando visito mi país y tengo que cruzar aquel puente y observo la altura de la que pudimos haber caído, la sensación de temor que me invade es tremenda. Pero de nuevo, me le escapaba de las manos a la muerte.

Estos hechos que sucedían a mi alrededor, comenzaron a llamar la atención en las personas que escuchaban los casos en que me veía envuelto. No se explicaban cómo encontrándome en tan peligrosas aventuras y peligros, nada me ocurría. En más de una ocasión me llegaron a formular preguntas sobre cómo me las arreglaba para que todo me saliera bien. Que si realmente era como los gatos que se les atribuían siete vidas.

Aquellos contratiempos, lejos de hacernos pensar en forma realista, nos impulsó a seguir precipitando algunos hechos que, en el futuro, pudieron haber llegado por sí solos.

Uno de éstos, ocurrió después de la partida de Liz. Varios días más tarde, recibía una llamada de la que ahora era mi esposa. Me informaba de un plan, que al principio no le di ninguna importancia. Se trataba de su interés para que yo me trasladara a la ciudad de Nueva York.

La idea, aunque podía ser el sueño de muchos, para mí ya no lo era. Aunque ganaba poco, tenía un buen empleo y, además estudiaba en una de las universidades de más prestigio de nuestro país. Entonces ¿para qué arriesgar todo mi futuro? Por demás, para la clase de vida "bohemia" que llevaba, no tenía necesidad de salir de mi país.

Así me lo dejaban saber mis amigos y algunos familiares que residían precisamente en el exterior. Coincidían en decir que la clase de vida que llevaba en mi tierra, jamás la viviría en los Estados Unidos, que allí todo era diferente. Allí, tendría que trabajar para subsistir. No como hasta entonces, viviendo para los placeres, para las parrandas, las mujeres, las ropas finas y las discotecas. Los que así me aconsejaron, nunca se equivocaron.

Liz, seguía interesada en darle visos de realidad a la idea de que me trasladara hacia Nueva York. Mientras tanto, yo seguía en mis andanzas. Ahora tenía "conexión" con el encargado de unas oficinas de alquiler de autos. A Genaro, lo conocí en las innumerables ocasiones en que iba a alquilarle vehículos. Cada vez que Liz venía al país, que ya era muy a menudo, él nos daba precios por debajo de lo estipulado.

Para entonces, Olmedo, uno de mis dos hermanos mayores, trabajaba como encargado de abastecimiento en una compañía extranjera que construía unos canales de riego en la zona. Como encargado de los almacenes, controlaba el suministro de combustible a los equipos de la compañía.

Un día lo visité en sus oficinas ubicada en la salida del poblado de Navarrete y le sustraje un talonario completo de tickets de suministro de gasolina.

Esos tickets de combustible, no tenían límites. Era como un cheque en blanco, donde se ponía la cantidad que el tanque de combustible tomara. En ocasiones, hacía tratos con los de la estación de gasolina. Les pedía, que si echaban gasolina por valor de diez pesos, llenaran los tickets por cincuenta, tomaran ellos diez, y me dieran los treinta restantes en efectivo. Así aseguraba el dinero para mi salida de esa noche.

De estas clases de negociaciones, no escapó Genaro, el del *rent-car*, a éste también le pasaba de los tickets. Así aseguraba el auto en mi poder y no tenía que darle el dinero en efectivo. Llegamos a salir juntos en muchas ocasiones. Pero después comenzaron los problemas. Había destruido como cuatro autos del *rent-car*. En ocasiones, encontrándome con todos los amigos del poblado, excedíamos la capacidad del vehículo y borrachos, amanecíamos recorriendo las calles atando latas en la parte trasera del carro. Dentro de la juerga, cualquiera guiaba. Muchos hasta aprendieron a manejar. El auto como era de esperarse resultaba con serios daños. Yo, sólo tenía que llamar para que recogieran el accidentado en una grúa y me enviaran otro. Pero en una de esas ocasiones se nos fue la mano. Tenía dos días de haber cambiado un carro. La comidilla de la localidad era, cómo le hacía para tener un auto diferente cada vez. Muchos lo atribuían a la mujer que vivía en Nueva York, "que le manda muchísimo dinero".

La tarde de un domingo, decidimos seguir un conjunto de música típica que amenizaba una fiesta en Navarrete, hasta otra ciudad situada a muchos kilómetros de la nuestra. En ese entonces, usando las facilidades que mi empleo en el gobierno me ofrecía, había adquirido legalmente un arma de fuego para uso personal. —Esto era el colmo —murmuraron muchos. Era un tipo de armas reservada para oficiales, gente de poder, o los ricos terratenientes.

Esa tarde, salimos un buen grupo de la discoteca local. Nos metimos como pudimos al auto. Nos surtimos con varias botellas de ron y seguimos a los músicos, dispuestos a seguir la parranda. Carlos "el pachuco", el mismo que tiempo atrás hiciera la carrera con Liz, nos hacía compañía de nuevo, sólo que ahora sus deseos de emociones fuertes por poco nos mete en un problema serio.

La fiesta era en Guayubin, un poblado famoso por la cantidad de chivos salvajes que los choferes se encuentran en la carretera. Ya en la fiesta, gozábamos a todo dar. Pero Carlos se excedió en bebidas, y actuaba de manera incoherente. Yo no sabía que él portaba una pequeña pistola. Mucho menos sabía, que ni licencia tenía, que la misma la había introducido desde los Estados Unidos. Esto era práctica común en casi todos los que venían del exterior. Yo tenía la mía colocada en una parte visible por detrás del pantalón, justo en la espalda. Era la moda. Todo se usaba sólo para llamar la atención. Y sí que lo habíamos logrado en aquella comunidad.

Todos los lugareños, nos observaban fijos. Aparte de ser extraños en el lugar, el desparpajo como nos comportábamos y la cantidad de bebidas en nuestra mesa que era escandalosa. Hasta enviábamos servicios de bebidas a otras mesas donde veíamos alguna muchacha que nos llamara la atención. Pero también, llamamos la atención de dos agentes de la policía que nos observaban distantes. Dos de ellos esperaron que "pachuco" y yo que, en esos momentos creíamos que el mundo era nuestro, bailábamos un pimentoso merengue, ajenos a lo que acontecía.

Cuando terminamos, nos dirigimos hacia nuestra mesa. Aun nos acompañaban dos bellas jóvenes del poblado que habían accedido a compartir con tan "notables" visitantes. El semblante confuso de Librado, mi compañero de trabajo, chino su hermano y varios de los que en tres vehículos nos acompañaban nos hizo dar cuenta que algo sucedía.

El problema era visible. Los dos agentes nos esperaban en la mesa. Observé a Carlos. Éste traía su pequeña pistola a la vista de todo el mundo. La mía, ni qué decir, si para eso la usaba en la parte de atrás, para que todo el mundo la viera. La vanidad del hombre y su deseo de dejarse sentir no tiene límites. Hoy lo pienso y moriría de vergüenza si pudiera verme de aquella manera.

Conociendo a Carlos, sabía que no le importaría lo que sucediera. Y temeroso, antes que él saliera con una de sus locuras, me adelanté a los agentes tratando de controlar mis traspiés producto del exceso de alcohol.

—¿Agentes se les ofrece algo? —pregunté.

—Este..., queríamos saber quiénes son ustedes —dijo uno en tono un tanto humilde—. Como verá estamos encargados de la seguridad del poblado.

—¿Y ustedes no se dan cuenta con quiénes están hablando? Vamos siéntense estamos entre familia.

Quien así hablaba era Carlos, que sin perder tiempo apartaba sillas a los policías invitándolos a compartir con nosotros. Mostraron confusión. Yo también que, aun de pie, no adivinaba lo que éste se traía entre manos. Un minuto después lo sabría.

Siempre he usado mi corte de pelo bien bajo y me afeitaba casi al nivel superior de la oreja, como los cadetes. Admiraba a Miguel, mi hermano mayor que desde muy joven vivía dentro de la carrera de las armas. Creo que en mí se anidaba ese deseo oculto por ser militar. De hecho, había solicitado ingreso en la academia de la policía donde estuve un tiempo. Luego cambié de idea. Pero al parecer el papel tendría que asumirlo aquel día.

El pachuco, sin perder tiempo, les preguntaba que si no se daban cuenta de con quién hablaban, que si los militares no se conocían desde lejos el uno al otro. Les decía que celebramos mi regreso como cadete graduado del Canal de Panamá.

Hoy día no sé si realmente allí se llevan a efecto tal tipo de graduación. Lo que sí sé es que, los dos hombres junto a un cabo, eran los únicos que conformaban la dotación policial del poblado y, teniendo la oportunidad de "compartir" con alguien de más "rango", se quedaron en nuestra mesa.

La aventura pudo terminar de mala manera. Ya sin poder mantener la farsa, los muchachos de nuestro grupo comenzaron a bromear haciéndome el saludo que regularmente se les da a los oficiales de rango. Esto tal parece, puso en sobreaviso a los dos militares que gustosos compartían con nosotros.

Uno de ellos nos invitó a conocer el puesto policial. Esto me produjo temor. Sabía que aquello podía cambiar de un momento a otro. No obstante, Carlos accedió, aun a sabiendas que él llevaba la de perder. Le hicimos señas a los demás para que, en lo que acompañábamos a los agentes, pagaran la cuenta y abordaran los vehículos, listo para salir en caso de alguna emergencia.

Por suerte no tuvimos que salir corriendo, pero sí apresurados pues, las preguntas sobre el nombre del general que era mi padre, según Carlos les había dicho, no fueron del todo convincentes. Previendo que podíamos confrontar problemas, le sugerimos reunirnos de nuevo en la fiesta. Cosa que, como era de esperarse, no ocurriría. Fue sólo vernos en la calle para dirigirnos presurosos a los vehículos. Me sentía liberado de un peso enorme. Aquellos agentes, viéndome con cierta admiración por ser un "oficial" tan joven, me invadían con preguntas sobre cómo lo había logrado. De habernos descubierto, estoy seguro que la hubiésemos pasado muy mal.

TRECE

LA TRAVESÍA POR PANAMÁ, MATAMOROS, MÉXICO, NUEVA YORK

Pues a sus ángeles mandará acerca de ti
para que te guarden en todos tus caminos.

Salmo 91:11

En Navarrete y aéreas vecinas, ya estaban acostumbrados a mis escándalos y mis andanzas. A pesar de que más de uno tuvo motivos suficientes para "quitarme del medio", nunca se atrevieron a provocar directamente.

Llegaba a las fiestas con el grupo de mis amigos y casi siempre nos quedábamos con las muchachas que más resaltaban del lugar. A veces se producían enfrentamientos con personas que las acompañaban, pero era sencillo de arreglar, simple y llanamente le decíamos que no obligábamos a su muchacha a que estuviera con nosotros, pero que tampoco dejaríamos que nadie se la llevara de nuestras mesas, que si era problemas lo que quería, sólo tenía que dejárnoslo saber. Esta era nuestra especialidad.

Así marchaba mi vida, entre parrandas, mujeres y aventuras fuertes. Éramos conocidos en las discotecas de toda el área. Librado, mi

155

compañero de trabajo, su hermano, el Pachuco y yo, tuvimos siempre las más excitantes aventuras.

Cuando salíamos de las discotecas del área, nos íbamos hasta la ciudad de Santiago, no importaba qué hora de la madrugada fuera. Al salir de los centros de diversión, los tiroteos que armábamos desde la misma zona de estacionamiento y las calles que recorríamos eran cómo para no creerse. Había que ver cómo corría la gente a esconderse detrás de lo que podía. Lo mismo sucedía cuando sabían que yo venía conduciendo. La gente huía. Tenía terror.

En una ocasión, venía con Monchy mi hermano. Eran cerca de las dos de la tarde. Habíamos amanecido borrachos en una de las discotecas del poblado. Tenía que llevar a mi hermano a la casa de mis abuelos. La casa, estaba ubicada en una de las calles que bordea el parque de recreamiento del poblado.

Hacia allá me dirigía por la autopista como todo un bólido. Me creía como si las calles me la habían construido para mí solo. Iba a una considerable velocidad. Y, sin medir el espacio ni la distancia, intenté doblar por la calle que me llevaría a la casa de mi abuela. Lo que sucedió sólo lo había visto en las películas.

El carro, un Daihatsu, bastante liviano de peso, más que correr parecía que iba por el aire. Casi ni se sentía. Cuando intenté tomar la calle el auto resbaló de tal manera que, después de chocar con la calzada levantada alrededor del parque, el vehículo, ahora sin control, continuó su loca carrera apartando las personas que dentro del sitio de recreo, corrían despavoridas. Flores hermosas, grandes palmeras, bancas y un sinnúmero de ornamentos para dar belleza al lugar de esparcimiento, yacían chamuscados por varios metros.

Trataba de controlar el vehículo; pero no podía. Frenaba, aceleraba de nuevo, quería salir de allí; pero el carro continuaba dando tumbos como si se hubiese tratado de un animal salvaje al cual trataban de domar. De nuevo metí el acelerador. Esta vez, el vehículo salió disparado después de destrozar medio parque y, corriendo a su antojo pues yo estaba casi aturdido por las piruetas hechas, cayó de nuevo a la calle para enfilar por la acera opuesta y llegar hasta el jardín de una residencia ubicada nada menos que a unos pies de la casa del juez de paz de la comunidad.

Todas las noticias, de una u otra manera, llegaban a oídos de Liz, que tal parece tenía espías por todos lados. De ahí le nació la idea más descabellada. Quería que me trasladara hacia los Estados Unidos. Me pareció risible la oferta pero, para ella, no era risa. Se lo había tomado bastante en serio. Para salir del paso, le dije que sí, que lo haría, pero nada estaba más lejos de la verdad ¿pues sí lo tenía todo en mi país? Además, ya bien advertido que estaba sobre la vida que me esperaría, y yo no quería abandonar la que llevaba.

Corrían los días de abril del año 1983. Tres meses habían transcurrido del último viaje de Liz al país. Pero estaba ansiosa por regresar, o de que yo hiciera el viaje a Nueva York.

Para entonces, los visados, como siempre, eran un tanto difícil de conseguir. Pero para Liz, las cosas difíciles, la tenían sin cuidado. Ya ella tenía su plan elaborado. Así me lo hacía saber en una carta y detalles que me había enviado. Quizás notando que no había emoción en mis conversaciones con ella en cuanto al viaje, había decidido tomar cartas en el asunto. Por tanto, ya todo parecía preparado para aquella nueva aventura.

Los planes a seguir eran como sacados de un guión para películas. Todos los pasos estaban calculados de forma metódica. Además, Liz había enviado dinero suficiente como para sortear cualquier imprevisto. De hecho, esto facilitó las cosas una vez iniciada aquella loca aventura.

Para llevar a efecto el plan, tenía que hacer contacto con unas personas que estaban encargadas de dar los primeros pasos. Era una red de tráfico de indocumentados que envolvía a más de una docena de personas entre buscones, agencias de viajes, funcionarios consulares, migración y agentes de países como; Santo Domingo y Panamá hasta alcanzar territorio norteamericano por las fronteras mexicanas.

La travesía no era nada fácil. Tenía que —vía unos mafiosos dominicanos, conectados supuestamente con el consulado mexicano—, obtener el visado del país azteca. Luego, vía Panamá, volar hasta México. Ya en territorio azteca, hacer un recorrido de unas treinta y seis horas de carretera hasta llegar al pueblo fronterizo de Matamoros ubicado en la línea limítrofe entre los dos países.

Ya en tierra mexicana, en Matamoros, debía llegar a un lugar preestablecido para ponerme en las manos de los encargados de los "coyotes", que no eran más que las personas que fungirían como guías para cruzarnos hacia el "otro lado". Los coyotes, tenían sus tarifas en dólares por cada persona.

Los que no tenían la cantidad que éstos exigían, en especial cuando se trataba de mujeres, si querían continuar deberían pagar con favores sexuales el dinero que no poseían.

Así comenzó la aventura. En el hospital, las llamadas recibidas, eran constantes. Liz, quería saber cómo iba todo. Pero realmente, mi indecisión era tremenda. No sabía qué hacer al tener la verdad tan de frente. Realmente tenía temor. No quería dejar mi país. Pero sentía que Liz me ponía contra la pared, me hablaba de muchos sueños, de muchas de sus ilusiones, de planes, de las cosas que haríamos juntos. Al fin terminó por convencerme.

No obstante al apremio de Liz para que dejara todo de una buena vez, tomé algunas medidas preventivas. Por tanto, me dirigí a hablar con mi director y amigo el doctor Camilo.

Aunque no me atreví a decirle realmente, sí le expliqué mis deseos de aplicar para mis vacaciones de fin de año que, para esa época me tocaba tomar.

Habiendo dado los primeros pasos, más presionado que deseoso, iniciaba los preparativos para aquella experiencia que me dejaría marcado por siempre.

Después de varios días de permanente contacto y cabildeo con los que tenían que ver con el viaje, ya tenía entre mis manos los tickets de vuelo y la visa mexicana estampada en mi pasaporte. El vuelo era con escala en Panamá, de allí, al día siguiente, volaríamos a México.

En Navarrete, dentro de mi cuarto del hotel, el nerviosismo y la indecisión todavía a última hora, hacían estragos en mí. Daba vueltas y vueltas dentro del perímetro de mi habitación. Me acompañaba Olmedo y mis dos hermanas pequeñas a las cuales, siempre les había tenido especial cuidado. Las había visto crecer desde los brazos de mi madre y, tanto a Olmedo como a mí, nos decían "tío", porque como éramos los que estudiábamos fuera, esperaban siempre pequeños obsequios que les traíamos desde Navarrete y por lo cual nos tuvieron siempre especial respeto. Respeto y temor que fue acrecentándose con el correr de los años.

Mis manos sudaban. Aún no creía que realmente era cierto que saldría de mi cuarto y que podía ser la última vez que lo vería. Todo quedaba allí. Todo quedaría intacto. Para la travesía, sólo podía tomar un bulto con cosas de necesidad inmediata. Todo tenía que dejarlo, incluso mis ropas, que era mucha. La misma Liz se encargaba de enviarme buenas cantidades regularmente.

Así, entre la inseguridad sobre lo que estaba haciendo y el dolor que me producía ver la tristeza en el rostro de mis hermanos, salí de mi habitación dejando atrás mi vida, en ese instante con la confusion y el sollozo de mis hermanas, que todavía no daban crédito a lo que pensaba hacer.

A mis hermanos, les había pedido que no le dejaran saber nada de mis planes a mis padres, en especial a mi madre, hasta que no pasaran unos días y ver cómo las cosas salían.

Sin atreverme a mirar para atrás cerré la puerta de mi cuarto tras de mí dejando dentro a mis hermanos, mis recuerdos y toda una vida llena de locas aventuras, para dar inicio a una nueva que no sabía hasta dónde me llevaría. Me gustaban las aventuras, pero esta vez, no sabía realmente si quería en verdad comenzar ésta. Pero ya todo estaba previsto, por tanto salí hasta la avenida frente al hotel y detuve el primer vehículo que encontré, dirigiéndome hasta Santiago. Allí abordaría un autobús expreso, que me conduciría hasta otra terminal de autobuses, en la cual bajo pago previo, me esperaba un vehículo que me conduciría al Aeropuerto Internacional las Américas en Santo Domingo.

Después de haber abordado el autobús, aún me preguntaba si era real que estuviese haciendo aquello. Y sí lo era. Ya no se trataba de un juego. Aquello que había comenzado de pura broma cambió por completo el rumbo de mi vida. Aún hoy día me arrepiento de muchas cosas hechas en el pasado. Una de éstas, haber cometido la locura de venir a los Estados Unidos.

Con un trabajo fijo y una carrera que a mi corta edad, en ese entonces, me ponía de frente a un futuro promisorio y lleno de grandes expectativas, me vi de pronto compelido por los deseos de aventuras y disfrutes inmediatos, a dejarme arrastrar por la fascinación y la aventura.

El viaje estaba bien sincronizado. Todo marchaba bien. Nada podía fallar. Así me lo habían hecho saber mis "guías". En el altar, inclusive, no se trabajaría porque los espíritus me acompañarían en toda la trayectoria. Así me lo hacía saber el jefe guía del centro de invocaciones, y así sucedió.

Percibía la presencia de estos seres desde mi salida hasta mi llegada a Nueva York. Yo era especial para ellos. Era su "hijo" y era el que mejor testimonio de sus poderes tenía. De hecho, todos los del grupo de aquella aventura, confrontaron problemas menos yo. Algunos, hasta fueron deportados de regreso y otros asaltados y violados.

En la terminal del aeropuerto "Las Américas", en Santo Domingo, nos encontramos por primera vez con el resto del grupo que haría la travesía. Revisados mis documentos esperábamos la señal de abordar el avión. De pronto, se dejó escuchar el anuncio por los altoparlantes del aeropuerto: "Pasajeros con destino a México vía Panamá, favor abordar por la salida número seis... repito". De inmediato nos levantamos de nuestros asientos y nos dirigimos en tropel hacia la salida señalada. Al notar el numeroso grupo, tuve cierta preocupación. Lo que menos parecíamos ser, era turistas en viaje de placer.

La mayoría se comportaba en forma temerosa, como si los estuvieran persiguiendo. Todos se movilizaban en grupos, como asustados.

Esto fue un factor clave para que, del grupo que originalmente estuvo compuesto habían dieciocho personas, apenas llegamos seis a la frontera con Matamoros.

La ruta de trasiego de ilegales entre Santo Domingo, Panamá, México, Nueva York, al parecer, ya venía siendo vigilada por las autoridades desde hacía un buen tiempo.

Al aterrizar en el aeropuerto Omar Torrijos de Panamá, comenzó el calvario para muchos. Lo estricto del control de los oficiales de migración panameños así lo confirmaban. Y ni qué hablar de cuando el grupo llegó a suelo mexicano. Yo realmente no tuve muchos problemas, porque presentaba mis documentos todos en regla. Además, que traía conmigo mi permiso de vacaciones. Esto me ayudó en Panamá, donde, teniendo que pernoctar en un hotel cercano al aeropuerto, sin dejar pasar la oportunidad, me introduje en la discoteca del hotel y cercano a las horas de la madrugada, me fui a mi cuarto. Al día siguiente, el vehículo llegó a recogernos al hotel. Pero, al parecer por la prisa que tuve perdí la hoja de turista anexada al pasaporte. Esto me impidió abordar el avión con el resto del grupo lo que a la postre, me salvó de las pesquisas a que fueron sometidos mis demás compañeros de aventura.

De hecho, a mí querían echarme para República Dominicana de nuevo. Una táctica de última hora, me evitó mayores inconvenientes. Les pedí que me dejaran hablar con la embajada dominicana en Panamá, pues supuestamente, estaba comisionado a realizar en México importantes tareas para la Secretaría de Estado de Salud Pública de mi país. Para esto, no me fue difícil convencerlos. Siempre, apelaba al truco de enseñar el carnet que me identificaba como portador oficial de una pistola nueve milímetros, que era de uso casi exclusivo de personal militar. Viéndome tan joven, realmente casi todos creían el cuento. Por lo tanto, esa tarde, los mismos agentes de seguridad del aeropuerto me pusieron en contacto con la embajada dominicana y el consulado mexicano en Panamá para que me restituyeran el documento perdido.

De regreso al aeropuerto, un inesperado percance, que lo atribuyo a aquellas fuerzas demoníacas que me acompañaban, me hizo llegar tarde al aeropuerto y perder el avión que me conduciría con el grueso del grupo.

Tal parece, que debido a la desesperación que traíamos, conminaba al chofer de un taxi panameño, un señor de una edad no muy adecuada para estos menesteres, a imprimirle más velocidad al vehículo. Casi a punto de llegar al mismo, sucedió el imprevisto de reventarse una llanta trasera del vehículo. No podía creerlo. Los nervios hicieron presa de mí. Las cosas que le grité al pobre hombre, no tienen espacio para comentarse. Él, en forma tímida, sólo trató de excusarse diciendo, que eran cosas que pasaban. Que lo excusara. Quién sabe nos hubiera ocurrido algo peor, decía. Y, realmente, sí que podía haber enfrentado problemas, pues en México, las autoridades de migración, redujeron el grupo a menos de la mitad, salvándome yo de problemas por aquella llanta explotada.

El Señor y Redentor, previendo, o tratando de evitarme los dolores futuros por los que atravesaría, al parecer, buscaba disuadirme para evitar las consecuencias futuras que esta aventura me traería. Así recuerdo, sucedió la primera vez que visité la vidente. Pero para entonces, no sabía discernir entre las fuerzas del mal que buscaban arrastrarme hacia su abismo, y la otra que luchaba para salvarme, la del Señor.

Desde Panamá llegué a México el día siguiente. Para continuar hacia Matamoros, tuve que hospedarme en un hotel en la capital mexicana, tenía que descansar, meditar en lo que tendría que hacer. Estaba separado del grupo. Había perdido contacto con las personas que nos esperarían en el aeropuerto de México. De todas formas el descanso no caería mal. Después de todo, tenía suficientes dólares como para hacerlo.

Desde la habitación del hotel en que me había hospedado, me comuniqué con Liz en Nueva York. Por suerte, ella aún mantenía las instrucciones que semanas atrás me había enviado para que realizara el riesgoso viaje. Hice los contactos de lugar desde el céntrico hotel donde me había alojado. Al establecimiento, fui llevado por un joven mexicano que, por una buena propina, la cual me pidió en dólares, se me ofreció como guía hasta el día siguiente.

Cerca de las diez de la mañana, el joven subió hasta la habitación que ocupaba. Sin habérmelo propuesto, había conseguido un contacto que nada tenía que ver con el viaje. El joven, me llevó por una ruta que, a la postre, resultó mejor. Habiéndole explicado hacia adónde me dirigía, me explicó los riesgos a los que se exponían los que hacían la ruta por vía terrestre. De camino, según me confesó, había asaltantes específicamente de personas que se suponía llegaban a la línea fronteriza tratando de ganar el territorio norteamericano.

Con lo dicho por aquel improvisado "guía turístico", fue suficiente como para que optara por otras medidas. La mejor y más rápida. Tomar otro vuelo desde la capital mexicana hasta Matamoros. No lo pensé mucho, ni tampoco perdí tiempo. Quedaba buen dinero, entonces ¿por qué arriesgarme?

Uniendo las palabras a los hechos, tomé un vuelo local rumbo a Matamoros. Debo confesar, que lo recorrido la noche anterior y ahora que tenía la oportunidad de contemplar por primera vez las majestuosas construcciones de la capital mexicana me tenían absorto por completo. Las peculiares y hermosas construcciones de sus edificaciones y después, la hermosa vista del suelo mexicano desde el avión que me llevaba a la frontera.

Desde el aire, dando riendas sueltas a mi imaginación, mi mente vagaba contemplando las extensas y verdosas llanuras que parecían heridas en sus entrañas por las formaciones montañosas, que desde lo alto, parecían serpientes gigantescas. Era la primera vez que me veía disfrutando de una panorámica tan extasiante. Y sí que la venía disfrutando.

Cubierta la distancia, se escuchó la voz para aterrizar. Ya en tierra, seguía los pasos de los demás. Como era un vuelo local, ya no había que pasar puestos de control. Pero esto no significaba que no habría problemas, pues al parecer, los policías encargados de detectar indocumentados, estaban apostados en todo lugar. Uno de ellos, era el aeropuerto de Matamoros.

Estaba a punto de ganar la calle. No creo que sobrepasábamos los treinta o cuarenta los que habíamos hecho el vuelo en el pequeño avión. Por tanto, para los agentes apostados en el lugar, les era fácil detectar caras extrañas. Una de esas caras era la mía.

Dentro del grupo, buscaba algo que me indicara la salida de la pequeña terminal. Fue señal suficiente para dejarles saber a los que me observaban, que estaba desubicado. Confundidos entre los que esperaban a familiares o amigos se encontraban varios agentes, que sin perder tiempo, me señalaron. De inmediato se dirigieron hacia mí pidiendo que me detuviera. Pensé se trataba de una confusión, pero no. Dos agentes vinieron de frente hacia mí. Otros dos, con una contextura física impresionante parecían levantadores de pesas se me colocaron a ambos lados. Uno de ellos, sujetándome por uno de mis brazos, se dirigió a mí en forma cortante.

—Señor, debe acompañarnos. Queremos que nos responda algunas preguntas.

—¿Acompañarlos? ¿Dónde y por qué?

—Somos de la policía. Tiene que acompañarnos al departamento.

Pasaron casi tres horas de detención. En ese transcurso de tiempo, unos cinco agentes se habían turnado para someterme a interrogatorio. A todos le repetí lo mismo. Estoy de vacaciones en México y soy empleado del gobierno de mi país. Esto, me salvó a última hora. El último en querer sacarme algo, fue un supuesto capitán que habiendo sido llamado, llegó con otro de los agentes que antes me había interrogado y, con una especie de garrote en las manos, quería como atemorizarme.

El "capitán", comenzó presionando. Ya ellos conocían que traía buenos dólares en mis bolsillos, pues todo lo habían requisado minuciosamente. Me preguntaba que quiénes eran los encargados de "pasarme al otro lado", que si yo realmente estaba de vacaciones, había equivocado el rumbo, pues las zonas del turismo y las playas estaban a muchos kilómetros de allí.

Mientras tanto, continuaban rebuscando en todas mis pertenencias. Mi bulto, el maletín, mi cartera y hasta un *walkkman* que traía fue objeto de repetidas revisiones. Uno de los agentes incluso, bromeó contorsionando su cuerpo al compás de un merengue que venía escuchando todo el trayecto e interpretado por uno de los más populares merengueros dominicanos con quien años después, nos veríamos compartiendo juntos. De hecho, después de "arreglado" el problema, el oficial me pidió el casete a lo que accedí sonriendo.

Otro de los oficiales, bromeó deseándome feliz travesía y que esperaba que el coyote no me matara, pues estaba seguro que si yo estaba allí, era porque iba para "el otro lado".

Después de tomar un taxi en las afueras de la terminal, nuestro recorrido duró unos cuarenta minutos hasta llegar al lugar señalado en las instrucciones que traía conmigo.

El trayecto, a medida que avanzábamos se hacía más tortuoso. Parecía que nos internábamos por caminos vecinales. Después de dejar atrás una polvorienta carretera, llegamos a la dirección señalada. Al desmontarme del vehículo, quedé de pie en medio de aquella carretera. Estaba perplejo observando el panorama que tenía ante mis ojos. El contraste de aquella desértica zona, era chocante comparado con las hermosas vistas que horas atrás grabara en mis recuerdos de la hermosa capital mexicana.

El toque final, lo aportaban las fuertes brisas las cuales venían arrastrando consigo todo cuanto encontraban en su camino formando remolinos constantes por doquier. Aquello era lo más parecido a una ciudad abandonada de las películas del viejo oeste. De momento no supe qué hacer. No sabía si era el lugar exacto al que debía de acudir. Pero eso era lo que había emprendido una aventura, y allí estaba en medio de ella.

Reponiéndome al momento, revisé las notas que tenía conmigo. Pensaba que quizás había un error. La dirección decía: "Pensión Don Pancho". Pero no veía por lado alguno nada parecido a una pensión. Ni siquiera pensé que hubiese un hotel en los alrededores. La dirección era correcta. Caminé hasta que encontré a alguien y le pregunté por el lugar.

Al llegar al sitio señalado, el buen samaritano me indicó un lugar que ya lo había pasado unos minutos antes. No podía creer que "aquello" era la "pensión" que buscaba. Con un polvoriento letrero hecho con carbón y sobre un trozo de cartón apenas visible estaba señalado el lugar que buscaba.

El sitio, más que lugar de hospedaje, parecía un lugar para animales. Y sí, realmente lo era. Vencida la confusión del momento, ingresé al destartalado establecimiento. Con una fachada frontal hecha de piezas de madera y objetos metálicos de toda clase, no sabía cómo le podrían llamar pensión. En el interior del lugar había un estrecho y largo corredor. En ambos lados, una indeterminada cantidad de pequeñas puertas que a su vez, daban acceso a estrechos cuartuchos que eran alquilados a los "huéspedes" que como yo, nos veíamos obligados a usar las "facilidades" del lugar. Y es que no había alternativa. A la enorme distancia que nos encontrábamos de la capital mexicana, era lo único que existía cercano a la frontera norteamericana.

Lo increíble del caso es, que las pequeñas portezuelas ubicadas al frente de los cuartuchos que servían de habitación y que estaban hechos con pedazos de madera atados con alambres, daban paso a un panorama bastante pintoresco. Eran nada más y nada menos, que la residencia oficial de decenas de gallos de pelea, a los que don Pancho, era aficionado.

La situación, había que vivirla para poder creerla. El trinar incesante de aquellas aves, junto a las irregulares temperaturas de la polvorienta zona, era como para volver loco a cualquiera. Para colmo, por el patio del peculiar hospedaje una media docena de pequeños borregos, brincaban de lado a lado ajenos a todo cuanto les rodeaba.

Más de una vez sentí deseos de salir de aquel lugar. Pero ya estaba allí, dispuesto a ver hasta dónde esta aventura me llevaba.

—¿Me podrían decir quién es don Pancho?

La pregunta la había dirigido a una veintena de personas en aquel reducido espacio, que servía más como guarida que como hospedaje.

La escena que tenía ante mis ojos, era deprimente. Allí, apilados, mucho de ellos descalzos, sin camisas y algunos en pantalones cortos, yacían mujeres y hombres hacinados, sentados en el suelo, en piedras y en pedazos de cartones viejos. El cuadro era doloroso. Aquellos huérfanos de suerte, tenían en su rostro las huellas del sufrimiento, de días sin dormir y lo peor, del hambre que estaban pasando.

Aquel cuadro partía el alma a cualquiera. Impotente ante lo que presenciaba, guardé silencio un instante. De pronto, una voz a mi espalda me hacía volver a la realidad. Dándome vuelta, tuve ante mí a un señor mayor, regordete casi calvo. Vestía una vieja franela curtida, de color amarillento por el sucio. Sudoroso, mantenía unos dos gallos en sus manos al tiempo que se dirigía hacia mí.

—¿Busca un cuarto joven?

—Sí —respondí.

Aquel hombre era don Pancho. Sin poder olvidar la escena que había presenciado, le pregunté qué ocurría. La respuesta, fue más trágica aún. Decía don Pancho, que "esas pobres gentes" habían perdido todo su dinero. Unos habían sido asaltados por el camino. Otros despojados de su dinero por agentes judiciales en la ruta de la capital mexicana hacia la frontera, que confirmaba lo que me había dicho el joven taxista que me sirvió de guía, y según el relato de aquel viejo bonachón algunas de esas mujeres habían sido violadas. Ahora permanecían allí, abandonadas a su suerte. No tenían contacto con nadie. No tenían dinero para pagarle al coyote que exigía de cuatrocientos a quinientos dólares por cada ilegal.

El panorama para aquellos desdichados, era incierto. El mismo don Pancho, confesaba que comían lo que podía darles. Que el dinero que recibía de aquellos que al igual que yo, llegábamos y pagábamos los cuartos, lo usaba para comprar comida y darles lo que podía .

Sabía que tendría que salir de allí rápido. Aquello me tenía el alma quebrada. Esto me obligó a permanecer en el interior del cuartucho, aun con el endiablado calor que hacía. Había oído en el transcurso del viaje, las ilusiones y grandes planes que se comentaban unos con otros.

Las escaramuzas que habían tenido que hacer para recaudar dinero e iniciar la travesía habían sido muchas. Algunos habían hipotecado sus casas, vendido propiedades y tomado dinero prestado. Ahora, a miles de kilómetros de distancia de sus respectivos países, su futuro era incierto. Estaban abandonados en medio de dos países a los cuales no pertenecían, sin dinero ni para hacer una llamada y comunicarse con sus familiares. Lo único que pude hacer fue tomar los teléfonos de algunos de ellos y hacer contacto con familiares para dejarles saber su situación.

Las horas en aquel lugar, fueron infernales. A los dos días, apareció el "coyote" para darnos instrucciones sobre cómo teníamos que proceder. Abusivamente, había aumentado la tarifa a quinientos dólares, lo que aumentaba la desgracia de aquellos que tenían que quedar atrás.

Al segundo día de calamidades, venía reflexionando sobre el tremendo error que había cometido cuando inicié esta aventura. Uno a uno fueron llegando el resto de los que componían el grupo. Treinta y seis horas de largo viaje terrestre desde la capital mexicana, venían a finalizar en Matamoros, cercano a la frontera con Estados Unidos. En la pensión "Don Pancho".

Las historias narradas por el reducido grupo que había quedado, eran patéticas. Unos habían sido hecho prisioneros. Luego de dos días llegaban al lugar despojados de todo. Era increíble observar el panorama. Era tragedia total.

La situación vino a ponerse más confusa cuando, traté de comunicarme con Liz en Nueva York y me comunicaban, que había salido para México para encontrarse conmigo. Era una locura. No sé cómo salimos de aquello, pero en horas de la noche, Liz se encontraba en la pensión. El disgusto fue grande. ¿Por qué tomar tanto riesgo cuando al día siguiente salía de aquel infierno?

Las primeras horas del siguiente día fueron tensas. La hora fijada para la salida, era las diez de la mañana. Liz, por recomendación del coyote debería regresar por donde mismo había entrado. Se corría el chance de que, si la atrapaban en el grupo, la podían acusar de ser organizadora del viaje.

No obstante a tomar esas medidas, aun así tuvo sus inconvenientes. Ya en el paso fronterizo, en el puesto de control al requisarla y encontrarle un bulto con ropas de hombre, que era el mío, comenzaron sus problemas.

Mientras tanto, nosotros, divididos en dos grupos de cinco cada uno, nos desplazábamos con sumo cuidado siguiendo las instrucciones del coyote, escondiéndonos detrás de los arbustos y casas de la localidad para no ser descubiertos por los policías mexicanos que patrullaban el área. De igual manera, tendríamos que proceder minutos después al internarnos ya en territorio cercano a la línea divisoria entre México y el territorio norteamericano. Saltos, corridas, agua y tiradas de cabeza que debíamos hacer contra el suelo entre la espesura de la hierba, matizaron cerca de dos horas de tensión para evitar ser descubierto por la policía norteamericana destacados en la línea fronteriza.

Tres horas más tarde, fuimos recogidos por el otro contacto en el lado americano después de haber brincado unas verjas que delineaban los dos territorios. Liz estaba del otro lado. Estuvimos en un motel hasta el día siguiente. Por un lado fue gratificante para mí que Liz estuviera allí. Pero no me sentía bien, presentía que esta aventura no terminaría bien. Me sentía como prisionero, como si fuesen otros lo que estuvieran eligiendo mi propio destino. Eligiendo mi vida. Una nueva vida, que comenzaba justo en aquel momento y a la cual, nunca pude adaptarme.

CATORCE

NUEVA YORK: TRES AÑOS DESPUÉS ...V ICIOS, DROGAS Y MUERTE

No importa cuán locamente nos sumerjamos en el placer.
No importa cuán ansiosamente podamos beber en sus
intoxicantes corrientes, pues no podremos nunca olvidar,
que el gusano del remordimiento no muere,
sigue y seguirá royendo nuestra conciencia.

Henry Thomas Hamblin

Mis primeros días en la gran urbe neoyorquina, fueron terribles. La desubicación emocional que, aunque fuera natural por los cambios bruscos, tanto de medio ambiente como en lo personal, no los había podido asimilar, aun estando acompañado de Liz.

A medida que las primeras horas transcurrían podía darme perfecta cuenta, que aquel no era mi mundo. Que iba a ser difícil adaptarme a aquella vida que nada le veía de agradable. ¿Estar encerrado dentro de un apartamento? ¡Ni loco que estuviera! Y eso precisamente era lo que veía venir.

Otros tipos de problemas, ahora de carácter emocional, comenzaron a hacer aparición a medida que los días pasaban. Aquellos días de locura amorosa que vivíamos tras cada uno de los viajes de Liz a República Dominicana, habían desaparecido para darle paso a otra realidad, más dura, menos ilusoria. Para mí habían comenzado a desmoronarse los sueños y los planes que me habían llevado a emprender esta loca aventura. De hecho, al tercer día lo que deseaba era regresar a mi país. Así se lo hacía saber al doctor Camilo tan pronto logré comunicarme con él.

Camilo, me conocía muy bien. Cuando hablamos pudo notar el dejo de amargura y tristeza que me embargaba. Me recordaba que me lo había advertido en cierta oportunidad. Que me iba a "embarcar" en una aventura incierta, que pensara un poco más acerca de mi futuro. De todas formas me apoyaría en cualquier medida que tomara. Me decía que no tomaría en cuenta la carta de renuncia que por medio de una tercera persona le había hecho llegar.

—Todavía tus días de vacaciones no expiran, aún estás a tiempo para volver —me decía en forma comprensiva.

Tratamos de buscar soluciones. Liz sabía de mi disgusto. Trató de hacer todo lo que pudo. Yo, en mi afán de querer encontrar una excusa razonable, le esgrimía que no podía vivir bajo el mismo techo donde ella había vivido con su anterior esposo. A todo le buscaba un problema. La pobre mujer, hacía de todo por complacerme. Pero para esos días, se presentó una situación que vino a cambiarlo todo. Por lo pronto, impulsado por innumerables razones, me vi de pronto ante un factor con el que no contaba. La mayor parte de los amigos que conocía en mi país y ahora los que me encontraba en Nueva York, de una u otra forma estaban vinculados al tráfico y uso de drogas.

A las pocas semanas de conocer que yo estaba en la urbe neoyorquina, comenzaron los contactos y las ofertas para que me uniera con algunos de ellos en la venta de drogas, específicamente, la cocaína. Aunque esto nunca había pasado por mi mente, la tentación a la vida fácil, la adquisición de dinero por una vía tan risible y a veces "divertida", por los riesgos que ello implicaba, comenzaron a tentarme.

El observar que las personas quienes menos yo imaginaba y que los creía muy "serios", usaban o estaban vinculados en el negocio y viendo lo fácil que manejaban las relaciones con todo el mundo, especialmente con las mujeres más hermosas las que, prácticamente se les entregaban sin condición; notar lo fácil que recibían "favores" de personas con poder en instituciones oficiales terminaron por convencerme.

En esto contribuyó mucho a que, en mi nuevo círculo de vida, casi todos los que conocía estaban conectados, de una u otra forma, con una fuerte organización y distribución de cocaína de la que yo pasé a formar parte en un puesto de confianza. Aunque en la primera semana tuve que sortear situaciones un tanto difíciles, salí adelante. El personal que había, no aceptaba que un "nuevo", ocupara el puesto reservado para uno que se supone, lo merecía por ser más antiguo. Para hacer valer mi puesto, llevé al pie de la letra una sugerencia de uno de los que trabajaba en el lugar donde yo era uno de los procesadores de la cocaína. Éste, me exhortó a darme varios "pases" de cocaína y hacer valer mis derechos. Así lo hice, apareciéndome en el sitio de expendio de drogas y, creyéndome el "dueño del mundo", producto de la cocaína consumida, retaba con fuerte voz a los que se me oponían.

Los vendedores de la droga en el lugar, guardaron silencio. Para quedarse tranquilos, habían varias razones. Una de ellas era, que ellos conocían mi cercanía con uno de los "jefes"; y otra, la más lógica, estaba bajo el efecto de la cocaína, "arrebatado" totalmente, y blandiendo una pistola cuarenta y cinco en las manos. Esta era razón más suficiente para que nadie quisiera meterse en problemas conmigo. Al menos por esa ocasión.

Al poco tiempo de haber llegado a los Estados Unidos, era empleado en un laboratorio para procesar cocaína y convertirla en heroína procesada. Ésta, más tarde sería vendida en porciones de cinco dólares cada una a usuarios que se las inyectaban en las calles del Bronx.

Este "negocio", no fue en lo que nunca imaginé verme involucrado. Creo que tampoco a mis padres le hubiera gustado. Pero fue lo primero que llegó a mis manos.

El grupo del cual formaba parte, estaba compuesto por más de dieciséis empleados. Con una entrada aproximada a los veintidós mil a veinticuatro mil dólares diarios, en un sólo lugar de distribución. Uno de los dueños, un joven dominicano que no sobrepasaba los treinta y dos años de edad se había convertido, gracias a su ambición desmedida, en uno de los amos del bajo mundo en toda la zona.

Trabajaba dentro de uno de los apartamentos donde se empacaba la droga. De ahí, era recogida por otros empleados que la llevaban al lugar de distribución, donde en oportunidades, había filas a todo lo largo de la calle para adquirir la droga. Tal parecía que se trataba de una institución de caridad pública repartiendo algo gratis.

El dinero que se manejaba diariamente, era increíble. Era llevado constantemente en enormes fundas, en bultos, en las fundas de compras de los supermercados. Jamás imaginé ver tanto dinero cerca de mí. En una ocasión tuvimos que acomodar a un lado los muebles de la sala y ordenar a lo largo del piso una enorme cantidad de billetes de todas denominaciones. Esto tardó horas debido a la cantidad de bultos que habían en un clóset, aparte de las fundas o "shoping bag" que llegaban constantemente.

Al poco tiempo de verme obligado a dejar mi puesto, fue ocupado por otro joven dominicano. Hoy día, igual que mi exempleador, son millonarios. Tienen enormes fortunas, residencias lujosas que parecen palacios, varios automóviles último modelo en sus marquesinas de Santo Domingo y Nueva York. Todo lo que desean lo obtienen, incluso la voluntad de autoridades oficiales; pero carecen de lo más importante, no conocen la paz ni conocen del amor que Jesucristo pone en nuestros corazones. Algunos de ellos, es posible que aun disfruten de su "suerte". Pero conozco también la historia triste de otros del mismo grupo que fueron muertos. Y otros, que están ahora purgando largas condenas en cárceles estadounidenses.

Así continué por un buen tiempo, manejando grandes cantidades de dinero y de drogas día por día, y coqueteando con el peligro constantemente. Esto, además de los problemas matrimoniales que venía teniendo, me impulsaron a una situación que era de esperarse debido al contacto que, obligatoriamente, tenía con el mundo del narcotráfico.

Diariamente, debíamos de reducir a polvo hasta medio kilo de cocaína. A la droga, teníamos que añadirle igual cantidad de una sustancia llamada lactosa y, una cantidad igual de un medicamento que sólo era utilizado para personas con deficiencias cardíacas, llamado procaina. Después de convertir en polvo las rocas de cocaína, mezclábamos en un colador las dos restante porciones de "corte" (así se le llama en el bajo mundo a los químicos que se usan para aumentar la cantidad y efecto de la droga).

Después de unos minutos de revolver las tres diferentes variedades de polvo, quedaba siendo uno sólo. El mismo, espaciado en una enorme mesa, era colocado en pequeñas porciones de cinco dólares, envuelto, empacado con nuestra marca, y enviado a los puestos de distribución. Esto era toda una fábrica, bien organizada, con empleados y supervisores que velaban por el buen funcionamiento del negocio a todas horas.

Se trabajaban turnos corridos, de veinticuatro horas sin interrupciones, si las había era cuando la policía, o "jaras" como le llamábamos, se tiraban al punto. Era todo una organización. Bien constituida. Incluso con "hit-mans". Éstos eran los encargados del ajuste de cuentas. Los matones.

Cuando me llegaban los recuerdos de mi país, de lo que hacía allá, de mi trabajo, mis estudios, no creía que era yo el que tuviera ligado en aquel mundo moralmente asqueante. Sentía vergüenza conmigo mismo. No sabía cómo había caído en aquello y lo peor del caso, no sabía hacer más nada.

Al principio, algunos conceptos morales me hacían sentir náuseas de lo que veía, de donde había caído. No usaba cocaína. Pero donde estaba, era lo único que se hacía. Era el tema del que más se hablaba. De los miles que se hicieron hoy, de los que se harán mañana.

Quería huir de aquello, pero ya era tarde. De pronto, apareció en escena uno de mis primos más cercanos. También tenía un puesto de drogas. ¿Pero era que no había una forma honesta de ganarse la vida? Sí la había. Sólo que ésta, era la más fácil. La más rápida, y la que según noté desde el primer momento, era lo que más rápido le hacía perder el pudor y la moral al ser humano.

Esto lo digo, porque un día, mi primo, manejando en plena calle detuvo bruscamente su automóvil. Sacó de sus bolsillos un dólar bien envuelto y, con una pequeña cucharita que supuse era una especie de adorno en su llavero, la introdujo dentro del billete envuelto y extraía de él un polvo blanco que llevó varias veces hasta su nariz. Se le veía contento. Demasiado, diría yo. Hablaba en forma rápida, su euforia era algo fuera de lo común. Me ofreció de la droga. Pero no. "Sería lo último que haría", pensé. Siguió la insistencia. Me comentaba, que había mujeres, que si yo no tenía droga, no me aceptarían ninguna invitación. Y era cierto.

Una noche, le pedí a Liz que hablara con uno de sus conocidos. Pocas horas después tenía cerca de cuatro gramos en mis manos. Comencé lo que fue mi primera gran fiesta privada. Liz me decía que me convertía en una especie de "amante insaciable" cuando estaba bajo el efecto de la droga.

Esa noche, cuando se terminaba la que momentos antes había convertido en polvo, ella misma me facilitó un poco más en roca. Había que "moler" un poco más. Había que mantener en forma "el amante insaciable", era una máquina de placer que no se podía dejar agotar. En la madrugada del mismo día, casi a las cuatro de la mañana de finales del año 1983, iba en una ambulancia, rumbo al hospital, al Medical Center de Manhattan producto de mi primera sobredosis por consumo de cocaína. Una sobredosis, que se podría catalogar de inducida. Fue mi primera sobredosis. Casi provocada, pues en ese entonces, poco sabía, o casi nada de este sucio mundo.

Más tarde, el aspirar cocaína, para mí era ya parte de mi propia vida. Los problemas emocionales, las tensiones en las que me veía envuelto, hicieron de este invento del mismo infierno mi compañero fiel durante muchos años.

Esto me llevó a una situación tal que, teniendo cerca de mí un kilo de cocaína desparramado diariamente sobre una mesa de enorme tamaño, viendo aquella montaña de drogas, donde dos de los empleados sacaban pequeñas porciones para depositarlas encima de pequeños papeles cortados previamente, yo solamente tenía que bajar mi cabeza hasta el nivel de la mesa y aspirar hasta que las aberturas de mi nariz se atascaran. Era una locura. Ya había perdido el control, todo comedimiento.

No estaba acostumbrado a ver tanta droga junta. Me sentía como un semidios. Tener en tan gran cantidad lo que hacía que las personas se plegaran con tal facilidad, me llenaba de una extraña satisfacción. Pero no todo era diversión. Hubo momentos que me hicieron sopesar en forma más real la clase de vida en la que me estaba inmiscuyendo. En este mundo aberrante, cuando hay que dar el frente y "defender tus intereses", hay que darlo sin importar quién caiga, ni él, o los métodos que para ello se empleen. En una ocasión, cuando apenas tenía unas semanas "trabajando", se presentó un caso, que me puso de frente a una de las situaciones más difíciles que hubiese vivido hasta entonces.

Dentro del apartamento que servía como laboratorio, que a su vez era como una especie de cuartel general, pues había otro para guardar la droga y el dinero, una tarde llegaba Keny, dominicano, pero con muchos años residiendo en Nueva York. Ahora, él era propietario absoluto de la organización. Su socio, un puertorriqueño adicto a la heroína, estando bajo los efectos de la droga y no sabiendo ya qué hacer con la incalculable fortuna que poseía, había comprado una potente moto último modelo que le sirvió como vehículo de muerte. Kenny, un hermano y sus allegados, cuidaban con sumo celo las ventas y las entradas, además de la distribución de la mercancía.

Esa tarde se presentó uno de los muchos problemas que a menudo se producían y había que resolverlo esa misma noche. Las entradas de dinero, habían descendido. Ese día las ventas disminuyeron a unos dieciséis mil dólares. Había que averiguar qué sucedía.

El lugar de venta de la droga, estaba ubicado en la Avenida Valentine en el Bronx. El lugar era ampliamente conocido como uno de los lugares de expendio de droga más calientes en el área.

El problema se había detectado. Era causado por un joven puertorriqueño, que estando días antes trabajando para la organización, lo habían echado fuera por su exceso en consumir la droga que él mismo vendía. El joven entonces, se dedicó a ligar pequeñas porciones de cocaína con otra sustancia sumamente peligrosa. Como era conocido por los adictos, pensaron que aún él trabajaba para el grupo.

En menos de catorce horas tres adictos habían muerto por los alrededores después de inyectarse la droga que el joven había preparado por cuenta propia. Esto afectó considerablemente las ventas del lugar y al responsable, había que darle su merecido.

Kenny daba pequeños paseos por la sala. Sus ojos claros, dejaban traslucir lo peligroso de esa personalidad fría de la que era dueño. No era revoltoso como para provocar pleitos, pero su fría y permanente mirada le hacía comprender a uno la clase de hombre que era. Las órdenes fueron dadas, había que buscar al enemigo. La esposa y los niños del intruso residían en el mismo edificio donde se vendía la droga. Por lo tanto sería más fácil. Reunidos todos, buscamos nuestras armas. "El jefe", que casi nunca iba al lugar de ventas nos acompañaría para supervisar la operación. Todos se admiraban cuando Él llegaba al lugar. Muchos, específicamente las mujeres, por el sólo hecho de saber que él era dueño de todo aquello, se acercaban en forma coqueta. Otros, sólo buscaban prevendas.

Abordamos cuatro a cinco carros. El plan era, rodear el bloque de viviendas por los cuatro lados. En el quinto vehículo, acompañado de un fornido negro que en ocasiones fungía de "hitman", y de otro dominicano, y nuestro "jefe" que ese día conducía el vehículo, todos estábamos armados. Para entonces, se me había dado a elegir entre las armas. Había de todas clases. Revólveres, pistolas y granadas. Hasta metralletas *uzzys* de fabricación israelí. Yo terminé por tomar una pistola cuarenta y cinco con varios cargadores la cual traía conmigo a todas horas. Al llegar a las inmediaciones del área, decidimos "caer" al lugar por diferentes direcciones, con apenas unos segundos de diferencia. Queríamos prever de esta manera, que no fuéramos sorprendidos todos juntos. Por tanto, nos acercamos en grupo de tres buscando que, cuando el primer grupo ingresara al vestíbulo del edificio; el otro grupo, fuera acercándose a la puerta, mientras el tercer grupo se acercaba desde la distancia.

Desde nuestra entrada por la puerta principal del edificio, los que estaban allí comenzaron a dejar el área despejada. Estaban temerosos. Incluso, hasta los mismos residentes del edificio se introdujeron de inmediato en sus respectivos apartamentos. Sabían ya, por situaciones anteriores, que por la única razón que nos presentábamos en el lugar por el riesgo con la policía era precisamente cuando habían problemas que resolver.

A los pocos segundos de ocupar el vestíbulo, a una señal de Kenny, comenzamos a revisar uno por uno los que se aventuraban a entrar o salir del edificio. Más bien parecía una fuerza policial haciendo un "chequeo" a civiles. De buenas a primeras comenzaron a sonar los golpes contra todo el que era sospechoso, o que estuviera entorpeciendo las ventas del lugar.

Un grupo de cuatro se dirigió al apartamento de la persona que buscábamos. Estaba ubicado en el tercer piso. Yo aún estaba en el primero. No sabía exactamente en qué terminaría todo aquello. Estaba "tocado" como casi todos los que andábamos allí. Habíamos aspirado suficiente cocaína antes de salir como para que, cuando llegáramos al lugar, nos hiciera efecto y nos sintiéramos "invencibles". De pronto el golpeteo incesante de una puerta y voces que provenían de uno de nuestro grupo, nos hizo correr de inmediato escaleras arriba.

Penetramos atropelladamente al interior del apartamento. Allí dentro, comencé a darme cuenta cómo serían las próximas horas. No obstante estar drogado, lo que presenciaba, no me gustó para nada. Un hermano de Kenny, ciego de ira abofeteaba el rostro de la pobre mujer que, tratando de proteger a sus niños pequeños le decía que ella no sabía dónde estaba su esposo. Que no le pegara más.

La sangre brotaba de sus labios y la nariz. La mujer gemía sordamente. De buenas a primeras, aquel hombre tomó uno de los niños y haciendo como que le disparará le preguntaba de nuevo por el paradero de su esposo. Presa del terror, la mujer señaló un lugar dentro de su cuarto. Rápidamente comenzaron los destrozos y la búsqueda dentro de los clóset, pero nada. Lo último era la cama la cual fue removida y en efecto, allí agazapado como podía, estaba aquel infeliz, horrorizado, temblando de miedo.

—¿Aquí está! —gritó uno.

El pobre hombre fue sacado cargado, hacia afuera. Estaba en pantalones cortos y sin camisa. Allí mismo comenzó su calvario. El primer golpe fue un maquinazo que le abrió la cabeza. Segundos después iba camino al techo del edificio donde pagaría en forma definitiva.

Yo, me había regresado con Kenny y dos más del grupo hacia la parte baja del edificio. Después de unos diez minutos, uno de los que había subido al techo, bajaba muy sonriente.

—¡Hey Ronny! esos muchachos te esperan arriba. Hoy es tu bautizo.

Quedé un tanto sorprendido. Kenny se sonrió. Yo, para demostrar lo capaz que era para cualquier cosa, reí echándome a correr escaleras arriba.

Cuando llegué al techo, algunos venían bajando. Parecían sentirse satisfechos de lo que habían hecho. Sólo tres personas quedaban en el lugar. Dos estaban parados y el tercero, el que minutos antes habían sido traído a empujones, tendido en el suelo, como muerto.

No podía creer que lo habían matado. Cuando me acerqué, me sentí extraño, ¿hasta dónde iba a llegar aquello? En ese momento uno de los muchachos me sacó la pistola de la parte de atrás del pantalón, en la espalda, donde me había acostumbrado a usarla. Al mismo tiempo la rastrillaba poniéndola en mis manos.

—Vamos, es tuyo. Dale un tiro a este hijo de p...

Me dejó aturdido. Como para asegurarse, gritó de nuevo.

—¿Vamos hombre es tu turno! Es tu bautizo. ¿Acábalo! —terminado de hablar, bajó por las escaleras.

—*Go ahead Ronny. Finished this job.*

Las últimas palabras, salieron de labios del negro americano que, sacando su dosis de cocaína la aspiraba allí mismo antes de reunirse con los demás.

—*We will be waiting for you downnstairs ¿ok?*

Estaba ante un momento que nunca creí que enfrentaría. Me encontré de pronto con una realidad que no pensé encontraría jamás. Pensaba siempre, y así pienso hoy, que cualquier persona en un momento de ira, de violencia ciega, es capaz de cometer cualquier locura, incluyendo el crimen. No obstante, así a sangre fría, se necesita tener sangre criminal para cometerlo. En esa circunstancia yo me encontraba. Estaba solo. Allí, a más de trece pisos de altura. Donde sólo tenía como testigo a las estrellas y el cielo abierto. En mi mente humana, terrenal, no podía saber que en ese espacio infinito la mirada de Dios me perseguía. Estaba confundido. Sin saber qué hacer, pero sí estaba seguro de una cosa, tenía que hacer algo con aquel traidor. Si no lo hacía, sería el hazmerreír del grupo, me llamarían cobarde.

Decidido, coloqué mi pistola de nuevo por la correa de mi pantalón, saqué de mis bolsillos un dólar con cerca de un gramo de cocaína. Un tanto nervioso, cerré mi puño izquierdo y cerca del pulgar, en el espacio que hace una especie de hueco natural en la mano, deposité una dosis del polvo de cocaína. Este método, fue de las primeras cosas que aprendí en el mundo del narcotráfico.

Varios segundos después, estaba listo. Dispuesto a finalizar el trabajo, saqué mi pistola de nuevo y la levanté en dirección del cuerpo de aquel infeliz. Pero algo sucedió. Éste bañado en su propia sangre la cual le brotaba de todos lados, trataba de incorporarse. Levanté la pistola hasta la altura de su frente. Estaba dispuesto a descargársela. No iba a permitir que me llamaran cobarde. Además, pensaba, quizás los demás habían tenido que hacer lo mismo en un momento determinado. Si no lo hacía me llamarían cobarde. También corría el riesgo de perder la confianza del jefe que estaba allí.

Listo para disparar, aquel hombre se fue al piso cayendo de rodillas frente a mí. Lloraba como un niño, imploraba para que no lo matara.

—¡Por favor no me mates! ¡Tengo tres nénes, no me mates! ¡Ya nos hicieron bastante a mí y mi esposa. Si quieren nos mudamos de aquí, pero no me mates, por favor no me mates!

De pronto, una voz que salía del interior del edificio se filtró hasta arriba del techo.

—¡Oye qué esperas! ¿Es que necesitas ayuda para eso?

Ya no tenía escapatoria. Ni el hombre, ni yo. Él porqué debía pagar. Yo, porque tenía que demostrar que era de los buenos, "de los duros". Pero aquella escena, me tenía chocado. El pobre hombre trataba de detener la sangre que fluía por heridas en su cabeza, de su rostro, por todos lados. Intentaba limpiarse el rostro con sus manos, pero éstas, también estaban empapadas de sangre. El tiempo apremiaba. Si no lo hacía en ese instante, subirían los demás. Por tanto, tomándolo por la camisa, por la parte trasera del cuello, lo arrastré hacia unos cartones que al parecer servían de cubierta a los que subían al lugar para inyectarse la droga.

Un disparo puso fin a la tensión que me embargaba. Inmediatamente, eché a correr por las escaleras abajo, hasta los pisos inferiores para evitar que los demás subieran al techo. Al encontrarme con el primero de los muchachos, sólo atiné a decir, un tanto nervioso, que ya todo estaba bien.

—¡Vámonos de aquí! ¡Ya nos hemos arriesgado demasiado! —grité tratando de ganar tiempo.

—¡Váyanse, no pueden arriesgar a Kenny más tiempo aquí dentro, puede haber una redada! —dijo uno de los muchachos.

Realmente, a mí me convenía que saliéramos apresurados del lugar. Honestamente, no había hecho el trabajo. Lo humano me había salido en el momento de la verdad. Sencillamente, no pude. Los disparos los había hecho al aire para que los demás pensaran que había ejecutado a aquel infeliz. Por suerte para mí, días después, se conocía que la mujer del hombre se había ido a su país. Esto me dejó tranquilo. Del asunto, no se hizo un comentario más. Ni siquiera se preocuparon por lo que ocurrió con el hombre. Sólo que lo habían encontrado casi muerto en el techo del edificio.

A sólo semanas después de este incidente, ocurrió el incidente que me hizo tomar la decisión de abandonarlo todo, incluso a Liz. Este hecho me hizo comprender que terminaría en la cárcel, o muerto. Liz era una enferma patológica. En una ocasión me confesó que me mataría si me descubría con otra mujer.

En el apartamento que nos servía de laboratorio para el procesamiento de la droga, en ocasiones teníamos que trabajar horas extras. Regularmente, comenzábamos a "trabajar" a las siete de la mañana. Algunas veces teníamos que permanecer pasadas las doce de la noche. Trabajando turnos extras. Tal era la demanda de los compradores. Pero en la mentalidad de una mujer cegada por los celos, éstas, no eran excusas valederas. No sé cómo le hizo para averiguar el lugar del laboratorio. Lo cierto fue, que una noche se nos apareció en el lugar creyendo que estábamos encerrados con mujeres. La mujer armó tal escándalo en el pasillo, que nos vimos forzados a dejarla entrar al apartamento. Dentro, el problema fue más serio aún.

Liz tenía un revólver en las manos, no sé dónde lo había conseguido. Pero seguro estaba, que no era de nuestras armas. Era un revólver plateado. Días antes me había amenazado. Por las facciones de su rostro, no dudé que cumpliría su promesa. Era otra, estaba irreconocible. Comenzó con una búsqueda dentro del amplio apartamento, que la llevó a inspeccionar hasta en los clósets.

El lugar, estaba ubicado en un residencial para personas jubiladas. Un exclusivo lugar de White Plains en el Bronx. Seguro estoy, que aquellos inocentes ancianos lo que menos se imaginarían, era que en sus propias narices tenían un centro de procesamiento de cocaína. Liz ciega de celos, comenzó por destruir todo cuanto encontraba a su paso. En su loca búsqueda, había encontrado prendas íntimas de las mujeres que regularmente acompañaban a su hermano. Esto empeoró nuestra situación, que de por sí, ya era riesgosa.

Recogimos todo cuanto pudimos antes de darnos a la fuga. Dinero, drogas, y armas, todo, pero no lo suficiente. Uno de los parientes de Liz se lanzó al vacío por una ventana. Tuvo suerte pues, el edificio, estaba ubicado en un segundo piso. Aún así recibió golpes considerables.

Yo no me atrevía a moverme de la enorme mesa donde estaba sentado. Había aún mucha droga por empacar. Como siempre tenía sobre la mesa mi pistola de la cual no aparté mi vista ni un instante. Sólo quería salir de allí en la menor oportunidad que Liz me diera. Ésta, en su locura, destruía todo cuanto podía. Lujosas lámparas de finos cristales, adornos, todo. Era una ira ciega. Suficiente como para hacerla tomar una decisión definitiva. Sabía que el problema sería peor cuando llegáramos a nuestro apartamento, por tanto, tomando una pistola en mi derecha empaqué con mi izquierda todo cuanto pude. Tomé suficiente cocaína en una funda plástica y algo de dinero dispuesto a lograr alcanzar la puerta de salida.

Ya afuera, desistí hasta de montarme en mi propio vehículo dejándolo abandonado y tomando un taxi. Esa noche, el taxista hizo su mejor día, lo mantuve esperando con mucha cocaína en sus manos hasta que subí al apartamento en que vivía con Liz. Recogí lo que pude. Sólo parte de mis pertenencias y desaparecía de su vida.

De ahí en adelante, conociendo ya cómo se hacían las cosas, dio inicio una carrera de desaciertos que me llevaron una infinidad de aventuras y peligros que, aún hoy día, no sé como no me llevaron a la cárcel por el resto de mis días.

Sin embargo, libre ya de algunas ataduras, seguía colaborando de cerca con el grupo con el que trabajaba. Para esos días había conocido a Cheito, un joven puertorriqueño que estaba estrechamente ligado con el grupo de dominicanos. Éste, era encargado de robar carros, no importaban los modelos, que les eran encargados. Para esos días, había comprado un lindo Toyota que pertenecía a uno de mis primos residentes en Nueva York, el cual también se dedicaba al negocio de las drogas.

A "La salsa", como también le llamaban, no le importaba el tipo de vehículo que le pidieran por dinero y una parte en drogas era el precio para su "trabajo". Éste, por los nexos en el negocio, me decía que para que mi carro se viera mejor me regalaría un BMW. Así con el interior de éste y sus aros de magnesio, el mío se vería mejor.

No pasó mucho tiempo sin aparecer a la zona donde vivía con mi "regalo". Era un auto BMW prácticamente nuevo. A poco menos de dos horas mi carro estaba totalmente transformado en uno, que era la envidia del vecindario. Pero el regalo, me costó una de las "carreras" más peligrosas que jamás pensé hacer en carretera alguna.

"La salsa", era una especie de atracción entre las jóvenes que les gustaba la aventura fuerte. Casi a diario se le veía manejar un auto nuevo y de último modelo. Por complacer a una de esas chicas, me pidió una noche que lo llevara hasta Quenns donde haría uno de sus "trabajos". Le debía un favor. Gracias a él, mi carro ahora era la admiración de todos. Esa noche nos acompañaban unas cuatro muchachas queriendo disfrutar de la aventura.

Ellas habían pedido que les consiguiéramos marihuana. A mí la marihuana no me gustaba porque me producía mucho sueño. Lo mío era la cocaína. Siempre me mantenía despierto. Llegado al lugar, recorrimos unos cuantos barrios. Buscábamos el carro que le gustara a la muchacha. Parecía como si lo anduviésemos buscando en un local de venta enorme, pero ubicado en las calles de Quenns. La joven aún no se decidía. Al parecer no había visto en las calles el auto que le gustara. Decidimos internarnos entonces en un lujoso barrio residencial.

—¡Allá está! ¡Date vuelta! ¡Quiero ese! —gritó la joven.

Dimos vuelta muy despacio, hasta detenernos enfrente de una hermosa residencia. Cerca de la puerta del garaje, había un hermoso Mazda RX-7 negro que, al parecer, era lo que la joven quería. Unos tres minutos le bastó a la Salsa para venir chillando las gomas del carro detrás de mí.

Era increíble la rapidez con que lo hacía. Sólo le tomaban segundos para violar cualquier cerradura y poner directo un vehículo. Sólo que esta vez el riesgo fue mucho. El carro tenía alarma y el escándalo era terrible.

No obstante a esto, tomamos el *highway* en dirección hacia Manhattan. La policía fue alertada y la persecución fue increíble. Yo crucé varias calles, incluso una en vía contraria lo que provocó el choque de varios vehículos. Aquello era una locura. Dos de las muchachas venían conmigo, reían a todo dar. Yo en mi alucinación producto de la droga disfrutaba de todo aquello hasta más no poder. Aun así, sabía que corríamos un serio peligro por lo que me desvié de la supercarretera y tomé otra ruta que representara menos peligro.

Horas después, en el Bronx, buscábamos por los lugares que siempre frecuentábamos para ver qué había sido de la Salsa. Nada le había ocurrido, se contorneaba feliz de la burlada que le había dado a la policía. Y esto, por partida doble porque, precisamente, el carro que momentos antes había robado pertenecía, aparentemente, a un miembro de la institución. Incluso habían armas de fuego dentro del vehículo. Las mismas fueron canjeadas por drogas unas horas después.

Aquella noche hubo celebración. Hubo fiesta múltiple entre cinco muchachas y nosotros que éramos tres varones. Al compás de las risas descontroladas y de figuras que comenzaron a distorsionarse por el efecto de la marihuana y la cocaína, las inhibiciones comenzaron a desaparecer. Con ellas, también las ropas de las mujeres que extasiadas por los efectos de la droga, habían comenzado contorneando sus cuerpos en un ritmo desordenado, pero sensual, para dar paso a una noche de desenfreno, de drogas, de sexo, de orgías.

QUINCE

DE REGRESO A REPÚBLICA DOMINICANA

No os volváis a los encantadores ni a los adivinos;
no los consultéis, contaminándoos con ellos.
Yo Jehová vuestro Dios.

Levítico 19:31

Varias semanas habían transcurrido después de mi abrupta ruptura con Liz. Estaba viviendo entonces una vida totalmente entregada a las parrandas, a las mujeres, a lo que llamamos "la buena vida". Sin embargo, todo aquello era como un círculo vicioso. Siempre volvía a un punto muerto. Aparentemente tenía todo, y al mismo tiempo, no tenía nada. No sabía qué me faltaba. Estaba haciendo lo que otros hacían. Manejaba buenos autos, siempre estaba acompañado por mujeres, tenía buen dinero, drogas, de todo, pero algo andaba mal, yo no sabía qué. Sentía que nada de esto ya me llenaba.

En ocasiones me desesperaba. Parte de los problemas y la cocaína que usaba constantemente, me mantenía en un estado de depresión terrible. Por suerte, conservaba todavía el número telefónico del doctor Camilo al cual llamaba en ocasiones en busca de consuelo.

En una ocasión, recibí una de dos cartas que me envió en el año 1983. Aún hoy día las conservo. Desde la fecha que salí de República Dominicana, aunque hice algunos intentos, no he podido reunirme con mi buen hermano y amigo.

Una de esas cartas me hizo reaccionar. Después de un tiempo en que ni en el placer, ni el dinero, ni en las drogas sentía satisfacción, esta misiva me conmovió totalmente. Ella misma me decía:

> Ayer cuando regresaba de Salcedo, pasó ante mis ojos la rápida imagen de la barandilla destrozada del puente aquel (se refería al puente donde había tenido el accidente con Liz y mis hermanos) y a mi mente acudió un cúmulo de recuerdos: Mi llegada al hospital y el choque con un Ronny que en aquella remota ocasión juzgué como osado. Luego, y en forma gradual nuestra compenetración espiritual que poco a poco fue afirmando un sentimiento de amistad, que cada día crece más, y las confidencias, y las repetidas muestras de confianza, y después, su acercamiento a la literatura: un espaldarazo más a mi humilde persona. Luego su ida, que trajo como consecuencia el tiempo melancólico para extrañar al amigo sincero, al amigo que nos deja en el recuerdo un tatuaje imborrable. Hermano, excúsame los consejos racionales. Una fuerza poderosa me ha bloqueado la capacidad de trazar palabras frías para darle paso a algo que no estaba programado: abrir las compuertas de un sentimiento que tiene su nombre: AMISTAD SINCERA.

La segunda carta recibida semanas después, me estremeció de tal forma, que abandoné Nueva York yendo a parar a la ciudad de Plainfield, Nueva Jersey donde vivía uno de mis tíos. Me decía:

> El momento es propicio para tomar como ejemplo las vidas de aquellos, que como el ave fénix, renacen de su ceniza. Usted tiene dos tesoros que debe aprovechar con buen juicio: La juventud y la inteligencia, dos atributos que ya muchos quisieran poseer. En la situación que usted se encuentra es conveniente pensar en la aflicción continuada que sufre una persona aquejada por un cáncer incurable por sólo citarle un ejemplo (se refería a él mimo). Así, mirando

al prójimo desvalido, llegará a una feliz y refrescante conclusión: Mi vida es un sendero de rosas.

A continuación me copió un verso de Ana María Rabatté, que me hicieron trasladar al pasado, a recordar mi incursión en el campo literario, los talleres que el doctor organizaba en Navarrete. Después de unas horas, medité sobre todo esto y sin pensarlo dos veces, tomé una rápida decisión. Empaqué todo cuanto pude y me trasladé al estado de New Jersey. Las palabras del médico habían tocado lo que me quedaba de sensible. Sabía que tenía mi vida arruinada y que tenía que hacer algo. Por tanto, no perdí más tiempo y me dirigí hacia el vecino estado.

Dalio, mi tío, conocía a Liz desde que había comenzado nuestro romance. Incluso se habían visitado. Aun así, a sabiendas de que podía detectarme por esos lugares, pues ésta estaba enfurecida por la forma en que se había roto nuestra relación, tomé el riesgo. Además, lo que realmente necesitaba, era cambiar de ambiente, de gentes que dejaran de hablarme de drogas, de parranda y de mujeres.

Habían pasado algunas horas en el tranquilo poblado. Nos separaban muchos kilómetros de distancia de Nueva York. Deseaba encontrar la tranquilidad que necesitaba para reordenar mi vida y ver cómo me levantaba de nuevo. Si por tranquilidad era, la encontré en aquel lugar. Tanto, que comenzó afectándome. Ya acostumbrado a una vida de parrandas y aventuras a toda hora del día y de la madrugada en la ciudad que nunca duerme como se denomina a Nueva York, el llegar a un poblado de gente apacible y que ya a las nueve de la noche no se veía un alma por las calles, me tenía a punto de estallar. ¿Qué clase de pueblo es este que a las diez de la noche todo está desierto? ¿Cómo acostumbrarme a esto?

Por muchos días me las pasaba dando vueltas en la cama. No podía dormir. Me levantaba por las madrugadas y amanecía pegado a las ventanas. Quería por lo menos ver cruzar a una persona, ¡pero nada!

Poco tiempo después comenzaron los problemas. Mi carro, con tablilla de Nueva York, y la forma en que estaba preparado era el tema para los del vecindario. También para la policía que ya me salía por todas las calles, cada día a cada hora. Comenzaron a investigarme. De buenas a primeras, le di un nuevo cambio a mi vida. Había conseguido trabajo en un local de una de las compañías de comunicación más importantes de los Estados Unidos la AT&T, pero en el área de mantenimiento. Dentro, conocí a otros que usaban cocaína, pero que la compraban a un precio exorbitante. Allí comenzó de nuevo mi carrera en el mundo de las drogas. Si estaba tranquilo y la policía no me dejaba en paz. ¿Por qué no complacerlos haciéndolo de verdad?

Había una joven policía italiana, que al parecer como en el pequeño poblado no sucedía nada, montó guardia casi permanente cerca del parque donde guardaba mi carro. Sólo era intentar salir a montar mi vehículo para después de varias cuadras perseguirme. Ya me tenía harto. Por suerte, nunca me detuvieron con nada comprometedor.

Así comenzó de nuevo mi incursión en el narcotráfico. Viajaba a Nueva York los viernes en la tarde y regresaba con la cocaína, la cual vendía de forma inmediata. El precio triplicado y además echándole otros productos para aumentar su volumen y poder comenzó a producir dinero que a veces me provocaba temor.

Ya mis actividades se venían haciendo notorias. La droga que traía de Nueva York era de la mejor. Esto ya lo sabían los compradores que comenzaron entonces a solicitarme. No quería traerle problemas a mi tío y su familia, por tanto, me mudé solo a un área no muy distante. Pero las cosas comenzaron a complicarse. Me estaba moviendo demasiado en un poblado que tradicionalmente no se escuchaban escándalos.

Cuando comenzaba a usar cocaína, recorría las calles del pequeño poblado con la música del radio de mi auto a todo volumen. Aquello era algo extraño para los habitantes del poblado que no estaban acostumbrados a cosas semejantes. Yo acostumbraba a reunirme con varios amigos, entonces recorríamos las principales vías de Plainfield provocando un escándalo mayúsculo. La policía, después de cierto tiempo de tenerme en la mira, me obligó en varias ocasiones después de detenerme, a apagar el radio. Esto me trajo fricción con la policía y con varios grupos del vecindario.

Un grupo de negros y puertorriqueños, habían formado una pandilla que me traían asediado completamente. Los problemas habían comenzado por una linda y joven boricua que era la mirada de todos en el pequeño sector. Con tanto pasear frente a su apartamento, los de la pandilla asumieron de inmediato que yo estaba interesado por la muchacha. Y no se equivocaban.

A los pocos días, Maribel era mi novia. Pero eso rebosó la paciencia de los que ahora, eran mis enemigos jurados. Los de la pandilla, me declararon la guerra. Comenzaron por dejar sus huellas en mi carro al cual rayaron por todos lados. Luego inscribieron el nombre de su pandilla con pintura en todas las puertas del vehículo. "Los Troopers", se denominaban.

Al parecer, era un anticipo de lo que podría ocurrirme. Así me lo dejaba saber Maribel, que aunque a principio no me dijo quienes eran los organizadores del grupo, me lo revelaba más tarde cuando vio que tomé la pistola y me dirigía hacia su edificio.

No sabía en forma exacta quién había hecho lo del carro, pero conocía ya, algunos de los que formaban parte del grupo y alguien iba a tener que decirme quién estaba detrás de todo aquello. De conseguir la información estaba seguro. Pulvericé un poco de cocaína y aspiré una buena parte. Necesitaba sentirme con "valor" necesario como para enfrentarme a una docena de ellos.

Al primero en agarrar, era precisamente un familiar cercano a Maribel. La noticia corrió. Algunos se desaparecieron por un tiempo. Al resto, paradójicamente, los reporté con la policía que se hizo cargo del caso.

Pasado un tiempo en que nada me detenía y en los cuales, los únicos problemas que enfrenté fueron provocados por líos entre mujeres, se presentaron algunos en los que realmente no contaba. Uno de ellos fue con el departamento de inmigración que me enviaba de regreso a mi país si quería obtener mi status legal en los Estados Unidos. El otro, la rabia que sentía el padre de Maribel cuando éste se enteraba que ella andaba conmigo. El hombre no quería saber absolutamente nada de un traficante de drogas. Así se lo había hecho saber a su hija. Ésta me advirtió que su padre tenía planes de acusarme de violación, cosa que jamás había ocurrido. Sentí cierto temor y le propuse a Maribel irse conmigo a Santo Domingo. Pero algo salió mal.

Tuve que precipitar las cosas y, por si acaso, embarqué a mi país uno de los dos autos que tenía. No obstante, traté de ser previsorio en caso de que se me negara el visado. Tenía ya arregladas las conexiones para el viaje de regreso, aunque fuera de nuevo en forma ilegal. Ya de regreso en mi país, un nuevo giro le esperaba a mi descontrolada forma de vivir.

Con horas de haber llegado, apenas pasé por la casa de mi familia para dirigirme de inmediato a Tamboril. Hacía cerca de cuatro años que había salido de mi país. Ahora quería saber cómo andaban las cosas por el lugar de la médium, el altar de "mis guías" los espíritus.

Había alquilado un auto en el aeropuerto. Manejaba presuroso, quería llegar lo mas rápido posible al lugar. Las manos me sudaban y, aunque nerviosas, iban firmemente aferradas al volante del vehículo. Llegué al lugar del cual unos años atrás fui despedido bajo ritos especiales de bendiciones, baños y sahumerios, quise hacerme la idea de que aquellos cuatro años pasados, habían formado parte de una terrible pesadilla. Pero no, las huellas estaban ahí. Ya mi forma era otra, mi cuerpo estaba desgastado por la vida desordenada que llevaba. Todos quedaron asombrados al verme. Apenas si me reconocían.

Al ingresar a la amplia residencia, fui recibido por las empleadas que la atendían. Una de ellas me hacía señales para que la siguiera hacia la parte trasera de la residencia, donde estaba construido el altar para invocaciones.

—¡Apúrese que ellos lo están esperando! —me dijo la empleada.

—¿Que ellos me están esperando?

—Sí. Apúrese.

Efectivamente, allí dentro, había un numeroso grupo de caras conocidas y de otros que en mi ausencia habían aumentado en forma considerable la interminable legión de creyentes de aquellas entidades espirituales, que se autoproclamaban ser enviados de Dios.

La algarabía que se armó a mi entrada, yo no me la esperaba. Tampoco el motivo que me expondrían minutos después. Parecía como si se diera la bienvenida a alguien que regresa vivo de una guerra. Y era precisamente eso lo que celebraban de acuerdo a como ellos habían preparado las cosas. El grupo, como fanáticos sin control, repetían loas de alabanzas en favor de aquel espíritu, que según informaba, se había comprometido a devolverme con vida a República Dominicana.

—¡Gracia a la misericordia! ¡Gracia a la misericordia! —una y otra vez, era repetida aquella frase al unísono por el grupo congregado en el lugar.

A una señal del espíritu que poseía a la vidente, todos callaron. Inmediatamente después, carcajadas sonoras que me erizaron los pelos, se dejaron escuchar en el lugar que segundos antes, estaba sumido en total silencio.

—¡Mi hijo, si sabrá usted lo que hemos tenido que batallar para traerlo con vida de nuevo a este país!

A continuación, como si se tratase de una película, comenzó a relatar parte de los peligros que, ciertamente, había tenido que enfrentar en las calles de Nueva York. Se refirió incluso, al problema con Liz.

Me preguntaba que si no recordaba que me lo había advertido antes de aventurarme en el viaje que había hecho. Que si no recordaba que me había advertido además, que cuando ella comenzara a traerme problemas harían que todo terminara allí mismo. Estaba mudo por completo. No tenía excusas con que rebatir todo aquello. Realmente era cierto. No podía negarlo y mucho menos delante de aquellos que estaban allí cuatro años atrás cuando había emprendido aquel viaje. Ellos recordaban tan claro como yo en aquel momento.

Era increíble la forma cómo describían hechos que sólo yo conocía. Los últimos problemas con la familia de la joven puertorriqueña a escasos días del viaje. Todo expuesto como si hubiesen estado conmigo en aquellos momentos. Y realmente, sí lo estaban. Si alguna vez había tenido duda sobre el poder de estos seres y cómo me "protegían", con lo dicho, terminaron convenciéndome totalmente. Eso era precisamente lo que buscaban estos espíritus demoníacos. Hacer de mí un instrumento que pudieran manipular a su antojo. Para esto fui puesto a "prueba" inmediatamente.

Para entonces, Ivelisse, mi hermana más pequeña, junto a Lourdes mi otra hermana, estaban prácticamente bajo mi tutoría desde sus primeros años. Mis padres se habían quedado a vivir en el campo. No les gustaba la ciudad. Era el único que, para entonces trabajaba. Tenía pues, que costear parte de los gastos de mis otros hermanos.

Desde que me había trasladado a Nueva York, Ivelisse, se había convertido en mi mano derecha. Manejaba todas las necesidades de la casa que ocupaban. Alquiler, comida, todo. De ella, años después recibiría uno de los golpes más amargos de toda mi vida. Circunstancia que afectó a mi madre de manera muy profunda. Y a mí, ni para qué describirlo.

La vidente, por el supuesto agradecimiento que me tenía y por ser yo uno de los "hijos predilectos" del espíritu al que ella le servía, quería comunicarme algo que, según ella, era su deber decirme. Relataba, que habiendo hecho una estrecha amistad con mis hermanas, había podido darse cuenta que éstas disponían malamente del dinero que yo, arriesgando mi vida, les enviaba. Que le dolía decírmelo, pero que era la verdad. ¡No podía creerlo! ¿Mis hermanas engañándome? No podía ser cierto, se lo preguntaría a los espíritus, ellos sí que no engañarían, me dirían la verdad ¡ellos no mienten!

Lamentablemente, su respuesta encajaba perfectamente en las informaciones que la vidente me había proporcionado.

Dolido en lo más hondo, tomé como válida la recomendación que la vidente y los seres me daban: Mudarme temporalmente a la casa de la vidente. Allí comenzó para mí, una verdadera película de terror. Las cosas por las que tuve que atravesar, las que me vi obligado a presenciar y ser partícipe en algunos casos, aún me revuelven el estómago. Es insospechable la capacidad de destrucción que Satanás por medio de los que se ponen a sus servicios, llámense, curanderos, espiritistas, astrólogos, santeros, o como quieran llamarse, ejercen sobre los incautos que caen en sus redes de mentiras y de engaños.

Una de las grandes verdades de las Sagradas Escrituras, precisamente se refiere a la forma de engaño de estos espíritus demoníacos, cuando Jesús decía:

Vosotros sois de vuestro padre el diablo y los deseos de vuestro padre queréis hacer. Él ha sido homicida desde el principio, y no ha permanecido en la verdad, porque no hay verdad en él. Cuando habla de mentira, de suyo habla; porque es mentiroso y padre de mentira.

Juan 8:44

Para llegar a darme cuenta del mundo diabólico en el que estaba metido, muchos años, y muchas experiencias amargas hubieron de acontecer para despertar de aquel sueño de muerte.

Así, habiendo creado un serio conflicto entre mi familia, el dominio que aquella diabólica mujer y sus espíritus ejercían en mí era tal, que incluso, hasta las mujeres con las que debía tener relaciones sexuales eran elegidas por ellos. No importaba si a mí me gustara otra o no, ellos decidían. Así sucedía con el dinero que llevaba a mi país producto de mis actividades en el narcotráfico. Ellos, y la médium, debían controlar mis gastos.

Varias semanas después, estando prácticamente viviendo en la casa de la vidente, me había convertido en una especie de zombie que sólo recibía órdenes. Era como si fuese una especie de títere manejado por alambres. Era increíble lo que me sucedía. Mi propia familia me hablaba; pero yo no escuchaba las razones que me daban.

—¡Estás loco! —me decían—. Desde que fuiste a ese lugar, ya no eres el mismo.

La verdad de todo, era que mi voluntad y hasta mis decisiones, estaban fiscalizadas por aquellos espíritus perversos y la propia vidente. Ésta, cuando deseaba obtener algo, sólo decía que a través de su poder de clarividencia, le habían dado instrucciones de hacer una que otra cosa. Yo no le discutía nada. Sabía que la mujer tenía poderes que impresionaban a cualquiera; pero también, con el transcurso del tiempo pude darme cuenta que muchas veces fingió estar poseída para conseguir lo que se proponía.

En cuanto al perfecto dominio que ejercían en mí, lo demostraron en más de una ocasión. Cuando me advertían sobre un problema por acontecer, siempre estuve cauteloso y obedecía. Donde no tuvieron éxito, era cuando me advertían sobre la salida con determinada mujer, aunque las desobediencias, traían consecuencias algunas veces graves.

Era prácticamente, el que tenía que representar y acompañar a la vidente para todos lados. Algunos llegaron a pensar que había pasado a formar parte de la lista de amantes de la vidente. Pero realmente, por mi mente jamás pasó esa posibilidad ni en forma muy remota. Muchos de los que visitaban el lugar, me decían que las intenciones de la mujer podrían ser esa precisamente. Yo lo negaba en forma rotunda. Aunque hoy día, con los hechos que sucedieron no niego la posibilidad de que esto hubiese pasado por su mente.

Hubo casos en los que pude darme cuenta. Pero no, estaba muy cegado sirviendo las órdenes de los seres como para darme cuenta de algo similar.

Me había adentrado en este mundo tan extraño en tal forma que ya hasta mi familia la había abandonado. Allí, creí tener todo, mujeres como se me antojaban, amigos, muchas fiestas y la admiración de todos los que iban al lugar. Ellos me buscaban. Llegaban y preguntaban por mí de inmediato. Muchos, específicamente las mujeres que eran las más asiduas al lugar, buscaban mi "ayuda" para que intercediera por ellas con aquellos seres inmundos. Por algo era el "hijo de los espíritus".

Esta particularidad me permitió llegar a relacionarme con una infinidad de personas que jamás tuve idea de que participaran en estas actividades. Políticos de renombre, empresarios, abogadas conocidas, profesionales de otras ramas, como militares de carrera y, sobre todo artistas de popularidad y trayectoria reconocida ampliamente por los dominicanos.

Todos estaban atraídos por los poderes de esta mujer. En verdad, Satanás le había provisto de poderes excepcionales. No era extraño ver llegar a personas de todas las regiones del país, detrás de los servicios de la vidente curandera y espiritista. Por tal razón era visitada por personas de toda clase social.

Allí se veían salir por sus propios pies a personas que horas antes habían sido llevadas en hombros, poseídas por fuerzas desconocidas y expulsando espumas y babeando por todos lados. Y no es que precisamente la médium tuviera espíritus enviados por Dios como éstos decían. ¡No! ¡De ninguna manera! Sólo que la naturaleza perversa de los demonios, les permite libremente hacerse la guerra unos con otros, o más bien hacer acuerdos para confundir aún más a su posible víctima.

A esa misma persona la vi mejorarse, pero se liberaba de un amo para caer en otro que era peor. Esto así, pues por mucho tiempo estuvo bajo las garras de quien él ahora tenía como su Salvador.

Participé como testigo en diversas actividades en horas de la madrugada con el fin de hacer maleficios en negocios de personas que eran enemigos de "los hijos del altar" y convertirlos de ricos empresarios, a fugitivos de los acreedores. Éstos mediante hechizos y maleficios que se practicaban en el frente de su negocio a altas horas de la noche, se iban a la quiebra en poco tiempo sin saber qué les sucedía.

Recuerdo uno de los más célebres casos. Le ocurrió a uno de los vendedores de la agencia de venta de autos de más renombre en todo Santiago. El hombre, se había comprometido con uno de los espíritus a proporcionar cierta cantidad de dinero mensual a cambio de que sus negocios prosperaran. Este trabajo de hacerlo prosperar, estaría en manos de los seres. El vendedor de carros, se vio de pronto siendo una de las agencias más solicitadas.

Con autos de último modelo y con ventas que sobrepasaban varios millones. Pero se olvidó de su acuerdo con los espíritus demoníacos. Pronto, la suerte para aquel hombre, llegó a su final. Y de qué manera. Varios meses después, se vio precisado a irse al exterior debido a la deuda con los acreedores. Y todo causado por aquellos demonios. Sólo que él nunca imaginó lo que realmente ocurría.

Otros casos que observaba, era la innumerable cantidad de personas, específicamente mujeres, que llegaban allí diariamente con la nueva de que "tenían corriente de seres" y, por tanto, querían que "San Miguel", se los afirmara. Después de algunas horas de estar bajo las invocaciones y sacudidas que el espíritu jefe del altar le daba supuestamente para "afirmarle la corriente espiritual", salían de allí convertidas en "médiums". Otras personas desaprensivas llegaban con el único y sin igual interés de que le llamaran a un familiar o amigo ya fallecido. Para esto, se invocaba al difunto, y se le hacía hablar con la persona que tales fines buscaba.

Cada día aprendía cosas nuevas. Esto de llamar a los espíritus de las personas muertas, no es que no lo creyera, sólo que la primera vez se me hizo difícil creer. Pero el caso por poco es confirmado en una tragedia que había sucedido con un hermano de mi madre.

Pablo uno de mis tíos, hermano de mi madre, estaba encargado de atender las propiedades de mi abuelo. Mis abuelos donde yo residía en Navarrete, habían fallecido. Mi tío, era conocedor de toda la propiedad por lo que, de forma unánime, quedó encargado de la sucesión.

Se comentaba que mi tío tenía dinero guardado, mucho dinero. Él quedó residiendo en una pequeña casa construida dentro de la misma propiedad. Mi tío no era muy agraciado en cuanto a encantos varoniles. Pero para remediar la desventaja, Crisóstomo, el esposo de una de mis tías, convenció a una de sus sobrinas y ésta terminó por hacer familia con mi tío que, hasta entonces no se le conocía mujer.

Tiempo después, la mujer consiguió que mi tío construyera una casa en Navarrete. Mi tío se quedaba solo la mayor parte del tiempo en sus labores del campo. Esto permitió que se urdiera un complot en su contra por facinerosos que lo creían un gran hacendado.

Mi pobre tío, fue asesinado y su cuerpo lanzado a lo más profundo de una cañada en nuestra misma propiedad. Mi madre, no sé aún cómo, nunca asimiló que aquello había sido una muerte accidental. Un día, viendo su afán e insistencia sobre el caso le dije que me acompañara a la casa de Colasa, la espiritista de Tamboril. Ya en el lugar, estando la médium poseída por uno de los espíritus, con esa voz carrasposa le hablaron.

—Tú tiene razón mujero. A tu heimano lo mataron tre hombre, dipué lo empujaron poi una barranca.

Lo dicho, fue para mi madre, que de inmediato estalló en llanto. El espíritu a su vez, bromeó con mi madre al decirle, que si ella se ponía de esa forma ¿cómo se pondría después que le dijera los nombres de los que lo habían ultimado? Los gritos de mi madre se escucharon afuera. ¡Era increíble! Así se confirmaba algo que ya algunos sospechaban, ¡que la muerte no fue accidental!

Tiempo después, uno de los supuestos criminales, esposo de una hermana de la víctima fue alcanzado por un rayo. Antes de morir, confesaba su participación en el crimen, ¿justicia divina? No podía explicarlo en aquel entonces, pero hoy día reacciono un tanto asombrado cuando aun en las iglesias, hay personas que ponen en duda el poder que ejercen estos demonios sobre el ser humano. Muchos incluso, han manifestado dudas sobre la existencia de estos seres inmundos.

¿Acaso no nos narra la Biblia en innumerables pasajes los enfrentamientos de los discípulos de Jesús con personas poseídas de espíritus, y la fuerza sobrenatural de éstos?

Tenemos un caso gráfico cuando Jesús fue confrontado por el endemoniado gadareno (Mateo 8:28-34. y Marcos 5:1-20). En estos casos, los demonios dieron muestras de fuerza y de poder y de que, en un solo cuerpo humano podían alojarse cantidades de espíritus inmundos en forma simultánea.

Otros casos, eran los de provocar enfermedades de distintos géneros, desde parálisis hasta dejar mudas a las personas y causarles sordera en el menor de los casos.

Por motivos que viví en carne propia, siempre tuve temor cada vez que me amenazaban y, aunque desobedecía y al momento no me ocurriera nada, seguro podía estar que cuando menos lo esperaba, me sucedían cosas terribles. Más tarde me decían, lo que te sucede, tal, o cual espíritu te lo está provocando por lo que hiciste en determinada fecha.

El caso más ilustrativo, ocurrió cuando llegué aquella primera vez. Al llegar sin avisar prácticamente a nadie, pues nadie me esperaba en el aeropuerto, alquilé un auto allí mismo. En la ciudad de Santiago, existía una sucursal de la oficina donde había alquilado el vehículo en Puerto Plata.

Una tarde, fui al lugar donde había una parada de autobuses que viajaban a la capital. Iba a dejar a alguien. Por coincidencia en el mismo lugar, a uno de los lados de la estación del metro, estaban ubicadas las oficinas del *rent-a-car*. Por pura curiosidad, estuve bromeando con uno de mis hermanos. Le decía que nos desmontáramos con cualquier excusa porque, en los *rent-a-car*, siempre trabajan muchachas bonitas como secretarias. Así fue. Con la excusa de querer cambiar el auto porque "tenía desperfectos", me encontré con una de las muchachas más hermosas que yo había conocido en los últimos meses. Hasta nervioso me puse. La invité a almorzar a la hora de su salida que era casi de inmediato. Sonriente se negó. Yo era muy insistente y, aunque no almorzamos juntos, dejó que la recogiera en la universidad donde estudiaba de noche.

Así comenzó un rápido romance. La llamaba a todas horas. Le enviaba rosas. Me divertía sin límites. Yo no tenía nada más que hacer, lo único era enamorarme en todos lados y gastar dinero a manos llenas. Me creía el dueño del mundo.

Una noche me disponía a sacar mi carro de la marquesina de Colasa, la vidente. Todo estaba a oscura. Había un apagón. Era cauteloso. Siempre andaba con mi pistola lista ante toda eventualidad. Todo el tiempo la tenía al alcance de mi mano. Caminaba por un pasillo que conducía a la marquesina. Me disponía a subir al auto. De pronto, apareció la vidente de pie frente a mí. Respiré profundo. Me había pegado un gran susto.

—¡¿Oye qué pasa contigo?! ¿Qué haces ahí? —le pregunté.

—¿Tuve una visión ahora mismo! Mejor será y que no salgas.

—¡Bah! Tú siempre con tus cosas —Repuse—. Eso es que Gina no te cae bien y ya me quieres dañar otra de mis salidas. Lo real del caso es, que no le puse atención.

Horas más tarde, había recogido a Gina. Paseábamos por la avenida monumental en Santiago de los Caballeros. El lugar es un sitio histórico, hermoso. Con un monumento colosal enclavado en una pequeña colina donde los residentes de la ciudad van a todas horas a disfrutar del paisaje de la bella ciudad. Habíamos recorrido toda la avenida. Le dimos vuelta al monumento y cuando nos disponíamos a descender, alguien nos mandó a detener desde una motocicleta.

Para entonces los asaltos estaban a la orden del día. Por tal razón, preparé mi pistola y, en vez de detenerme, metí el pedal del acelerador y aumenté la velocidad del vehículo por la amplia avenida. Pero al llegar al final de la misma en una especie de rotonda que une a la avenida que bordea toda la cuidad llamada, Avenida de Circunvalación, me salió al paso un pequeño jeep que se me atravesó de frente y por lo cual tuve que lanzarme sobre la acera. La velocidad que traía era mucha.

En la barrida que el carro se dio dos personas que presurosos venían por el lado lateral, fueron investidos por el impacto del vehículo. La moto quedó prácticamente destruida. Cuando finalmente el auto se detuvo contra unos matorrales, casi frente a la entrada principal de la universidad donde yo había estudiado, sólo escuché el peculiar rastrilleo de armas largas.

—¡Sal con las manos en alto! —se escuchó una voz amenazante.

Para mi mala suerte, quienes me habían mandado a detener minutos antes eran policías y, por fatalidad los atropellados con el carro, también.

Asustado y buscando evitar problemas posteriores, metí mi pistola dentro del bolso de Gina. Varios minutos después nos conducían detenidos a la fortaleza San Luis de Santiago.

Hice unos "arreglos" con la policía para que dejaran en libertad a Gina. Eran cerca de las dos de la madrugada cuando le pedí a la bella joven que se comunicara con la vidente y le relatara lo que había ocurrido. Supongo que reiría, pues ya me lo había advertido. De todas formas, usando las influencias que tenía en los círculos militares, a las seis de la mañana me ponían en libertad, pues los policías encolerizados me habían encerrado en una celda junto a decenas de presos comunes, los cuales quisieron hacer fiesta conmigo.

Varios dólares en mi cartera, me salvaron de una noche negra en manos de los presos que inmediatamente que quedé en sus manos coreaban "carne fresca, llegó carne fresca". Para evitar caer en manos de la turba, ofrecí dinero al "presvoste" de la celda, y éste me dio "protección" por esa noche.

A eso de las seis de la mañana, y "gracias" a las gestiones realizadas por la espiritista con sus amigos militares, había sido puesto en libertad. Al llegar a la residencia de la vidente, era natural que se haría un *show* con mi nuevo caso. Había que dejarle saber a los que visitaban el altar ese día, que el poder de los espíritus era grande, que la médium tenía relaciones, incluso hasta para "soltar presos".

Así hube de expresarlo ante todo el mundo. A mi llegada, ya todos sabían lo que me había ocurrido. Antes de salir de la casa a gestionar mi libertad, uno de los espíritus había poseído la vidente, y había enterado a todos de lo sucedido. Los espíritus, ya habían adelantado detalles sobre cómo había ocurrido el accidente y la hora exacta en que había tenido efecto. Y cómo no saberlo, si sus manos diabólicas estaban detrás de todo esto.

DIECISÉIS

LOS HIJOS DE LOS ESPÍRITUS

*Derribaréis sus altares, y quebraréis sus estatuas, y
cortaréis imágenes de Asera. Porque no te has de
inclinar a ningún otro Dios, pues Jehová, cuyo nombre es Celoso, Dios celoso es.*

Éxodo 34:13

Por varios meses, mi vida continuó inmersa en un programa
de actividades, que comenzaba desde tempranas horas de la
mañana. Desde las cuatro y las cinco de la madrugada, arribaban
las primeras personas al lugar. Venían de todos lados. Buscaban ser
atendidos por Colasa y sus espíritus, pero aquello, se estaba convirtiendo en una problemática diaria.

El número de personas aumentaba cada día. Hubo entonces que
implementar un método de boletos, distribuyendo fechas por adelantado para días específicos. Las personas acudían al lugar desde
los rincones más remotos del país. Allí se entremezclaban como de
costumbre, desde el profesional, hasta el más infeliz buscador de
esperanzas. Claro que los últimos en ser "atendidos", eran los
infelices.

Colasa, el enlace entre los espíritus y los humanos, no solamente
era poseída por espíritus para predecir o alertar sobre cualquier

acontecimiento. Ésta leía tu futuro en tazas. También, en un vaso con agua. Comenzaba a hablándote directo, sin cortapizas. Describiéndote hechos de trascendencia, como si te conociera de toda la vida.

En ocasiones, se quedaba observándote fijamente, sin tener tazas, ni vasos de agua, ni tenía necesidad de leerte las barajas donde era infalible, en ese instante su poder de clarividencia, alimentado por los espíritus a los que servía entraba en juego. Era algo asombroso. Por este motivo, las personas quedaban embelesadas ante el hecho sin igual. Y aun más, cuando allí se decía que venían de parte de Dios.

La residencia de Colasa, regularmente estaba llena con todo tipo de personas. Específicamente las que vivían en el exterior. Yo podía ya contarme entre ellos. La mayoría de los que buscaban "ayuda" era precisamente para poder viajar hacia los Estados Unidos.

A uno de los recién llegados del extranjero, le habían recomendado visitar la vidente. Estaba de vacaciones en el país con su familia. Eran oriundos del mismo Santiago. Vivían en unos edificios multifamiliares del sector de La Joya, cerca de la Avenida de Circunvalación.

Rafael, el que parecía ser el cabeza de familia, tenía una bodega en Brooklyn. Era bastante joven. Como de treinta años aproximadamente. Alto, bien parecido, de fuerte contextura física; estaba acompañado de Wanda su joven esposa puertorriqueña y dos de sus hermanas. Lamentablemente, había llegado tarde ese día. No obstante, era tanto lo que había escuchado hablar de la famosa "señora", que optó por quedarse un rato más y ver cómo se desarrollaban los acontecimientos.

Antes de ingresar al altar que poseía, la médium le dejó saber que debía consultar a los seres, pues ella había visto un serio problema a su alrededor. Esto hizo que el joven se quedara un poco más de tiempo en el lugar.

Una hora después, se disponía a marcharse. Al tiempo de salir, uno de los que fungía de asistente de la vidente salió del altar enviado por "el viejo". Venía con un recado que causó temor entre todos los que estaban allí reunidos.

Decía el joven que, de acuerdo al espíritu, nadie debía moverse del lugar, que alguien en el grupo corría peligro de muerte. La noticia produjo temor entre todos. Hasta yo tuve miedo. Muchos se quedaron mirándome pues era yo el que en más líos me metía. Pero no, no era yo el del problema.

Siguiendo instrucciones del espíritu de "San Miguel", y por las señas particulares que nos dio dentro del altar, nos dirigimos hacia el frente de la vivienda donde ya el fornido joven, se disponía a marcharse junto a sus acompañantes. Al acercárnosle, se sorprendió, pero más aun lo estuvo cuando se enteró de quién lo había mandado a buscar.

Atemorizado, caminaba presuroso por el largo pasillo en medio de los asistentes, que lo observaban sin pronunciar palabras. Ya dentro del altar, su cara cambió de color al escuchar lo que el espíritu decía. Todos fuimos llamados a ingresar al altar. La voz gutural y carrasposa del espíritu se dejó escuchar en aquel espacio atestado de personas.

—¡Te van a matar! —le dijo el espíritu—. No puedes irte para Nueva York esta semana. ¡Te estoy viendo cubierto de sangre! ¡Te van a agujerear la cabeza!

Pálido del miedo, el pobre hombre no hablaba palabra alguna. Sólo recuerdo, que me dijeron que tratara de convencerlo porque, quién mejor que yo para darle a conocer la exactitud de las predicciones de aquellos espíritus.

—¡Quiero que todo el mundo mire bien a este gaso. Le dije que si se va, lo matan!

La voz sonó clara. Sentenciosa. Mientras tanto, con una palidez como de muerto, el hombre sudaba copiosamente. Sólo después de pasado unos minutos, pudo venir articulando palabras. Pedía que por favor le ayudaran, que su socio de la bodega le había llamado de emergencia, que tenía que presentarse. Pero el "ser", le repetía que no fuera porque se trataba de una trampa.

Aquel día fue muy pesado. Se detuvo toda labor. Sólo se hacían conjuros y plegarias para evitar los acontecimientos que se avecinaban para aquel joven. Se hicieron invocaciones a seres específicos para este tipo de circunstancias.

Más tarde el joven se marchaba con una aureola de pesadez alrededor. Todos pensamos que con lo ocurrido aquel día, con todo lo que se había hecho para disuadirlo del viaje, y los ruegos de su joven esposa y sus hermanas, sería más que suficiente para haberlo convencido. Seis días después en una calurosa mañana dominicana, tres mujeres vestidas de negro, hacían su entrada en la residencia y fueron mandadas a ingresar al altar. De nuevo se suspendieron las labores del día. Eran la esposa de Rafael y sus hermanas, que regresaban con el cadáver del joven, muerto precisamente en la bodega de un disparo en la cabeza.

Los acontecimientos que allí sucedían, eran sencillamente sorprendentes. Estos eran los casos, con que éstos espíritus inmundos, valiéndose de métodos sutiles, llegaban a tomar la atención de todo el incauto que caía por esos predios para hacerles creer que el poder que tenían sería puesto al servicio de los humanos por la benevolencia de Dios.

Día a día, el lugar se mantenía lleno de gentes de todas las ciudades. Por la mañana y antes de comenzar los ritos para la posesión, tenía instrucciones de ir hablándoles a los presentes, de las grandes cosas que estos "seres de luz", venían haciendo por la humanidad. Que en mí, podían tener una prueba palpable del poder y los milagros que éstos habían hecho a mi favor, aun yo estando viviendo fuera del país.

Mientras tanto, la noticia de lo acontecido con el joven bodeguero, corría de boca en boca haciendo que la fama de la mujer aumentara cada día. Su nombre, era conocido por todos lados. En el lugar llegué a conocer verdaderos personajes de todos los niveles que, no obstante asistir al lugar, mantenían en secreto sus visitas.

Además de reconocidos políticos y artistas locales, llegaban al lugar personas que se trasladaban desde Puerto Rico para tratar de solucionar problemas de urgencia.

Llegué incluso, a aceptar una invitación de una directora de exhibiciones de una prestigiosa marca de calzados finos a nivel internacional. La encargada de lanzar los últimos modelos de calzados, tenía un local de exhibición en el centro del viejo San Juan, lugar de exquisita hermosura por su zona tipo colonial. La mujer, no sé cómo, se había enterado de la existencia de la vidente. Lo que sí sabía, era que no perdía tiempo en tomar un vuelo que partía de Puerto Rico a las diez de la mañana y regresaba aproximadamente a las cinco de la tarde del mismo día, ruta San Juan-Santiago y viceversa.

De igual manera, aquello significaba también una "salvación" para los narcotraficantes. Cada día aumentaba el número de los "cadenuses" como se le llamaba a los que se dedicaban al tráfico y venta de drogas en el país como en el extranjero.

El sobrenombre de cadenuneses, lo recibían los dominicanos, por el gusto exagerado en adornarse con cuantas cadenas le aguantara el cuello. Esto, sin contar los brazaletes y los anillos que ponían en sus dedos. Uno para cada dedo en el más extravagante de los casos. Traer muchas cadenas en el cuello, era muestra de lo bien que le iba en los "negocios". No era raro ver a los "pesao", como también se denominaba al vendedor de droga, con cerca de una docena de gruesas cadenas, en exhibición.

Éstos se contoneaban de una forma singular cuando escuchaban el peculiar "clinc" o sonido de las cadenas al rosarse unas contra otras. Además, porque este era el toque esencial que nos identificaba como un "pesao" de verdad. Utilizo "nos identificaba", porque tiempo después, yo caía en forma peligrosa en el mundo del tráfico de drogas.

A mi regreso de los Estados Unidos, muchas cosas habían cambiado. Claro, era lógico que algunas cosas cambiaran. Pero a lo que me refería específicamente era a los cambios que se habían efectuado en la residencia de la vidente. Eran tantos los cambios, que hasta yo, al principio me había sentido diferente. Hasta el esposo lo había cambiado.

Otro factor que no pasaba por alto, era el hecho de que ahora la prioridad para ser atendidos casi de inmediato la tenían los "cadenuses". Estos gozaban de ciertos privilegios que los demás no tenían. Cosa que causaba disgusto en muchos, pero era como la misma vidente con tono prepotente y desconsiderado les decía: "yo no mandé a buscar a nadie, al que no le guste puede irse". Era así de sencillo. No había compromiso ni obligación con nadie. Así andaban las cosas.

Para esos días habían tenido que hacer un apresurado viaje a la isla de Puerto Rico. Se había suscitado un serio problema con la creyente puertorriqueña, que frecuentemente visitaba el altar de la vidente. Ésta se apareció de repente desde la vecina isla, tenía un grave problema. Se le veía desesperada. Fue atendida con la celeridad que su emergencia necesitaba. De paso, para que todo saliera bien, me encomendaban a mí acompañar a la mujer al vecino país.

La distancia relativamente no era mucha, sólo unos cuarenta y cinco minutos de vuelo desde Santiago. Después de unos días en la bella isla, donde fui atendido a cuerpo de rey y hospedado en un lujoso apartamento en las orillas de la playa del Viejo San Juan que era propiedad de la mujer, recibía una llamada para presentarme de inmediato a República Dominicana. Así funcionaban estos seres espirituales. Impartían órdenes y sólo debíamos obedecerlas. Tenía que regresar a mi país esa misma tarde y era lo que había que hacer de inmediato.

Estaba nervioso. Las presiones y las amenazas eran las armas que por siempre fueron usadas en mi contra. Ese día, la artimaña funcionaba de nuevo a la perfección.

Los minutos en el aeropuerto Luis Muñoz Marín de Puerto Rico, para mí fueron eternos. Instantes después, dentro del pequeño avión que me llevaba de regreso a Quisqueya, las cosas al parecer, no andaban bien, pero corregido el percance, minutos más tarde estábamos listos para despegar.

Con un ruido ensordecedor, el aumento de potencia en las turbinas del aparato indicaban que el momento del despegue se acercaba. Segundos después, se percibía levemente el momento cuando la nave perdía contacto con la pista inclinando su nariz hacia el espacioso firmamento. Era un vuelo rutinario entre los dos países hermanos marcados con hermosos paisajes de nubes radiantes por el sol, que más que hermoso era simplemente indescriptible.

¡Qué increíblemente bello es el espacio sideral! Si no tuviera que bajar a la tierra y encontrarme con la realidad que me espera —me decía en mis adentros.

Mientras tanto, trataba de olvidar las preocupaciones y temores del momento dejando que éstos se perdieran, como se había perdido mi vista y mis pensamientos momentos antes, en la preciosa panorámica que se observaba desde el aire del bello Viejo San Juan. Éstas se veían diseminadas a todo lo ancho y largo de la costa por donde el avión llevaba dirección en ruta hacia Santiago, República Dominicana.

En el aeropuerto de la ciudad, un hermano de la vidente me esperaba para conducirme de inmediato hacia el centro de invocaciones. Como de costumbre, era numeroso el grupo reunido en el lugar. Al parecer, había reunión cumbre y uno de los que faltaba era yo. Así fue. Conmigo era el problema. No bien salía de una situación embarazosa, cuando ya tenían otro "encargo" preparado. Me tenían como una especie de mediumnidad, que era usado donde la vidente no podía estar presente. Esto no me hacía la menor gracia. Cuando me usaban como lo habían hecho en Puerto Rico, mi temperamento cambiaba en forma notable. Sentía que algo dentro de mí se revelaba a lo que realmente mi voluntad deseaba hacer. Al final, aquella fuerza se resistía a mi voluntad y terminaba imponiendo sus deseos. Era algo que ya no podía dominar. Era como si "algo" dentro de mí, dictara las cosas que sí debía, o no de hacer.

Éstos eran los espíritus infernales que moraban dentro de mí y que me habían sido incorporados en las innumerables ceremonias y ritos en los que había participado a través de largos años.

El problema que ahora se presentaba, era con uno de los "hijos del viejo" como le llamaban al espíritu. Éste había viajado desde Nueva York porque la policía le había asestado un duro golpe al grupo de vendedores de droga que él y un hermano dirigían. Esta nueva misión, cambió mi vida drásticamente.

En los meses que había pasado en mi país, mi organismo casi se había desacostumbrado a las drogas. Para entonces, lo que hacía era ingerir bebidas alcohólicas. Estaba tomando casi a diario. La próxima misión que me pondrían en mis manos, sería presentarme a los dos hermanos traficantes y, en un tiempo que ellos consideraran prudente trasladarnos a los Estados Unidos donde yo laboraría como nuevo "gerente" del negocio. Mientras tanto, los hermanos aprovecharían el tiempo para "enfriarse" con las autoridades norteamericanas.

Así me vi de nuevo en el negocio del narcotráfico. Ahora siendo el encargado de un punto de venta de drogas de alta incidencia en la calle ciento treinta y seis del Alto Manhattan. El lugar, ubicado entre las calles Broadway y Amsterdam, era continuamente "visitado" por la policía, porque precisamente en el frente del lugar, había un parque público para la práctica abierta de diversos deportes.

Hecho los acuerdos en el altar de la médium, esperamos unas semanas para trasladarnos hacia Nueva York. Los días que restaban, los dediqué con mis nuevos amigos y futuros socios a lo único que diariamente hacíamos, las parrandas y las muchas salidas con cuantas mujeres aceptaban nuestras invitaciones.

Y es que no había que ir muy lejos. Allí era el lugar en donde más mujeres iban. Teníamos entonces, la oportunidad de escoger entre una infinita variedad de féminas. Ellas también llevaban en mente las oportunidades de aventura. Sabían que la mayoría de los que siempre nos congregábamos allí, residíamos casi todos en el exterior y que estábamos manejando buenas cantidades de dinero. A ellas no les importaba si venía del narcotráfico o no, la diversión y la oportunidad de vivir una nueva alternativa de vida para ellas, podía estar allí.

Los días de desafuero y libertinaje continuaban para nosotros sin detenernos a pensar siquiera que otros existían en el mundo. Teníamos el mundo en nuestras manos, al menos, eso era lo que creíamos. Diariamente, vestíamos nuestras mejores ropas. Nuestros carros lucían relucientes pues siempre visitábamos los *carwash*. En República Dominicana, para entonces, se había introducido la peculiar modalidad de poner preciosas muchachas para prestar servicio a los clientes que llevaban sus vehículos a los lavaderos. El éxito de este tipo de negocio, se difundió por todas las ciudades del país. Los lugares, se mantenían prácticamente llenos todo el tiempo.

Los dueños se las ingeniaban para colocar sofisticados equipos de música en los establecimientos, al tiempo que las hermosas jóvenes servían bebidas alcohólicas. Los lugares siempre estaban llenos totalmente. Esto era una especie de ardid para atraer clientes, específicamente, a los "dominican-york". En estos establecimientos, pasabamos la mayor parte de nuestro tiempo. Salíamos de allí borrachos casi a diario.

De esta clase de negocio no tuvo exento Navarrete. Varios negociantes sagaces, habían construido originales negocios de este género. Pero allí, se sumaban ingredientes, que sólo nuestro engreimiento y arrogancia nos impulsaba a cometer.

Ya después de varias cervezas, llegaban a nuestras memorias las aventuras en las calles de Nueva York haciendo que nos trasladásemos allá, por lo menos en la imaginación. Vivíamos los momentos como si hubiesen sido reales. Ahí comenzaban los problemas. Esto era peligroso algunas veces. Todos armados (la primer cosa que hace el "dominican-york", es armarse hasta los dientes) desde que da su primer viaje, nos creíamos los dueños de los lugares. En ocasiones llegamos a armar verdaderas lluvias de balas, pues tratando de buscar emociones fuertes, comenzábamos a disparar al aire tratando de dar rienda suelta a toda la emoción contenida.

Esto tenía sus riesgos. Yo era dado a cargar mi pistola a todas horas en las manos, envuelta en una chamarra que me colocaba por los brazos y la espalda, de tal forma, que la pistola quedara colgando por debajo de mi brazo, lista para ser usada en el momento preciso.

Una tarde, borracho, estando con un grupo de amigos, alguien —pues era ya como una costumbre—, hizo un disparo. Esto fue como una invitación a los que tenían armas. Saqué mi pistola y sin precisar siquiera hacia dónde iba a disparar, desde dentro del grupo, hice el disparo sin tener en cuenta que en esa dirección estaba Olmedo mi hermano. Él disparo sonó. Mi hermano quedó paralizado, pálido de miedo. El cañón de la pistola apenas había estado a unos centímetros de distancia de su cabeza. Si mi hermano tuvo miedo, aquello a mí me quitó la borrachera.

En otra de esas irresponsabilidades, cometí a mi entender, la más temeraria de las aventuras en las que me veía involucrado después de regresar a mi país. Ésto sucedió por ser amigo de las "faldas" y por sentirme tan apoyado por espíritus, que todo me lo permitían.

Sucedió con una joven de mi poblado, Navarrete.

La muchacha, una hermosa trigueña de pelo negro como la noche y una figura que buscaba lo perfecto, venía precedida de una aureola de intocable. Era algo codiciado por los hombres que la veían. Su gracia juvenil, hacía que llamara la atención aunque ella no se lo propusiera. Tania se había criado en un ambiente tenso. Su padre había muerto en un accidente. Lo recuerdo como ahora. Iba cruzando la autopista, que es la avenida principal del poblado Navarretense, montado sobre un motor. La pequeña máquina fue impactada por un vehículo que transitaba a toda velocidad, muriendo el padre de la joven en el desafortunado accidente. Para entonces estudiaba yo en la secundaria. Su madre al estar ausente el padre, se convirtió en celoso guardián de la muchacha. Quería protegerla, pero en su afán de protegerla, le hizo daño.

Según ella misma me relatara, su madre, literalmente le había elegido a quien sería su compañero de vida. Presionada por la insistencia de la madre, un buen día optó por complacerla. Su entonces esposo, otro casi adolescente de la misma comunidad, residía en los Estados Unidos.

Con Tania, tuve mi primer acercamiento cuando menos me lo esperaba y en el lugar que menos imaginé. Una mañana, preparando todo en la casa de la vidente para iniciar otra ronda de ritos y ceremonias espiritistas, vi su rostro hermoso y juvenil dentro del gentío que se daba cita ese día.

De primera instancia, quedé sorprendido. Tenía conocimiento de que a la joven, su madre le había inculcado una rígida disciplina del catolicismo, incluso formaba parte del coro de la iglesia de la localidad y su madre, le vigilaba hasta la sombra. Aunque mi primera impresión fue de sorpresa, después no lo fue. Esto debido a que, era tal la cantidad de personas que asistían al lugar y de las cosas inusuales que allí sucedían, que lo último que ocurrió fue, que un sacerdote católico, solicitado por la médium a instancia de los seres, ofició una misa en el lugar, supuestamente para celebrar el día de "San Miguel" un veintinueve de septiembre. De las cosas que allí sucedían, ya del espanto estaba curado.

Sabía lo difícil que era para cualquiera acercase a la preciosa joven, pero esa mañana la oportunidad para mí estaba pintada y no perdí tiempo. Para mí, el día que no vivía una nueva aventura, sea esta cual fuera, me sentía mal. Era como si me hubiese levantado y comenzado un nuevo día. En esos momentos comenzaba una que trajo consecuencias que pudieron haber sido trágicas.

Al establecer conversaciones con la joven, fueron aflorando detalles que me convencían aun más, de cómo algunos padres en su afán de buscarle "partido" a sus hijos, convierten sus vidas en una pesadilla. Eso había ocurrido con aquella esbelta morena.

La joven continuó asistiendo al lugar y nuestras conversaciones continuaron. De buenas a primeras, algo más que simples conversaciones comenzó a nacer en ambos. Sabía que podía encontrar obstáculo por la aprobación o no de los espíritus, pero curiosamente, no se habían opuesto. Según me decía uno de ellos, yo no iba a ser el único después de su esposo.

Y como no era nada serio, tendría libertad para divertirme.

Con lo que al parecer nadie contó, fue con el viraje que aquel drama tomó. Lo que sucedió fue algo que ni yo, ni los mismos espíritus previeron: Estábamos realmente enamorados. Una tarde, después de la celebración de una de las ceremonias que usualmente ocurrían, poseyó a la médium un espíritu que raras veces "subía" a su cuerpo. Se trataba de "Ogum" un ser que hacía aparición sólo en ocasiones especiales.

En posesión de la médium, el ser se abrió paso entre el grupo de personas dentro del altar. Haciendo muestras de buen bebedor, se acercó hasta donde yo estaba.

—Yo te voy a dar. Yo te la voy a dar —canturreaba aquel espíritu extendiendo hasta mí la botella de la que venía tomando. Acto seguido, se dirigió hasta donde se encontraba Tania y, extendiéndole la botella con el licor dio un par de vueltas a su alrededor para despedirse y darle paso a otras entidades. De aquello nada había entendido hasta mucho tiempo después. Lo cierto del caso es, que aquello funcionó como un hechizo mágico entre los dos, que nos mantuvo en una aventura electrizante por espacio de casi año y medio.

Ese día, se nos olvidó su estatus legal. Sólo había algo que era más fuerte que los dos, era una pasión que nos envolvía, que ya no podíamos detener, que teníamos que darle libre curso. Eso fue lo que ocurrió esa tarde haciendo que aquel arrebato de emoción nos hiciera consumar un amor que por los días restantes, se convertiría en un amor furtivo y perseguido. Un amor que tuvimos que disfrutar lejos de nuestra área porque, hasta la policía tuvo participación en la operación que se montó en nuestro entorno.

Todo sucedió muy rápido. Había sido un flechazo sin aviso previo. Quizás el saber que era algo prohibido aumentó la desesperación en ambos, sabiendo que tendríamos la oposición de todos. Fue así como una noche, sin pensarlo dos veces, Tania me decía que le pondría punto final a aquella agonía, que por primera vez había sentido amor por alguien y que no iba a dejar pasar la oportunidad. Con lo dicho vinieron los hechos.

No obstante, su madre la había visto preparando un bulto con ropas y llamó a varios de sus hermanos dándole alcance en una pequeña calle que conducía a su casa, varios la golpearon. Sin embargo, esto no fue obstáculo para impedir que saliera corriendo hacia una calle cercana donde yo la esperaba en mi auto. Aunque tenía las luces apagadas, el motor de mi carro estaba encendido, presto a cualquier eventualidad como realmente ocurrió.

El caso, fue una bomba de tiempo para el pequeño poblado que, no obstante estar ya acostumbrado a los líos en que me involucraba, no creían que mi temeridad hubiese llegado tan lejos. Fue la comidilla del lugar por muchas semanas. Para evitar problemas, tuvimos que "desaparecer" del lugar por varias semanas. La familia entonces, me acusó ante las autoridades por secuestro. Decían incluso, que yo la mantenía endrogada.

Cerca de un mes después, la situación se había calmado. Tenía a Tania conmigo. Viajábamos y disfrutábamos juntos para todos lados. Pero cosas inesperadas comenzaron a suceder.

Primero fueron los reproches de la gente. Pero a esto no le prestaba atención. Sencillamente no me importaba. Incluso, comencé a asistir a las fiestas que se celebraban en el mismo poblado. Hoy lo pienso y veo que mi descaro no tenía límites, porque la pobre muchacha, sólo obedecía todo cuanto le pedía que hiciera.

Después de cerca de seis meses, casi había agotado todo el dinero que me quedaba. Además, era hora de reunirme con la persona con la que "trabajaría" en el punto de drogas. Había consultado con uno de los seres y me había dicho que permitirían que Tania se quedara en la residencia de la vidente hasta mi nuevo regreso. Así lo acordamos y así se hizo. Sólo que esto trajo consecuencias funestas para ambos, pues con mi regreso hacia Nueva York, hechos que no me los esperaba estuvieron a la orden del día.

DIECISIETE

LA REDADA Y LA
CASA DEL HORROR

*¡Ay de los moradores de la tierra y del mar! porque
el diablo ha descendido a vosotros con gran ira,
sabiendo que tiene poco tiempo.*

Apocalipsis 12:12

Llevaba varias semanas en Nueva York. Y de nuevo, ya estaba inmerso en el mundo del tráfico de drogas. Antes de salir, me había asegurado de dejar bien a Tania. Me preocupaba su situación. Trataba en cierta forma de corresponder al amor que me había demostrado, abandonándolo todo por seguirme. Hacía todo lo posible por mantener contacto frecuente con ella.

Mientras en la calle ciento treinta y seis de Manhattan, en medio de Broadway y Amsterdan, me encontraba ya al frente de unos nueve hombres que se dividían turnos de veinticuatro horas en la venta de la droga. Yo mientras tanto, permanecía en el interior de un apartamento en los pisos superiores dirigiendo las operaciones.

Para esto contábamos con compartimientos especiales, los cuales eran hechos en el piso de los apartamentos. Allí, sólo podían ser encontradas si era con perros sabuesos para detectar la droga, o en

211

el peor de los casos, ser delatados por uno de los nuestros. Nadie podría imaginarse jamás que estaba caminando sobre miles de dólares y un moderno arsenal de armas de fuego y drogas. Doy gracias a Dios que no me sorprendieron dentro del lugar. Creo que si hubiese sucedido, nunca me hubiesen permitido recorrer las calles de nuevo.

De los dos hermanos, sólo Tony estaba conmigo. Su otro hermano, gracias al negocio del narcotráfico, había instalado en la ciudad de Santiago una lujosa agencia de venta de vehículos y por demás, dándose la gran vida con el dinero que nosotros le enviábamos.

Después de unos meses, la situación comenzó a tomar otro matiz. Yo estaba al frente de varios hombres que se turnaban cada doce horas. De éstos recibía cada hora el resultado de las ventas. Esta estrategia la habíamos tomado, después que la policía comenzó a incursionar de manera más frecuente al lugar de expendio de drogas. El motivo era más que razonable. En el mismo frente del lugar que se había escogido para distribuir la droga, hay un parque de prácticas deportivas, seguido del City College de Nueva York.

Pero esto, a nosotros no nos importaba. En nuestras mentes sólo bullía la ambición por conseguir la cantidad de dinero que como meta, diariamente nos habíamos impuesto.

Aquello era una locura. Aún no me explico, por que todavía en muchos lugares funciona así, como las autoridades son tan ciegas, los mismos dueños o personas que residen en los apartamentos pueden hacer las denuncias. Esto lo digo, porque recuerdo que prácticamente, nosotros éramos los dueños del edificio donde estábamos.

Teníamos vigilado, "tomado" en el sentido más gráfico de la palabra, todo el pasillo de entrada del edificio. Asegurábamos la puerta fuertemente y, mientras uno o dos vendedores estaban del lado interior vendiendo la droga por una pequeña abertura hecha previamente en la puerta, dos o tres más, afuera, en la calle, vigilaban con suma cautela la presencia de autos policiales, o de extraños que se acercaran al lugar, o parecieran ser agentes encubiertos.

Este era nuestro trabajo de cada día. Era increíble, pero se daban tales casos. Lo que veía diariamente era algo triste. Los jueves y viernes, cuando la mayoría de los empleados cobran sus salarios, llegaban al lugar a comprar cocaína o crack. Ya en horas de la madrugada, unas horas después, regresaban de nuevo a comprar más drogas. A gastar el resto del cheque que, seguramente, podía gastarlo en mejores cosas.

En muchos de esos casos, llegaban mujeres de rasgos finos y de buenos empleos. Después de gastar el dinero efectivo y con ganas de seguir la parranda, ofrecían entonces lo que, quizás en las condiciones de embriaguez en que estaban no les importaba... su propio cuerpo.

En casos extremos, llegaban al lugar con equipos de uso doméstico, equipos de videos, televisores, era increíble. Otras iban y dejaban sus joyas. De anillos, cadenas y relojes tenía ya verdaderas colecciones. Por las innumerables joyas que tenía, se presentó un problema que partió el compromiso entre Tony, yo y los espíritus con los que se había hecho el acuerdo para trasladarme hacia Nueva York y encargarme de uno de los turnos de ventas.

Habíamos acordado en el altar, antes de partir, que cuando hubiera peligro, los espíritus nos darían una señal. Con tal fin, habíamos preparado una habitación en el apartamento para edificar un altar para nuestros "santos". A éstos, tendríamos que mantenerles velones encendidos en forma permanente. Sucediera lo que sucediera. Era un trato y había que cumplirlo. Una mañana, cuando me dirigía a inspeccionar cómo andaba todo dentro del apartamento, noté algo que, aparte de extraño me produjo temor. De casi media docena de velones dedicados a iguales imágenes de santos, los que no estaban apagados estaban rotos. Todo me pareció sumamente raro.

Habíamos traído desde el altar una pequeña imagen de uno de los "santos". Ésta decía ser "Santa Ana", pero le gustaba que la llamaran "Anaisa". La imagen había sido "bendecida" y "preparada" por los espíritus y fingiría como medida de protección en el lugar.

El primer velón que veía roto, era precisamente ese. Temeroso ante el inexplicable suceso, llamé a Tony tratando de indagar sobre lo ocurrido. Sólo él y yo teníamos llaves del apartamento, nadie más había entrado al lugar. Aproximadamente unas dos horas después de descubrir aquello, recibíamos una llamada desde República Dominicana. El mensaje era claro.

En horas de la mañana, casi exactamente en los momentos de descubrir lo de los velones, uno de los espíritus predecía acontecimientos funestos que ocurrirían en el lugar. Nos advertían que nos mantuviéramos alejados del lugar por lo menos un día completo, que habían serios peligros. Del grupo de Tony y su hermano, Héctor, que era quien se encargaba de dar los "tumbes" robando a mayoristas de cocaína para luego facilitarnos el material y nosotros venderlo, ya había caído preso. Según se decía, por culpa de la misma espiritista que para entonces, había convertido a Héctor en su amante.

Había escuchado todos los comentarios de cómo sucedió el hecho. Sin embargo, la vidente se defendía alegando no tener culpa de nada. No obstante, yo la conocía muy bien. Sabía que ésta era capaz de intentarlo todo cuando se proponía algo. Y capaz de lo peor, si veía que lo que deseaba, se le haría difícil conseguirlo. Y por lo que sabía, se había tenido que emplear a fondo para poder seducir y mantener a su lado a aquel nuevo joven al que ella le doblaba la edad.

Conociendo cómo actuaban estos espíritus, le aconsejaba a Tony obedecer el llamado hecho por éstos. Pero Tony al parecer no tenía esos planes en mente.

—Se va a perder mucho dinero —fue su respuesta.

Por mi parte, yo sí que no pensaba regresar al lugar, por tanto, aprovechando que todo se veía en calma, ingresé al apartamento con el fin de recoger parte de mis pertenencias. Después de unos minutos, estaba listo.

Había decidido además, recoger todo cuanto había conseguido en los meses de trabajo, que habían sido como seis. Fue aquí precisamente cuando vino el conflicto. Tony, ni estaba dispuesto a que tomara nada, ni mucho menos a darme la cantidad de lo que me correspondía. Lo hacía para presionarme, para que no pusiera atención a lo de la llamada.

Trató de no ponerle seriedad y eso trajo consecuencias terribles. Aquel día, no comenzaba como otro cualquiera, era un día que venía precedido con una serie de hechos irregulares, hechos que si nos remontábamos a varios meses atrás, en el altar donde habíamos hecho un trato con espíritus, entonces hubiésemos visto estos casos como una seria advertencia.

Sólo habían pasado dos horas de haber salido del apartamento. Teníamos que llamar a la vidente para saber lo que estaba ocurriendo. La orden era explícita. Teníamos que salir del apartamento. A nuestro regreso al lugar de ventas de droga, otro acontecimiento inesperado, me obligaba a tomar mis propias medidas. La policía, que ya venía observando el lugar había hecho una redada aquella mañana, tomando prácticamente por asalto los primeros pisos del edificio, y llevándose prisioneros dos de nuestros vendedores, a los que, según testigos, querían obligarlos a revelar en cuál de los apartamentos estaban sus jefes o se procesaba la droga.

Ya con lo sucedido era suficiente. Estaba nervioso y opté por hacer otra llamada a República Dominicana, a la casa de la vidente. Las instrucciones no podían ser más específicas. Si no quería caer preso, tenía que salirme cuanto antes. Es más, que abandonara todo y tomara un avión inmediatamente para mi país. Le expliqué todo a Tony quien, al verme nervioso rió de buena gana.

—¿Y es verdad que vas a dejar todo? —preguntó incrédulo.

—¡Claro que me largo de aquí! No pienso ir a dar a la cárcel.

Al inquirir sobre parte del dinero que tenía acumulado, comenzó una discusión entre ambos. Todo mi dinero, supuestamente se lo había mandado a su hermano, el de la agencia de carros en Santiago. Tuve intenciones de tomar una de las pistolas y obligarlo a que me buscara el dinero. Pero luego pensé que no era hora para meterme en problemas, con los que habían eran suficientes. Y, viendo la actitud que había tomado Tony, era de esperarse que las cosas no le saldrían bien. Se había hecho un trato en el altar, con aquellos seres y conociendo como obraban, estaba seguro que la situación no se detendría allí.

Sin pensarlo más tiempo. Me dirigí rumbo al aeropuerto Kennedy con un boleto de avión en las manos. Lo que había hecho Tony, yo no podía creerlo. Me había impedido incluso, tomar parte de las joyas que había ofrendado a los seres, especialmente a "Anaisa" que era el ser que más le gustaban las joyas y perfumes caros. Pero no era mi problema. Tony, tarde o temprano, rendiría cuentas con ellos.

De madrugada, en el avión que me conducía a mi país, pasaba revista a los últimos acontecimientos. Por lo menos, yo me sentía tranquilo, no había fallado en mi parte del trato.

A las seis de la mañana, hora en que comenzaban los servicios espiritistas en la casa de la vidente, me encontraba participando en los ritos de preparación para la ceremonia de aquel día. Casi todo el mundo se asombró de verme allí. Estaba cansado. Las horas que precedieron a mi viaje habían sido tensas. Pero aunque estaba cansado, estaba más tranquilo, sabía que pronto se despejaría la incógnita de lo que venía sucediendo. Además, estaba contento.

Hacía varios meses que no veía a Tania. Ahora estábamos juntos nuevamente.

Los espíritus enseguida posesionaron a Colasa, llamaron a todos dentro del altar. Era un día de pruebas, de "milagros", de muestras de poder. Así lo hacían saber a todos. Que probarían una vez más su gran poder para que los humanos entendieran de una vez y por todas, que con ellos no se jugaba.

Los espíritus estaban molestos. Gesticulaban reciamente. Se quejaban de que mientras más advertían a los humanos, menos caso le ponían, pero que este caso, quizás convencería a muchos de que con ellos no se jugaba.

—Ahora mismo están pasando cosas grandes en Nueva York. "Santa Ana" (Anaisa) se está cobrando lo de las prendas que mi hijo había conseguido para ella, y por demás, yo me estoy cobrando el dinero que se le debe a mi hijo.

Las palabras salían de voz de "San Miguel" o "el viejo", quién decía que iba a probar una vez más cómo él se cobraba a los que se querían pasar de listo. Estaba molesto.

El espíritu sacudía el cuerpo de la vidente. Era una ira ciega que demostraba el sentimiento de contrariedad de aquel momento. Después de unas dos horas de darle descanso a la vidente, la poseyó de nuevo. Las noticias que traía, al parecer no eran nada buenas. Todos estábamos deseosos de saber qué ocurría. Decía nuevamente:

—¡Mucho polizonte por todos lados, veo mucho polizonte y mucha gente amarrao tirao en el piso!

Una hora después, bastó para comprobar lo que el ser había querido decir. La policía, al parecer, obtuvo información con los apresados y los agentes se dirigieron directamente al apartamento. Allí dentro había caído todo el que estaba en su interior. Armas, chalecos a prueba de balas, dinero, drogas, todo cayó en manos de la policía. Y con todo aquello pudieron haberme sorprendido a mí que era el responsable de velar por el buen funcionamiento del negocio.

Disparos, golpes, y destrozos, habían caracterizado el operativo policial. Los policías antidrogas tenían ya ubicado el lugar. De ahí la insistencia de los seres para que dejáramos el apartamento. A Tony, después de unos meses en prisión, se le impuso una fianza de casi cien mil dólares que seguro estoy, que de haber sido yo el apresado muchos hubiesen sido mis años de sentencia. Podía asegurar que los hermanos dueños del lugar, jamás iban a invertir esa cantidad para sacarme de la cárcel. Estos casos vinieron a afianzar una vez más la fe ciega por la que era devoto a estos seres, que vez tras vez, se las ingeniaban para mantenerme atado al servicio de sus más diabólicos deseos.

Habían pasado unas semanas de mi llegada al país y del arresto de Tony en Nueva York. Por lo pronto, había traído casi todas mis pertenencias desde mi casa hasta la residencia de la vidente. Tania seguía conmigo. Pero hechos con los que no contaba, comenzaron a suceder. Realmente estaba enamorado de la "pella" apodo que se había ganado por su exuberante cabellera negra y su cuerpo velloso. Estaba pendiente de ella. No quería que nada le sucediera.

Sin embargo, el transcurrir de los días fue revelando algunos sentimientos escondidos en contra de Tania, que no los iba a aceptar. Estos resentimientos estaban anidados en Colasa, la viden-te, que había comenzado a dar muestras de una incontrolable animadversión en contra de la bella joven.

Muchas personas se habían dado cuenta de aquello, pero al igual que yo, no nos explicábamos el porqué de su actitud. Si algo tenía Tania, aparte de su belleza, era su tranquilidad y su devoción por complacerme en todo cuanto yo necesitara. Algunos insinuaban, que como la médium siempre vivía pendiente de los muchachos jóvenes que iban al lugar, al no "ligar" conmigo, le hacía la vida imposible a todas las que se acercaran a mí. Había sucedido con Gina en el pasado. Sólo que ahora, iba a ser diferente.

El tiempo que permanecí en aquella casa infernal, me hizo comprender más a fondo el tenebroso mundo en el que me había metido y la personalidad maquiavélica que se escondía tras la sombra de aquella mujer y su aparentemente y apacible hogar. Creo que todas las fuerzas del infierno convergían en aquel sitio desatando verdaderas tempestades de energías diabólicas que se diseminaban por todo el lugar.

Lo del problema con Tania ya era evidente. La médium no lo disimulaba. Le hablaba mal. No la soportaba. Incluso, llegó a insinuarme que esa no era la mujer para mí, que los seres siempre me daban la mujer que yo le pidiera y que por difícil que fuera, siempre complacían mis caprichos. Y era verdad. En ocasiones veía llegar mujeres esplendorosas, me quedaba sin palabras cuando las miraba, las mujeres eran mi problema. Para conseguirlas, entraba al altar y haciendo algunas "cosas" que había aprendido, además de "pedírsela" u ofrendar prendas u otro tipo de cosas para "Anaisa", la cual por prendas, perfumes, o bebidas caras se vendía hasta ella misma, no tenía siquiera ni que hablar mucho para ver mis deseos hechos realidad.

Sólo que el caso de Tania, me había golpeado emocionalmente haciendo cambiar algunos sentimientos dentro de mí.

Uno de ellos, y el más importante, fue que para esos días Tania confesaba estar embarazada. La noticia cayó como un balde de agua fría. Pero nada había que hacer, pues toda mi vida vivía opuesto al aborto. Tania estaba feliz. Ella no tenía hijos y quería preservar la criatura. Lamentablemente, habían otros que no estaban tan contentos. Era la médium y una parte de los seres que evitarían por todos los medios el nacimiento de la criatura. Por desgracia, así fue. Una noche, sin explicarse cómo ni por qué, le dieron para usar parte de una ropa íntima de la vidente. Aún hoy día no sé ni por qué lo aceptó, pues, de ese tipo de ropas, Tania la tenía por docenas.

Lo triste del asunto, es que aquello funcionó como una trampa que destruía los ensueños e ilusiones de una adolescente que jugaba a ser madre.

Al día siguiente, por la mañana, en la cama en que estábamos acostados, estaban las inconfundible señales de que mi compañera había sufrido una hemorragia. Fue muy doloroso, para Tania como para mí. Aquello, lejos de hacer que me separara de ella, me hizo tomar una drástica decisión, largarme de aquel lugar maldito.

Este hecho me causó conmoción. Tania estaba turbada. Yo compartía con ella su dolor. Sólo la penumbra de nuestro cuarto se convertía en testigo mudo de las conversaciones que llevábamos a cabo. Sopesábamos paso a paso cada una de nuestras alternativas. De una cosa estaba ya seguro. Con lo sucedido y con los casos que allí se producían, era seguro que no me detendría un día más en el lugar. Nunca me había opuesto a ninguna orden que me daban, pero habían sucedido otras cosas que tendrían que aclarármelas de una manera o de otra.

Una de estas, había sido la desaparición de varios miles de dólares de mi maletín. El mismo, no había sido abierto. Pero del dinero que tenía dentro, si tenía constancia exacta. Contaba una y otra vez la cantidad, pero nada. Realmente faltaba una buena suma, pero ¿quién y cómo la había tomado? La vidente insinuaba que quizás Tania, ¡pero no!, no creía eso de ella. Jamás dudaría de ella pues ya me había dado pruebas de su lealtad.

Cuando quise indagar sobre el caso, uno de los espíritus el de "beliel"; "el viejo" o "San Miguel", como decía llamarse me increpaba acremente dejándome saber, que él con el dinero que le daba a sus hijos, disponía en el momento que quisiera. Debía suponer entonces, que el dinero, él lo había tomado con sus "increíbles" poderes. Todo quedó ahí. Al menos hasta que años después supe la verdad.

Los días subsiguientes a los que marcaron el inicio de una especie de rebelión contra aquella fuerza que nos oprimía, la colmaron los hechos que sucedían en horas de la noche en aquella casa de terror. Aunque no quería reconocer que algo marchaba mal dentro de aquellas fuerzas en la que desde hacía años había depositado toda mi confianza, tenía que admitir, sólo en mis adentros, que estaba metido en un túnel de oscura maldad. De situaciones oscuras donde la pobre de Tania y yo veníamos a ser sólo dos víctimas más.

Allí, en aquella casa maldita se destruían nuestras ilusiones y estábamos atravesando por los momentos más horripilantes de nuestras vidas. Por las noches, apenas si podíamos conciliar el sueño. A pesar de que Tania y yo nos habíamos acostumbrado a toda clase de hechos raros, sobrenaturales, diabólicos. Hubo uno que nos hizo sobrecoger de espanto haciéndonos meditar y pensar que, realmente estábamos ante la antesala del mismo infierno.

En la casa de la vidente, habían cosas raras por todos lados. Cosas que pertenecían a cada uno de los espíritus que poseían la médium. Por ejemplo, en un rincón exclusivo de la sala había un área totalmente decorada, pintada de rosado y con una enorme silla de mimbre y ratán de complicados bordados, era el "trono de Anaisa", la que se hacía llamar "Santa Ana". Varias espadas confeccionadas en madera, pero prohibida para que la tocaran los humanos, se encontraban dispersas por doquier. Sólo eran usadas por unos espíritus que le llamaban "los espíritus guerreros".

Por las noches, la casa se convertía en una pesadilla. Los muebles, sillas y mecedoras parecían dar un concierto de ruidos, al parecer, chocando unos contra otros. Habían mecedoras, que tal parecía que alguien con peso sobre doscientas libras se balanceaba en ellas hasta hacerlas crujir.

Los televisores, cualquiera pensaba que varios niños con controles remotos en sus manos, se disputaban al mismo tiempo el canal que verían. Esta se encendía y apagaba con sólo segundos de diferencia. Se escuchaban ruidos realmente diabólicos, que eriza-ban, que nos volvía la piel de gallina. Los casos eran como para salir huyendo despavorido de aquel lugar terrorífico a cualquier hora de la madrugada.

En una ocasión, le preguntaba a uno de los seres, el motivo de tanto ruido. Con voz complacida y sarcástica me respondía:

—Si usted pudiera ver la cantidad que se reúne aquí, verá qué poco ruido hacen.

Se refería a la cantidad de seres que se unían allí "a divertirse", pues, esa era su casa.

Una de esas noches de espanto, creímos que el terror y los nervios nos matarían. Eran cerca de las tres de la mañana, cuando "algo" que parecía volar en la amplia sala de la casa, estaba convirtiendo en añicos toda las lámparas de cristal de la residen-cia. La destrucción, aullidos terribles y ruidos terroríficos se prolongaron por varios minutos. Más tarde, se produjo un silen-cio de muerte. Luego de un compás de espera, se escuchó el punzante aullido de un perro, que más que perro pareció un lobo en una noche de luna llena.

Tania estaba fría de miedo, agazapada cuanto podía debajo de mi cuerpo. No puedo esconder que también tuve temor.

Estuvimos quietos por unos segundos. Mis manos, sigilosas, buscaban suavemente debajo de mi almohada hasta chocar con la empuñadura de mi pistola. Sudaba. Era un sudor frío, de miedo. No sabía contra qué iba a enfrentarme, pero ya era suficiente y había que ver definitivamente de qué se trataba.

De repente, un maullido cortante rasgaba aquel silencio de muerte haciendo que me quedara quieto en mi cama. Los ruidos se sentían hasta enfrente de la propia puerta de nuestro cuarto. Aquel grito desgarrante, parecía haber salido de un gato al ser estrellado contra una de las persianas porque, varias hojas de la misma, que eran de cristal, se hacían mil pedazos al caer al suelo. La destruc-ción y los ruidos infernales, calculo que habrán durado cerca de quince minutos.

Más que el valor que hubiera tenido, los nervios, la rabia y el miedo me hicieron actuar en aquellas horas de la madrugada. Sin esperar más, agarré mi pistola dispuesto a todo. Estaba harto de todo aquello. La situación tenía mis nervios a punto de estallar. Cuando me dispuse y pude encender la luz, la escena era de espanto, diabólicamente horrorosa, dantesca. Hubiera preferido que Tania no se levantara, pero ella venía detrás de mí. Horrorizada ante lo que veían sus ojos, se aferró a mí por la espalda. Temblaba. Y no era para menos. Aquello revolvía el estómago a cualquiera.

En lo que momentos antes era una fina lámpara de cristal en el techo y al centro de la sala, yacía como muerto, colgado y ensangrentado un enorme gato negro que expulsaba espuma y sangre por su boca con el cuerpo semidestrozado. Otro de estos animales, yacía entre el medio de las rejas protectoras y las hojas de las persianas, atascado por el cuello tratando de salir al exterior perseguido, sabrá Dios por qué clase de criatura salida del mismo infierno.

Lo que quedaba allí dejaba claros indicios de que la manos del mismo diablo habían estado presente en el lugar. Es de saberse, y no es ninguna broma, que los animales tienen una percepción especial, superdesarrollada para detectar casos y cosas que los humanos no podemos. A Dios gracias porque estaba fuera de mí haber visto lo que provocó aquel acto infernal, ¿pero cómo se explicaba aquella carnicería? ¿Estos gatos, de dónde habían salido y cómo habían ingresado a la residencia? Si algo de lo que debíamos estar tranquilos, era precisamente la seguridad de la casa. La misma tenía verjas protectoras por todos lados. ¿Entonces?

Nadie pudo conciliar de nuevo el sueño. Al menos Tania y yo, a la cual le prometí que nos iríamos del lugar. Allí había sangre regada por doquier. La escena era de horror. Un gato enorme estaba colgado de la persiana, y agonizaba de manera lastimosa, sus pelos estaban empapados de algo extraño. Como si lo hubiesen sumergido en un recipiente con líquido. Botaba espumas por boca y nariz. Las paredes de la sala estaban salpicadas de sangre por todos lados. El olor que había por toda la casa, era nauseabundo, asqueante.

Mis nervios jamás volvieron a ser los mismos. La única respuesta a toda aquella barbarie, era que pronto sabríamos la noticia de la muerte de tres personas que, en circunstancias similares, ellos habían eliminado y aquellos animales representaban la forma de su muerte. Era como para llenar de horror a cualquiera. Todo esto me obligó a hacerme serios cuestionamientos. Algunas personas, como me veían al frente de algunas actividades, me hacían preguntas sin encontrar yo respuestas razonables que pudiera convencerlos. Todo comenzó a cambiar en mí. Ahora se sumaba el problema de que, aquellos "seres", deseaban que yo abandonara a Tania, pero yo no estaba dispuesto a hacerlo. Me decían, que la dejara voluntariamente, o que ellos "actuarían" para "quitármela".

Esta forma de presionarme acabó con mi paciencia e hizo que dejara el hogar de la médium esa misma tarde llevándome a Tania conmigo. Pasaron varios días después de haber salido de aquella casa. Llevaba recuerdos horrendos en mi memoria. Quería encontrar una forma definitiva para terminar con toda esta pesadilla ¿pero cómo? Tania me había hablado de no volver más, que podíamos rehacer nuestras vidas lejos de todo aquello. ¡Pero no conocía otra cosa que no fuera depender de ellos!

A una semana de haberme mudado con Tania, comenzaron nuevos problemas. Tal parece que estos seres diabólicos comenzarían a pasar "factura" a mis últimas decisiones. Estaban dispuestos a probarme que ellos tenían el control. Y la forma en que lo hicieron, lejos de domesticarme, hicieron crecer el resentimiento que venía animándose dentro de mí.

Para comenzar una serie de hechos en los que buscaban mi descalabro total, los espíritus, con la excusa de incrementar mis ingresos me hicieron formar un negocio, que combinado con los números de la lotería nacional de mi país, a sabiendas de que era ilegal, según ellos, traería considerables beneficios económicos, pues ellos, protegerían las inversiones.

En poco menos de tres semanas, había perdido cerca de veinticuatro mil pesos. Fue un duro golpe. Lo peor del caso vino después. Estos seres infernales no daban la cara para responder sobre lo que sucedía.

Realmente me habían tendido una emboscada. Estaba perdiendo todo. Lo que menos pensé perder era a Tania y ocurrió de la forma más infame. Todo salió planeado desde el "altar". Me habían anticipado que, o la dejaba por las "buenas" o ellos obrarían. Sabía que los poderes diabólicos a los que venía sirviendo, ahora estaban en mi contra. Tenía temor, no sabía qué hacer. Pero no sólo yo estaba teniendo problemas. Varias personas de las que asistían al lugar, estaban con el grito en el cielo. Decían que los seres los habían empujado, igual que a mí, a meterse en el ilegal negocio de rifas de aguante.

El dinero perdido en poco tiempo, en conjunto, superaban cientos de miles de pesos. Los lamentos, las quejas y disgustos aumentaban de día en día. Ahora, un nuevo ingrediente se sumaba a la situación. La médium llevaba una vida de gastos exagerados. Le gustaban mucho las fiestas y la vida de altos vuelos. Pero ahora estaba acorralada. Los acreedores no les dejaban la vida en paz.

Debía dinero por todos lados. El dinero desaparecía como por arte de magia.

Para esos días, tratando de recuperar algo del dinero perdido, pusimos en juego la amistad que habíamos hecho con algunos directores de orquestas y otros artistas de nivel popular y organizamos algunos bailes y presentaciones. Pero todo salía mal. Era como si los espíritus, que siempre estaban en todas, hubiesen desaparecido.

Pasaron varias semanas, estaba ya comenzando a reconocer que había caído víctima de las propias redes que había ayudado a crear. La decepción y confusión en que quedé sumido fue demasiado dolorosa. Ya no encontraba que hacer, era como si el mundo se estuviera desmoronando bajo mis pies. Todo se venía abajo. Me sentía como si me hubiesen traicionado. Me sentía devastado, y no era para menos.

DIECIOCHO

UNA BRUJA EN NUEVA YORk

No os volváis a los encantadores ni a los adivinos;
no los consultéis contaminándoos con ellos.
Yo Jehová vuestro Dios.

Levítico 19:31

Había partido rumbo a Nueva York. Quería olvidarme de todo lo ocurrido en República Dominicana. Olvidarme que había estado sumido en aquel extraño mundo, borrar de mi mente todos los horrores que había vivido.

Por momentos me encerraba en mi cuarto y, a solas, daba rienda suelta a toda aquella doble vida que venía viviendo. Aunque ahora, era la primera vez en toda mi vida que sentía una especie de libertad. Una especie de autonomía en mi manera de actuar, de proceder. Siempre había estado bajo la maléfica influencia de aquellos espíritus perversos, diabólicos, que prácticamente me habían llevado a la ruina, no tan sólo material, sino también la emocional.

Para entonces, debido a los desaciertos cometidos por la vidente, los casos que contra mí mismo habían sucedido, y la forma desorientada en que se presentaba una interminable cantidad de personas al lugar, comenzó por convencerme del juego que habíamos

225

sido en manos de seres inescrupulosos y la médium que les servía. Gracias tengo que darle a Jesús, porque a la hora de mi destrucción extendió sus brazos de amor y protección librándome de las garras del mismo Satanás.

Mi llegada a Nueva York fue inesperada. Incluso para mí. Aún no entendía cómo me había armado de valor para decidirme, y enfrentarme a un poder al que toda mi vida le había dedicado mis servicios. Pero después de todo lo ocurrido, lo mejor que hacía era reestructurar mi vida, olvidarlo todo y comenzar de nuevo. Poner punto final a todo. Al menos eso pensé, que había puesto punto final.

Meses más tarde, en Manhattan, me enteraba que la médium apoyada por varios traficantes de drogas que asiduamente la visitaban en el altar de República Dominicana (varios de ellos aún cumplen largas condenas en cárceles americanas) le habían "preparado" viaje y ahora se encontraba en Nueva York.

La noticia me inquietó. Había tenido información de que aquellos demonios habían dicho en una reunión, que todos los que me conocían oirían noticias sobre mí. Que sabrían acerca de mi desgracia, que a ellos nadie los desafiaba, que me hundirían. De la desgracia no estaba lejos. Mis negocios se iban al suelo como por arte de magia. Y sí era magia, de la peor. En ocasiones concertaba ventas de cocaína con personas a las que estaba acostumbrado a venderles. Eran clientes fijos, con los que nunca había tenido desavenencias de ningún tipo. Sin embargo, al final del cierre nunca se realizaba el negocio.

Esto me hacía recordar la forma en que mis padres se habían ido a la quiebra, que por más que mi padre se esforzaba en impulsar los negocios y en crear otros, le salían peores que los primeros. Mi padre había sido víctima de trabajos de hechicería y de ritos santeros. El propio espíritu que poseía a Colosa, lo confirmó un día que convencí a mi padre para que fuera conmigo a visitar a la espiritista. La respuesta que recibí de estos espíritus "enviados de Dios", fue que, el "trabajo" que le habían hecho a mi padre era demasiado fuerte y había que desbaratarlo despacio. Que el maleficio estaba enterrado en las raíces de una enorme mata de mango que había frente a mi casa. Realmente el árbol estaba allí. Pero mi padre se reía de todo aquello; y decía, que esas informaciones era yo quien se las había dado a la espiritista.

Lo de mi padre era lo más increíble que había visto. En poco tiempo quedó reducido en algo menos que su propia sombra. Nunca más volvió a ser el mismo. En una ocasión le contó a mi madre que, un legendario curandero de Navarrete que vivía enfrente de Minico, una de sus hermanas, y quien es cristiana le dijo en una oportunidad que lo observó, que veía una enorme sombra negra que lo seguía por todos lados. Que fuera a su consultorio, que él lo curaría. Pero mi padre decía, que esas cosas no existían.

En las calles de Nueva York, yo seguía tratando de levantar mis negocios, pero todo salía cada vez peor. Tenía la seguridad de que algo sobrenatural, diabólico ocurría en mi alrededor y no tenía que adivinar de dónde provenía. De buenas a primeras, mis noches se convirtieron en pesadillas constantes. Sueños extraños y el creerme que siempre había alguien detrás de mí. Me sentía perseguido por doquier. Creía ver la espiritista por todos lados, escuchaba la risa burlona de los seres a todas horas que me seguían, que no me dajaban en paz.

Era como un plan para volverme loco. Parecía como si la bruja y todos los demonios a los que les servía, me hubiesen declarado la guerra, que había llegado la hora de ajustar cuentas conmigo.

Era innegable, eran ellos los causantes de todos aquellos ataques psíquicos, me lo confirmaban enviándome un recado con uno de los que asistía al nuevo altar que la espiritista fundaba en la ciudad de los rascacielos. Me tenían acorralado y me lo hacían saber. Quizás era cierto lo que me habían advertido casi toda una vida, ¡jamás podrás apartarte de nosotros! ¡eres de los nuestros! ¡nos perteneces!

Tenía temor. Llevaba varias semanas con aquella incómoda inquietud de sentir que me seguían. Medité en los casos de mi niñez, y la similitud era pasmosa. De nuevo mi temor y la ansiedad. La turbación me duró por varios días. Las cosas vinieron a ponerse peor cuando me enviaron un segundo recado. En el mismo me dejaban saber que me harían regresar de rodillas ante ellos. Que de no hacerlo me pondrían a pedir limosnas, esto, si tenía suerte y alguien no me mataba primero, pues yo sabía que debía "muchas" y que muchos estarían contentos de pegarme un tiro. Por demás a cualquiera que quisiera pescarme ahora le sería fácil porque, supuestamente, ellos me habían retirado su "protección".

El miedo que me producía la noticia, era más que evidente. Sabía que algo estaba marchando mal y que con razón, no "pegaba" una.

La inquietud me duró por muchos días. No sabía si acudir al llamado. Aún mantenía muy fresco los acontecimientos del pasado. El no haber querido ayudar a mi padre. El modo que se manejó el problema con Tania y mil cosas más de las que había sido testigo y protagonista en algunos casos.

Sin poder soportar más la tortura a la que estaba sometido, y creyendo que regresando a "poner mis cuentas claras" en el nuevo altar mis problemas terminarían, me encaminé hasta el Bronx. Allí, en un apartamento de la avenida Andrews y la calle ciento setenta y seis, uno de los vendedores de drogas le había facilitado un lujoso apartamento a la vidente donde se había habilitado una de las habitaciones para improvisar un altar e invocar los seres.

Después de tanto tiempo de haber estado separado de todo aquello, estar en aquel lugar me hizo sentir extrañas reacciones. Al igual que en Santo Domingo, ya la espiritista había logrado conformar una enorme clientela, apenas si cabían dentro del apartamento. A muchos de ellos los conocía cuando visitaban el otro centro de invocaciones.

Mi llamado no se hizo esperar. Las carcajadas estridentes de aquellos seres inmundos tampoco. Tal parece que celebraban por anticipado las nuevas humillaciones a las que iba a ser sometido.

Al ingresar al cuarto que servía de altar, dos sacudidas consecutivas estremecieron todo mi cuerpo. Seguido a esta especie de descarga, sentí que las fuerzas me abandonaban y que aunque quería hablar o reaccionar no podía. Sentí de pronto como si una fuerza descomunal trataba de ingresar dentro de mi cuerpo. ¡Qué experiencia más espantosa! Sentir que "algo" quiere penetrar dentro de ti. ¡Sacarte de tu propio cuerpo! Es algo que no se puede describir. Creí que mi anatomía estallaría y que mi cabeza la presionaban dos enormes tenazas para desintegrarla.

Sólo pasaron segundos y no pude más. Un grito profundo escapó de lo más profundo de mi garganta. Supongo que debió de causar espanto entre los que estaban allí. Del momento sólo recuerdo que aquella fuerza me arrodilló ante el espíritu que poseía a la médium en aquel momento. Creí que me desmayaría. Las voces alrededor de mí parecían lejanas.

De pronto, el cuerpo de la médium se echó hacia atrás. De su garganta salió nuevamente aquella carcajada que parecía su señal de triunfo. Era claro. Celebraban el logro de tenerme de nuevo bajo sus dominios. Pero mientras ellos celebraban su triunfo en mi mente bullían otras cosas que, en ese momento no les puse atención, pero minutos después, me hicieron meditar en ello en forma más profunda.

Mientras estos seres demoníacos se divertían conmigo, en mis adentros, no fue una vez sino miles las ocasiones en que maldije haber regresado al lugar. Maldecía los seres, maldecía la bruja, médium, vidente, espiritista, como se le llamara. Ella era la causante de todo. Por culpa de ella muchos habían conocido la ruina, la cárcel, la muerte. Otros estaban convertidos en vegetales por causa de maleficios y otros que no habían corrido con esa clase de suerte, pero habían tenido un camino igual o peor de amargo, habían perdido la razón.

Ese día, nuevamente descubriría algo de lo que en el pasado tampoco había tenido reparo. Que los espíritus, aunque tenían poder, éste no llegaba como para descubrir los pensamientos de las personas ¿si no? ¿cómo no acabaron conmigo cuando en mis pensamientos los maldecía?

—¿En qué está uté pensando? ¡Vamo dígame! —me increpaba el espíritu.

Esto venía rápidamente a confirmar lo que pensaba. Esto, de una forma u otra, fue una de las razones que me hicieron seguir perdiendo el miedo. Sin embargo, aunque estaba consciente de que iba perdiendo el temor, no menos cierto era que las cosas en vez de arreglarse para mí, comenzaban a dificultarse aun más. Pensaba, que por lo menos el tiempo que había pasado alejado de todo aquel mundo demoníaco, las cosas habían variado en algo. Y si habían cambiado ahora, la manera de proceder de los espíritus y la propia médium, eran peores.

No pasó mucho tiempo en enterarme de algo que a cualquier persona con normal discernimiento, le causaría malestar. Era la historia de tres jóvenes dominicanos de Santiago, conocidos por la vidente a través de Héctor, el joven que convivía con la vidente. A estos tres se le había "recomendado" hacer un "trabajo" una noche. Uno de los informantes que tenía el grupo, había ubicado una víctima que le proporcionaría al grupo una buena entrada de dinero y de drogas.

La víctima, otro dominicano, tenía buenas conexiones con un grupo de traficantes colombianos que le proveían de drogas sin problemas. Antes de realizar el "trabajo", los seres les habían dejado saber a través de la médium que irían a partes iguales en la repartición de lo adquirido. El atraco fue hecho esa misma noche. Varios kilos de cocaína y decenas de miles de dólares había sido el botín. Pero, un problema que no calcularon provocó una tragedia, el incumplimiento con los seres demoníacos.

Consumado el "trabajo", los tres inseparables compañeros y amigos del mismo vecindario celebraban por todo lo alto el triunfo obtenido. Pero lo que sucedió después fue terrible. Los tres hombres llevaban cerca de dos días entregado a toda suerte de disipaciones, embriagueces y "diversiones" con amigas que habían sido previamente llamadas. Pero una sombra diabólica se cernía detrás de toda aquella diversión.

Uno de los tres compañeros, drogado como los demás, tomó un cuchillo de cocina, sigilosamente se acercó a uno de sus amigos de infancia y lo apuñaleó. Luego terminó enredándole el cuello con una correa y metiéndolo en la tina del baño. El otro, mientras tanto, había salido despavorido del apartamento gritando que su amigo se había vuelto loco. Mientras, en Santo Domingo, en el altar de la diabólica mujer, los espíritus con su cuerpo poseído se jactaban gozosos de lo que habían hecho.

Decían, que le habían hecho ver al homicida que su amigo era un policía que le apuntaba con un arma, que esa razón lo obligó a actuar así. Tiempo después, la policía apresó al criminal y ahora, perseguido por los ataques de "apariciones" y visiones de terror provocadas por los espíritus, había intentado suicidarse dentro de su celda. El tercero, Héctor, quien era su amante de entonces, había caído también en las manos de la policía, fruto de una trampa preparada por los propios espíritus después de haber huido a República Dominicana.

Se comentaba, que en una discusión con la médium, éste le había dado una bofetada y, decidido a dejar todo, tomó de nuevo vuelo rumbo a Nueva York. Al llegar fue arrestado por oficiales federales que le esperaban en el mismo aeropuerto. Se le acusó de la comisión de varios delitos entre los que estaban, asalto a mano armada, venta de drogas y asesinato. Todavía este joven, de unos veinte y tantos años, guarda prisión en una de las cárceles de Nueva York. Este hecho, retrataba de cuerpo entero la forma de maniobra y de "arreglo de cuentas" que tenían estos seres de las profundidades del infierno.

No pasó mucho tiempo para que yo probara de nuevo la manera cruel, criminal de actuación de estos espíritus y su vehículo de comunicación con los humanos, la médium, ahora en las calles de Nueva York.

Félix era un joven de unos veintitrés años, pero que parecía tener unos dieciocho. No nos conocíamos hasta entonces. Cuando fui por primera vez al apartamento del Bronx, donde la vidente tenía instalado su centro de espiritismo, me fue presentado como "marido" de Colasa. En mis adentros no hice más que sentir ganas de reír o de que se me revolviera el estómago. Parecía su hermanito menor. Al muchacho, la médium lo conoció en las primeras semanas de su llegada a Nueva York y ya convivían juntos. Era evidente que la inescrupulosa mujer todavía mantenía intactas sus costumbres de seducir jovencitos.

La táctica no variaba. Era la promesa de hacerlos ricos en poco tiempo. Todos tenían un punto en común: La ambición. Y todos se dedicaban a lo mismo en una y otra forma, la venta de narcóticos. A la mujer le gustaba la vida fácil, de lujos.

Lo que ignoraban los que caían en sus redes era, que todos los que pasaban por la vida de esta mujer, habían tenido destinos trágicos. Todos los que a través de largos años conocí al lado de la bruja, habían tenido finales increíblemente amargos, desastrosos.

Siempre meditaba en esto. En ocasiones me preguntaban, cómo no había caído también en la lista de la mujer. Siempre contestaba que le tenía adversión a las mujeres arrogantes o con aires de mandamás. La verdad es que, posiblemente, los mismos espíritus veían que si esa posibilidad se daba, no iba a poder servirles como querían usarme. Además, sabían que había dejado en claro en más de una oportunidad, que no sentía ningún tipo de atracción por la vidente.

En pocos días, Félix, al igual que los que le precedieron hacía afinidad conmigo. Aunque trataba de averiguar cómo eran los "amigos" de la vidente pues yo era el más antiguo de los colaboradores de la médium y conocía sus movimientos rehuía el tema sin atreverme a alertarlo de que corría el riesgo de tener el mismo final que los demás.

Para esta diabólica mujer no importaba si contra quién tenía que actuar era el que compartía su propia cama. Esto no le importaba en lo más mínimo. Tomaba represalias contra todo lo que se opusiera a sus caprichos y perversos deseos.

Esto lo demostró una vez más en un desafortunado suceso que marcó récord en la criminalidad de Nueva York. Ocurrió el 25 de marzo de 1990 cuando un hombre de origen cubano, en un acto de celo irracional, al sentirse despechado por la mujer con quien convivía, prendió fuego a una discoteca en el condado del Bronx donde ella se encontraba. Dentro del local, llamado Happy Land, cerca de setenta y dos personas perecieron calcinados por el fuego homicida. El hecho conmocionó a todo el país y el mundo. Fue algo terrible.

Al siguiente día aún rescataban cadáveres prácticamente irreconocibles de entre los escombros del lugar. Félix, como yo y todo el mundo, queríamos ir al lugar. Con tal fin, nos dispusimos a abordar su vehículo. Inexplicablemente, la espiritista estalló en un ataque de ira conminándonos a no salir del lugar. Allí dio inicio a una de esas típicas peleas que la vidente le hacía al amante que tuviera de turno. ¡Sí que la conocía! Yo me limité a reír. Era como si viera repetir una de aquellas viejas escenas. De todas formas nos alistábamos para salir.

La pelea parecía el pleito típico entre dos parejas. Sólo que había una diferencia abismal. Aquí estaban de por medio los oscuros poderes del mismo espíritu de las tinieblas.

En un momento de decisión, el joven me tomó por una mano y se dirigió conmigo hacia el carro. Mientras salíamos la vidente se arrodilló en medio de la sala echándonos maldiciones como sólo ella sabía hacerlo. Recordaba este tipo de conducta en la mujer. Sabía que cuando lo hacía, sus deseos los veía cumplidos por medio de los demonios que a ella le servían. Una vez la vi hacer lo mismo con uno de los que me perseguían cuando Tania se había escapado conmigo. Una noche desdobló su cuerpo (es lo que los esoteristas llaman "salida astral", que no es más que cuando uno desprende el espíritu del cuerpo en estado consciente). Al regresar a su cuerpo, la médium me contaba que había visto al tío de Tania manejando un motor y que le iba a provocar un accidente.

A otra persona esto podía sorprenderle, pero a mí, que ya estaba acostumbrado a sus "juegos satánicos" no me pareció extraño. Traté de convencer a Félix de lo que podría significar aquella acción. Pero estaba herido en su orgullo de hombre, no dejaría que una mujer lo dominara. Lo que ignoraba mi amigo, era que ésta, no era una mujer común o normal, era la misma encarnación del infierno.

En ese momento, Félix recibió una llamada para una venta de droga, por tanto, ya teníamos una excusa para irnos. De camino fuimos al lugar de la tragedia. Era horripilante ver el panorama, decenas de cadáveres dispuestos a todo lo largo de la calzada, en la calle en todo lugar. Después de estar en el lugar, nos dirigimos a efectuar el negocio. Más tarde, habiendo sacado algo de la cocaína para nuestro uso, recorrimos varias calles del Alto Manhattan para encontrarnos de pronto seguidos por la policía. El asunto no tuvo mayores consecuencias, pero sabía que este incidente tenía que ver con las imprecaciones de la espiritista.

No hay cosa más peligrosa para una persona que caer bajo el poder de la maldición de una persona que sirva a las fuerzas del infierno. Los demonios que le sirven, siempre están prestos a complacerles en todo. Y sí que tienen que hacerlo. Un médium es el único vehículo de comunicación que tienen los espíritus inmundos para manifestarse con el ser humano, es la razón por la cual cumplen sus deseos y caprichos por depravados que éstos sean. Y este caso no fue la excepción. Yo también pagué mi cuota.

Al siguiente día, había comprado un carro y temeroso por el incidente anterior fui al altar de los seres con el fin de poner mi auto "a disposición de ellos", de esta manera, las bendiciones de los espíritus estarían con nosotros sin que nada nos pasara. Ahí estuvo mi error. Después de "alejar malas influencias" de mi carro, me dirigí hacia Quenns en donde tenía una novia que, casualmente había conocido en un día que se celebraba "el día de San Miguel".

Era un 29 de septiembre, regularmente, era un día para celebrarlo en el altar de República Dominicana, que era donde estaba el altar central para invocaciones espiritistas. En ese entonces me encontraba en Carolina del Norte, me hacía compañía Juan, un cubano, que más que estar metido en negocios de narcóticos parecía un agente de la policía federal americana. Incluso, se hacía pasar como tal en muchas ocasiones.

Alto, con ojos verdes y pelo casi rubio, era la imagen real de un agente al estilo americano.

La historia de Juan era espectacular. Años atrás se ató a unos neumáticos y, con un grupo de amigos se lanzó a la mar, aun a sabiendas de que no sabía nadar. Ahí demostraba su coraje y que no conocía el miedo. Con Juan me enteré en Carolina del Norte, cómo se habían extraviado la cantidad de dólares de mi maletín en la casa de la vidente en Tamboril, República Dominicana. Bajo el uso de cocaína o cualquier otra droga, muchas cosas pasan, incluso llegar a hacer confidencias como esa en que, el cubano, quizás notando lo envuelto que estaba en las redes del espiritismo, me contaba cómo la inescrupulosa santera le había dicho que yo tenía una buena cantidad de dinero en dólares dentro del maletín. Me relató, que él había sido el que efectuó la cuidadosa operación de abrirlo sin dejar la menor huella de violencia. Juan, era asesino a sueldo y sabía manejar cualquier tipo de situación.

Las declaraciones del hombre me cayeron como un balde de agua fría. No quería creerle. Enojado hasta rabiar, le pedí que se callara. ¡No era verdad! ¡No podía ser cierto! ¡Yo era hijo de los espíritus! ¡Ellos no podían engañarme así, de tan cobarde manera! Pero lamentablemente, era cierto.

Pocos días después, tomaba un vuelo hacia el aeropuerto La Guardia en Quenns, Nueva York. Al día siguiente, era el gran día: la celebración del día de "San Miguel". Con tal fin comenzaron a llegar personas de todas partes del territorio americano. Todos los que de una forma u otra se habían involucrados en el ocultismo y que conocían a la vidente. Llegaban de Miami, Massachusetts, Boston, New Jersey, todos los condados de los alrededores de Nueva York. Incluso, los "hijos" más prominentes de República Dominicana.

El lugar estaba atestado. Era una locura total. Se distribuyó bebidas desde tempranas horas de la mañana para todo el mundo. También comidas enviadas a preparar especialmente por los espíritus. Era casi una rutina parecida a los rituales en el altar de Santo Domingo. Esa noche, conocí a Jenny, era una joven de padres puertorriqueños que vivía en Quenns y que esa noche acompañaba a una amiga dominicana que laboraba junto a ella, precisamente en el restaurante del aeropuerto La Guardia por donde horas antes había llegado.

La muchacha, no acostumbrada a este tipo de "eventos" se sentía incómoda. A mi llegada fui presentado por todo lo alto a todos los que se encontraban allí. Era uno de los más antiguos devotos de los espíritus y el que más "experiencias" tenía para comentar a los que allí eran nuevos; a los que nunca habían oído mencionar de los "increíbles" poderes de los "enviados de Dios" como se hacían llamar.

Quizás aquello llamó un poco la atención de la joven mujer. En determinado momento comenzamos a platicar sobre mis experiencias con los espíritus, cómo había sido mi vida, cómo había nacido "según ellos" bajo su influencia. La historia al parecer, fascinó a la muchacha que, al parecer, era la primera vez que escuchaba hablar de esto. Pero para su desgracia, habló algo que a uno de estos seres perversos le desagradó.

Fui llamado al interior del altar, allí, uno de los seres posesionados me decía que tuviera cuidado, pensé que la muchacha era un policía encubierto o algo por el estilo. Pero no, lo que sucedía era que la joven no creía en ese tipo de cosas y así se lo hizo saber a su amiga. Pero las maquinaciones y perversos instintos de seres, ya tenían otros planes trazados. Había que humillar a la intrusa. A la que había osado dudar de sus poderes.

La muchacha, era un poco altanera, pero muy inteligente. Había nacido en los Estados Unidos y, como casi en todas, su sentido de independencia lo llevaba al pie de la letra. Y esto lo llevaba a la práctica hasta en lo liberal que era cuando de salir con un hombre se trataba. Pero, al parecer, allí no estaba la clase de "tipos" que a ella podía llamarle la atención y esto había ofendido el espíritu de "Santa Ana" que se sintió ofendido por la reacción de desplante hacia los hijos de los espíritus. Aquello trajo sus consecuencias.

Estando dentro del altar, el espíritu de la mujer poseída en la médium, se acercó hasta donde yo estaba. Bailoteaba y se contorneaba de manera coqueta. Traía una copa de coñac en su mano izquierda y, en su derecha un cigarrillo. Se acercaba a mi lugar. En el trayecto, besaba algunos hombres, decía que eran de sus "maridos", que ella les hacía el amor en sueños y, a veces, poseída de alguna otra mujer. Ahora, parada frente a mí, dejaba caer la ceniza de su cigarrillo encima de mi cabeza. Esto significaba un honor grandísimo, por tanto fui aplaudido por los que vieron la acción.

Acto seguido, me dio a fumar el resto del cigarrillo. Sentí de pronto que todo me daba vueltas.

—Fúmalo todo, vas a necesitar energías pues te vamos a "dar" a esta comparona, ¿te acuerdas como hacíamos en el bayi de Santo Domingo?

La suerte de Jenny estaba dictada. Aquel espíritu inmundo se acercó hasta la joven. En ese momento se escuchaba la contagiosa melodía de una composición cubana, hecha en forma específica en honor a los "guías espirituales". Las estrofas de la canción, resaltaban los nombres de los espíritus y éstos, se sacudían con alegría desbordante cuando oían mencionar su nombre. En una de esas contagiantes canciones, aquel espíritu en posesión de Colasa, tomó a Jenny de las manos y le hizo dar varias vueltas. Después de unos segundos, cuando se detuvo de las vueltas, tal parece que había regresado de un viaje de otra época. La joven, que momentos antes se mostraba altanera y con aires de suficiencia, ahora se veía con mirada extraviada, confusa, como perdida. Pero al verme, se dirigió a donde su amiga y yo estábamos.

Yo era bien dado a las faldas y la elegante muchacha, administradora del restaurante del aeropuerto "La Guardia" con lo que "Santa Ana" me había dicho ya, no iba a ser la excepción como para dejarla pasar. A pesar de conocer que las maniobras de los espíritus estaban de por medio, la joven, criada a lo "americano" era muy liberal. Esto porque, cuando me ofrecí para llevarla a su casa de Quenns me invitó a entrar a la casa. Ya dentro, la cosa fue más lejos aún, pues después de unos cuantos tragos, me invitó a que me pusiera cómodo, en su cama. Estaba un poco atontado de tantas bebidas, pero cuando sentí que ella quitaba mis zapatos, supuse que la diversión apenas comenzaba. Pero aquello, más que una diversión se convirtió en una especie de tortura.

Lo que había comenzado con un pasional acto sexual, terminaba después de varias horas casi ininterrumpidas convertido en acto diabólicamente anormal. Aunque recuerdo que estaba prácticamente borracho, sentí como que una fuerza descomunal "ingresaba" en mi cuerpo y me hacía actuar impulsivamente. Sabía por qué lo sentía, que una energía que no era la mía controlaba mis movimientos. Mientras tanto, a Jenny la sentía desfallecer en mis brazos. Sólo escuchaba sus gemidos y súplicas pidiendo que por favor la dejara, que parara, pero no era yo.

Su voz la escuchaba distante, como si yo no estuviera en el lugar. Eran las seis de la mañana cuando "aquello" soltó mi cuerpo dejándome como muerto. De la muchacha ni hablar. Los resultados fueron desastrosos, tanto en mí como en ella. Ella confesaba que sentía lesionados sus genitales. A los tres días regresé a Manhattan. Ya en el altar, lo que escuché de los seres me dejó perplejo aunque no asombrado. Lo que sí me dejó paralizado de temor, era escuchar que de aquella relación sexual violenta, brutal, harían nacer un niño que no sería mi hijo sino de ellos.

Entre carcajadas que crispaban los nervios, describió con lujo de detalles cada uno de los pasos de la relación que yo había tenido con la muchacha.

Al día siguiente de la discusión entre Félix y la vidente me dirigí hacia Quenns a visitar a Jenny. Conducía el auto que había comprado. Aun sin las placas me fui donde estaba Jenny.

Al llegar, tal parece que las manos de los demonios habían comenzado a hacer su labor de destrucción. Jenny, tenía a su cargo la casa de sus padres quienes ahora se encontraban en Puerto Rico. Al llegar a la casa en el vecindario de Jackson Heights de Quenns, algo irracional había ocurrido. Era día de San Valentín, 14 de febrero. Jenny me avisaba que prepararía una cena, que me esperaba temprano. Pero yo, con mi afán de que los seres me "prepararan" el carro, no llegué a la hora exacta. Esto sacó de casillas a la mujer que, teniéndolo todo preparado, se arropó de pies a cabeza y echó toda la cena en el cesto de la basura. Yo con un hambre enorme, enloquecido de rabia se inició de inmediato la pelea. Los resultados no se hicieron esperar y, para evitar peores consecuencias, tomé mis pertenencias y abandoné el lugar. Traía rabia incontenible. Por tanto ni cuenta me daba de la velocidad con que conducía.

Crucé por el Bronx y, ya dispuesto a tomar una curva cerrada que une al Cross Bronx para continuar rumbo a Manhattan sentí como si algo hubiese echado mano al guía haciéndome estrellar contra el muro de contención del *highway*. Las consecuencias fueron desastrosas. Varias heridas de consideración en la cabeza, todas mis pertenencias perdidas, incluso el carro que no apareció por lado alguno, fue el resultado de aquella cadenas de infortunios que no pararon allí.

El tránsito quedó obstruido, la ambulancia no pudo llegar hasta el lugar donde estaba, el caos que se hizo en la supercarretera era de película. Mi carro estaba virado conmigo dentro. Una señora puertorriqueña que momentos antes me había rebasado, escuchó el estruendo del choque. Al no ver más vehículos detrás de sí, dio marcha atrás, entonces, ayudada por una hija que le acompañaba, me sacaron del auto conduciéndome más tarde hasta un hospital.

En horas de la madrugada, aún saturaban mis heridas. Jenny fue avisada y apareció como a las cinco de la mañana al centro médico. Cerca de doce días estuve internado en el San Barnabas, Hospital del Bronx. Días que se convirtieron en tortura, en confusión. ¿Qué estaba ocurriendo con los espíritus que supuestamente me protegían?

Algunos de mis "hermanos" del altar fueron a visitarme. Incluso la vidente que trataba de darme explicaciones vanas. Sólo quería quedar bien, tanto ella como sus seres. No les convenían las preguntas de por qué a quien menos deberían de sucederle las cosas, que era a mí, era al que más le sucedían. Las respuestas vendrían no muchos días después, en el altar, a donde fui conducido directamente desde mi salida del hospital. Ahora, el centro de invocación espiritista, había sido trasladado a otro lugar. Necesitaban un espacio más amplio para atender a tantos creyentes. El nuevo sitio, donde en su parte frontal habían puesto una botánica propiedad de la vidente y en su parte trasera el altar para invocaciones, estaba localizado entre las calles ciento cuatro y ciento cinco de la segunda avenida del sector conocido como "El Barrio", una comunidad predominantemente de puertorriqueños.

DIECINUEVE

BUSCANDO MI
DESTRUCCIÓN DEFINITIVA

Amados, no creáis a todo espíritu sino probad los espí-
ritus si son de Dios; porque muchos falsos profetas han
salido por el mundo. En esto conoced el Espíritu de
Dios: Todo espíritu que confiesa que Jesucristo ha venido
en carne, es de Dios; y todo espíritu que no confiesa que
Jesucristo ha venido en carne, no es de Dios, y este es el
espíritu del anticristo, el cual habéis oído que viene y que
ahora está en el mundo. Hijitos, vosotros sois de Dios y
los habéis vencido; porque mayor es el que está en
vosotros, que el que está en el mundo. Ellos son del
mundo; por eso hablan del mundo, y el mundo los oye.
Nosotros somos de Dios; el que conoce a Dios, nos oye;
el que no es de Dios, no nos oye. En esto conocemos el
espíritu de verdad y el espíritu de error.

1 Juan, capítulo 4

P asaron varios días de internamiento en un hospital del condado
del Bronx. Por allí desfilaron los más "prominentes hijos de
los espíritus". Una tarde recibí la visita de la espiritista. Venía con

239

un mensaje de los "seres". Querían que mantuviera la fe, que no tuviera temor, pues ellos, "estaban conmigo". En aquel momento no supe si reír o explotar de la rabia contenida. ¿Que estaban conmigo? ¡Entonces donde se metieron a la hora del accidente. Nunca supe en qué lugar estuvieron, porque el ver aquel accidente y las condiciones en que me encontraba en la cama del hospital San Barnabás, era como ponerle la carne de gallina a cualquiera.

Mi posición en la cama del hospital, no era la más cómoda. Tenía dos pesas que, haciendo presión desde mi cintura, bajaban, atadas por mis piernas, hasta quedar suspendidas a los pies de mi cama en una especie de trípode que, con tal fin había sido instalado. Con esto se buscaba estirar un poco la columna vertebral. Por lo tanto, estaba imposibilitado de casi todo movimiento.

Escuchaba "los mensajes de los espíritus" por los labios de los alcahuetes que, como yo, habíamos estado creyendo en "las buenas intenciones" de estos "enviados de Dios". Escuché a la vidente, acompañada de un grupo de seguidores que rodeaban mi cama, decirme que yo sabía que ella no tenía la culpa del incidente, que "el viejo" tenía unos planes increíbles para mí, que se estaba orando, elevando plegarias y misericordias por mi pronta mejoría. Lloraba, se quejaba, maldecía todo lo que a mí pudiera hacerme daño, sólo que a mí no me convencía.

Muchas de las personas que la acompañaban, conmovidas, se echaban a llorar, ¡qué incautos! si la hubiesen conocido como yo, jamás hubiesen derramado una sola lágrima. Por tanto no le presté ninguna importancia a la escena. Y ella sabía que no le creía. En esos momentos, en mis adentros sólo deseaba encontrar una fórmula de enfrentar a estas fuerzas infernales que cada vez me hundían más y más.

Me comunicaban que el espíritu de "San Miguel", me tenía una gran misión que cumplir y que por esto me tenían "a prueba" porque la encomienda era grande. No imaginaba siquiera de qué nueva mentira se trataba, lo que sí sabía, y de esto hasta los mismos seres inmundos estaban conscientes, era de que ya no era el mismo que obedecía ciegamente cualquier cosa que se me diera a hacer sin preguntar lo que sucedería. Notaban que riposta cualquier señalamiento y, por tanto, consideraban que se trataba de una especie de insubordinación. Pero ya era tarde, estaba perdiendo el miedo.

Cuando llegó el día de salir del hospital, alguien vino con la misión específica de recogerme y llevarme al altar de invocaciones, el espíritu guía del lugar enviaba por mí.

Al llegar al lugar, caminé, aunque con cierta dificultad hacia el interior del altar. Me sentía extraño, sentía rebeldía dentro de mí, sobradas razones tenía para sentirme así.

La médium estaba poseída en esos momentos, por tanto, me permitieron pasar de inmediato.

—¡Que la bendición del señor te acompañe y te proteja!

Así habló la voz carrasposa del espíritu que poseía a la vidente. Sentí cierto desdén dentro de mí. No sabía a qué "señor" se estaba dirigiendo el espíritu, si el señor de la luz, o el "señor de las tinieblas". Tal parece que, el Omnipotente Señor, con su misericordia infinita, desde ya había comenzado a poner discernimiento espiritual en mí, porque hasta ese momento aquello no lo había tomado en cuenta.

Guardé silencio. La mirada de aquel espíritu se hizo más acuciosa, más profunda. Tal parece que su deseo era penetrar a mis interioridades para indagar lo que pensaba, lo que sentía, pero esa era mi arma secreta. Sabía, pues me había dado cuenta en el pasado, que éstos no podían penetrar al pensamiento humano, que los espíritus inmundos, aunque poseen poder, éstos son limitados y que no son omniscientes, que no pueden penetrar los pensamientos del ser humano.

Supongo y digo bien, que para entonces, ya estos espíritus de inmundicia sabían que habían comenzado a perder dominio sobre mí. Varias semanas después comprobaba, que ya sólo buscaban mi destrucción definitiva.

—¿Se puede saber cuáles son sus planes? —preguntó el ser.

—No tengo ninguno —repuse toscamente.

—Yo lo noto muy desafiante. ¿No es suficiente con to' lo que le ha pasao?

—Sólo estoy cansado y quiero irme a mi casa —respondí.

—Pues mire, yo le tengo una sorpresa. Le voy a mandar a descansar donde usted menos lo espera.

A una orden del ser una de las asistentes de la espiritista se acercaba acompañado de Antonio, un señor responsable de las ventas en el negocio de la botánica (de él hablo en el primer capítulo) y quien había quedado viviendo en el apartamento de la vidente en el Bronx. Después de haber mudado el centro espiritista hacia el área de Manhattan, la vidente también había alquilado un costosísimo apartamento de lujo en un condominio en Union City, New Jersey.

La noticia que tenían que darme, me dejó perplejo.

Era prácticamente una orden y "ellos" querían que se hiciera de inmediato. Aun después de haber escuchado todo lo expuesto, no encontraba qué hacer, tampoco qué decir. Estaba de nuevo ante el poder de control de estos demonios que ya me la tenían jurada. Para eso utilizaban una nueva táctica. Ésta consistía en que, según ellos, los últimos acontecimientos ocurridos a mi alrededor, habrían sido una prueba, pues ellos, tenían la "encomienda" de más importancia y que jamas habían permitido a ser humano alguno: Escribir un libro sobre las actividades de los espíritus y cómo éstos habían venido "ayudando" a los seres humanos a través de generaciones.

¿Adivinan ustedes, quién tendría el "privilegio" según ellos, de escribir el libro? ¡Yo! Esa tarde como se acostumbraba en los "grandes acontecimientos", hubo celebración. ¡A nadie! según ellos, se le había permitido escribir ningún escrito acerca de las actividades de los seres. Yo había sido el "elegido" por ellos para hacerlo. Decían, que nadie mejor que yo, que había nacido bajo la influencia de ellos y criado bajo su "protección", podía hablar mejor de los "prodigios" que, como enviados de Dios hacían. Pero yo tenía mis dudas. Los últimos hechos estaban muy frescos en mi memoria.

Tenía serios resentimientos albergados muy dentro de mí y, si ya hasta de los mismos espíritus tenía mis dudas, qué no sentiría entonces de la vidente. Sus propias actuaciones la condenaban por sí sola. De todas formas, pudo más la adulonería a la que fui sometido por el mismo espíritu y los seguidores de sus prédicas y actividades, que veían premiadas con este gran "privilegio" todas las dificultades por la que los espíritus, que no ocultaban que habían sido ellos, me habían provocado.

El pedido de éstos, era relatar en un libro todo lo concerniente a las actividades de "bien" que venían haciendo en favor de los seres vivientes. Sus "grandes obras", sus "milagros", como yo había nacido, las grandes cosas que habían hecho desde mi nacimiento y los peligros de los que me habían librado hasta la actualidad. Querían que narrara una supuesta promesa que mi madre les había hecho cuando aún yo estaba en su vientre y cómo ellos habían hecho de nuestra vida, un calvario en nuestra casa del campo para, supuestamente así, llamar la atención para que mi madre se diera cuenta que algo "anormal" sucedía. Querían obligarla a buscar "ayuda" con los métodos no convencionales, dejar la medicina científica de lado para buscar apoyo en los brujos y curanderos.

Lo habían logrado. Los casos que sucedían en nuestro hogar aún hoy día los recuerdo y me ponen los pelos de punta. Estaba muy pequeñito cuando todo esto ocurría, pero era algo tan diabólico tan inexplicable que, recuerdo a más de uno de mis hermanos confesar, que sentían presencias extrañas y fuerzas que intentaban poseerlos en las horas de la madrugada. Recuerdo casos con Miguel y Olmedo, mis hermanos mayores que despertaban aterrados diciendo que "algo" les hacía presión alrededor del cuello, como tratando de ahorcarlos.

Todas estas historias fueron usadas por estos demonios para convencerme de que venían cuidando de mí desde los días en que estas cosas ocurrían. ¡Y claro! como eran hechos que solamente mi madre y algunos en mi familia conocían ¿quién no iba a creer, más cuando se trataba de los "enviados de Dios"?

En la historia, tenía que relatar prácticamente todo lo que por años había visto que ellos hacían. Pero ese todo, no incluía ninguna de las actividades maléficas que se hacían y que se habían hecho en contra de una inmensidad de personas. Sólo debía mencionar aquellas actividades que hablaran de los grandes "milagros" y "prodigios" que venían haciendo por medio de la vidente. Se me había comisionado para recopilar algunos testimonios de relevantes personalidades en mi país.

Algunos de éstos, agradecidos por los "favores" recibidos de los espíritus, llegaron a relatarme historias realmente sorprendentes de cómo los seres les habrían librado de una que otra situación embarazosa. Otros se habían negado porque no querían que públicamente se supiese que acudían a este tipo de "ayuda". Entre éstos, se encontraba una renombrada abogada quien se desempeñaba como procuradora fiscal general de la República. Aunque junto a ella, otros a principio se negaron, después de algunas llamadas de la vidente, todos estuvieron de acuerdo en prestar sus declaraciones. Habían artistas famosos dominicanos, políticos, empresarios y abogados de renombre. Lo que no sé, es si realmente era una de las tácticas de estos demonios para mantenerme ocupado hasta ver cómo se deshacían de mí. Porque con tantos contratiempos como los que tuve para reunir algunos de los testimonios, no dudo que después salieran conque el manuscrito no podía publicarse.

De todas maneras, había logrado conseguir relatos importantes de personas reconocidas. Y si era como para hacer una historia, material tenía suficiente, era lo que más tenía.

Había aceptado la propuesta. Comenzaron a llegar diariamente personas interesadas en dialogar conmigo. Venían de todos lados, de todas las ciudades. Era increíble, sólo tenían los espíritus que dar una orden y ya todos se apiñaban para dar a conocer sus historias. De cómo los seres les hablaban en sueños, que a muchos se le habían aparecido, que les daban números de la lotería, que los había librado de accidentes eran historias que, si no hubiese sido porque ya estaba acostumbradas a ellas, yo mismo hubiese dicho que estas personas estaban locas.

Para llevar a cabo mi trabajo con "tranquilidad", me habilitaron una habitación en el apartamento del Bronx. Pero a medida que avanzaba en mi trabajo, comenzaron a surgir los problemas. Los espíritus demoníacos dictaban, eran los que decidían parte de los textos a escribirse y los relatos que les convinieran más. Ahí precisamente comenzaron los problemas. La imagen que debía de presentar de Colasa, la vidente, era algo así, como una santa, una persona elegida por Dios en la tierra para que los ángeles, en este caso ellos, se manifestaran a los seres humanos y así éstos pudieran recibir de la "ayuda divina" enviada por Dios a través de éstos. Tenía que, por medio de lo que escribía, presentar una mujer incapaz de hacer algo que lesionara el bienestar de otra persona, con una moral inmaculada, intachable. De esto muchos se rieron en mi propia cara. Todos la conocían. Y a los que los cuestionaba acerca se ella, me decían barbaridades.

Me comentaban que sólo alguien que no la conociera podía hablar algo bueno de ella, que si estaba loco. Hoy día pienso que, realmente tenía que haber estado más que loco para aventurarme en una empresa de semejantes características. Con razón encontraba tantos obstáculos y negativas en la recopilación de algunos de los testimonios. Porque a quién le iba a interesar ponerse al descubierto junto a alguien de quien todos sabían lo contrario de lo que había escrito sobre ella. La situación comenzó a ocasionarme problemas con algunos de los espíritus.

Algunos eran soberbios, arrogantes. Otros, belicosos. Recuerdo que en una ocasión la médium fue poseída por un ser que decía estar deseoso de ver sangre. Rugía como un animal feroz. Obligó a una de las asistentes de la vidente a que le preparara brasas ardientes en el suelo para, ante el asombro de los que allí estábamos, comenzar a caminar sobre éstas. Hubo que echar carbón en el suelo, luego de rociarlo con gas, se esperó a que la llama pusiera al rojo vivo los pequeños trozos de carbón.

Instantes después, este ser demoníaco, chillaba como fiera diciendo que quería sangre. Allí no quedó un alma. Todos salieron despavoridos. Esto retrata de cuerpo entero en manos de quién realmente están los que sirven de médiums, videntes, "caballos de misterios" o como quiera llamársele a éstos que sirven a las fuerzas más oscuras del infierno. Yo trataba de hacerles entender que relatos así, ocasionarían terror en las personas que lo leyeran. Pero no, a éstos no les importaba. Lo increíble del caso, es que después de que esto pasaba, a la médiun nada le ocurría. En ella todo transcurría tan normal como antes. No se le veía un solo rasguño, ni una sola quemadura, ¡nada!

Un día, desesperado, salí del apartamento en donde prácticamente me tenían confinado en el Bronx. Allí no me dejaban hacer llamadas. No podía recibir visitas ni comentar a nadie dónde me encontraba. Era virtualmente un prisionero. El día que salí, busqué a uno de mis amigos que era dueño de un punto de vender drogas y la "rumba" que cogí ese día no fue buena. Llevaba varios días sin usar cocaína ni darme un trago de cerveza. El deseo por hacerlo, me tenía inquieto.

Otro malestar que vino a sumarse a todos los que ya tenía fue que, como "castigo" por mis desobediencias, me prohibirían por espacio de un mes tener toda clase de contacto íntimo con cualesquiera de las muchachas con las que salía. Lo peor era que tendría que verlas casi a diario, pues frecuentaban el lugar. Esto me llevó a estallar a los pocos días. Yo tenía un carácter bastante violento y, un día harto de todo, lancé contra las paredes todo cuanto tenía escrito, que ya era bastante.

Sin embargo, en vez de enojarse, el ser que con más frecuencia poseía la vidente, se reía con las carcajadas estridentes con las que se nos había dado a conocer. Decía reconocer, que el trabajo que habían puesto en mis manos, era algo difícil. Que comprendían mi situación, que incluso iban a alterar ligeramente los planes y que, en vez de tenerme encerrado en el Bronx, me permitirían viajar a mi país para que consiguiera los testimonios de sus "hijos" del altar de Santo Domingo.

Me pareció extraño, pues si lejos algo tuve en ese momento, era viajar precisamente a mi país en esos días. Además, me lo pidieron de forma tan extrañamente gentil, tan diferente a las ocasiones anteriores donde la autoridad se imponía, que me hicieron pensar que, realmente, comenzabamos a vivir una etapa diferente con estos "enviados del señor".

Lo del viaje se preparó en menos de veinticuatro horas, nunca había visto tal celeridad. ¡Claro! para la emboscada en que me habían metido, había que hacerlo de esa manera. Había que actuar rápido, sin dar aviso a nadie. Así podrían tomarme por sorpresa ante lo que tenían preparado. Para enfrentar una realidad que nunca creí ocurriría, que ellos ya conocían de antemano y que yo, aun ni a mi propia familia en mi país le creía. Pero las fuerzas demoníacas, tenían todo arreglado para el momento final.

Sabían que me les revelaba cada vez más y esto, ellos no lo iban a permitir, pues, aunque yo era uno de los más viejos seguidores, mi actitud ante los nuevos "creyentes" que eran reclutados, podía quitarles credibildad. Esta fue una de las razones por las que habían decidido eliminarme a como diera lugar. Lo del viaje a República Dominicana, era un preludio a lo que vendría menos de tres semanas después. Sólo que con lo que sucedió en mi país, tuve suficiente. Fue quizás, el golpe más grande que pudieron ocasionarme, el más doloroso y amargo por el que he tenido que pasar hasta hoy.

En mi familia tenemos dos hermanas. A éstas, por ser las más pequeñas, le tuvimos especial cuidado. Recuerdo que Olmedo y yo, las tomamos prácticamente bajo nuestra tutoría. Los fines de semanas al terminar nuestras clases en Navarrete, nos preparábamos para regresar al campo, donde estaban nuestros padres. Allí estaban siempre nuestras dos pequeñas hermanitas, a la espera de los pequeños presentes que traíamos para ellas. Así crecieron, incluso desde pequeñas, como muestra de ese respeto nos decían "tíos". Esto les hizo desarrollar un respeto mayor que el que deberían haber sentido como simples hermanos.

Recuerdo que, en ocasiones, nuestros propios padres llegaron a pedirnos que les llamáramos la atención porque ella no escuchaban sus sugerencias. Creo, que éstas fueron una de las razones que provocaron un sinnúmero de problemas que más tarde se presentaron. Nuestras hermanas dependían mucho de nosotros. Incluso cuando apenas comenzamos nuestro primeros trabajos, los gastos de una casa que, para entonces nos vimos precisados a alquilar en el poblado de Navarrete, iba por nuestra cuenta.

Después de mi salida del país, desde el exterior, siempre cuidaba de que a mis hermanas nunca les faltara nada. No importaba si para esto tenía que hacer lo que fuese. Ya para entonces, había caído en el tráfico de drogas. El respeto de nuestras hermanas por nosotros, aunque era profundo, estaba dividido. Lurdes, la mayor de las dos, había sido "adoptada" por Olmedo. Mientras que Ivelisse, la menor, me obedecía a mí. De ahí el dolor que me causaron los hechos.

Esto por haber sido un problema familiar, no debería de relatarlo, pero quizás sirva de consuelo a alguna persona que esté atravesando por similares circunstancias y puedan notar de la manera que el diablo obra en los humanos para causar la destrucción, lo cual considero es su misión prioritaria en el plano terrenal. Pero también, como obra el infinito amor de Dios para edificar y dar muestras de amor y perdón, a pesar de los daños recibidos.

A mis hermanas trataba de que nada les faltara. Cuando yo viajaba a mi país y salía a pasear por otros poblados, siempre las llevaba conmigo, no importaba lo que tuviera que gastar. Incluso había enviado un auto desde Nueva York a República Dominicana. Pero la vida libertina que llevaba en mi país, de borracheras, libertinaje descarado, de fiestas, etcétera, creo que, de una u otra forma, calaron en la mentalidad de muchos que me conocían. Tengo que asumir la responsabilidad de mucho de lo que sucedió luego. Debí suponerlo. Y es que deseaba que estuvieran prevenidas. Era algo de lo que siempre les hablaba, quería que observaran por sí mismas cómo era el mundo, cómo era la vida. Para que se cuidaran a sí mismas, que miraran cómo actuábamos los hombres, cómo enbaucábamos a las mujeres y cómo, después de "disfrutarlas" las dejábamos a un lado.

Mi preocupación era, que a ellas les ocurriera lo mismo. Se los repetía una y mil veces. Esta no es la vida que quiero para ustedes, las quiero ver casadas, bien casadas. Aunque se casen con un barrendero, pero que se casen, como nuestra madre, que buen ejemplo les ha dado. Todo marchaba bien. Para mí todo lo que le hablaba a mis hermanas, era algo que hacían al pie de la letra. Que obedecieran mis sugerencias, que las aceptaran como valederas, era mi eterna preocupación, pues no quería verlas como la mayoría de las jovencitas de su edad. No quería verlas siendo madres solteras, o en otro caso embarazadas y abandonadas. Nuestra madre, había dado ejemplo de sacrificio y teníamos que responder de igual manera.

Hoy siendo cristiano y con la venda removida de mis ojos tengo que pensar que ¿cómo iban a seguir el ejemplo que les inculcaba si me observaban continuamente hacer tantos desmanes e inmoralidades?

En cada uno de mis viajes, creo que no se quedaba una de las discotecas de la región en ser visitadas. Teníamos amplio trato con los medios de la farándula. Hecho éste que nos permitió codearnos con la mayoría de los artistas de mi país. Esta situación, influyó sobremanera en el comportamiento posterior de mis hermanas, al menos en una de ellas que, cuando yo regresaba al exterior, se veía en sus anchas dándole rienda suelta a la clase de vida que había aprendido, las fiestas y el roce con las personas que a mi lado había conocido.

Algunos de mis hermanos, me contaban lo que ocurría. En una ocasión, uno de ellos me comentaba, que teniendo en su poder el auto que yo había enviado a mi país, mi hermana decía que yo le había encomendado hacer algo fuera de la ciudad y que contaba con mi autorización para llevarse el automóvil.

Con la influencia que el resto de mi familia sabía que mi pequeña hermana ejercía en mí, lo que menos hacían era dudar de la legalidad de sus afirmaciones. Lo cierto del caso, era que no era verdad. Además, aunque ya hasta mi madre había hecho sugerencias, nunca creí en nada. Era tal mi confianza que mis depósitos bancarios y dinero en efectivo eran manejados por mi hermana, estando incluso las cuentas de banco puestas a su nombre. Esto lo hacía pensando en que, en cualquier "eventualidad" que se presentara en la vida llena de peligro que llevaba o, en caso que mi madre necesitara, ella tuviera libre acceso a disponer del dinero que se necesitara. Pero subestimé la astucia de mi hermana, era muy hábil. Al parecer había aprendido paso por paso lo que me vio hacer por mucho tiempo, me engañó hasta a mí mismo.

Cuando trataba de indagar sobre los problemas en que se veía envuelta, sus palabras eran tan convincentes, que terminaba por dejar todo como estaba. Mi amor por mis hermanas era tal que pasaba por alto cualquier falla. Eso creí, hasta que en uno de mis viajes a mi país, aconteció un hecho que, aunque trataba de apartarlo de mi mente, me hizo comenzar a comprender que realmente las cosas no andaban como a mí me las hacían ver.

Una tarde, preparados para irnos a una de las discotecas de la localidad, donde como cada domingo compartíamos con una legendaria acordeonista de fiestas típicas dominicanas de la cual, para entonces era un fiel seguidor, un auto nos venía siguiendo desde cierta distancia. Al llegar al parque del poblado de Navarrete y sin hacerle saber lo que sucedía a ninguna de mis hermanas, temiendo que arriesgaría sus vidas, di vueltas por algunas calles para asegurarme de que no era una coincidencia. Y realmente no lo era. Tuve temor por mis hermanas. Por tanto, buscando ganar tiempo continué, dando varias vueltas por la pequeña localidad tratando de pensar rápido lo que haría y ver si podía reconocer a alguna de las personas que nos seguían.

Un tiempo atrás, en un reconocido "car wash" en la ciudad de Santiago, visitado regularmente por "dominican-yorks", dos carros me habían perseguido y uno de ellos me cerró el paso casi a la salida del lugar, que también fungía como un centro cervecero.

Lo que ocurrió allí pudo haber desembocado en una tragedia. Tres personas armadas se lanzaron rápidamente de sus autos. Apenas si me dio tiempo de evitar la colisión y sacar mi pistola. Cuando quise reaccionar, tenía dos hombres apuntándome a la cabeza y ordenándome salir del carro para, según ellos, no matarme allí mismo. Esa tarde "me salvó la campana".

Recuerdo que salí despavorido hacia el altar de la bruja y al llegar, uno de los espíritus, en forma humillante me comentaba que lo habían hecho para divertirse un rato. Que los hombres tenían la encomienda, de parte de un grupo de narcos en Nueva York, de ajustar cuentas con varios dominicanos que se habían escapado con una elevada suma de dinero. A mí, según los espíritus, me confundieron con uno de ellos. A lo largo de mis días de locura ¿quién quitaba que alguien buscara venganza por cualquier hecho que yo hubiese cometido?

Había hecho muchas arbitrariedades y me había ganado ya muchos enemigos. Lo cierto del caso fue, que como iba guiando en aquellos momentos, me dirigí hacia las afueras del pequeño poblado, por la carretera que por coincidencia nos enlazaba con la comunidad donde vivían mis padres. Ya saliendo del poblado, cerca de un puente llamado "el colorao" que funge como línea limítrofe de la ciudad, noté que sólo dos hombres venían en el carro que me seguía y decidí "jugármela" de todas. Total, pensé, de peores situaciones había salido anteriormente.

Aun así, antes de actuar como pensaba hacerlo, insistía en preguntarle a mis hermanas una y otra vez sobre si conocían el vehículo que nos seguía. Ellas estaban asustadas. Conocían mi carácter. Además se habían dado cuenta, que me había apartado de la ruta que originalmente debía tomar. Temerosas, de nuevo me respondían negativamente. Que no conocían el otro vehículo, que cómo habrían de conocerlos si apenas salían. Ya con aquellas palabras, no tuve la menor duda, me buscaban a mí.

Sin pensarlo más tiempo pegué el freno hasta donde pude. El carro patinó quedando atravesado en la carretera apenas dándole tiempo para actuar a los que me seguían. La sorpresa fue tal, que si estaban armados, no tuvieron tiempo de hacer nada. Antes de mi auto detenerse, ya la puerta la traía entreabierta al tiempo que me lanzaba hacia afuera pistola en manos, y me abalanzaba hacia el otro vehículo, que casi se había salido de la carretera.

Hubo una corredera de personas del vecindario cercano. Coincidencialmente, casi a la salida del poblado vivía una de las empleadas que había tenido cuando laboraba como supervisor en Salud Pública y que ahora era mi comadre. La intervención de una muchedumbre impidió que cometiera una locura. Las manos me temblaban. Estaba totalmente fuera de mis cabales.

A los tipos nunca en mi vida los había visto, y no creo que tampoco me conocieran a mí. Pero hubo algo que sí fue doloroso para mí, mis hermanas sí que los conocían. Incluso la misma comadre que había intervenido, al ver venir los autos pensó que nos dirigíamos todos a visitarla. Ella los conocía porque juntos, la visitaban regularmente. Aquella mentira que pudo haber traído consecuencias trágicas, hirió de manera dura el amor y la confianza que por toda una vida había depositado en mis hermanas.

Esa noche me emborraché hasta que apenas me quedó fuerzas para mantenerme en pie. Pero fue más por el dolor de verme engañado, traicionado, incluso de haber llegado a dudar de todos mis hermanos que ya habían tenido que irse de la casa para evitar problemas y, lo peor, dudar de las palabras de mi propia madre.

Y es que mi celo por mis hermanas era tal, que en una oportunidad, cuando apenas éstas tenían unos cinco y siete años de edad disfrutando aún de su inocencia infantil, sucedió un hecho en nuestro hogar que dejaba de manifiesto hasta que extremos sería capaz de enfrentar la defensa por lo que creía podía ser pernicioso para mis pequeñas hermanas.

En el campo uno de los pocos hogares que contaba con televisor era el de mis padres. Por tal razón, la localidad se volcaba a nuestro hogar para disfrutar de las programaciones y las novelas que se difundían. En una de esas novelas, sucedió algo que me hizo actuar de una manera quizás, irracional para muchos. Olmedo y yo, habíamos llegado desde Navarrete. Era viernes en la noche, la casa de mis padres estaba llena de personas que habían ido a ver su novela.

Esa noche, iba a tener efecto una escena que, aun para mí, la consideraba cruda cuanto más para mis hermanitas que, con miradas inocentes, se preguntaba qué sucedía. Se trataba de la simulación de un parto por parte de la actriz que ejecutaba el papel principal de la trama. La escena era muy gráfica muy real. Aquel era el tiempo en que, siendo aun grandecitos, creíamos que los juguetes nos lo traían realmente los Reyes Magos, que venían con sus trineos cargados de cuantos juguetes les pedíamos por cartas y que, en las noches mientras dormíamos, éstos penetraban a las casas y nos dejaban los juguetes.

Era deleitante ver, cómo para esos tiempos corríamos a poner hierbas frescas debajo de nuestras camas. Esta era la manera en que pretendíamos agradecer los regalos de los "Reyes Magos" dejándoles hierba para sus camellos. Sentí que moría el día en que Angelita, para entonces esposa de Luis, uno de mis tíos, confrontó a mi padre delante de nosotros, prácticamente obligándolo a que admitiera que era él quien nos ponía los juguetes, que no existían tales "reyes".

Aquello me quebró. Recuerdo que odiaba el día que veía que la mujer nos visitaba desde Navarrete. Había lacerado mi imaginación. Siempre imaginé ver descender el trineo de Santa Claus, y cabalgar los tres Reyes Magos. Pero aquello, ni eran reyes, ni se trataban de juguetes, era una realidad cruda, oprobiosa, que no estaba apta para ser digerida para una mentalidad que creían aún en lo que nos decía nuestra madre, de que había sido traídos por una cigüeña.

Pero esa noche, enfrente del televisor, aquellos quejidos y lamentos de la mujer, el sudor que corría por su rostro al presionar para ayudar al parto tenía con la lengua mordida a más de uno, especialmente a mi madre que aún conserva ese recato de antaño y que se sonroja cuando se dice alguna palabra que ella considera "mala". Pedí a uno de mis hermanos que estaba más próximo al televisor que cambiara rápido el canal. Algunos desaprensivos se opusieron de inmediato.

—¡No lo cambien! ¡Esa es la mejor parte no...!

Miré de nuevo hacia mis hermanitas y no pude más. Me puse de pie encaminándome hacia el aparato en medio de la escena de sangre, sudor y gritos de la parturienta.

—¡No te atrevas a cambiarlo! —me gritó mi padre.

Quedé frío al escuchar su voz. Pero pudo más la rabia que me embargó en aquel momento que el temor que le tenía a mi padre. Al verme desautorizado, mi rebeldía me hizo cometer un acto, que marcó el inicio de lo que sería mi lucha por la supervivencia.

Con rabia incontenible y sin pensar en lo peligroso que podría haber sido, me dirigí hacia los cables eléctricos que llegaban hasta el televisor. Dándole un solo tirón, arranqué el enchufe que alimentaba de corriente al aparato e inmediatamente a esto, emprendí una rápida carrera por el medio del gentío para escapar de las manos de mi padre.

Lo último que recuerdo del bochorno, fue que me gritó que me largara de la casa, que yo nada había puesto en ella, que me fuera de allí. Desde esa edad, creo unos trece años, comenzó mi lucha por la vida, por subsistir, por salir hacia adelante sin orientación de nadie, sólo de mis instintos, me sentía solo, terriblemente solo. Casi la misma historia se repetía cerca de quince años después.

Habían transcurrido varios años y, mi padre, aunque sabía que sólo era "usado" en los quehaceres de la política, continuaba en ella. Para él, esto era su vida, aun a pesar de ver a muchos de los que buscaban su ayuda, enriquecerse con el dinero del pueblo y él, continuar de igual manera. Pero esa era su pasión, luchar por su candidato, el de más años en la presidencia en toda la historia dominicana y a quien no conocía. Seguro también, había otra realidad, que ese presidente jamás se enteraría de los sacrificios y desvelos que un fiel seguidor y devoto suyo hacía en cada campaña, cada día, viéndose incluso en problemas, creándose enemistades a granel, gastando su propio dinero, y que nunca recibiría mención por ello.

No obstante, no sé cómo, con un funcionario gubernamental de Navarrete, logró la asignación de un apartamento. Allí fueron a vivir mis hermanas y hermanos, ya no tenía que pagar más alquiler. No obstante a eso, ni quien les hablara a mis padres para que abandonaran el campo, aún están allí. Quizás no salgan nunca, allí disfrutan de todo lo que la naturaleza generosamente les da y que en la ciudad les costaría dinero. De esos hermosos paisajes, esa panorámica natural, de los ríos que se desplazan caudalosos como si la mano de los hados los dirigieran. ¡Pero no! ¡No son hados, ni hadas! Son las manos del divino Creador que formó los cielos y la tierra, el que dio forma a todas estas cosas.

En la nueva vivienda, como ya no era yo quien la pagaba, tampoco tenía derecho. En el lugar se recibían visitas a todas horas, funcionarios, militares, artistas. Y de todo, yo tenía conocimiento en el exterior hasta que estalló un escándalo y me pidieron que interviniera. Algunos de mis hermanos estaban irritados, decían con sobrada razón, que yo era el culpable de la situación, que allí no se respetaba a nadie, que incluso los hermanos mayores habían tenido que dejar el apartamento, que había que poner orden.

Sintiéndome responsable de la situación, llamé al apartamento tratando de mediar en la situación. La algarabía que había era tal, que no necesitaba de más explicación. Una persona que no supe ni quien era tomó el teléfono, incluso, hablándome fuera de tono. Instantes después, mi hermana menor tomaba el teléfono. Prácticamente me retó. ¡Era increíble! ¡No podía creerlo! Mi hermana, aquella que prácticamente había criado, que decía yo era un padre para ella.

—Las cosas han cambiado yo ya soy una mujer y sé lo que hago —me dijo—. Te vas a llevar la sorpresa de tu vida. ¡Si te crees con poder, ahora nos vamos a medir de igual a igual!

Quedé como sumido en un shock. Cuánto quise tenerla frente a mí para hacerle tragar una a una sus palabras.

El desconcierto que me embargaba me llevó a cometer un error, decirle que esperaba me repitiera esas mismas palabras cuando estuviera frente a ella. Al día siguiente estaba en mi país. Y allí, no solamente me repitió lo que me había dicho, sino que fue más lejos. Al llegar al apartamento, realmente pude darme cuenta que ya no era la niña ingenua y dócil, que usaba ropa recatada y que me miraba con respeto.

Del lugar, sólo reconocía algunas de mis cosas, otras no estaban. Las cosas en el hogar habían variado increíblemente. No bien ingresé al apartamento, la discusión estalló. Miguel mi hermano mayor y Olmedo me habían recogido en el aeropuerto. De camino me relataban el resto de "cosas" que no sabía. No lo creí hasta que tal parece que poseída por el mismo diablo, mi hermana me brincó encima, su mirada era distorsionada la sentía resoplar por sus narices como una bestia salvaje.

A los pocos segundos, el resultado para mí fue tan inesperado como desastroso. Mis ropas estaban hechas jirones, de mi cuello y mi cara salía un delgado hilo de sangre que manchaba mi camisa. Las prendas, brazaletes, cadenas ¡todo!, estaban rotas. Era como si una docena de perros rabiosos me hubiesen atacado.

La casa fue una conmoción en pocos minutos. Pero las cosas no paraban allí, algo peor se había fraguado. Olmedo me advertía, pero yo no podía creer que pudiera sucederme eso a mí, y en mi propio pueblo, por mi propia hermana. No bromees —le decía. Pero las cosas llegaron a un punto algido, peligroso. Mi hermana salía con un policía, que para colmo era casado. Esto confirmaba el motivo de la presencia militar constante en el hogar. Comían, descansaban, todo, muy en su casa.

Esto no era lo que nos habían enseñado. Por lo menos, en eso hubo respeto. Las horas siguientes, fueron dramáticas. Tanto para mí como para mi madre que había sido avisada de mi llegada, y de los acontecimientos también. Sólo que no pudo recibirme como usualmente lo hacía. De la manera que lo hizo, creo que no la olvidará mientras tenga vida... me vio tras las barrotes de una celda. Y lo más increíble... en mi propio poblado.

VEINTE

PRISIONERO DE MI HERMANA

*Y el hermano entregará a la muerte al hermano, y
el padre al hijo; y se levantarán lo hijos contra los
padres, y los matarán.*

"Señales antes del fin"
Marcos 13:12

*Porque el ladrón no viene sino para matar,
hurtar y destruir.*

Juan 10:10

El trayecto del aeropuerto hasta Navarrete, ha sido lo más lejano que he encontrado en toda mi vida, aun a pesar de sólo separarnos unos cuarenta minutos de recorrido. Quizás si hubiese sabido lo que iba a ocurrir, no hubiera presionado de la forma en que lo hice para llegar más rápido. A los pocos segundos de mi llegada e ingreso al apartamento, arribaron al apartamento cerca de media docena de agentes policiales armados de armas cortas y largas que se apostaron de inmediato en las inmediaciones de la casa. Éstos esperaban solamente una llamada de mi hermana

255

para entrar en acción. Los militares habían sido alertados de mi llegada, e instruidos debidamente sobre cómo procederían conmigo dado a las historias que se tejían en torno a mí.

El plan había sido hecho de antemano. Mis hermanos eran un estorbo en el apartamento. Por esto, habían sido prácticamente sacados de allí. Ahora el estorbo era yo. Si yo llegaba al apartamento, se acabaría el festín, las cenas, y los sancochos del teniente y sus tropas. Para tal fin se había confeccionado un expediente, que de haberle dado curso como lo tenían preparado, creo que aún hoy día estaría encerrado, o quien sabe. Cuando los militares arribaron a la casa, fue que realmente me di cuenta de que había caído en una trampa. Me vi perdido, acorralado. Víctima de la trampa más infame que había tenido jamás y de quien menos hubiera esperado.

Pensé en todo. En pegarle el primer tiro a mi hermana y después enfrentarme con los policías. Estaba acostumbrado a los problemas en las calles de Nueva York y no era verdad, pensaba que estos policías con todo y sus ametralladoras me metieran miedo.

Nerviosamente revisé el cargador de mi pistola, pero sólo disponía de pocas balas. Sabía que podía resultar muerto, pero nada de esto me importaba si conmigo se "iban" unos cuantos, incluyendo a la responsable de todo aquello, mi propia hermana. Los militares al parecer, tratando de infundir temor, pues habían sido advertidos de que yo era un narcotraficante "peligrosísimo" buscaron posición frente a la casa, con sus ametralladoras listas para cualquier eventualidad.

En mis adentros quise reírme, pero aquello se trataba de algo más serio, no como para reírse. Mi vida peligraba. Con las advertencias recibidas por los policías, no dudo que me hubiesen disparado primero, y haber hecho las preguntas e indagaciones después.

El expediente elaborado contra mí en el cuartel policial y firmado por mi hermana dando autorización para mi arresto, era toda una pieza de lujo. (Según tenía informes, el mismo fue hecho por el policía con quien salía mi hermana, que para entonce, era el escribiente del cuartel del poblado). Era como para desaparecerme, como para que no viera la luz del sol en muchos años. Para entonces, los "dominican-york" no gozábamos de buena reputación y más en mi caso que eran ampliamente conocidas mis actividades y los líos en que me veía envuelto en cada uno de mis viajes.

Ruddy, nuestro hermano menor fue quien quizás dolido por el bochornoso e injusto hecho, salió y trató de mediar en la peligrosa situación. Mi hermano, quien a pesar de su corta edad ya laboraba como alguacil de estrados en el Juzgado de Paz del poblado, conocía a varios de los policías que prácticamente copaban la entrada principal de la residencia. Al explicarle que se trataba de un problema familiar, algunos de ellos se sorprendieron, pues con la clase de expediente que se había instrumentado en mi contra, poco había faltado para que se me arrestara a mi llegada del exterior en el mismo aeropuerto. Eso me lo confirmaba más tarde, en el destacamento el mismo comandante que dio la orden de encerrarme.

Uno de los policías le informó a mi hermano, que su presencia allí obedecía a una llamada que había salido de nuestra propia casa informando de mi llegada. Era obvio preguntar quién la había hecho. Al día siguiente, escuchando un pedido de mi padre de quien no sabía de qué lado estaba, le prometí dirigirme personalmente al destacamento. Me aseguraba, que el teniente encargado del destacamento sólo quería dialogar conmigo y conocer la realidad de la situación.

Confiado en esto, dejé mi pistola y me encaminé al destacamento policial. Lo hice temprano en la mañana de un caluroso sábado caribeño. La temperatura se dejaba sentir ardiente, como sólo en nuestros países suele darse. Al llegar la actitud en mi contra fue más que cobarde. La burla a la que me vi sometido, la recuerdo como ahora. Habían unos cuantos policías dentro del destacamento, algunos estaban en el frente del cuartel, tomando cervezas. Entre ellos se encontraba el que salía con mi hermana. Varios de ellos vestidos de civil, tal parece me seguían desde temprano. Y es que, según lo declararon después, mi propia hermana los tenía hastiados de llamar, de darles las rutas que yo solía tomar y los lugares que frecuentaba. Si los sabría ella que conocía mis pasos por tantos años. Ya dentro del cuartel, no sé de dónde salió el resto de los policías. Parecían lobos en espera del mejor momento para caer encima de su presa.

¿Oh, y este no es el león que andábamos buscando? ¡Míralo!

Al mismo tiempo, uno de ellos me tomaba por la correa del pantalón. Vi las caras de gozo; otros, de asombro al ver lo fácil que yo "había caído". Fue entonces cuando pude notar realmente la profundidad de aquella trama cobarde. Confiando incluso en el consejo de mi propio padre y de uno de mis primos que me facilitó su carro en ese momento. El mío lo tenía mi hermano Olmedo.

Había ido al destacamento por mis propios medios para prácticamente "caer" o, "encerrarme por mí mismo".

Los policías estaban gozosos. Lo demostraban sus comentarios, muchos sarcásticos; otros, quizás de cierto temor. Unos decían por lo bajo, que era mejor que la situación se hubiese solucionado de esa manera.

—Mira, fue mejor así, esos tipos hay que agarrarlo "asechao", pues no le tienen miedo a nadie. Esos hombres son peligrosos, están acostumbrados a matar y siguen como si nada. Y ese, es malísimo ¿no has oído sus historias?

—Ese lo que vive es haciendo desorden y tiroteos por donde quiera que cruza.

Con las "recomendaciones" que me precedían y con el movimiento que hubo dentro del destacamento, no dudé que la situación se había empeorado.

Lo de la consejería que mi padre me había dicho, había sido pura patraña. Aun hoy día, cuando esto escribo, no sé si realmente mi padre sabría lo que harían conmigo en el puesto policial. Lo increpé en forma dura cuando casi medio pueblo fue a verme encerrado en una inmunda celda. Me sentía como un trofeo en exhibición. Casi toda mi familia estuvo allí en el cuartel. Pero, supuestamente nada podía hacerse. Yo era un sujeto "muy peligroso" y era una amenaza de muerte lo que había de por medio.

Cuando los policías me rodearon, supe por sus actitudes lo que sucedería de inmediato. Me quitaron los cordones de los zapatos, las correas, las prendas todo. Segundos después vino lo que temía, que me empujaran hasta una sucia y maloliente celda. Por mi mente pasaron miles de rápidos pensamientos. No sé si sentí temor, pero sí rabia y confusión al haber sido tan confiado, tan estúpido. Pensé echármele encima a uno que tenía una ametralladora en las manos, pero eran muchos y esa podía ser una muy buena excusa para matarme allí mismo.

Permanecí sereno, inmutable. Nada podía hacer. Sólo dejar que aquellos buitres se divirtieran. El león, como ellos me llamaban ya estaba enjaulado, había caído por sí solo. Y sí que estaba enjaulado. Pero no, aquello no era una jaula, era peor que eso. Era una rústica construcción sucia y maloliente, con sus rincones manchados por los orines y excrementos de los reos. Las horas que pasé allí, quizás hasta ahora, han sido las más humillantes y duras que recuerde.

Me sentí turbado cuando vi que colocaban una gruesa cadena con candado asegurando aquella puerta hecha con barrotes. Unos pobres haitianos, con ropas hechas jirones, con la miseria y el hambre reflejada en sus rostros desnutridos, fueron mis compañeros de infortunio. La noticia se propagó como el fuego. Nadie creía que podía ser cierto ¡Rony preso! ¡En su propio territorio! ¡No! ¡No podía ser verdad! A los pocos minutos, un desfile de personalidades y amigos cercanos comenzaron a llegar al pequeño traspatio de la celda, la situación me causó profunda vergüenza.

Algunos eran mis antiguos profesores, médicos del hospital que tenía años que no los veía, el síndico de la localidad, miembros del partido oficial en el poder y varios de los amigos de infancia que se encontraban en el país y que no escondían su malestar por el extraño suceso.

Un pequeño traspatio que había entre el cuartel y la inmunda celda en que me encerraron, se vio repleto de personas en pocos minutos. Pero el hecho más doloroso, acaeció cuando llegó mi madre. La noticia se expandió tan rápidamente, que mi progenitora que estaba en el campo, bajó inmediatamente. Sé, y estoy seguro de ello, que muchos de los que se enteraron lo disfrutaron plenamente. Tenía muchos enemigos. Algunos con razón. Otros, de forma gratuita. Simplemente no les gustaban mi forma de ser. Unos me odiaban. Cuando estaba encerrado, dialogaba con algunos de mis primos que estaban de vacaciones en el país procedente de New Jersey, y con Wilmo, otro de mis primos residentes en Navarrete, quien había acabado por convencerme para que "dialogara" con el comandante del destacamento policial, sin siquiera imaginar lo que ya se había fraguado. En eso, todos dirigieron sus miradas hacia la entrada del destacamento. Alguien llegaba. Era mi madre, turbada y casi al borde de una crisis nerviosa, que se abría paso aun a pesar de la oposición policial.

Cuando al fin logró salvar el espacio que la separaba de la celda donde estaba encerrado, sus gritos, aun repercuten en mi memoria cual carpintero al rematar un clavo en un madero.

—¡Mi hijo! ¡Mi hijo! ¡No puede ser!

Las fuerzas abandonaron a mi madre que se aferraba a mis brazos por medio de los barrotes de la celda. Aquella escena es algo que recuerdo hoy día y no puedo reprimir las lágrimas de amargura.

Lo que sucedió a continuación, aun me causó más dolor y remordimiento. Mi madre, ahora con un llanto contenido, a una pregunta de mi parte sobre qué hacía en el lugar, que prefería que se fuera, respondía: "que sólo muerta salía de allí". Que había venido dispuesta a que la encerraran junto a mí. Sus palabras estremecieron mi alma. Para entonces leía el libro "Un cortesano de la era de Trujillo" del entonces presidente dominicano, doctor, Joaquín Balaguer. En una de sus páginas, el estadista refería una historia de un hecho acaecido al padre de la patria dominicana, Juan Pablo Duarte, quien al ser apresado y con posibilidades de que lo fusilaran, uno de sus seguidores, Juan Isidro Pérez de la Paz, hizo acto de presencia al lugar donde tenían al prisionero. Duarte en su sorpresa, le preguntó qué buscaba en el lugar cuando podía huir por su vida. Éste, en una prueba de fidelidad absoluta se limitó a contestarle al patriota y guiador de masas: "Sé que vas a morir y vine a morir contigo".

El relato con tanta similitud como la que vivía en ese momento me estremeció de pies a cabeza al comparar las palabras de mi madre, que sin conocer la obra, las había acabado de expresar casi textualmente. Sin poder reprimir el llanto, di rienda suelta al dolor que me embargaba, aferrado a las manos de mi madre que con llanto incontenible, acariciaba tiernamente mi cabeza sudorosa, expuesta a una temperatura de más de noventa grados por el medio de las rejas de aquella asquerosa y maloliente celda.

Mi madre sin poder soportar aquello, se dejó resbalar despacio asida a los barrotes de la puerta de la celda hasta quedar arrodillada en el suelo. Su llanto era profundo, amargo. ¡Qué doloroso es contemplar una escena semejante! Ver a su madre presa de un dolor que quisiera usted aliviar, pero, ¿cómo si el que está preso es usted, acicateado por el amargo fruto de una traición ruin de quien usted jamás se lo esperó?

Los militares y mi propia hermana, montada en la parte trasera de la moto de uno de ellos, según nos informaban en el mismo cuartel horas después, se encargaron de difundir la noticia por los lugares de diversión que ellos frecuentaban. Y cómo no habrían de hacerlo, el triunfo había que celebrarlo, el "león estaba enjaulado". Sólo que como hubo muchos que se alegraron, otros se consternaron como fue el caso de Saro, esposo de, una de mis tías. Él había sido oficial encargado de ese mismo puesto policial. Conocía perfectamente mi vida, desde pequeño. Conocía también mis sacrificios y desvelos para que nada faltara en el hogar y que incluso, prácticamente todo lo que allí había, de buena forma tenía que ver conmigo.

Desconcertado y estando al corriente de la trama que se había hurdido contra mí en el destacamento y quiénes eran los responsables, se dirigió al mismo, tratando de esclarecer la situación y haciéndose responsable por mí. La situación produjo una fuerte discusión en pleno cuartel.

Varias horas después, estaba fuera, uno de los requisitos puestos en mi contra era no regresar por mi casa. Era un punto más a favor de los militares que hacían todo cuanto les dio gana en el apartamento. Ya mis padres habían perdido control allí. Todo lo que me pertenecía quedó allí. Wilmo, mi primo, trasladó parte de mis maletas a su casa donde hube de permanecer unos días hasta ver una vista con el fiscal de la localidad. Allí, gracias a Dios que fue enfrente de toda la familia que se encontraba reunida y teniendo a mi hermano menor como uno de los administradores judiciales de la comunidad, se dio el último hecho de vergüenza que nos hizo pensar, a mí en particular, que algo más allá de donde normalmente podíamos ver, estaba ocurriendo.

Mi hermana y sus cómplices, viendo que la primera acusación se caía por sí sola, salió con su última arma. Pero gracias Dios y a mis propios hermanos y mi madre, se puso fin a aquella red de inventos y acusaciones falaces, que sólo de la mente de una persona que no estaba en pleno uso de sus facultades, podían haber salido. De lo último que se me quiso acusar, no merece hacerse mención, por lo bajo, por lo inmoral.

Hoy día no tengo más que, como cristiano orar para que Jesucristo toque las vidas de cada uno de los que intervinieron en la trama en mi contra. Pocos días después, me vi precisado a dejar el país. Pero sin apartar de mi mente el deseo de la venganza. Pensaba hacerlo contra todo el que había participado en lo ocurrido, tanto mi hermana, los policías, como estos malditos seres que conocían todo lo que ocurriría.

Estaba harto de tanto atropello, de pasar por alto las cosas que sucedían y tomarlas como supuestas "pruebas" con el fin de darme cosas mejores. Maldecía una y mil veces la hora en que había caído en aquel mundo infernal, o las causas que lo habían propiciado.

Recordaba constantemente, que no pasaba por alto ninguna cosa que contra mí se hiciera. Era rencoroso y vengativo. Podía cualquiera estar seguro de que tarde o temprano le pasaría cuenta a cualquier ofensa, viniera de donde viniera.

Unos cuatro meses después regresaba a mi país. Esta vez no avisaba. Por si acaso. Sólo lo sabía Miguel, mi hermano mayor quien me ayudaría en los planes que tenía, que no eran nada buenos. Luego me persuadió para poner en práctica el más prudente primero. Fuimos y "dialogamos" con un alto jefe policial y después le "agradecimos" el tiempo que nos dispensó. Al policía y varios de los que lo secundaron en el juego, lo sacaron del departamento de la población. Mi hermano Miguel y yo, personalmente fuimos y "dialogamos" con un alto jefe de policía y el agente fue enviado a buscar de inmediato para que se presentara al despacho del oficial. Allí, no tan sólo negaba conocer los hechos sino que negaba conocer a mi hermana.

Aunando esfuerzos con mis demás hermanos, pusimos fin a la situación que imperaba en la casa, de una manera casi radical. La vida de mi hermana, continuó de igual forma. No hace mucho tiempo, me enteraba que convivía con el agente policial envuelto en el incidente. Hoy día mantengo en mis oraciones a mi hermana. Sé que las manos del Señor son poderosas pues logró cambiarme a mí. Me he sentido responsable en cierta forma de toda la situación. Sé que en sus adentros, mi hermana con las acusaciones en mi contra, solamente buscaba una especie de venganza, pues antes de mi apresamiento les había suprimido todo tipo de ayuda con las que contaban.

Estaba haciendo esfuerzos para traerla a los Estados Unidos, pero había paralizado todo debido a lo que me informaban. Estoy consciente de que tuve mucho que ver en esa formación errada de mi hermana, pero también hay una realidad y es que, hay un límite para el razonamiento y el comportamiento de todo ente humano, cuando está haciendo daño en forma consciente o inconsciente, cuando está participando en una canallada.

Quizás buscando justificar a mi hermana, podría decir que pudo haber influido bastante el que, también ella, cuando en forma permanente me acompañaba, estuvo influenciada de manera estrecha con aquellos demonios que me servían de guías. Incluso, llegando a ser una de las más cercana amiga de la vidente que frecuentemente la buscaba para sus salidas.

En una oportunidad, estando yo en el exterior, recibí una llamada de mi propia hermana dejándome saber que la vidente la había invitado a que viviera en su residencia. Recibí la llamada con asombro. Conocía detalles de la mujer como pocos, no tenía reparos en servirse de cualquiera y después presentar a esa persona como lo peor, aun sin justificación para hacerlo. Tuve temor por mi hermana, pues ya ésta estaba muy motivada por las salidas y diversiones de que disfrutaba con la médium casi a diario. Pero como me lo esperaba, comenzaron los problemas entre ambas. Después quedaron enemistadas. Mi hermana regresó a la casa, pero cosas extrañas comenzaron a sucederle hasta el extremo que, según mi madre me relataba había noches en que mi hermana salía despavorida de su cuarto alegando que "algo" se le echaba encima. Que había "algo" dentro del cuarto que no la dejaba dormir.

Supongo que para ella, las cosas continuaran igual. Sólo la función del Espíritu Santo de Dios puede librarla del yugo de Satanás y sus demonios, tanto a ella como a cualquier otro que, aún, no haya confesado con sus labios, que Jesucristo, es El Señor. Solamente conociendo la plenitud del poder de Cristo en nosotros podríamos ser liberados de las ataduras de estos espíritus perversos y destructores.

Aquel suceso me hizo entender, que lejos de haber caído en una trampa de mi hermana, en la que había caído era en la que me habían tendido aquellos seres inmundos, cuando prácticamente me habían obligado a realizar el inesperado viaje. En el peor de los casos, tanto mi hermana como yo, habíamos caído víctimas de juegos diabólicos de estos seres aberrantes, donde nosotros éramos las piezas de su entretenimiento.

Pensaba, y estaba en lo cierto que mi hermana solamente había sido un instrumento en las manos de aquellos demonios, que procuraban destruirme, herirme por donde más me doliera. Y claro que lo habían logrado.

VEINTIUNO

EN LOS BRAZOS DE LA MUERTE

*No es valiente el que desafía la muerte sino el que
impávido soporta la desgracia.*

(Massinger)

Los acontecimientos acaecidos en República Dominicana, me tenían bastante perturbado. Encontraba que ya ni el alcohol ni las drogas hacían efectos en mí. Había sufrido las peores traiciones que jamás soñé tener. Por un lado, sentía que estos seres inmundos me habían enviado directo a una trampa de la que tenían conocimiento pleno. Por el otro la más cruel, los negros momentos que tanto yo, como mi madre tuvimos que atravesar. Aún siento que mi madre no se ha recuperado emocionalmente de aquel suceso.

En la residencia de mi primo, meditaba largas horas sobre los acontecimientos. Me parecía escuchar aquella risa burlona que caracterizaba a los espíritus que poseían a la vidente Y claro que sí lo disfrutaban. En el altar en Nueva York, tal parece que preparando el ambiente para darme el golpe final, habían difundido la noticia de que, en mi país me habían hecho prisionero por consumo de cocaína. Nada más infame y vil.

Solamente que el plan para sacarme de circulación, estaba preparado. Los asistentes de la vidente, incluyendo uno de los aduladores más fuertes, quien de Newark se trasladaba diariamente hacia el centro espiritista de Manhattan, se había encargado de propagar la noticia.

Por mi parte, había regresado a Nueva York resuelto a terminar con toda aquella farsa de la "ayuda" de "los enviados de Dios" a los humanos. Ya estaba harto de tantas mentiras, de tantas tomaduras de pelos a los infelices incautos que por tantos años había visto caer en las peligrosas redes de aquel fanatismo diabólico, enajenante. De mi llegada, no di aviso alguno. Ni a la vidente, ni a los que me habían llevado al aeropuerto en mi partida, a nadie. Estaba harto de todo lo que allí se hacía, de las mentiras e infamias, de los seres, de las maldades, de todo.

Al llegar al aeropuerto, tomé un taxi dirigiéndome inmediatamente hacia el centro espiritista. Iba pensando en todo lo que le diría a estos seres infernales. Venía dispuesto a todo. Pensaba que debía existir una forma de salir de aquel laberinto infernal que me tenía atrapado, que me ataba de manera cada vez más peligrosa. Si tuviera algo que me permitiera enfrentarme a estos seres depravados, infames y cobardes me cobraría todas las que me habían hecho. Pero no encontraba forma alguna. ¿Cómo enfrentar una fuerza desigual, que no ves que puedes palpar y que para colmo te ataca en todas partes y a cualquier hora?

Cuando llegué al negocio de la vidente, el lugar estaba desierto. Sólo Antonio, el responsable de la botánica y otro de los que seguían a la espiritista, se encontraban en aquel momento. Con rostro austero y de pocos amigos les dejé ver a los que allí estaban, el estado de ánimo que me embargaba.

—Ronny, mejor ve al altar y arrodíllate delante de los "santos" y pídeles que te perdonen.

Sentí que la sangre hirvió en mis venas al escuchar aquello.

—¿Saben qué? Por lo que a mí respecta, esto se puede ir a la m... ¡Al diablo con los seres y todo el mundo! ¡Esto para mí se acabó! ¿Entienden eso? ¡Se acabó!

Se miraron unos a otros sin atreverse a decir una palabra. Me dijeron que si me había vuelto loco, porque, para hablar así de los "santos", sólo un loco lo haría. Yo no estaba loco. Lo que estaba era harto de todo aquello.

—¡Cálmate tiene que haber una explicación! Al menos espera que "el viejo" hable para ver qué vas a hacer. Él dijo que era un castigo porque estabas usando cocaína en Santo Domingo.

El escuchar aquellas palabras, fue suficiente para ver hasta dónde había llegado el asunto.

Con razón decía Jesús en el libro de Juan que:

El diablo es homicida desde el principio, y no ha permanecido en la verdad, porque no hay verdad en él. Cuando habla de mentira de suyo habla; porque es mentiroso y padre de mentira.

Juan 8:44

Las palabras expresadas en aquel momento, sólo lograron irritarme aun más.

—¿Ah sí? con que eso dijo "el viejo" ¡pues quiero que ahora me lo diga a mí porque tan mentiroso es él como todo el que lo diga! ¡Quiero las llaves del apartamento ahora mismo! Quiero ir por mis cosas!

La respuesta fue ridícula. Tenía que tranquilizarme hasta ver a la vidente, o uno de los "santos". Pero como diablo huyéndole a la cruz, ni una cosa ni la otra se produjo. Ni decir que los "santos" aparecieron para dar explicaciones de ninguna clase. Tuve que esperar a la hora del cierre para regresar con Antonio hasta el apartamento del Bronx. Allí encontramos a la vidente con varios de sus "amigos".

La discusión fue agria. Quiso convencerme otra vez con el cuento de las "pruebas", que tenía que pensar en el gran "privilegio" que me habían conferido, al supuestamente haberme "elegido" para escribir la gran obra de los espíritus. El libro que se titularía: "De la mano con el misterio". No di ninguna importancia a la nueva payasada y comencé por preparar mis maletas.

La persuasión continuó. Y aunque estaba cansado por el viaje, la vidente me decía que por lo menos esperara hasta el siguiente día y así invocar el espíritu guía del altar y ver lo que decía. En lo que a mí concernía, ya me interesaba poco lo que dijeran. Es más, no quería ni que el momento llegara.

Al siguiente día tenía todas mis pertenencias recogidas. Desde temprano, y como de costumbre, Antonio y yo salimos para el centro espiritista. Nuevamente el lugar estaba abarrotado de personas. Había que buscarles lugar a todos.

Sin embargo, pasaron las horas y ningún "santo" aparecía para poseer a su "caballo". Después de varios intentos de invocaciones y el incesante repicar de la famosa campanita, un ser "subió" en cabeza de Colasa la médium. No habló nada del incidente de Santo Domingo, ninguna palabra que pudiera traer claridad a la niebla que me embargaba. Sólo un saludo y una "bendición" a distancia.

—¡Las bendiciones para ti en el día de hoy, serán grandes! —se escuchó decir al espíritu que poseyó a la vidente.

¡Claro que lo fueron! Supongo que ya estaban conscientes que mi rebelión no tenía marcha atrás, que ya en vez de servirle como lo hacía casi desde mi niñez, ahora podría entorpecer seriamente sus demoníacas actividades. Y sí que estaba dispuesto a hacerlo. Por tanto, tenían que salir de mí cuanto antes.

Las personas que habían acudido aquel día, se observaban molestos, inquietos. Como de costumbre, muchos se trasladaban desde otras ciudades y estados. Pero tal parece que sería como en otras ocasiones, que los seres como que tenían algo "especial" preparado para mí, no querían testigos.

Razón suficiente para despachar a todas las personas con la excusa de regresar al siguiente día. Se me informaba que no me marchara, pues cerca de las dos de la tarde "el ser" me daría una "explicación razonable" de los últimos sucesos.

En el lugar sólo quedamos Antonio y yo. Algunas personas que llegaban, eran despachados. ¡Claro! para lo que iba a suceder no se querían testigo. Eran ya las dos de la tarde. Nada parecía ocurrir. De los espíritus no había ni señales. Un sueño inexplicable me invadió momentáneamente. No supe qué me ocurría, solamente recuerdo que apenas podía mantenerme en pie. Solamente tuve tiempo de colocar varias sillas en forma horizontal y dejarme caer en ellas.

No sé cuánto tiempo pasé allí. Sólo sé que de la forma que mis ojos se abrieron y de la primera imagen que pude percibir, helaron la sangre en mis venas. El impacto fue terrible. No sé cuánto tiempo "dormí", si es que podríamos llamarle a esto sueño. Pero el despertar se convirtió en una verdadera pesadilla. Enfrente de mí, apuntando una pistola contra mi cabeza, un joven de unos veinticinco años aproximadamente me zarandeaba tratando de despertarme.

Mientras tanto, un segundo hombre empujaba al pobre de Antonio hacia la parte trasera del establecimiento mientras le mantenía un cuchillo de caza puesto en el cuello y su brazo izquierdo doblado abusivamente detrás de su espalda. El miedo y el terror que reflejaba en su rostro, aún lo llevo grabado en mi mente. No hacía mucho tiempo que había llegado a la urbe neoyorquina procedente de República Dominicana, buscaba mejorar su estado de vida y luego, con la "ayuda" que le habían prometido los espíritus, traer sus familiares. Así como él habían muchos, esperando por promesas inciertas.

De primera instancia supuse que eran agentes de la policía encubiertos, pero al oír la primera bofetada que le dieron a aquel infeliz, me di cuenta que la cosa iba en serio y que no se trataba de ningún policía. Los dos hombres, aprovecharon la hora en que Antonio bajaría los protectores de la puerta del negocio y lo empujaron hacia el interior.

—¡Queremos la droga! —fueron sus primeras expresiones.

Antonio, que de hecho era más nervioso que yo, había perdido el habla de puro miedo. Por más que le decían que hablara, el terror por el que pasaba, al parecer lo había dejado mudo momentáneamente. Y no digo yo haberlo dejado sin habla. Era un pobre hombre humilde, sin maldad, que tenía que pasar por un momento que quizás ni lo soñó jamás.

Aquellos hombres habían recibido información según nos decían, que había mucha droga en el lugar, que allí se vendía cocaína. Y no dudo que lo pensaran realmente. Con las clases de carros propiedad de "cadenuses" que día a día asistían al lugar en búsqueda de "protección", cualquiera lo hubiese pensado. Mucho dilató el caso en ocurrir. Los minutos que pasaban se hacían más tensos. A los asaltantes se les veía dispuesto a todo. Nos gritaban, nos daban empujones, y lo peor el que me tenía a mí, no despegaba su pistola de mi cabeza.

Estaban nerviosos se les notaba en el hablar, en la forma en que le temblaban las manos. Mi temor era que se le escapara un tiro. Les hablé de que cooperaría en todo cuanto pudiera, que no me importaba nada de lo que allí había, pero que bajara su pistola.

—¿Cállate m...! ¡Habla de una vez y dinos dónde guardan la droga!

Antonio con el terror reflejado en el rostro, no atinaba a obedecer ninguna de las órdenes que se les daba. Nos empujaron hacia dentro del altar y allí comenzó el principio de lo que creí, era mi fin. Y sí que estuvo cerca. Ni en el tiempo que estuve en las drogas pasé momentos tan dramáticos.

Después de los destrozos que causaron los bandidos, todo para mí fue oscuro después del golpe y aquel disparo que, supuse ponía fin a mi vida (los detalles están narrados en el primer capítulo), al instante todo se fue haciendo más oscuro; la cabeza me dio vueltas hasta que sentí mi cuerpo caer.

Las voces comenzaron a ponerse distantes, a apagarse. Segundos antes, dentro de mi terror le pedía a Dios, ¡sí a Dios! que no me dejara morir de aquella manera, que me diera una oportunidad más, que no volvería a aquel lugar maldito.

—¡Por favor Señor! ¡Que no me maten!

Creo que los dos ladrones debieron de haberse reído al verme casi suplicar que no me mataran. Y quien no, viendo la verdad tan de cerca. No supe cuánto tiempo pasó. Sólo recuerdo que arrastraron mi cuerpo por debajo de las cortinas que servían como decoración a los "santos".

Cuando por fin recobré el conocimiento, tuve miedo. Pensé que había pasado a "mejor vida", todo estaba oscuro, y era lógico que todo estuviera así, pues tenía los ojos vendados.

Me habían dado un fuerte golpe con el cañón de la pistola lo que provocó que se escapara un disparo. El golpe fue en la cabeza, a la altura de la oreja derecha. El eco del disparo lo recibí "a boca de jarro". Aún siento afectado mi oído derecho del que duré varias semanas sin escuchar nada.

Después de cerca de quince minutos en los que trataba de ubicarme, tuve miedo de moverme. Pensaba que los asaltantes aún continuaban en el local. Por tanto supuse, que cualquier movimiento que hiciéramos podría resultar mortal.

Dejé que transcurriera cierto tiempo. Trataba de percibir algún indicio que me permitiera saber si estábamos solos. Un leve ruido y la voz de Antonio, me sacaron de aquellos minutos de tensión. Creí que lo habían matado. Como pude salí de allí arrastrándome por el piso, pero había un problema. Antonio y yo continuábamos atados de pies y manos.

De pronto el teléfono comenzó a sonar. Era nuestra única esperanza. Intentamos ponernos de pie. Yo lo logré al presionar mi cuerpo contra una pared. Por ser delgado, logré pasar mis manos atadas por detrás de mi espalda, quise hacer como en las películas pero no pude, me habían atado muy bien. De nuevo el teléfono. Era nuestra única oportunidad. Trabajosamente me puse de pie y, como un canguro, fui dando brincos hasta llegar hasta la mesita del teléfono. Sin pensarlo mucho y notando que sería imposible tomarlo lo empujé con la cabeza hasta que cayó al piso, me dejé caer cerca del auricular y grité cuanto pude. —¡Llamen la policía! ¡Estamos atados! ¡Nos han atracado!

Era una señora. Había llamado para indagar sobre las citas con la espiritista. Minutos después varias unidades de la policía llegaban al lugar. Una joven detective del precinto 23 de Manhattan tomaba una cuchilla y cortaba mis ataduras. Sentí como si hubiese nacido de nuevo. Estaba libre y ahora iba a ser para siempre. Quería salir del lugar cuanto antes, correr sin parar hasta ponerme fuera del alcance de aquella influencia infernal que tanto mal me había acarreado.

—¡Qué dichosos son ustedes! Pudieron haberlos matado —dijo uno de los policías.

La noticia se difundió rápido entre los seguidores de la vidente. Muchos fueron a percatarse de lo ocurrido. La médium fue notificada y de inmediato se trasladó desde su condominio de Union City. Al llegar puso cara de sorpresa, pero segundos después su asombro cambió para darle paso a una sonrisa que marcada de sarcasmo, se convirtió luego en carcajadas de sórdida burla. Lentamente su rostro se fue transformando. El aspecto de la mujer varió totalmente. Su cuerpo se irguió, sus labios comenzaron a balbucear palabras que apenas se escucharon. De la comisura de sus labios salía una especie de espuma blancuzca. No me cabía duda. El cuerpo de la mujer era poseído en esos instantes por uno de sus demonios. De nuevo estaba bajo el control de las huestes del infierno.

—¡Vamos, hable el que sea! ¡Estoy harto de todo esto! ¿Me escuchan? ¡Estoy harto! —grité casi de forma histérica.

Una carcajada estridente de varios segundos invadió todo el local. Fue una carcajada como de triunfo por lo que habían hecho. Por suerte, y gracias a Dios fue la última vez que la soporté, al menos dentro de aquel centro demoníaco. La risa fue lo más parecido al aullido de un lobo cuando inclina su cabeza hacia atrás y exhala un quejido quejumbroso. Así en esa posición. En ese momento vi todo claro. En esa risa había la respuesta al triunfo sobre mí. Pero había sido su última burla, pues el Dios al que le había pedido que no permitiera que me mataran me había escuchado y allí estaba con vida. ¡Estaba vivo!

Esa misma tarde, aprovechando la rabia que venía acumulando en mis adentros por muchos años tomé las pertenencias no sin antes dar rienda suelta a mi ira contenida y destruir por completo todas las imágenes y pequeñas estatuas de "santos", que por mucho tiempo venía adorando, venerando con cuidado enfermizo. Pero gracias al Señor de Señores, al Rey de reyes, a Jehová mi Dios y a Jesús por morir en la cruz por mí, hoy le sirvo a Él, hoy lo adoro a Él, le venero a Él, porque me quitó la venda que tenía en mis ojos y me hizo ver que sólo Dios es Dios eternamente y para siempre. Además, no nos dice la sagradas Escrituras:

¿Por qué no obedeceremos mucho mejor al Padre de los espíritus, y viviremos?

Hebreos 12:9

VEINTIDÓS

EN LOS UMBRALES DEL INFIERNO

Cierto es que el destino de algunos hombres se asemeja a un
árbol frutal en invierno pero, al contemplar aquel aspecto tan
triste ¿quién pensaría que aquellas ramas rígidas y secas, que
aquellos gajos de maderas dentellados pudieran algún día
volver a renacer, reverdecer y de nuevo a brindarnos flores en
la siguiente primavera para volver produciendo de sus frutos?
Y sin embargo... lo sabemos, lo esperamos y también
lo disfrutamos.

(Goethe)

Habían pasado varias semanas del atraco en el negocio de la
vidente. Repasaba una por una las terribles experiencias
que había vivido por largos años dentro de aquel oscuro mundo, y
realmente, me sentía cómodo y complacido por saberme fuera de
todo aquel siniestro mundo. Lejos de las maldades que allí se
ejecutaban. Sin sentirme partícipe de cómo se jugaba con la ingenuidad de las personas.

Era doloroso para mí tener que escuchar a las personas exponer
problemas bastante serios y que asistían allí con el expreso propósito y esperanza de que los "enviados de Dios" se los resolvieran.
En mis adentros pensaba: "si sólo pudiera ponerlos en sobreaviso
de las consecuencias que podrían traer a sus vidas una entrevista

con estos espíritus". Pero no, esto me traería consecuencias posteriores, y ya problemas tenía suficientes. De lo contrario, lo hubiese hecho con gusto.

Después de romper mis nexos con aquel mundo diabólico; me sentí libre por primera vez. Ya podía hacer lo que me diera la gana. Podía vestir como me diera la gana, salir con quien deseaba sin que tuviera que esperar autorización. Por primera vez me sentía dueño de mis actos. Podía hacer lo que quería y cuando lo quería. Ya, gracias a Dios, pues a Él le rogué que no me dejara morir en manos de aquellos asaltantes, hoy día estoy libre de toda esa influencia oprobiosa, satánica.

Simplemente que al no saber qué hacer después de haber dado aquel paso y no encontrar una ayuda adecuada y encausarme por los caminos del Señor, tomé de nuevo el camino equivocado, el único rumbo al que me había acostumbrado cuando pisé suelo americano, por lo fácil en que adquiría el dinero, por las "satisfacciones" que dejaba: El narcotráfico. El problema era que como yo, ninguno de los que estábamos dedicados al negocios meditábamos en los peligros, sólo teníamos nuestras mentes puestas en las satisfacciones inmediatas, en tratar de ganar dinero cada vez más para darle rienda suelta a nuestras vanidades, a los deseos de la carne y a las vanalidades.

Un tiempo después, estaba de nuevo en plena actividad del tráfico de drogas. Vendía cocaína, la usaba también aunque de una manera moderada. Pero cuando comenzaron los ataques y maleficios en mi contra, la situación se transformó en algo que no tan sólo a mí y a mis demás amigos de parranda tomó por sorpresa, a mí mismo me tenía sorprendido. Sabía que algo fuera de lo normal estaba sucediendo conmigo. Tan anormal era la situación, que ya no me preocupaba por nada que no fuera tomar el restante de cocaína que no se vendía en el día y encerrarme yo solo en uno de los apartamentos hasta acabarla.

Esto nunca lo había hecho antes, y ahora después de la ruptura con la vidente y sus espíritus, las cosas para mí eran diferentes, ahora estaban peores.

Por esos días siempre me juntaba con dos compañeros de "labores" en el negocio. Aunque éstos tenían negocios separados, eran los únicos con los que compartía. Eran dominicanos, como yo. Habían pasado muchas vicisitudes y conflictos a todo lo largo de una vida azarosa, problemática, que como a muchos nos había arrastrado hacia esa vorágine de perdición.

Rafaelito es del mismo poblado de Navarrete. Aunque no lo conocía, él sí había escuchado hablar de mí, de los "líos" que armaba donde quiera que iba, pero jamás imaginó que nos encontraríamos y mucho menos, que llegaríamos a ser "uña y dedo" como nos decían. Él me presentó a Dennys, un amigo, casi como hermano, según se describían mutuamente y que tenía una "oficina", o "punto" para vender drogas en el Bronx.

Dennys era de Villa Francisca, un sector populoso de la capital dominicana. Jovial, de trato abierto y afable. Lo era todo, menos arrogante y cara de hombre malo, como presentan al clásico traficante. Como el matón de las películas. Éste era todo lo contrario, se empecinaba en dejarse sentir. Entusiasta, de andar siempre con ropas finas. Hicimos "buena liga", de inmediato. Yo era dado a gastar mucho dinero en ropas, y por tanto, logramos coincidir en muchos aspectos. Sólo que Dennys, aparte de gustarle compartir con todo el mundo y regalarle dinero a todos los amigos, nos estábamos ganando enemigos por doquier.

Teníamos buenos vehículos. Esto hizo que muchos nos tomaran mala voluntad. Era como un caso de envidia, cosa frecuente entre los distintos grupos que se disputan las zonas de ventas de estupefacientes en todo lugar.

Siempre que llegábamos a los lugares teníamos que evitar las insinuaciones de los demás, que se sentían subestimados por el trato que nos dispensaban los dueños de establecimientos públicos. Pero eso formaba parte de lo que hoy día es común en el mundo de las drogas. Cuál es el que más puede o, en todo caso, el que más gasta y otras veleidades similares. A muchos les da por hablar sobre las grandes adquisiciones en sus países de orígenes, sobre las mujeres que tienen, la marca de su carro de último modelo y otras nimiedades. En algunos casos, en términos más íntimos, bromeábamos sobre cuál de nosotros tenía "resguardos" —de los preparados por los brujos— que fuera más poderoso.

La mayoría de los que nos dedicábamos al tráfico de drogas, aun los que lo hacen hoy día, están involucrados de una u otra forma con prácticas espiritistas. Todos de formas directas o indirectas, han acudido a "brujos" buscando "protección" para sus actividades. Por esto el diablo se regocija, pues nada le cuesta hacer como lo hizo conmigo, poner uno de sus demonios a hablar por medio de una médium, a decirme cómo debía de hacer las cosas para que me fuera "bien".

Lamentablemente, todos al igual que yo, caíamos en las mismas trampas. ¿A quién que se les prometa riquezas de la forma en que el diablo las promete no las acepta? Casi todos los apartamentos y "oficinas" de expendio de drogas, es muy difícil que no tengan en un lugar discreto un pequeño, o en todo caso para los exagerados, un altar con santos e imágenes que cubra desde el suelo hasta el techo, lleno de velas, velones y de toda clase de "ofrendas" para los "santos" que protegen el lugar. Sólo que, cuando usted no cumple con los acuerdos, puede pasarle lo que a mí y a muchos otros.

Recuerdo un caso que prácticamente hizo huir a la vidente hacia Santo Domingo. Había un joven de no más de veintidós años. Le llamaban "el ché". Al muchacho lo había conocido en el año 1983, cuando apenas tenía yo unos tres días en Nueva York. Vivía en el Bronx, en el mismo edificio donde yo residía en esa época, en Cedar Avenue y Forham Road. "El Ché", era apenas un muchachón de menos de quince años. Ahora me lo encontraba de nuevo, pero involucrado en actividades de gran escala; como muchos jóvenes de su edad, ávidos de dinero, de poder.

Como muchos otros, formó un pequeño grupo y se dedicó a "tumbar" a los vendedores de drogas. El negocio le estaba dejando dividendos increíbles. Tenía guardaespaldas, andaba en carros con todas las comodidades, nunca se quitó su pistola de su cintura, se creía un agente encubierto de la policía.

Así hacía sus "trabajos", haciéndose pasar por policía, para que las personas se vieran forzados a abrirles las puertas de los apartamentos.

No sé cómo conoció a Colasa, la bruja dominicana, lo que sí pude observar era que habían logrado "lavarle" el cerebro mucho más de lo que lo había hecho conmigo. Al muchacho le habían prometido hacerlo rico en poco tiempo en las actividades que venía realizando, el robo a mano armada. Hoy día no sé cómo uno no se detiene y piensa, ¿qué "enviado de Dios" lo va a poner a usted a robar, a vender drogas, o a destruir hogares y provocar desgracias a otro ser humano?

El joven comenzó realmente a ver incrementada sus actividades en ciento por ciento. Incluso, el apartamento que la vidente tenía en Andrews Avenue en el Bronx, quien lo adquirió para la mujer, fue el muchacho quien había pagado cerca de diez mil dólares de avance a un vendedor de drogas por el lugar. Allí había de todo, pantallas gigantes de televisión, cristalerías finas, de todo.

El "Ché" sí que estaba agradeciendo todo lo que por medio de la vidente y sus seres, venía consiguiendo. Como es un denominador común en casi todas las personas que de buenas a primeras se encuentran en tan ostentosa posición, los "humos" se le subieron a la cabeza a nuestro joven amigo.

Recorría las calles en un flamante vehículo último modelo. Un porcentaje de las ganancias de sus "trabajos" pertenecía a los "guías espiritistas" que le brindaban protección tanto a él como al resto de su grupo.

Pero algo salió mal. El muchacho se había ganado animadversión en algunos por su forma arrogante de conducirse. Hasta su forma de caminar había cambiado. Su fuerte contextura, hacía contraste con su cara de muchacho travieso. Pero se había creído muy grande. Llegaba al centro de espiritismo, y ya se creía el rey del lugar. Pasaba por en medio de todos como si de un gran jerarca se tratara. El final trágico del pobre muchacho, sorprendió a todo el mundo. Pero no a mí que me sabía al dedillo la historia de cómo terminaban casi todos los que se asociaban a estos espíritus de inmundicia y sus vehículos de comunicación, los médiums. Sabía que yo no iba a ser la excepción, y por tanto, trataba siempre de no desatar en mi contra estos poderes infernales.

"El Ché", sólo unos meses atrás, había salvado su vida de puro milagro. En uno de sus "trabajos" hubo un intercambio de disparos. Por lo menos, tres de las balas le pegaron a él. Cuando lo recogieron casi muerto, desangrándose, tenía entre sus manos una pequeña bolsita de color verde y rojo que dejaba ver el color de predilección del espíritu que le había preparado el "resguardo" de no más de una pulgada y que era cosa común que lo poseyera todo el que se dedicaba a actividades peligrosas.

Para salvarle la vida al muchacho, tuvo que ser sometido a varias operaciones de emergencia. Tiempo después, estaba de nuevo en el centro espiritista. Se hablaba de cómo "el gran poder de los espíritus" lo había salvado de la muerte. Pero lo que sucedió una semana después, aun hoy día nadie puede explicarlo con certeza. Se mantuvo en el más estricto de los secretos.

Yo fui uno de los que me enteré por vías de otras personas. Se decía que la policía seguía vigilándolo constantemente, nadie supo cómo sucedió. Lo cierto del caso es que al pobre muchacho le rociaron una lluvia de balas. Si se había escapado de la primera, de esta segunda no lo salvaba nadie. Dicen que fue la policía. Otros que estaba hablando por teléfono en la calle. Los que lo habían herido anteriormente, querían terminar el trabajo. Y lo lograron.

El caso fue muy comentado. El porqué era fácil de adivinar. La pregunta era, ¿cómo un tipo que ha sido protegido por sus testaferros y "amparado" por espíritus y que antes todo le salía bien, de buenas a primeras muere asesinado? ¿Dónde estaban los espíritus que le protegían? ¿Dónde estaba la clarividencia de la médium en aquel momento?

Lo cierto del suceso es que el hecho consternó a todos los seguidores de la vidente y aquellos "enviados de Dios". El caso dejaba en entredicho una vez más, cuál era la verdadera naturaleza de aquellos espíritus errantes. La perversidad que demostraban y lo poco que le importaban la vida del ser humano, cuando ya ningún beneficio podían sacarle.

Esto trajo serios inconvenientes dentro del grupo de seguidores de la espiritista y el grupo que "trabajaba" con el joven asesinado. Decían, y con razón para pensarlo así, que le habían dicho que todo estaba bajo control y que el muchacho confiando en la "protección" que le brindaban los seres, decía que uno de ellos le había dicho que no se preocupara, que a él sólo Dios y ellos podían matarlo. Esas mismas palabras me habían dicho a mí muchos años atrás.

Gracias al poder de Dios no pudieron acabar con mi vida como sé que lo hubieran hecho. Demasiados intentos hubo. Pero la mano del Señor estuvo sobre mí. Era el propósito de estos seres aberrantes destruirme con sus poderes infernales. Pero en el preciso momento en que quizás desde las más profundas oscuridades que les sirven de morada, estos espíritus inmundos celebraban su triunfo; sobre mí apareció "algo" con lo que ellos no contaron. ¡Era el poder más grande! ¡El poder que domina las tinieblas y la hace evaporar con su divina y radiante luz! ¡Es el poder del Padre! ¡El poder del Espíritu Santo! ¡El poder de Jesús! ¡Glorificado sea por siempre su Santo y Bendito Nombre!

Los días que siguieron a mi ruptura con estos entes diabólicos, fueron para mí de libertad plena. Pero tiempo después las cosas comenzaron a dar marcha atrás. Todo iba de mal en peor. Los negocios que hacía, como por arte de mágicos malabares, se deshacían casi a punto de verlos realizados.

Otros problemas que se presentaban, era que de los que trabajaban conmigo se "desaparecían" con todo, con el dinero, con las drogas, no sé realmente qué estaba ocurriendo. Sentía como si una nube negra se cernía en todo cuanto hacía, en todas las cosas que me rodeaban. De buenas a primeras comencé a hacer cosas que antes no hacía. Era el consumo abusivo de cocaína. Había caído en algo que trataba de evitar. Y aunque desde mi llegada a los Estados Unidos siempre la había usado, nunca como ahora había caído en el hábito de consumirla a diario. Para mí era fácil y asequible, porque la adquiría a buen precio, pero no sabía qué sucedía conmigo.

Mis propios amigos me sentían diferente. Hasta me veían con cierta preocupación. Sabían que me estaba comportando de una manera extraña, de una forma que antes no habían visto en mí. Consumía cocaína por horas y horas, hasta que veía terminar el último gramo, el último residuo de polvo, de piedra de cocaína molida sobre la cubierta de un libro, o de un cristal pequeño. Y lo peor de todo, eran los efectos secundarios que aquello producía. Yo me ponía tan nervioso, que veía policías que me buscaban por todos lados.

Cuando Dennys, Rafaelito y yo nos juntábamos, comenzábamos por "moler" varios gramos de cocaína en piedra dentro del mismo punto de ventas en el Bronx. De ahí, cuando ya la droga comenzaba a producir efectos en nuestros organismos las locuras que cometíamos, eran como para compilarlo en un manuscrito que nadie creería. Sólo aquellos que han pasado por circunstancias similares o que lo están pasando actualmente, saben a lo que me refiero.

Los sentidos se agudizan de tal forma que uno escucha el más mínimo ruido por muy distante que esté. La euforia que se siente es tal que la persona no para de hablar, presume ser el centro de atención de todo el mundo, el importante. Pero a medida que los efectos van en aumento, comienzan las visiones fantasmales, el delirio de persecución. Crees que todo el que se acerca va a hacerte daño, que todo el mundo te acecha. Es una locura completa, es algo realmente diabólico.

Sin embargo, cuando los efectos van disminuyendo comienzan los problemas. El organismo experimenta un descenso en las sensaciones. La euforia comienza a disminuir, se siente un deseo y una necesidad loca por aspirar más cocaína, por tomar más alcohol, más cigarrillos. Los deseos sexuales son incontrolables, pero físicamente no puedes porque tus facultades están bloqueadas. Después de unas horas, la depresión te invade. Comienzas a sentirte solitario, triste, desgraciado, todos los malos recuerdos te llegan a la mente. Es la etapa más difícil en que muchos optan por el peor de los caminos, el suicidio. Y es que, precisamente es la hora que el diablo asecha para terminar con tu vida. Te lleva a ese nivel para introducir en tus pensamientos las peores cosas, para hacerte sentir como un miserable, que no vales nada, absolutamente nada y ahí precisamente es donde viene el fin.

Yo pasé todas las experiencias, por eso las comento con certeza. Las viví en carne propia. Intenté incluso el suicidio para "escapar" de todo aquello, pero ahí estuvo Jesús para poner la diferencia entre el poder infernal y el celestial. El uno tratando de destruir al humano y el otro el más divino y bello amor, el incomparable amor de Jesucristo, tratando de que no se pierda ni una sola de sus ovejas.

En nuestro grupo de tres, habíamos llegado a niveles de desvergüenza increíbles. Dennys tenía un auto Mercedes Benz bellamente equipado. Los fines de semana, eran los días que tomábamos en el Alto Manhattan para exhibir nuestras bellas "máquinas". Había un área en la ciento noventa y la calle Amsterdam detrás de una escuela, que era utilizada por los grandes vendedores para exhibir los últimos modelos de vehículos que habían adquirido. El lugar era una especie de termómetro. Era allí donde se medía, qué tan bién le estaba yendo a uno en los negocios. Pero comenzaron los problemas.

Al lugar también iban otros, no con intenciones de exhibirse, ni exhibir lo que tenían, iban a ubicar posibles víctimas para darles "tumbes", para robarles el producto de sus ventas. El sitio, prácticamente tuvo que ser clausurado. Los fines de semana, por el lugar apenas se podía caminar. Era lo mismo que asistir a una feria donde se veía, se ingerían toda clase de bebidas y se podía conseguir cualquier plato típico dominicano por precios unas veces hasta escandalosos.

Y es que había que aprovechar. Allí el dinero provenía mayormente de traficantes que iban a lucir los carros más lujosos, las prendas más caras, los equipos de música más sofisticados y las mujeres más hermosas. Pero los problemas comenzaron cuando los grupos comenzaron a enfrentarse bajo los efectos de las bebidas y las drogas que en forma pública se usaba a lo largo de casi diez cuadras. Habían carreras de autos, de motos, balaceras a todas horas. La policía se vio obligada de cerrar el área.

Y este tipo de situaciones eran cosas casi normales. Los que hemos estado involucrado en el mundo del narcotráfico, de una u otra forma hemos perdido todo lo que llamamos vergüenza o moralidad. Nada nos importaba. Recuerdo que cuando nos sentíamos "high", cuando la cocaína comenzaba a hacernos efectos salíamos en el auto Mercedes Benz de Dennys y, mientras Rafaelito manejaba, Dennys y yo, "arrebatados" (término que se utiliza popularmente para describir a la persona bajo los efectos de la droga en forma total), nos sentábamos en los bordes de las puertas y paseando por las calles con el equipo de música a todo volumen, vociferábamos, gritábamos a todo pulmón: ¡Droga! ¡Droga! ¡Droga! Era como si se lanzaran consignas a favor de un candidato político.

Hoy día pienso en esto, y no sé dónde estaba la policía para entonces. Era una franca violación a la moral, a las costumbres más elementales de vergüenza y de pudor que eran pisoteadas impunemente y nadie hacía nada. ¡Nadie hace nada! Las calles llenas de personas tratando de escapar de las altas temperaturas que se producen en el verano, vitoreaban gustosos la insana actitud.

En ocasiones nos deteníamos y se formaba una fiesta ahí mismo, en plena calle. La música del carro se podía escuchar por varias cuadras. A nosotros no nos importaba gastar todo el dinero que nos ganábamos siempre y cuando pudiéramos "lucirnos" en ese momento. A veces, algunos grupos de personas que no conocíamos, nos detenían en las calles para estar cerca de nosotros. Sólo por ver el auto, o disfrutar de la música. Dennys, que era aun más agresivo que yo, enviaba a comprar bebidas para todos los que estuvieran allí, especialmente cuando de mujeres se trataba. Éstas, por las altas temperaturas del verano en Nueva York, salían en pequeños pantaloncitos cortos. Y camisetas transparentes, con la sola intención de poder mostrar todos sus atributos y naturales encantos.

Las cosas que hacíamos, realmente estaban fuera de todas las limitaciones normales. Teníamos buenas relaciones con los dueños de los establecimientos públicos del área. Cuando nos metíamos en parranda, llegábamos a los lugares y se nos atendía en la sección "VIP" del lugar. Ya con esto quedaba claro ante el resto de personas, que se trataba de gente "importante", muy cercano al dueño del lugar. O que se trataba de un "pesao", de un vendedor de drogas grande. De aquellos lugares nunca salimos solos, las mujeres de una forma u otra se ven atraídas en su vanidad, por las personas a las que ven dilapidando el dinero de forma fácil. Bastaba sólo con enviarles a las mesas botellas de champaña, o invitarlas a nuestras mesas. Por eso nunca pensé en matrimonios porque ¿para qué si a diario podía obtener lo que buscaba sin tener ningún compromiso?

Cada día las cosas se nos ponían más difíciles. Y era que nos estábamos inmiscuyendo en situaciones cada vez más peligrosas cuando nos íbamos a las calles. A Dennys lo que le gustaba era recoger todo el dinero que se hacía durante el día y el resto de droga sin venderse, para irnos a la calle. Entrada la noche, recorríamos los sitios de diversión. Ya a la hora del cierre de éstos, nos íbamos a las *afterhours* y allí terminábamos de amanecer. Salíamos regularmente a las diez y las once de la mañana, a veces con el sol quemando con sus candentes rayos. Pero a nosotros no nos importaba, dentro de aquellos lugares aunque sea en pleno día, hay una oscuridad como del mismo infierno. Lo que menos deseábamos, era ver que abrieran las puertas para no ser cegados por la claridad

En estos lugares se ve de todo. En una ocasión se desató un problema de tal magnitud, que pensé que no la contaríamos. En nuestra mesa había como cinco jóvenes mujeres y varios hombres que, al momento de llegar nosotros se nos acercaban y comenzaban con adulonerías y celebrando cualquier ridiculez que nosotros hiciéramos. Pero estos personajes, sólo buscaban satisfacer sus vicios con nuestra droga y que pagáramos sus bebidas. Para esto, Dennys no tenía reparos. Para él era un puro gusto ver la mesa llena de personas. Aunque no los conociéramos, aunque tuviera que pagarse lo que fuere. Pero así como era de bonachón, también era de implacable cuando había que actuar contra alguien que tratara de hacernos daño.

Una noche en uno de estos locales en el Bronx, una de las personas que estaban con nosotros, tomó una de las fundas donde guardábamos la cocaína. Teníamos tres fundas plásticas separadas. Cada una contenía cerca de ocho gramos. La habíamos puesto encima de la mesa, así el que quería se servía. Pero alguien la había tomado. Dennys estaba histérico. Y como lo conocía, sabía que podía hacer cualquier locura. Estábamos seguros que había sido alguien de los que estaban en la mesa, pero no sabíamos quién. Sin decirme lo que haría se dirigió al baño encontrándose con cerca de ocho hombres dentro del mismo, y a uno de los que estaban en nuestra mesa con la bolsa perdida.

Ahí mismo comenzó el problema. Dennys primero había comenzado por revisar, atestando contra la pared a cada uno de los que había encontrado en el baño. A uno de ellos le encontró la bolsa con la droga y le entró a bofetadas allí mismo. Yo escuché el tumulto y salí disparado hacia el baño. Al entrar Dennys estaba en el fondo, todavía hoy, no sé cómo no lo atacaron, eran nueve hombres en contra de uno. Creo que el factor sorpresa nos ayudó. Además ellos conocían las historias nuestras, y por tanto sabían que siempre andábamos armados. Para salvar la situación, grité tan pronto abrí la puerta.

—¡El que se mueva se muere! ¡Quietos todos! ¡Vamos, contra la pared todo el mundo!

Todos quedaron fríos. Dennys aprovechó y salió del fondo hacia la puerta de salida a la que yo había asegurado y le había puesto el cerrojo tan pronto como había entrado.

—¡Mátalos a todos! — gritaba Dennys.

De inmediato, muchos de ellos comenzaron a suplicar. Había uno que apenas tenía dos semanas de haber llegado de República Dominicana y comenzó a llorar. Pedía que no lo mataran, prometía que jamás volvería a visitar esos lugares, estaba aterrorizado.

Siempre tuve temor de que un día todo iba a terminar mal. El porqué era fácil de deducir, podíamos encontrar otros guapetones más aburridos y locos que nosotros. Yo había comenzado a tener más prudencia. Hacíamos cosas que después de hechas, reíamos hasta más no poder. Sólo que ya en mi casa, pensaba y meditaba sobre el estilo de vida que llevábamos y por cuánto tiempo la suerte nos estaría acompañando.

Me alejé un tiempo de mis amigos, ya no me gustaba andar en las calles. Veía policías por todos lados y todo el que se me acercaba creía que me atacaría. Comenzó entonces el principio de mi fin. Ahora me encerraba en mi apartamento y pasaba días completos tomando, fumando, y aspirando cocaína en forma indiscriminada. En ocasiones, me encerraba en prostíbulos tan lejanos, como en Plainfield, Nueva Jersey. En ellos permanecía hasta dos días encerrado con todas las mujeres. Las bebidas y drogas que se consumía allí era para no creerse.

En una ocasión, Dennys y Rafaelito tuvieron que trasladarse desde Nueva York a buscarme a aquel lugar, pero fue peor. Con dos días que tenía de parranda, otro día que pasara con mis amigos, iba a ser mortal. Estas situaciones, eran las que me hacían notar, cuando estaba en mis cabales, que realmente "algo andaba mal". Nunca antes había hecho tales cosas. Algunas veces asustado, meditaba en las innumerables amenazas que en el pasado me habían hecho aquellos seres perversos cuando asistía a los ritos espiritistas.

La médium se encargaba de recordármelas presionándome a cada momento. "Recuerda lo que te dijeron tal día, recuerda tal advertencia. Te van a hacer caer preso. Te van a volver loco. Te van a convertir en tecato... te van a convertir en esto, te van a convertir en lo otro". ¡Ya estaba harto de amenazas, de ritos espiritistas, de todo!

Pero notando como habían variado las cosas, no dudo que realmente la mano diabólica de estos seres inmundos estaban detrás de todo cuanto sucedía a mi alrededor. Y esto, quedó de manifiesto en varias oportunidades.

Ya era normal que casi a diario traía conmigo mi dosis de cocaína en los bolsillos. Siempre tenía cerca de un gramo envuelto en un billete de un dolar, y "el clavo", o reserva, guardado dentro de mis medias.

Lo hacía de esta manera porque frecuentemente, algunas personas de las que sabían a lo que me dedicaba, conocían que siempre tenía alguna porción conmigo. Esta la consumíamos de inmediato, pero yo siempre dejaba el extra y decía que no tenía más, así éstos se veían en la obligación de que, sabiendo que era seguro que querrían continuar la juerga, tuvieran que salir a comprar o buscar por otro lado.

Mi vida continuaba de mal en peor. En ocasiones cuando me encerraba en uno de los apartamentos, los hechos que acaecían después de haber consumido varios gramos de cocaína, eran como si formaran parte de una comedia dantesca.

Comenzaba por llamar a mis amigos, la persona se vuelve "tan sociable", que no para de hablar, de ahí el sobrenombre de "perico", que se le da a la cocaína. Pero horas después la depresión que te envuelve es terrible. En una de esas depresiones intenté suicidarme. Me sentía tan miserable, tan ruin, tan solo, que el único camino que creí tener era ese.

Eso era precisamente lo que los espíritus de la médium querían. Era la forma de acabar conmigo de una vez y por todas. Y sí que lo estaban logrando. Estaba haciendo lo que jamás en mi vida había deseado hacer. Además, me estaban ocurriendo cosas que podían ponerle la carne de gallina a cualquiera.

Hay esoteristas y expertos en misticismo que aseguran que cuando la persona no está en pleno dominio de sus facultades, o cuando está bajo el efecto del alcohol, o cualquier droga, o una anestesia fuerte específicamente, en caso de cirugías, el espíritu de la persona, el subconsciente, viaja hacia otras dimensiones. Hay casos de personas que bajo las prácticas de regresiones hipnóticas, han descrito parajes a los que en su "viaje" han visitado. Es lo que los esoteristas llaman "viajes astrales".

En mi caso particular, cuando me veía en estado de éxtasis producto de las altas dosis de cocaína mezclada con alcohol y cigarrillos, en los delirios y paronoia en que uno cae, llegué a colocar cuchillos debajo de mi almohada y el colchón de mi cama, además de tener una pistola que no la dejaba ni para ir al baño. Siempre sentí que alguien me seguía dentro de mi apartamento, aun a sabiendas de que estaba solo.

Aun conociendo que la cocaína podía producir efectos paranoicos, sabía que detrás de la situación, estaba la bruja y sus demonios, que ya me la tenían jurada. Tenía plena seguridad que acabarían conmigo, y ya poco faltaba para ello. Estaba desgastado físicamente. En cuanto a lo moral ni para que hablar. Ya nada me importaba. A cualquiera le hablaba de maneras inapropiadas, los insultaba por puro gusto. Amenazaba a cualquiera que sólo me rosara, que tan sólo cruzara cerca de mí: —¿Que, amaneció con ganas de morirse hoy?

Las ropas que vestía antes, ya apenas si me servían. Los pantalones me quedaban bailando. Las ojeras que lucía mi rostro eran permanentes. Ya ni la comida me importaba. Mi desayuno por las mañanas era un "pase de coca", que guardaba hasta dentro de la funda de mi almohada. Así lo tenía más cerca. No tenía ni que levantarme de mi cama. Y es que el adicto se las ingenia de tal forma debido al deseo incontrolable de seguir consumiendo el alucinógeno, que nos inventábamos escondites hasta en nuestras propias ropas con tal de preservar nuestras dosis. Yo por ejemplo tenía aberturas por los bordes de las chaquetas, en los ruedos de los pantalones. Por todos lados. Así también eran mis amigos. Todos teníamos trucos para preservar nuestra cocaína, aun en el caso que nos requisara la policía, como sucedió varias veces. ¡Y qué suerte teníamos!

Llegué a tener momentos en que de tanto que había inhalado, permanecía hasta por espacio de diez a quince minutos haciendo esfuerzo para inhalar un poco del alucinógeno. Además de no sentir fuerzas ni para eso tenía miedo de ser escuchado. Permanecía horas enteras detrás de las puertas, atento al más mínimo ruido. Caminaba descalzo y con todas las luces apagadas. En una ocasión, en la oscuridad de mi apartamento choqué con una de las puertas, y no sé cómo no me maté allí mismo. Creí que la policía me había atrapado. Me tiré al suelo, pensé comenzar a disparar, pero me matarían. El corazón, creí que se saldría de mi pecho hasta que caí sin fuerzas.

Otra oportunidad de terror ocurrió cerca de las cuatro de la madrugada, cuando a oscuras me dirigía hacia la sala. Pensé sentarme en una silla de oficina que tenía. Al ir a tomarla por la parte donde se descansa la espalda, la sentí pesada como si alguien sumamente grande estuviera sentado en ella. De pronto sentí como el resoplido fuerte de una bestia. La sangre se heló en mis venas. Sin poder reaccionar al primer susto, aquella sombra negra, peluda, se ponía de pie, estaba de espalda. Era enorme. Yo estaba aterrado, pensé gritar del miedo que tenía. Hasta el "arrebate" se me fue del susto. Me curé del espanto. Ese hecho me reafirmaba, que las manos de aquellos seres diabólicos, estaban detrás de tan inusuales casos y de mi destrucción como persona y como ente humano.

Esto más tarde me era confirmado por algunas personas que iban desertando del centro espiritista, y que según me comentaban, en las ocasiones en que estos casos de visiones demoníacas tenían efecto, los espíritus cuando posesionaban a la vidente celebraban de la manera que ellos sabían hacerlo la forma en que me habían dejado la noche anterior. Al mismo tiempo le hacían advertencias sobre los métodos que usaban, o la manera cómo ellos "arreglaban cuentas" con las personas que le desobedecían. Del trato "especial" que ellos daban a todo el que lo traicionaba, o dejaba de cumplir un trato con ellos. Y es que, ¿qué otra cosa se podía esperar de estos seres aberrantes y perversos que no fuera causar el mal y la intranquilidad en el ser humano? ¿Acaso no lo dicen las Sagradas Escrituras que el diablo y sus demonios sólo vinieron a matar y destruir?

VEINTITRÉS

NO TEMAS... ¡SÍGUEME!

Mis ovejas oyen mi voz, y yo las conozco,
y me siguen, y yo les doy vida eterna;
y no perecerán jamás, ni nadie las arrebatará de mi
mano. Mi Padre que me las dio es mayor
que todos, y nadie las puede arrebatar de la mano
de mi Padre. Yo y el Padre uno somos.

Juan 10:27-30

Estaba atravesando por los peores días de mi vida. Cuando me encontraba bajo los efectos de la cocaína, los pensamientos más malos venían a mi mente. No tenía más nada que hacer. No tenía ideas ni metas inmediatas. Mi vida se había convertido en un círculo vicioso. No hacía más que pasear por la calles de Washington Heights, buscar más drogas y bebidas para luego encerrarme en mi apartamento.

En una ocasión, que pudo haber sido la última, conseguí varios miles de dólares. Pensé que era la oportunidad de darme una "rumba" como hacía tiempo que no me la daba. Tomé cerca de catorce gramos de la droga y después de compartir con algunas muchachas y mis amigos, sentí deseos de quedarme solo.

287

No les dejé saber a ellos que tenía esa cantidad de droga conmigo. De haberlo hecho, lo más seguro era que no se hubieran marchado. Las drogas son algo realmente diabólico. Mientras más consumes más quieres, más la pide el cuerpo. En esta especie de mundo imaginario se estaba desgastando mi vida. Caminaba sin rumbo, sin esperanza. No encontraba caminos nuevos por recorrer. Quería encontrar algo que pudiera hacerme ver que, aún quedaba algo que no había hecho. Pero no. Al parecer no existía nada que ofreciera algo nuevo.

Me preguntaba por instantes ¿qué otro tipo de aventuras entonces podré inventarme? ¿En qué nueva cosa puedo entretenerme? Estaba harto, ya lo había hecho todo o casi todo, había disfrutado de todo, me había dado la "gran vida" —si era eso vida—. Pero ya me había cansado, estaba harto; ¡harto de todo! y lo peor, creí que me estaba volviendo loco realmente. Las "apariciones" y ataques a los que venía siendo sometido por parte de la vidente y los demonios a los que serví por años eran cada vez peores. Esto no era un juego. Me habían declarado la guerra, pero una guerra que obviamente era desigual en todo aspecto. ¿Cómo escapar de aquello?

Llegué a tener noches completas de ataques de posesión. Cuando intentaba dormir, no lo conseguía. Sentía fuerzas que se echaban sobre mi cuerpo que apenas me dejaban respirar. ¿Pero qué hacer? ¿a quién recurrir?

Fue así como esa tarde, desesperado, pensé poner fin a toda aquella insoportable situación. Total, lo había intentado antes y, aunque no sé cómo había fallado, ahora lo haría de diferente manera. De ésta, estaba seguro que no fallaría.

Con varios billetes grandes, me surtí de una apreciable cantidad de cocaína. La había buscado de la buena, del "puré" como se le llama a la de mejor calidad. De la que usaban los contactos grandes, los de la conexión. Estaba en mi apartamento, ya llevaba varias horas. El incesante caminar de mis amigos y amigas comenzó a ponerme nervioso. El tiempo continuaba su marcha indetenible. Yo continuaba aspirando de aquel polvo diabólico vez tras vez, sin parar, de forma incontrolable. Ya era de día. Pude darme cuenta por las manecillas lumínicas de mi reloj que no se detenían, que no paraban de dar vueltas. Pero dentro de mi apartamento todo seguía a oscuras. Todo seguía en penumbras. No deseaba ver la luz. ¡No! ¡La luz no! Quería seguir entre la oscuridad.

Había comenzado a aspirar cocaína desde el día anterior. No recuerdo cuantas horas llevaba. Sólo sé que me quedaba aún bastante y que no iba a parar. Mis facultades comenzaron a resentirse. Comencé a sentir una especie de calambres detrás de mi cabeza y un hormigueo en todo mi cuerpo. La respiración se me hacía dificultosa. Una idea vino a mi mente y de inmediato la puse en práctica. Ya con esto había que colegir que los mensajes a mi cerebro de donde procedían eran del mismo infierno. De buenas a primeras, aun teniendo una buena porción de polvo en un billete de un dólar, y además en papel de aluminio, tomé además cerca de nueve gramos más y los pulvericé en el interior de un plato. Al ver aquella montaña del polvo blanco, una satisfacción diabólica me invadió.

No lo pensé dos veces, con la misma ansia de un hambriento por comida, enterré mi cara en el plato hasta que sentí que podía inhalar todo. Cuando di una fuerte aspirada, sentí que el polvo llegó directo hasta mi garganta. Aquel acto irracional me produjo una extraña sensación de perverso regocijo. Por segundos pensé que si Al Pacino en el papel estelar de Tony Montana en "Scarface" me hubiese visto, le hubiere dado envidia al ver la escena.

Pero aquello estaba lejos de ser una película. Era una triste y cruda realidad de alguien que, en pocos minutos vería las consecuencias de sus desaciertos. Momentos después todo me daba vueltas. Sentía que tenía polvo adherido a mi garganta, dentro de mis fosas nasales, por dondequiera. Apenas si podía respirar. Comencé a toser. Una buena cantidad de la droga salió expulsada. Trataba de respirar por la boca. Comencé a jadear descontroladamente. Mi corazón, creí que explotaría de un momento a otro. ¡De pronto! Aquella sombra negra que me rodeaba me fue cercando.

Percibí una extraña sensación como de hormigueo en todo mi cuerpo, las rodillas comenzaron a flaquear, mis músculos se tornaron rígidos, tensos. Ya apenas podía respirar. Sentí que el suelo se abría a mis pies, y luego la sorda caída de mi cuerpo contra el suelo. Sin embargo, aunque mi cuerpo yacía tendido en el piso, sentía que seguía cayendo, como bajando a otras profundidades, a un túnel oscuro. Caía, seguía cayendo no encontraba de dónde agarrarme y todo estaba muy oscuro.

Había caído víctima de una sobredosis. Esto podía ser definitivo para mí. En otra ocasión había tenido un problema similar y tuvieron que llevarme de emergencia al Medical Center del Alto

Manhattan. Esto sucedió en los primeros días de haber llegado a los Estados Unidos. Para entonces, los médicos recomendaron suprimir todo tipo de estimulantes. Tenía perforado el estómago con una úlcera que, después de llegar a este país, me hacía la vida imposible. Pero no me importaba.

Mientras en la extraña y confusa situación que me rodeaba, me veía flotar, suspendido cual globo en el aire. Sintiendo un frío intenso, penetrante. Además algo extraño que me llenó de mucho temor. Pero nada podía hacer. Lo que vi. ¡Era mi cuerpo! ¡Sí! ¡Mi cuerpo! ¡Estaba a un lado! ¡No estabamos unidos! Yo observaba todo. Pero seguía como suspendido.

Después de un momento, no sentí miedo. ¡Total! —pensé— ¿no quería morir hacía apenas unos segundos? ¿Para qué vivir? Ya nada para mí era agradable. Las traiciones y peligros, la frustración y la amargura fueron para mí compañía inseparables.

Regreso a mi estado de ¿inconciencia? Sigo como flotando. Me sentí extrañamente libre. Era una sensación increíble. Pero una pegajosa y fría oscuridad cubría todo. Que producía miedo. Repentinamente esos ruidos extraños. Como de miles de voces quejumbrosas. Pero nada veía. Mientras el murmullo crecía. Parecía como una inundación acercándose al lugar donde estaba. Los quejidos aumentaban. Eran ensordesedores, hirientes. Tuve miedo. El frío era intenso. Me hacía temblar. Continuaba suspendido. Entumecido.

Segundos depués, un silencio profundo. Trágico. Intenso. Y esa impenerable oscuridad que cubría todo. Ya no tenía esperanzas. Nunca saldría de allí. ¡Aquello era mi fin! ¡De repente! Aquel sorprendente haz de luz que llenó todo; que salió de la nada iluminándolo todo. Era indescriptible. ¡Resplandeciente! ¡Intensa! Un haz de luz que desde arriba, iluminaba el foso oscuro y frío donde estaba. La oscuridad, el frío y el miedo desapareció. ¡Fue como convertir la noche en día en solamente segundos! Los momentos no eran descriptibles con palabras humanas. Era una luz tan brillante y acogedora, con una tibieza que proporcionó a mi cuerpo el calor corporal que necesitaba. Inesperadamenter sentí como si fuera izado hacia arriba. Extraído de las profundidades en que estaba. Levantado de aquel frío abismo en forma lenta, suave. De forma cálida, despaciosa. ¡Sí! ¡Ahora subía! Era sacado de esas fauces tenebrosas en forma delicada y cuidadosa hasta dejarme en la superficie.

Al final del ascenso, aunque en principio no distiguía el lugar, sentí terreno firme por vez primera. Era un área pequeña. Como la antesala de otro lugar. Estaba rodeado de gruesos árboles y una tupida vegetación. Apenas había espacio entre un árbol y otro. El sitio era claro. Pero había una luz más intensa que resplandecía del otro lado de los árboles. La que me rodeaba, era de menor densidad en relación a los destellos que se veían del otro lado. El lugar donde estaba era como un círculo. Un poco más adelante habían dos árboles gruesos pero separados. Eran enormes. Parecía una especie de salida. ¡De pronto! en lo que parecía ser entrada, o salida del lugar, un fuerte haz de luz penetró invadiendo con su fulgor el más reducido rincón del lugar. Aquella luz parecía expandirse llenando todo el lugar. Se sentía fuerte, parecía como si fuera a reventar el espacio donde estaba.

De repente de en medio de aquel refulgente haz de luz, pareció divisarse una silueta. ¡Sí! era una figura alta de abundante cabellera. Y un manto de un blanco impecable que lo cubría por completo. ¡Pero estaba de espalda! Primero lo vi de pie, después no sé cómo, en fracciones de segundos apareció como montado en un burro. ¡No podía ser! ¡No podía dar crédito a todo aquello! Era como si estuviera soñando.

Al instante y como si hubiese adivinado todo cuanto venía pensando, y la confusión que me embargaba, una voz que al parecer salía de todos lados se dejó escuchar en la estancia.

—¡No temas... Sígueme!

Fue una voz dulce, apacible, pero con una autoridad y seguridad que me turbó aun más de lo que antes estaba. Quizás con la turbación e ingenuidad que limitaba con la de un niño, mi pregunta no se hizo esperar.

—¿Que te siga? Pero, ¿quién eres tú? ¿Cómo crees que ese pequeño animal podrá con los dos?

De nuevo aquella voz dulce y angelical, que no se inmutó ante mi rústica pregunta. De nuevo aquella voz que parecía proceder del cielo mismo se dejaba escuchar produciendo una especie de eco en el lugar.

Ahora haciendo un leve y suave ademán con su mano derecha, sin darme el frente, semi de lado, extendió su mano en dirección a un pequeño burrito detrás del que él montaba.

Su túnica, inmaculadamente blanca y resplandeciente, invadía de luz el pequeño espacio de salida del lugar. De nuevo aquella voz.

Aquella dulce voz que quedó grabada en forma sempiterna en los anales de mi memoria, se dejaba escuchar otra vez.

—¡No temas, ven... Sígueme!

Hoy día siento algo de temor cuando hablo sobre esta experiencia. Fue algo tan hermoso, tan increíble, que la considero una, si no la más, por haber sido la primera de los más claros y diáfanos encuentros en dimensiones no terrenales. Para un neófito, una persona no familiarizada con este tipo de hechos, le parecería que le están describiendo fragmentos de una película de ciencia ficción.

No obstante, así no pensarán los que tengan ya ciertos conocimientos bíblicos y tomen como ciertas y valederas las promesas de las Sagradas Escrituras. Prueba palpable es este segmento bíblico que se encuentra en el libro de Los Hechos cuando Pedro enfrentaba su primer discurso ante los judíos y los habitantes de Jerusalén. Pedro entonces citando lo dicho por el profeta Joel, se dirigió a la multitud diciendo:

Y en los postreros días, dice Dios, derramaré de mi Espíritu sobre toda carne. Y vuestros hijos y vuestras hijas profetizarán; vuestros jóvenes verán visiones, y vuestros ancianos soñarán sueños; y de cierto sobre mis siervos y sobre mis siervas en aquellos días derramaré de mi Espíritu, y profetizarán. Y daré prodigios arriba en el cielo. Y señales abajo en la tierra, sangre y fuego y vapor de humo; el sol se convertirá en tinieblas, y la luna en sangre, antes que venga el día del Señor, grande y manifiesto; y todo aquel que invocare el nombre del Señor, será salvo.

Hechos 2:17-21

De estas palabras podemos colegir, que no es de extrañar que estos casos inusuales, hoy día sucedan.

Lo que sí podía resultar extraño para los inconversos es con quién sucedió. Con un traficante de drogas y mujeriego impenitente. Hay que ver que esto tenía un trasfondo muy particular para que sucediera. ¿Acaso no existen por esos lugares de Dios, miles de santurrones a los que les creerían más fácil si ellos relataran un caso similar? Pero, ¿qué dicen las Escrituras acerca de esto? veamos:

Pero de los que tenían reputación de ser algo (lo que que hayan sido en otro tiempo nada me importa; Dios no hace acepción de personas), a mí, pues, los de reputación nada nuevo me comunicaron.

Gálatas 2:6

Aun más, hay otra cita que ilustra este caso:

Sino que lo necio del mundo escogió Dios, para avergonzar a los sabios; y lo débil del mundo escogió Dios, para avergonzar a lo fuerte.

1 Corintios 1:27

Con estas citas, hay más de una razón para pensar que el poder de Dios se pasea en medio de los que pensamos que no le merecemos, nosotros estamos dentro del plan de Dios. ¿Alguien me hubiese dicho a mí, que de un vendedor de drogas y parrandero, Dios con su poder inigualable, amoroso y omnipotente, lo convertiría en un portavoz de su mensaje de amor y perdón? Sin embargo, igual sucedió con uno de los criminales y perseguidores del cristianismo más grande que se conozca, este fue Saulo de Tarso, posteriormente llamado el apóstol Pablo después de su conversión al cristianismo. ¿Qué puede inducir a un perseguidor rapaz, implacable con sus enemigos, convertirse de un momento a otro, en un ferviente defensor de los que unas horas antes venía persiguiendo para aniquilarlos? ¡Sólo un poder divino, celestial! ¡Un poder que sólo viene del cielo! ¡Que sólo procede del Padre por medio de Jesús!

Cuando toco esta parte de mi testimonio, no puedo reprimir las lágrimas. ¡Qué experiencia tan hermosa! ¡Tan incomparable! ¡Tan profundamente conmovedora y tierna! Esto, para alguien que lo único que sabía era de violencia y de drogas, de una vida totalmente extraviada, era demasiado. El propio Jesús viene por mí, me salva en el peor momento. Viene a mí y me habla, me dice: ¡No temas... Sígueme! ¡Y cómo no seguirlo si me ha salvado, si me ha dado vida nueva, tanto vida física como espiritual! ¡Santo y bendito sea por siempre su nombre por los siglos de los siglos! Me ha hecho nuevo, una persona nueva en fe, en amor hacia los demás a los que antes sólo le hablaba con el cañón de una pistola cuarenta y cinco, o de una de nueve milímetros en mi país. Las Escrituras no se equivocan:

De modo que si alguno está en Cristo, nueva criatura es; las cosas viejas pasaron; he aquí son hechas nuevas.

2 Corintios 5:17

Desde aquel momento, algo sucedió en mi vida. Algo grande, increíble. Cuando recuperé el conocimiento, eran cerca de las seis de la tarde. Habían transcurrido más de veinticuatro horas desde la primera aspirada de polvo de cocaína. Pero lo increíble del caso, era que ¡no tenía nada! ¡Estaba como si nada hubiese ocurrido! Me palpé todo el cuerpo. Me sentía en buen estado, no sentía ni siquiera las consabidas consecuencias, o efectos secundarios que regularmente dejan la ingestión de bebidas alcohólicas, o bien, el consumo indiscriminado, abusivo de cocaína como yo lo venía haciendo. Mucho más increíble aún era "despertar" con esa energía y esa especie de tranquilidad con que contaba en esos momentos. Para mí era inexplicable. Conocía casos de personas que después de sufrir una sobredosis, jamás habían vuelto a ser los mismos. Muchos quedaban inválidos, otros convertidos en vegetales, porque sus cerebros estaban muertos. Era una barbaridad. Sin embargo, yo estaba sano. ¡No tenía nada! ¡Ni sentía dolencia alguna! ¡La gloria sea para mi Señor y Salvador Jesús!

Después de aquel "sueño", que más que sueño fue un real encuentro con quien menos yo pensaba que existía. Y cómo iba a pensar que existía nada bueno, ni lleno de bondad infinita como el Hacedor de todo, con Dios Todopoderoso. ¿Y quién vendría a decirme, que Dios había hecho carne a su hijo, su único hijo, Jesús, y lo había ofrecido en sacrificio por los pecados de la humanidad como prueba de su amor por el mundo? En la clase de mundo en que vivía, creo que nadie se hubiese atrevido a decirlo sin que yo lo hubiese mandado al infierno. Sin embargo, el cambio que se operó en mí, era algo no terrenal. La pasividad que me embargaba, no podía explicarla. Ya no tenía ganas de peleas, de "rabiacas". Vi mi pistola y me preguntaba que para qué la necesitaba. ¿Para qué uso esto? Era como si de repente, rechazara algo, que para mí fue como mi compañera fiel, mi única amiga.

Después de unas horas de lo ocurrido no sabía qué hacer. Sentía que la paz que me embargaba era inmensa, tan extensamente gratificante, que yo mismo estaba asombrado. No llegaba a entender realmente qué sucedía ahora conmigo. Pero aquello del "sueño", había sido muy real. ¿Con quién podría comentar todo lo ocurrido sin que me tomaran por loco? ¿Me creerían?

Tomé un buen baño de agua tibia. Mientras lo hacía, pensamientos nuevos, diferentes, ideas sanas, un entusiasmo desbordante dentro de mí que no conocía antes se estaba moviendo en mi interior. Era una energía indescriptible, desconocida. Hoy puedo describirla después de encontrar explicación bíblica a este extraño y feliz comportamiento.

> *El que cree en mí, como dice la Escritura,*
> *de su interior correrán ríos de agua viva.*
>
> Juan 7:38

Esa misma noche, me puse en contacto con mi antiguo pastor de República Dominicana, con José Reyes. Él, después de ministrar por varios años en mi país, llegaba a Nueva York para encargarse de una pequeña iglesia hispana. Unos meses atrás, había hecho contacto con mi primo y compañero de infancia. Quien me trajo a la iglesia por primera vez. Estaba casado, y tenía dos niñas. Lucía diferente, cambiado en muchos aspectos. Aún persistía en que yo no iba por el mejor de los caminos. Él sabía a lo que me dedicaba, a la venta y consumo de cocaína.

Comenzó entonces a invitarme a comer a su casa. Allí, en medio de las comidas, aprovechaba para echarme sus prédicas. Le decía que no me hablara de nada de eso. Que recordara lo que me había ocurrido cuando apenas comenzaba en el cristianismo, cuando aquel invitado del pastor Reyes habló como lo hizo cuando apenas disfrutaba el "primer amor" cristiano.

Me relató la historia de un pandillero, Nicky Cruz. Decía que cuando el pastor David Wilkinson quiso llevarle la Palabra de Dios, el pandillero lo golpeó, lo pateó y hasta lo escupió. Cuando me hablaba de esto, reía en mi interior. Veía en mis adentros a Wilkinson, el pastor, revolcarse por el dolor de los golpes. Mi naturaleza violenta, pecaminosa, en vez de sentir lástima por aquel hombre que su única culpa era la de llevar palabras de aliento a una persona atada por las cadenas del mal, al parecer, me hacía sentir un morboso placer por el castigo que le daban al intruso misionero.

Yo reconocía que necesitaba ayuda, quería encontrar la salida de aquel mundo que me sofocaba, que tenía atrapada mi voluntad. Pero lamentablemente, en quienes la buscaba no la encontraba. Al contrario, a medida que comencé a asistir a la iglesia las cosas que comenzaron a sucederme, si no hubiese sido por que mi llamado no fue hecho por el hombre, me hubiese sucedido peor que la primera decepcion que me llevé en mi país muchos años atrás. Quizas hubiese mandado al mismísimo infierno al que me invitara de nuevo a visitar una iglesia.

Un día, en casa de mi primo, sucedió algo que hoy día me hace dudar del comportamiento del humano como ente racional en algunos casos. El hecho me afectó hasta tal extremo, que jamas volví donde él se encontraba. Esto me afectó hasta lo indecible. No imaginé que habrían ciertas restricciones en su hogar, pero no precisamente de él. Me sentí un paria. Humillado. Mi primo y yo habíamos sido entrañables; pero los tiempos cambian, y a veces, otras cosas ocupan el sitial de la hermandad, de los lazos inalterables, para darle cabida a otros, que en ocasiones, no son durables. Para mí la situación era difícil. Prácticamente me veía depender espiritualmente de mi primo. Siempre idealizamos a quien nos ha traído a la iglesia. Esto ocurrió conmigo. Pero a medida que pasaban los días, el Señor mostraba otros caminos. Me enseñaba que al único que debía idealizar y seguir era a Él. Por suerte, el pastor Reyes estuvo allí para alentarme. Él conocía el problema. Me confortaba al decirme que recibiría toda clase de ataques, que debería estar preparado. Que probablemente pasaría por situaciones peores.

La lucha era fuerte, desigual. Mas para un novato que intentaba entrar al cristianismo creyendo, como me decían lo hermanos que ya todo pertenecía al pasado. Pero desconociendo las actividades en las que me había visto involucrado, jamás pensaron que las fuerzas del infierno me alcanzarían dentro de la misma iglesia, que los espíritus inmundos me declararían una guerra abierta. José me habló de una frase, que hasta hoy día la he llevado como un hecho cierto que no me ha fallado. He tenido tropiezos serios. Creo que he tenido más decepciones con cristianos que los que tuve en el mundo. Por esto recuerdo a Reyes cuando en aquella oportunidad me decía: "del humano, espéralo todo".

Sin embargo, cuando le di mi alma al Señor, la sensación de libertad y gozo que invadía mi espíritu era tal, que creí que en vez de caminar, flotaba. Le pedí a Jesús que entrara a mi vida. Estaba consciente de lo que hacía como nunca antes. Le pedí con lágrimas en los ojos, enfrente de toda la congregación, que fuera mi Guía, que fuera mi Salvador, que me limpiara con su sangre. Escuché un himno que me conmovió el alma, que hoy día escucho y me estremece.

> "Lávame en tu sangre Salvador,
> límpiame de toda mi maldad".

Hubo otro a continuación en que no pude reprimir las lágrimas, fue el himno: "Más blanco que la nieve".

> "Que en mi alma no puede lo impuro quedar
> tu sangre mis manchas las puede limpiar;
> pecados e ídolos desecharé,
> Lávame y más blanco que la nieve seré".

En aquellos momentos sentí como que nacía de nuevo, que había una vida futura llena de esperanzas. Cuando me puse de pie, pude percibir el amor y calor que me ofrecían los que me rodeaban. Me abrazaban, algunos estaban enternecidos hasta las lágrimas. Ya ellos sabían de mí, de mis actividades. Semanas atrás había visitado la iglesia con mi primo. La primera vez, tuve la intención de irme cuando todo el mundo se arrodilló y se pusieron a orar. Me pareció la cosa más ridícula. Hoy día es mi pan de cada día. Para entonces, no tenía convicción, ni sentía deseos de hacerlo. Salía de allí y volvía con mis amigos. Pero al parecer, era cuestion de tiempo, ya la palabra estaba sembrada:

Porque como desciende de los cielos la lluvia, y no vuelven allá, sino que riegan la tierra, y la hace germinar y producir, y da semilla al que siembra, y pan al que come, asi será mi palabra que sale de mi boca; no volverá a mí vacía, sino que hará lo que yo quiero, y será prosperada en aquello para que la envié.

Isaías 55:10-13

Esa palabra de fuego, pudo haber estado sembrada desde aquella vez en mi país, República Dominicana. Sólo, que era cuestión de tiempo para que germinara. Hay una cita bastante clara en el libro de Eclesiastés cuando dice:

Todo tiene su tiempo, y todo lo que se quiere debajo del cielo tiene su hora. Tiempo de nacer, y tiempo de morir; tiempo de plantar, y tiempo de arrancar lo plantado.

Eclesiastés 3:1-2

No hay otra expresión que grafique más claro mi caso, el Señor con su amor imperecedero, había sembrado su palabra en mí, y aún habiéndome apartado por años e inmiscuirme en prácticas pecaminosas, continuaba amándome y vigilaba mis movimientos con esmero. Pues ¿cómo explicar que en un momento crucial, bajo una sobredosis de cocaína cae sobre mí en un haz de luz refulgente y me rescata? Es la prueba más fehaciente del infinito e inagotable, amor que de su Santo Espíritu emana. Un amor inagotable, imperecedero, ofrecido sin medidas y a todos por igual. Porque Dios, en su bondad infinita, no tiene acepción de personas, nos ama a todos y por igual.

¡Mi alma te alaba, y mi espíritu te glorifica! ¡Oh Jesús!

VEINTICUATRO

LA LUCHA ESPIRITUAL

*Amados, no os sorprendáis del fuego de prueba que
os ha sobrevenido, como si alguna cosa extraña os
aconteciese, sino gozaos por cuanto sois
participantes de los padecimientos de Cristo
para que también en la revelación de su gloria os
gocéis con gran alegría.*

1 Pedro 4:12-13

Quisiera decir desde lo más hondo de mí que cualquier persona que da un paso tan trascendental en su vida personal como la de entregar su vida a Jesús, va a comenzar a vivir en un lecho cubierto de rosas. Pero no es así. No obstante, la diferencia que inmediatamente sientes, por la quietud y la paz que el Espíritu Santo de Dios deposita en ti, es palpable. Pero, más tarde, las consecuencias que comenzamos a pagar por esa decisión se hacen manifiestas de inmediato, de miles maneras. Esto se debe a que las fuerzas del mal, representadas por toda clase de pecados y de las más insospechadas formas de tentaciones, van a comenzar a bombardearte por distintos frentes de batallas.

Pero no debemos tener temor, las Escrituras nos dan fortaleza, nos dicen que:

Fiel es Dios que no nos dejará ser tentados más allá de donde podamos resistir.

1 Corintios 10:13

Las situaciones por las que tuve que atravesar, fueron como para que jamás cruzara de nuevo por el frente de una iglesia. Mis problemas mayores fueron con quienes menos esperaba; con los propios "cristianos". No porque se asista a una iglesia se es cristiano. Hay cristianos reales, fieles, temerosos de las cosas del Señor, que dan prioridad y siguen con especial atención los lineamientos bíblicos. Pero también hay otros cristianos que sólo lo son de nombre.

Son los que menciona el apóstol Pablo en su epístola a Tito. Acerca de éstos nos relata:

Profesan conocer a Dios, pero con los hechos lo niegan, siendo abominables y rebeldes, reprobados en cuanto a toda buena obra.

Tito 1:16

En ocasiones son los de mayor número, son los que quitan la comunión divina que el Espíritu Santo de Dios deposita en nosotros. Para decir esto tengo miles de razones. Mi conversión asombró a muchos. Aún hoy día, muchos que me conocían han querido verme personalmente, en forma directa. Desean verificar mi cambio por sí mismos. Soy uno de los más sorprendidos al ver cómo el Señor Jesús transforma a las personas, al ver las cosas maravillosas que el Señor de Señores, Jesús el Cristo hace con su divino poder. Y más por uno como yo que no tenía más camino que el del propio infierno.

Cimenté una especie de liderazgo en poco tiempo. Supongo que el Todopoderoso, quien es el que no da vida y nos forma, Él, que desde antes de nacer ya nos ha visto, como vio al siervo y profeta Jeremías a quien dijo:

Antes que te formases en el vientre te conocí, y antes que nacieses te santifiqué, te di por profeta a las naciones.

Jeremías 1:5

No quiero insinuar con esto, que estoy tratando de establecer algún tipo de comparación entre este profeta de Dios y yo. ¡Jamás! Pero sí, el de acentuar los propósitos del Dios Todopoderoso y sus planes para con nosotros. Desde antes de venir a los pies del Señor, casi todos los oficios que desempeñé fueron al frente de mucho personal. Esto me fue puliendo y ayudándome a lidiar con los distintos problemas que se presentan en los grupos.

En República Dominicana, laboré por varios años como supervisor de Salud Pública en la región norte, para la Secretaría de Estado de Salud. Tenía que visitar y vigilar por el control de medicina preventiva que unos dieciséis promotores de salud bajo mi cargo, tenían que llevar a miles de personas en cerca de dieciocho comunidades y poblados diferentes.

Desde muy pequeño, entonces ya venía lidiando con los distintos caracteres del ser humano, conociendo las formas de manifestarse, y sus diferentes maneras de reaccionar ante algunas circunstancias. No dudo que formara parte del plan de Dios para cuando me llamara a servirle. Tanta convicción tengo al decir esto, que incluso, el ser diestro en el manejo de los aparatos de proyección de películas, lo adquirí en esos años que laboré en el área de la salud en mi país. Para llevar un mensaje más claro a las distintas comunidades rurales de las regiones, me valía de películas y dibujos animados que eran proyectados en cintas de dieciséis milímetros. Al tiempo que les servía de entretenimiento visual, les dejaba grabado el mensaje que queríamos llevarle, el de medicina preventiva.

Esto, a la sazón, fue mi carta de triunfo cuando después de casi trece años, esos mismos conocimientos tendría que ponerlos en práctica al recibir el llamamiento del Señor. Así fue como comencé a laborar con el ministerio de evangelización de la Cruzada Internacional de Estudiantes y Profesionales para Cristo en las Américas, o Campus Crusade Internacional. (De esto hablo más adelante). Los casos que se suscitaron a mi alrededor cuando decidí continuar asistiendo a la iglesia, eran precisamente para que no lo comentara con nadie. Sabía que de hacerlo, sí que realmente pensarían que estaba loco.

Esto contribuyó a que me desesperara aun más. Pensaba, si han insinuado que he vuelto a las drogas, que lo que me ocurría eran "efectos de la cocaína", cuando les cuente los casos reales seguro hasta me impedirán la entrada al templo.

Las noches para mí se habían convertido en un verdadero infierno. Ya hasta sentía temor de que llegara la hora de ir a la cama. En ocasiones, era sólo apagar las luces y cerrar mis ojos. De inmediato sentía como una fuerza descomunal se me echaba encima hasta inutilizarme totalmente. Solamente que esa fuerza actuaba únicamente en mi cuerpo físico, pues mantenía despierto mi estado de conciencia.

Quería gritar, sentarme, pero no podía. Aquella "cosa" me aplastaba. No podía articular palabra alguna, sentía una presión en mi garganta que me asfixiaba. Para entonces había conocido una hermana en la iglesia a la que constantemente le pedía orientación. No me atrevía a dialogar del caso con más nadie. Ni con el pastor, ni con nadie.

Para agravar aun más mi situación, circunstancia que aun hoy día no sé cuáles fueron, hicieron que el pastor con quien había conocido del Señor, y con quien de nuevo me reconciliaba, José Reyes, se mudaba para Cleveland, Ohio. Era lo único que me faltaba —decía—. Él era el único con quien contaba. Los problemas que me habían alejado de mi primo que, aunque creo ya los conocía, no me dejó ver que le importaron. Decidí pues mantenerme a distancia, pero sin rechazarle. Pero al ver que José también se iba de mi lado, sentí que todo me venía encima. Cuando la iglesia dio la noticia de su partida, me puse de pie listo para marcharme. Él, conocedor de los problemas por los que venía atravesando se abrió paso entre los hermanos que, abrazándolo, le deseaban los mejores éxitos.

Lo escuché cuando pronunció mi nombre; pero era tarde para detenerme. No pude despedirme de él, las lágrimas no me dejaron. Aquella sensación de vacío me turbó. Tomé mi *jeep* y me alejé del lugar tan rápido como pude.

Quién habría de sustituir al pastor Reyes, pertenecía a nuestra congregación. Era un joven casado, con tres hijos y una esposa dedicada por entero al Señor. Ella, formaba parte del grupo de alabanzas y adoración en la iglesia. Él, algunos años atrás, antes de José llegar como pastor, había estado al frente de la pequeña iglesia. Al parecer, para entonces, su capacidad para lidiar con la congregación no fue suficiente y fue sustituido.

Ahora estaba al frente de nuevo, pero en mi opinión, con las serias desavenencias que había dentro de la iglesia, dudo que durara mucho tiempo. La congregación estaba dividida en facciones. Se querían implementar cambios renovadores. Imprimir aires nuevos, pero los tradicionalistas se le oponían. Esta situación de presión, aunadas a errores y la poca preparación, llevaron al joven pastor a cometer desaciertos constantemente. Yo mismo tomé del amargo cáliz del desánimo y la decepción.

Después de la partida del pastor Reyes, los días de transición que se vivieron en la iglesia, lejos de aportarme algún beneficio, me fueron desalentando más y más.

A medida que los días transcurrían mis esperanzas y apoyo se perdían. Mientras el desánimo me consumía, el diablo aprovechaba cada minuto para afinar sus ataques. Comenzaron a buscarme a la misma iglesia, lo amigos con los que antes salía. Me hacían ver con "sus razones" que, qué era lo que realmente yo buscaba allí.

—Mira lo pequeña que es esa iglesia. Sabemos de buena fuente que ellos no creen en tu conversión, y no creen que es cierto lo que te sucede —me decían.

Pero ellos —mis amigos—, sí lo sabían, ellos sí me creían porque también conocían centros de espiritismo y de brujería.

Hubo noches que llegaban con cocaína y esperaban hasta que el culto terminara, estacionados frente a la iglesia, en un auto Mercedes Benz y dispuestos para irnos de parranda. Habían muchachas de las que antes anduve detrás de ellas y, ahora eran éstas quienes me buscaban por todos lados.

Era increíble, cuando me venían a buscar y yo no quería irme esperaban la hora de salida. Me decían que me llevarían a la casa, que sin mí se sentían mal, que yo era el alma del grupo. Y sí tenían razón, yo era el que hacía las "movidas", no tenía temor para nada, incluso para subir la voz cuando de buscarnos problemas se trataba. Los problemas eran casi siempre por mujeres. Cuando accedía a subir al carro, allí comenzaba el problema, la tentación era tremenda. Comenzaban por decirme:

—Mira Ronny, no queremos que tú vuelvas con nosotros, ni a usar drogas si no quieres, pero mira esto está como para uno comérsela.

Lo decían al tiempo que enseñaban las rocas de cocaína más llamativas que había visto. Al menos, así me las hacía ver el diablo. Después de la primera aspirada ya el resto era historia. Venían entonces las llamadas por el teléfono celular, los contactos con las muchachas. La juerga que se armaba de ahí en adelante, era como para que hoy, tenga que cubrirme el rostro de vergüenza. Terminaba amaneciendo con ellos encerrados en apartamentos, no sin antes surtirnos de bebidas y cocaína abundante, y claro, las mujeres.

Así pasábamos varios días. La situación era difícil para mí. Después solamente venía el remordimiento, la lloradera y las depresiones profundas en las que me sumía. ¿Cómo terminar con toda esta situación? ¿Cómo librarme de aquellos lazos infernales que me mantenían atado a la drogadicción y a los interminables ataques de aquellos demonios que habían prometido en varias oportunidades, que de apartarme de ellos me convertirían en un adicto o me volverían loco?

Ya lo de adicto era real. Ahora sólo faltaba la locura y a esto sí que le temía. Y de continuar como iba, lo otro sería una realidad. Mi lucha era constante, diaria. Me parecía ver a la médium por todos lados. Una noche antes de irme a la cama sentí presencias terribles en mi apartamento. Traté de conciliar el sueño. Pero como a las cuatro de la madrugada un ruido extraño y peculiar me despertó. Tuve miedo. Más que miedo ¡sentí que se me heló la sangre! El ruido provenía de la cocina. Pero ¿quién lo producía? Yo estaba solo. El ruido seguía. Yo me mantuve a la espera de lo peor. Agudizaba mi oído tratando de escuchar algo más, pero nada.

Después de unos minutos, decidido, me puse de pie dirigiéndome con paso firme hacia la cocina. Creo que lo que me hacía actuar así era más el miedo que otra cosa. El sonido era producido por una licuadora encendida a toda capacidad. Este fue sólo uno de los casos que comenzaron a suceder. Después eran otras cosas. Otro día estando escribiendo una carta para un prestigioso programa de televisión de Miami, el cual me había invitado a participar en su panel me paré de la silla en mi escritorio. Estando en otro ángulo de mi apartamento, se escuchó como si alguien estuviera escribiendo en la máquina, al querer verificar qué estaba ocurriendo, el susto que me llevé fue tal que salí corriendo del apartamento.

Un tanto calmado, regresé para revisar la hoja escrita casi a la mitad, lo que había escrito en el papel era seguro que yo no lo había hecho. Recuerdo que estaba hablando por teléfono cuando escuché sonar la máquina de escribir. Fue como cuando alguien mantiene oprimida una de las teclas de las máquinas eléctricas que éstas continúan escribiendo solas.

Habían tres seis escritos, y un espacio. Inmediatamente después del espacio en blanco, la línea terminaba escrita por completo con números seis. ¿Coincidencia el que este número sale descrito en el

Apocalipsis como el número que representa la bestia y el anticristo? ¿No sería ésta una de las últimas tretas del maligno tratando de atemorizarme? ¿No era demasiada coincidencia que el espíritu que se decía me protegía desde mi niñez, que decía ser mi padre se llamara "belial", y la Biblia describe un "belial" cuando nos dice en 2 de Corintios 6:14-15: "¿Qué compañerismo tiene la justicia con la injusticia? ¿Y qué comunión la luz con las tinieblas? ¿Y qué concordia Cristo con Belial?" ¿No sería mucho coincidir?

Lo cierto del caso es que mi situación se estaba poniendo cada vez más difícil. De quienes esperaba ayuda, no tenía la más mínima esperanza. Me decían que eso eran problemas de mi mente, que a mí nada podía atacarme porque yo ya había recibido al Señor, que nada podía hacerme daño.

Dejé de ir a la iglesia por varios días. Estaba desesperado, sin ayuda, me sentía solo en medio de un desierto. Pero aun así sentía que tenía que luchar que no debía darme por vencido. Una noche cerca de la una de la madrugada, no podía conciliar el sueño. Me levanté fui y encendí el televisor de la sala. Desde esa noche comencé a ver que el Señor se vale de muchos medios para hablarte cuando necesitas su ayuda divina. Llevaba días sin poder dormir. Sentía como una sombra oscura que me seguía por todo el apartamento, que solamente estaba a la espera de que me echara a la cama para tirarse encima de mí. Caminaba como fiera dentro de mi apartamento. Encendí el televisor. Lo que escuché me dejó en una pieza. "Si tienes problemas de brujerías, espiritismo, demonios, drogas, ven a nuestro culto de oración, participa en la cadena de liberación, Jesús con su infinito poder te libertará".

Eran las que necesitaba escuchar, "Cadena de liberación". Sonaba interesante. A mí siempre me gustaban los retos. Y si éste era para mi bienestar. ¿Por qué no probar? Además éstos sí que parecían saber de lo que hablaban. Era una iglesia en Brooklyn, no sé de qué denominación era, lo que si sabía era que no dejaría pasar la oportunidad.

Esa noche traté de dormir. Pero no pude. Sentí que aquella fuerza enorme, oscura se me fue echando encima. Comencé a perder fuerzas. Mi cuerpo estaba como inutilizado, no podía disponer de él como normalmente lo hacía. Sentía esa fuerza aplastante sobre mí que no me permitía movimiento alguno. En mis adentros comenzó la lucha por safarme de "aquello". Unos segundos después pude reaccionar, conjuré, maldije, grité y nada parecía librarme de aquello. Entonces recordé que me habían dicho que cuando eso me sucediera de nuevo tenía que decir: "Te reprendo por la sangre de Jesús". De aquellas palabras me olvidé. Sólo recuerdo que maldije a la bruja y a todos sus seres y que pude gritar:

—¡Dios mío ayúdame!

De repente, "aquella cosa" se fue deslizando de mí hasta que quedé libre. Quedé tenso completamente. Mi corazón palpitaba a mil. Temblaba, mi respiración era dificultosa. Estaba realmente asustado. Pero me dije que todo acabaría, que encontraría la forma de salir de toda la horrible situación que me rodeaba.

Así fue. Me apresuré al siguiente día. Quería ser de los primeros en llegar al templo; pero todo, desde que me levanté fue un mar de confusión. No atinaba qué era realmente lo que quería o debía hacer. Estaba de mal humor. Y cómo no estarlo no había podido dormir. Sentía opresiones de toda clase. Como nunca antes la había sentido. Igual me sucedió cuando fui a recibir el bautismo en Hancock, Pensilvania. Ese es un hecho como para narrarlo en un capítulo completo.

Ésta sería una de las sacudidas más violentas que estos espíritus del mal me darían. Y cómo no hacerlo si iba a ser bautizado con el poder del Espíritu Santo y ya ellos no tendrían morada en mí, no podrían maniobrar más en mi vida.

En aquella iglesia vi por primera vez algo que me llamó la atención. Era la primera vez que observaba a los pastores lidiar directamente con personas poseídas. Le prestaban atención al caso como en ningún otro lugar. Las personas caían al suelo cuando se les imponían las manos sobre sus cabezas y se invocaba el poderoso nombre de Jesús.

Cuando el pastor llegó frente a mí y me impuso las manos, sentí ganas de quitar sus manos de encima de mí. Era como si algo me dijera que lo hiciera. De pronto comencé a jadear. Un poco más tarde, dos fuerzas luchaban por controlar mi cuerpo. Solamente escuchaba la voz fuerte de los pastores, al parecer, impartiendo órdenes a "algo" detrás de mí, pero que no era yo.

Aún habían muchas personas en la congregación. Aparentemente, yo había perdido momentáneamente el control de mí y no sabía lo que sucedía a mi alrededor. Cuando estuve apto para darme cuenta de lo que había ocurrido, estaba tirado en el suelo con los brazos rígidos por detrás de mis espaldas. Realmente no sé qué pasó, esto jamás me había ocurrido antes. Además, no creía en eso de andarse cayendo porque le pusieran a uno las manos en la cabeza. Pero allí ¡algo había ocurrido! ¡Me sentía diferente! ¡Más liviano diría yo! A Dios por medio de Jesús, las gracias eternas. Cuando me puse de pie, era como si me hubiesen quitado una carga pesada de encima. Puede que haya sido algo sicológico, pero sentía una libertad tremenda. Algo había sido quitado de mí ¡lo sentía! Aquel hecho marcó una nueva etapa en mi vida. Había aprendido y experimentado algo nuevo, algo que me ayudaría a enfrentarme a las fuerzas que venían haciéndome la vida imposible.

Aunque me reintegré a la iglesia a la que originalmente asistía, me había trazado la meta de no hablar de mi situación, y sólo pedir la guianza del Espíritu Santo de Dios en los pasos que iba a dar. Aquel pastor de Brooklyn, un brasilero, me había advertido y no sin razón, que el camino que había elegido no era un camino fácil, que vendrían ataques más fieros más fuertes. Comencé entonces a escudriñar más a fondo lo que decían las Escrituras con relación a los espíritus inmundos y la forma en que obraban.

Puedo decir honestamente que le debo mucho a la manera en que estos pastores brasileros obraron con mi caso. Aunque no compartía sus metodologías y sus doctrinas, sí fueron los primeros en enseñarme la forma efectiva de actuar en contra del demonio y sus ángeles de maldad. Después el resto vino por el verdadero poder del Dios Altísimo. Él me guió de forma personal para salir de la situación en la que estaba. Le pedí en mis oraciones que me diera una estrategia para poder luchar contra esa fuerza desigual, que me diera discernimiento, claridad sobre los métodos que debía utilizar. Apenas era un novicio en el cristianismo y no quería volver hacia atrás.

Un pastor me había dicho para entonces, que había sentido una energía tan fuertemente negativa alrededor de mí, que lo único que atinó hacer fue irse al púlpito a orar, pues supuso que algo malo ocurriría en la iglesia esa noche. Lo mismo me dijo el pastor brasilero cuando me vio por vez primera y yo lo sabía. ¡Claro que sabía que lo que me rodeaba no era algo común! Desde pequeño había estado bregando con este tipo de actividades, del ocultismo en todas sus facetas. Era seguro entonces que la lucha iba a ser a muerte. ¡Sí! ¡a muerte! porque estos seres inmundos lo que buscaban era mi muerte.

Pero las maravillas de las Escrituras están ahí, al alcance de nuestras manos, para que la usemos, para que pongamos a prueba esas promesas bíblicas.

> *¿Qué, pues diremos a esto? si Dios es con nosotros*
> *¿quién contra nosotros?*

Romanos 8:31

Al comenzar a escudriñar las Escrituras, encontraba a medida que avanzaba, métodos que acorde a los casos con los que se graficaban no fallaban. Y qué mejor que la Biblia misma cuando nos dice que la palabra de Jehová nuestro Dios nunca regresará vacía y que es fiel, que es verdadera.

Una de las cosas que para entonces llamaron mi atención, fue un fragmento narrado en el libro de Mateo 17:18-21. Decía:

> *Y reprendió Jesús al demonio, el cual salió del mu-*
> *chacho, y éste quedó sano desde aquella hora. Vinien-*
> *do entonces los discípulos a Jesús, aparte, dijeron:*
> *¿Por qué nosotros no pudimos echarlo fuera? Jesús*
> *le dijo: Por vuestra poca fe; porque de cierto os digo,*
> *que si tuviereis fe como un grano de mostaza, diréis*
> *a este monte: Pásate de aquí allá, y se pasará; y nada*
> *os será imposible. Pero este género no sale sino con*
> *oración y ayuno.*

No fue sino hasta entonces, que creyendo en este principio bíblico, comenzó lo que hasta hoy día es una práctica semanal. El ayuno y la oración constante.

Después de un tiempo, y viendo los excelentes resultados que mis prácticas estaban produciendo, opté por visitar varias librerías cristianas. Me surtí de cuantos libros encontré. De personas que al igual que yo, habían pasado por situaciones similares. Los casos eran increíbles, más de lo que pude haber imaginado. Aun hoy día no sé por qué estos casos están prácticamente vetados en las congregaciones. ¡Qué lamentable que las iglesias hoy día no lo aborden! ¿Cómo se piensa darle la guerra al diablo si hasta miedo produce en algunos cristianos el sólo hecho de mencionar su nombre? ¿Es así como vamos a enfrentar a nuestro común y único enemigo? ¿Huyéndole?

Hoy día las artimañas del enemigo en contra del pueblo de Dios, son refinadas, sofisticadas. Día a día venimos siendo bombardeados por programas televisivos alienantes, perversos, perniciosos. Tenemos cientos de hombres, mujeres y jóvenes del pueblo cristiano que no se desprenden del frente del televisor, que ven novelas, que están recibiendo mensajes sublimales que se graban en el subconsciente de la persona provocando posteriormente resultados desastrosos, trágicos, en el seno de nuestra pueblo cristiano.

Y lo peor es que los temas raramente se tratan. He participado en conferencias y me he quedado petrificado en ocasiones en que personas, jóvenes en su mayoría, me han dicho que no saben por qué me gusta hablar de eso. Que han tenido miedo al irse a dormir a sus habitaciones, que por qué no hablo de otra cosa, que no les produzca temor, que de sólo oír mencionar ese terrorífico nombre sienten miedo. ¡Qué lástima! ¡Cuánta pena! No en balde nos deja dicho nuestro Dios: *Mi pueblo fue destruido, porque le faltó conocimiento* (Oseas 4:6).

Una noche participaba como invitado de una iglesia del Alto Manhattan. Venía ofreciendo mi testimonio de cómo había sido librado de la muerte por el poder infinito de Jesús. Esa noche ofrecía detalles de cómo obraban las fuerzas de estos espíritus malignos en mi carácter, en mi conducta diaria y hasta en mi manera de vestir. Explicaba que los espíritus inmundos aunque fuesen ángeles caídos, tenían poderes para obrar, dirigiendo ataques en forma directa contra los hijos de Dios. Alguien me interrumpió para decirme que no estaba de acuerdo en lo que decía, que yo lo que estaba era exaltando y dándole gloria a Satanás, que hablara de otra cosa.

Hoy día en casi todas las iglesias se encuentran personas de igual pensamiento. Y no es que se le dé importancia a algo que sabemos que Jesús derrotó de la manera más aplastante en la cruz del Calvario. Nos dice Jesús: *"Pero confiad, yo he vencido al mundo"*. Dios por medio de Jesucristo nos ha dado poder.

He aquí os doy potestad para hollar serpientes y escorpiones, y sobre toda fuerza del enemigo, y nada os dañará.

Lucas 10:19

¿Acaso no hay decenas de relatos bíblicos donde se nos cuentan las acciones de los espíritus inmundos sobre el ser humano, cómo éstos nos producen enfermedades, cómo nos atormentan. Hay un relato palpable de los endemoniados gadarenos en Mateo 8:28. Aquellos pobres hombres estaban hechos inmundicia, presos de aquellos demonios que los atormentaban hasta que fueron liberados por el poder omnipotente de Jesucristo.

En Marcos capítulo cinco, la descripción es más explícita. Nos narra que el endemoniado tenía fuerza sobrenatural, que era atado con grillos y cadenas y las rompía. Que dormía en los sepulcros y que se golpeaba contra las piedras provocándose heridas. Pero el poder de Jesucristo se interponía otra vez ante la destrucción de Satanás y sus espíritus inmundos, era el poder de Dios por medio de Jesús que se imponía otra vez derrotando las intenciones del maligno que anhela destruir la creación de Dios, que es el hombre.

Es lamentable, pero tenemos que reconocer algo, nosotros con nuestra fuerza natural jamás podremos enfrentarnos y salir victoriosos ante las huestes del mal. Necesitamos imperiosamente estar revestidos del poder infinito de Dios y de su Santo Espíritu y resistir al diablo para que huya de nosotros. Pero para eso debemos tener plena comunión con el Espíritu Santo de Dios.

Después de mi conversión traté de mantenerme ocupado en todas las actividades que la iglesia patrocinaba. Buscaba así mantener mi mente ocupada todo el tiempo. Sabía que un leve error me llevaría a la calle y que, una vez allí, caer preso o muerto, era lo menos que podía pasarme. Aquellos espíritus inmundos también lo sabían y estaban listos, dispuestos para atacarme en la más mínima oportunidad. Para esto no importaba a quién tuviera que utilizar en mi contra, si uno de los de la calle o un miembro de la misma iglesia.

Han sido muchas las situaciones y pruebas por las que he tenido que atravesar. Pero gracias al poder infinito del Señor que con su magnificencia y gloria ha mantenido su mano amorosa sobre mí para darme aliento a toda hora, he salido victorioso. Vendrán otras más. Podrán ser peores, pero yo confío en el Señor. No en balde nos insta en las Escrituras al decirnos:

Sed sobrios, y velad; porque vuestro adversario el diablo, como león rugiente, anda alrededor buscando a quien devorar.

1 Pedro 5:8

He tenido momentos de verdaderas batallas. Estoy de acuerdo con Nicky Cruz cuando habla en uno de sus libros, que los que hemos estado envueltos en espiritismo aun más cuando hemos nacido en ese oscuro mundo tenemos un porcentaje de ataques diabólicos, mayor que las personas que no lo han sido. Y es que es una lógica. Existen cristianos en las iglesias, que nunca han oído mencionar lo que es un médium o un espiritista. Pierden el color del miedo que les produce sólo mencionar esto. Porque son personas que, teniendo incluso una Biblia al alcance de la mano, no la leen. Son los que llamo "cristianos de lujo".

Hay otras congregaciones donde ni siquiera se permite que se hable de estos temas. ¡Tienen temor! Entonces yo me pregunto: ¿No nos ha dejado el Señor escritos necesarios y autoridad suficientes como para conocer la existencia y realidad de estos espíritus inmundos y nos ha dado fuerzas y autoridad suficientes como para que la enfrentemos? ¡El diablo y los espíritus inmundos existen! ¡Claro que existen! Pero no hay razón para que los cristianos vivamos en temor. Estamos cubiertos por la sangre de Cristo. Y esta sangre es un escudo poderoso que nos protege completamente. Mantengamos nuestra fe en Jesucristo, pues Él nos dará la fuerza necesaria para continuar hacia adelante.

Porque todo lo que es nacido de Dios vence al mundo, y esta es la victoria que ha vencido al mundo, nuestra fe.

1 Juan 5:4

VEINTICINCO

VISIONES DE ALIENTO

Sin embargo, en una o en dos maneras habla Dios;
pero el hombre no entiende. Por sueño, en visión
nocturna. Cuando el sueño cae sobre los hombres,
cuando se adormecen sobre el lecho.
Entonces revela al oído de los hombres,
y les señala su consejo.

Job 33:14-16

Haz conmigo señales para bien, Y véanla los que
me aborrecen, y sean avergonzados;
porque tú, Jehová, me ayudaste y me consolaste.

Salmos 86:17

Al escribir en este instante y por mi Cristo que no miento, siento la necesidad de decir, no imaginar que honestamente mi vida como cristiano sería un sueño tal como el de "Alicia en el país de las maravillas". Pero es un constante y arduo transitar por el diario vivir. Son muchas las pruebas. Le doy toda razón a predicadores como Derek Prince y otros muchos al decir que, algo anda mal cuando escuchamos a personas todo el tiempo decir que siempre están en victoria. Que nunca tienen problemas.

—Hermano, ¿cómo le va?

—¡En victoria! ¡Siempre en victoria!

Yo quisiera decir lo mismo. Y no es que no podamos estarlo. ¡Claro que podemos! Sólo que el amo de las tinieblas, constantemente nos asecha. Hay muchos que dicen no ser tentados nunca. Yo no puedo opinar así. Yo he vivido todo tipo de pruebas. Gracias a Dios me mantengo firme, diligente, buscando la presencia del Señor en todo momento.

Sin embargo la lucha no deja de ser consistente de parte de las huestes del mal. Solamente hay que ver las cosas que le suceden a uno después de un ayuno, por sólo citar un ejemplo. Y es cuando más fortalecido estamos. Fíjese que cuando Jesús fue tentado por Satanás, llevaba cuarenta días ayunando en el desierto. Si tan atrevido es para tentar al Hijo de Dios qué no hará en contra de nosotros? Y a Job, ¿le parece poco las situaciones por las que tuvo Job que atravesar? ¡Perdió todo! Familia, hijos, y todas sus posesiones materiales. Lo último es que su mujer le dice: *¿Aún retienes tu integridad? Maldice a Dios, y muérete* (Job 2:9). ¿Se imaginan?

Y hay que ver esa realidad, Job era uno de los siervos más fieles al Señor en toda la tierra. Pero Satanás decía que así cualquiera. Que Dios le había bendecido todas sus posesiones, y que así quién no ofrecería holocaustos.

¿Acaso teme Job a Dios de balde? ¿No le has cercado alrededor a él y a su casa y a todo lo que tiene? Al trabajo de sus manos has dado bendición; por tanto, sus bienes han aumentado sobre la tierra. Pero extiende ahora tu mano y toca todo lo que tiene, y verás si no blasfema contra ti en tu misma presencia.

Job 1:9-11

Lo cierto del caso es que Jehová le dio permiso al maligno para que tocase las posesiones de Job; pero que tuviera cuidado con su alma. ¡Job lo perdió todo! No obstante a eso, su persistencia y fe eran tan fuertes que aun los ataques de amigos y su misma esposa proclamaba con convicción férrea:

He aquí, aunque él me matare, en él esperaré.

Job 13:15

Al término de tan terrible prueba, la gratificación de Jehová para Job no fueron menos merecidas. Le redobló las posesiones que antes tenía. Y sus hijas eran las más hermosas en toda la tierra. Lamentablemente, hoy día, existimos cristianos que con la primera sarandeada que recibimos echamos el grito al cielo. Y quien sabe si volvamos a la iglesia.

Yo mismo, al principio, no entendía nada de las cosas que sucedían a mi alrededor. De pronto todo cuanto había conseguido en mis negocios comenzó a traerme problemas. Recuerdo hoy día a pocos meses de recibir a Cristo, me uní a un ayuno en la iglesia a la que asistía que lamentablemente no fue en la que encontré lo que para ese entonces necesitaba.

Como de costumbre dejé mi *jeep* frente a la iglesia. Al terminar el ayuno en la tarde, mi *jeep* no estaba. La policía se lo había llevado. Hacia sólo unas semanas que lo había recuperado, se lo habían robado. Todo empezó a salir mal. Estaba furioso. Pensaba que ahora es cuando todo tiene que irme bien, mejor que antes, entonces ¿qué ocurría? ¡Pero no! No quería entender razones. El Señor quería limpiarme. Ver cuán capacitado estaba para el ministerio que pondría en mis manos. Tenía que pulirme primero, dejar atrás lo que malamente había conseguido para aprender a vivir por fe, por los medios que Él facilitaría.

Mas el justo vivirá por fe; y si retrocediere,
no agradará a mi alma.

Hebreos 10:38

Las pruebas son muchas, cada vez peores; pero la palabra del Señor nos dice que no seremos tentados más allá de donde podamos soportar. He aquí cuando la mano misericordiosa, piadosa de Jesús aboga por nosotros ante el Padre celestial, ...*y si alguno hubiere pecado, abogado tenemos para con el Padre, a Jesucristo el justo* (1 Juan 2:1).

He sufrido horribles tribulaciones pérdidas materiales. Los sufrimientos emocionales no podría enumerarlos. Ultrajes, humillaciones por "cristianos" en las mismas iglesias; pero el Señor ha estado allí para darme consuelo. Al escribir este libro pasaba por un momento de verdadera aflicción. Estaba tratando de estructurar un equipo de apoyo para la exhibición en las calles de la película "Jesús". Al hacer contacto con algunas de las personas que creí eran los más idóneos, fui amonestado públicamente en la propia iglesia. Fui erróneamente interpretado. Desde mi sencilla, pero íntima convicción de ser humano, poseedor del más extraño sentimiento e inclinación por mediar en problemas, no entiendo por qué las consecuencias negativas terminan sobre las espaldas del mediador.

He tenido experiencias amargas, que duelen. Como ejemplo, ésta fue una de ellas, pues de la persona que salieron estas expresiones, era alguien a quien creí sería especial para mí.

En mi vida, pocas personas han penetrado mis interioridades. Esta persona iba a ser una de ellas. La tristeza me invadió por unos días. Pero esto no me arredró para buscar auxilio en la palabra de vida, la Palabra de Dios. Pudo haber sido una treta de Satanás para descontrolar el trabajo que venía haciendo; pero tenía un arma para usar: La Biblia.

Oídme, los que conocéis justicia, pueblo en cuyo corazón está mi ley. No temáis afrenta de hombre, ni desmayéis por sus ultrajes. Porque como a vestiduras los comerá polilla, como a lana los comerá gusano; pero mi justicia permanecerá perpetuamente, y mi salvación por siglos de siglos.

Isaías 51:7-8

Hoy día por la misericordia de Dios, continúo hacia el blanco como diría el apóstol Pablo. Dando todo lo que puedo.

En mi vida no todo ha sido gozo, pues al venir a los pies del Señor las huestes del mal desataron una cacería en mi contra. Los días iniciales fueron de pleno gozo. Vivía una experiencia que jamás había tenido anteriormente. Una sensación que no había sentido con droga alguna. Esta experiencia quería compartirla. No quería sentirme solo como un cristiano más. ¿Acaso tendré que estar sentado siempre en el banco de una iglesia? ¡No! Yo sentía que no. ¿Cómo vendría yo a sentarme en una pequeña iglesia, prácticamente vegetando, cuando venía de ser un tipo tan activo en las ventas de drogas? Vendiendo drogas llegué a permanecer más de veinticuatro horas corridas, ocupando turnos rotativos de doce horas cuando uno de los vendedores de la calle era arrestado. ¡No! Sentía que tenía mucho que exponer, mucho de qué hablar, desastrosas experiencias que compartir de cómo el maligno me había hecho su esclavo toda una vida. De cómo ahora el Señor me mostraba nuevos caminos que tenía que compartir, decirles a los que tuvieran iguales problemas que para ellos no es tarde, que existe una esperanza porque para mí la hubo, que hay un camino y ese único camino es el buen Jesús. ¿No dicen las Escrituras: *"No pondrás bozal al buey que trilla"?* (1 Timoteo 4:18). Entonces, ¿qué se perseguía con quitar el entusiasmo, ese gozo desbordante a alguien que el mismo Jesús lo ha llamado al frente de lucha?

Lamentablemente mis iniquietudes, mis palabras, rebotaban como en un espacio vacío. Por desgracia mi iglesia estaba pasando por una seria crisis de liderazgo. Esto también era de conocimiento del diablo que aprovecharía la situación para darme un zarpazo que creyó acabaría conmigo. Esto era lo último que podía pasarme después de haber "perdido" al pastor Reyes. ¡Era el colmo! Casi podía sentir la presencia del amo del infierno reírse a mi oído, decirme míralos cómo se están peleando. Se están matando unos a otros. ¿Éstos son los que van a ayudarte? Pero, ¿cómo pueden hacerlo si sólo tienes que ver cómo se pelean unos con otros?

La situación me llenó de dolor, de frustración profunda. Dejé de asistir a la iglesia. Cuando estábamos en los cultos, se sentía una niebla oscura en el ambiente. La atmósfera era pesada. Tensa muchas veces. ¡No! Así no podía continuar. Y yo me estaba enfermando. Conocía el poder del ayuno. Venía haciéndolo todos los miércoles. Durante un año lo había prometido al Señor y me había ayudado. Ya no tenía pesadillas. Ya no sentía las molestias de aquellos espíritus que me perseguían a todas horas. Los ayunos habían dado resultado. Por tanto dupliqué la dosis. Necesitaba resultados definitivos. No contaba con nadie. Estaba solo, ¡Solo! Pero el Señor no me había dejado. Me sumí en una depresión profunda. Llevaba cerca de tres días encerrado en mi apartamento. Estaba devastado, destruido emocionalmente. Oré constantemente, hasta sentir dolor en mis rodillas.

En el tiempo que estuve así no contesté el teléfono para nada. Necesitaba una respuesta del Señor. Lloré. ¡Sí! Lloraba como un niño desesperado al que le niegan un juguete que era toda su ilusión.

Continué orando sin cesar. Alguien tenía que decirme si esto era la vida del cristiano. Para completar la mala racha, me había retraído de toda actividad. El 24 de diciembre, día de la cena navideña, aquel primo que en República Dominicana, en el año 1976 me había invitado por primera vez a la iglesia Metodista, me telefoneaba para pedirme que me uniera a ellos y celebrar juntos la cena navideña. Me negué. Esos días me deprimían. Aun más estando lejos de mi familia. Antes, para la misma fecha, viajaba a mi país y compartía con ellos. Muy por el contrario, cuando permanecía en Nueva York, lo celebraba a mi manera: con mis amigos, mucha cocaína y muchas bebidas. Pero ahora, era diferente.

De todas formas, dada la insistencia acudí a la reunión familiar. Era la casa de un médico dominicano a quien tengo mucho respeto, y quien me brindó sabias orientaciones en la crisis. Él previamente me había invitado a su hogar, pero el momento no se había presentado.

Eran cerca de las diez de la noche cuando recibía otra llamada. Decidí no hacerme rogar más. Aun así, dejé pasar la hora de la cena llegando un poco más tarde. Meses atrás había ocurrido un hecho en el apartamento de mi primo. Hecho que al parecer aún desconocía. La persona involucrada en los mismos estaba en el lugar. Llegó un momento de camaradería plena. Ya hasta me había olvidado de lo triste que para mí podría haber parecido aquel día. Recordábamos nuestra niñez. Las travesuras en la escuela primaria. Luego en la secundaria. Y después en la universidad. Al parecer sería una noche muy especial.

Mientras tanto, el buen amigo y médico, disfrutaba de la variedad de relatos y anécdotas que parecían no detenerse. De buenas a primeras llegó el momento de hablar de unos planes en que el Señor me tenía inquieto. Era un proyecto audiovisual de evangelización y ya venía tratando de levantar fondos para los mismos. El doctor me decía en ese momento, sobre los ataques que el maligno desencadenaría contra mí, porque el proyecto era realmente una innovación. Sentía que las manos de Dios estaban detrás de todo esto. Pero sucedió algo que aun hoy día no le encuentro más explicación que una manipulación diabólica.

Una joven a la cual mi primo se había unido (relación que ya le había traído serios problemas familiares) irrumpió el ameno diálogo de forma desaprensiva e inesperada. Tanto el médico como yo, quedamos de una pieza. Él porqué había escuchado lo violento de mi pasado; y yo, por lo inesperado de aquel ataque personal de proporciones tan explícitas. La gritería se mantuvo cerca de media hora ininterrumpida, llena de insulto soez, de provocación directa que jamás le había permitido a nadie.

Mi primo, con una calma que me crispaba los nervios, trataba de controlar a quien me injuriaba sin parar, pero sin que sus palabras tuvieran ningún efecto. Estuve inmutable por algunos minutos, tratando de contener la ira que me invadía. Que recuerde, jamás había pasado por tal situación sin que hubiera actuado. Pero tenía que contenerme. La mujer, de pie frente al asiento que yo ocupaba a un lado de la sala no paraba de proferir insultos concernientes a mi vida pasada. El médico, a mi izquierda muy cerca de mí, se le veía sonrojado por la vergüenza del triste espectáculo. Realmente no podía, aunque hubiese querido, obrar de otra manera. Era mi primera visita a su hogar. ¡Qué lejos estábamos de saber que teníamos que pasar por aquel desagradable momento!

Habían varias razones. Primero había expuesto razones familiares. Segundo, para esa misma fecha el año anterior habían asesinado en las calles de la parte Alta de Manhattan a otro de mis primos. Unas horas antes habíamos compartido juntos. Le pedí que se fuera a su casa, que ya era tarde. Que no eran factibles esos días exponerse en la calle. Presentía algo. Siempre presentí el peligro. Mi primo murió asesinado de una manera vil, brutal. Aun habiendo llamado a la policía para que mediara en una estúpida disputa de tráfico. La policía se fue y dejó a mi primo en manos de asesinos, que por una simpleza lo cocieron a puñaladas.

El médico pensó, y así me lo confirmaba después, que me agradecía la conducta que había observado ante la situación. Me decía que el diablo me habría de abrir muchos frentes para atacarme. Sabía la responsabilidad y dificultad de echar para adelante un ministerio como el que tenía en las manos. Lo peor del caso era que si me hubiese dejado llevar de la cobarde provocación podría haber acabado muy mal.

Gracias a Dios, no sé de dónde saqué fuerzas y, no sin antes responder algunas insinuaciones de una forma directa y clara, me puse de pie y me encaminé como un autómata hasta la puerta de salida. Aun así, fui seguido con gritos insultantes de una persona que, llamándose cristiana, había dejado de lado todo comportamiento como tal, y se había puesto otra vez a las órdenes del enemigo de toda paz, a las órdenes del amo de la oscuridad y robar el gozo y el fruto del primer amor a alguien al cual el propio Jesucristo llamó a su servicio.

Esa noche para mí fue de frustración, de dolor. No había querido moverme de mi casa por nada del mundo. ¿Por qué tenía que pasarme esto de nuevo? Lloré con amargura, por horas, hasta que quedé postrado de rodillas en frente de mi cama. Un sueño apacible comenzó a invadirme de pronto. Haciendo un esfuezo, me corrí hacia el centro de la cama. A los pocos minutos cerca de unos treinta, no recuerdo exactamente, pero no fueron muchos, quedé como dormido. Esto lo recuerdo porque dejé la casa del médico como a las dos y treinta de la mañana. Caminé sin rumbo. Traté de no pensar. Quería convencerme que aquello no había ocurrido. Me sentía terriblemente solo, hasta el transitar de los vehículos en una ciudad tan congestionada como Nueva York me pareció nulo. Regresé a mi apartamento cerca de las tres de la mañana. Ya dentro del mismo di riendas sueltas al dolor que me embargaba.

Le pedí, le exigí al Creador. Me sentía hastiado de tantos sinsabores, de tantas decepciones. ¿Por qué si estaba supuesto a que las cosas me fueran mejor como cristiano, me salían peor, y por situaciones provocadas por los que supuse me ayudarían? La respuesta no tardó en llegarme. ¡Sí! A sólo minutos de aquella triste situación ¡Y de qué manera!

Como en la primera ocasión, la forma de comunicación fue literalmente, directa, clara. Tuve hasta temor de comentarlo. Yo sí sabía, aunque nadie me lo creyera que había ocurrido, y que había vuelto a ocurrir esa noche de Pascuas después de aquel incidente desagradable. Podía haberme explicado a mí mismo, que quizás me había quedado dormido pensando en la bella experiencia ocurrida después de la sobredosis de cocaína. ¡Pero no! Era en lo que menos podía haber pensado por el estado de tensión que tenía en esos momentos. Lo cierto del caso, fue que el Espíritu del Señor vino a mí por segunda vez.

Yo estaba como anestesiado. Como semiinconsciente. Sin fuerzas para moverme. O darme cuenta de lo que estaba ocurriendo a mi alrededor. Creo que dormía, eso creo. Dentro de ese estado comencé a escuchar el ruido de pasos. Parecían muchas personas, y el sonido de un látigo cuando corta el aire y se estrella contra su objetivo. Y un quejido, pero no veía nada. ¡De pronto! Todo se hizo visible, fue como cuando se corre la cortina de un escenario y permite al observador ver qué sucede. Era un camino pedregoso, como de tierra. Por él venía una multitud siguiendo a alguien que traía una cruz sobre sus espaldas. No sé cómo, pero en el ángulo que yo parecía estar, era en el centro del camino por donde el castigado cruzaría.

La multitud se acercaba más y más. Aquella figura venía en dirección hacia donde yo estaba, lo podía ver en forma directa, clara, más clara que en las mismas películas. Pensé en quitarme del medio del camino, pero no pude, ¡no podía moverme! Casi de inmediato y sin poder evitarlo aquella figura espigada, con signos claros de cansancio y tortura detenía su marcha frente a mí. ¡Sí! ¡Estaba parado frente a mí! Me miraba fijamente, pero en su rostro no había ninguna señal de dolor, era una mirada serena, apacible, y ¡era Jesús! ¡Sí! era ¡Jesús! y parecía decirme: ¿De qué te quejas? ¡Mírame a mí!

Pareció desafiarme con su mirar, pero al mismo tiempo, con una visión compasiva, bajó su rostro y emprendió de nuevo su marcha. Lo vi cruzar por mi lado. Sus vestiduras de un intenso color blanco, estaban maltrechas. Caminó varios metros por delante de donde yo estaba deteniéndose de nuevo, dio vuelta a su cabeza hacia atrás y me miró otra vez. Era una mirada tranquila, pero fija. Pareció decirme esta vez: ¡Vamos! ¿qué esperas? ¡Toma tu, cruz... y sígueme!

Cuando desperté eran como las cuatro de la mañana. Solamente llevaba una media hora, o cuarenta y cinco minutos de haberme "tirado" en la cama. ¡Qué experiencia más gratificante! ¡Qué cosa maravillosa hace el Señor! Estuve tranquilo al abrir mis ojos. No quería moverme. ¡No! ¡No quería que aquello se esfumara! Pero lentamente fui volviendo a la realidad.

Estaba boca arriba sobre mi cama, aun tenía puesta mis ropas. Quedé inmóvil por unos segundos. Sentí correr algo delicadamente suave y tibio por los lados de mi cara, y desplazarse hasta llegar a mi cuello, eran mis lágrimas. Pero éstas no eran como las de horas antes, éstas eran de alegría. Lloré porque pensaba que, siendo como había sido, un traficante de drogas y ocultista, un pecador de lo peor, el Señor me escuchaba. Era otra prueba, un nuevo testimonio que Cristo ponía en mi corazón, para que no lo olvidara jamás. Sellaba una vez más su pacto conmigo, su pacto de amor, su pacto inquebrantable, su llamado para que siguiera sus pasos. Un pacto que parece renovarse cada vez que doy testimonio de Él. Cada vez que tengo que hacer este relato, vivo aquel momento, no puedo reprimir las lágrimas. Es algo que confirma la augusta y santa presencia del Señor en el instante en que lo hago. El Señor Jesús ¡Me selló con su amor eterno!

Este hecho confirma las promesas contenidas en los evangelios, en los libros desde el Génesis hasta el Apocalipsis. Toda petición y clamor, toda súplica, todo gemir, toda aflicción es respondida por el Espíritu Santo de Dios. Por tal razón nos consuela, nos da su presencia como bálsamo alentador. No en balde nos habla Jesús con tanta sabiduría y consuelo en el Sermón del Monte, cuando nos dice entre otras cosas:

> *Bienaventurados los que lloran porque ellos recibirán consolación ... Bienaventurados sois cuando por mi causa os vituperen y os persigan, y digan toda clase de mal contra vosotros, mintiendo. Gozaos y alegraos, porque vuestro galardón es grande en los cielos; porque así persiguieron a los profetas que fueron antes de vosotros.*

Mateo 5:4,11-12

Pero no todo es sufrimiento y si es sufrimiento, ese sufrir ahora me produce un gozo infinito, enorme, de ver cómo el Señor le restablece la propia autoestima a un ser humano que antes no le importaba su propia vida, ni la de los demás.

> *Clama a mí y yo te responderé, y te enseñaré cosas grandes y ocultas que tú no conoces.*

Jeremías 33:3

Y sí que me escuchó. Para los días en que me había metido en aquel ayuno la respuesta que recibí a los pocos días fue más que clara. Tenía enormes deseos de ser usado en algo, de sentirme útil en la nueva vida a la que había sido llamado por el Espíritu del Señor, ¿porque, quién podía rebatirme que no había sido Jesús el de aquella primera visión, y la segunda? Tenía unos deseos increíbles de aprender, de hacer algo por los demás que pasaban por los mismos problemas, por los que yo estaba atravesando.

No sé cómo, pues, con nuestros sentidos humanos no podríamos nunca discernir cómo obra el Señor; pero, para esos días comenzaba la temporada cálida en Nueva York, venía el caluroso verano que prometía ser más caliente que nunca.

Julie Wenzell, es una misionera americana, que por esos casos de la vida se interesó en la comunidad hispana. Labora para Campus Crusade for Christ, (Cruzada de Estudiantes y Profesionales para Cristo en las Américas). Eran los primeros días de junio del año 1993 y Julie, para entonces, estaba supuesta a comenzar el "Jesús Film Project", que no era más que un bello proyecto de exhibir la película de la vida de Jesús en las calles. La espigada misionera, conoce bien el español y las costumbres hispanas, especialmente a los dominicanos en cuya comunidad en Washington Heights ha hecho amistades.

Visitando iglesias, trataba de encontrar ayuda para que la apoyaran en el proyecto de trabajo en las calles del Alto Manhattan. Cuando me contactaron, según ella misma me relatara, llevaba unos ocho meses en oración junto a un grupo de la oficina de la cruzada en Nueva York. La oficina, localizada en la parte baja de Manhattan, en la calle cuarenta y cuatro cerca de la famosa Quinta Avenida, alberga distintos ministerios en uno de ellos, en el "Jesús Film Project", donde yo pasé a ser parte.

El proyecto estaba prácticamente paralizado. Otro misionero, Bartolo Trowbridge, quien era compañero de Julie y quien vivía en Pensilvania, era el proyeccionista y encargado de instalar los equipos. Éstos consistían en un proyector, una pantalla de casi cien pulgadas y potentes bocinas de sonido. La exhibición de la película: "La vida de Jesús", se hacía al aire libre en la calle, con permiso previo del precinto más cercano al área donde haríamos la exhibición.

Pero en Nueva York, sólo para el verano se podía trabajar en las calles, aprovechando las fuertes temperaturas, cuando el calor obliga a salir a las calles a casi todo el mundo. Terminada la jornada de verano, Bartolo, siguiendo una inquietud espiritual, se trasladó a Rusia en su papel de evangelizador. Por tanto, el proyecto del "Jesús Film" de Nueva York, estaba acéfalo. No había nadie quien se encargara de él, ni tampoco habían medios. Julie estaba desesperada. Aparte de no tener a nadie para que le ayudara a dirigir el proyecto, no contaba ni con un vehículo para transportar los aparatos a los diferentes lugares, que eran bastante, pues teníamos que cubrir los cinco condados en el área de Nueva York.

Era un viernes caluroso del mes de junio. A eso de las diez de la mañana, recibía una llamada de la Wenzell donde me exponía en forma nerviosa el problema por el que estaba atravesando. Esa misma noche, se había comprometido a exhibir la película en la calle ciento noventa y dos y San Nicolás en una zona mayormente de dominicanos, en el Alto Manhattan. Era mi área, la conocía perfectamente. Había vendido cocaína por mucho tiempo en sus calles, en sus apartamentos. ¡Claro que la conocía! Allí se produciría mi primer trabajo de evangelización, donde precisamente años antes, hacía lo contrario.

A las dos y unos minutos de aquel día, ya estaba en las oficinas de la cruzada. El nerviosismo en los misioneros americanos, al menos en Julie que había quedado sola en el proyecto era visible, estaba contrariada, no lograba coordinar ninguna de sus ideas. Hice mi entrada a un pequeño salón donde se desplegaban los equipos que se utilizaban. Esperaban por mí, tenían cifradas sus esperanzas en que yo había sido la provisión del Señor a sus oraciones. Me sentí un poco presionado, esperaban todo de mí, yo era su respuesta.

Patrick Burke, un coordinador afroamericano de la cruzada, pasivamente esperaba que Julie terminara de presentarme con los demás coordinadores y con Glen Kleinknecht, el director de la oficina en Nueva York. Me sentí presionado al principio. Estuve rodeado por todo aquel personal que me observaba y que, al parecer, querían ver si realmente podría cumplir la encomienda que se pondría en mis manos, que comenzaría en ese preciso momento y que se extendería por todo el año.

Relataba en un capítulo anterior, que los planes del Todopoderoso Dios a nosotros pueden parecer extraños, pero para Él obedecen a planes perfectamente ordenados, anteriormente trazados. Cuando después de los saludos me llamaron para darme explicaciones sobre el manejo de los equipos de proyección y de audio, no tuve más que sobrecogerme. Para ellos, esa era la mayor preocupación que yo pudiera conocer el completo manejo de los aparatos. Al ver los equipos, le pedí en tono sereno que no se preocuparan mucho, que yo sabía manejar esa clase de aparatos. El rostro sombrío de algunos cambió. Y no bromeaba, realmente había aprendido muchos años atrás el manejo de equipos similares en mi país, cuando trabajaba en la secretaría de salud pública. Esto lo facilitó todo. A las siete de ese mismo día, había instalado todos los equipos al lugar señalado. La oración de Julie había sido respondida no sólo con un proyeccionista, sino con mi propio vehículo y mi tiempo completo dedicado a la evangelización.

Allí comenzó mi labor para difundir el evangelio de la salvación, a cumplir con la comisión a la que todo cristiano que se precie de serlo ha sido llamado: a difundir el Evangelio de Jesucristo y presentarlo como único Salvador y Redentor del mundo. A predicar sus buenas nuevas, a difundir las grandes cosas que puede hacer a los que creen en Él.

La película: "La vida pública de Jesús", consta de cuatro rollos, tiene dos horas de duración. Cada rollo es de aproximadamente media hora. En lo que dura la devolución del rollo y la instalación del que le continúa, lo aprovecho para por medio de un potente equipo de audio, dar el testimonio de las grandes cosas que el hijo de Dios, Cristo Jesús hizo conmigo. Cómo siendo un traficante de drogas y practicante de espiritismo, el Espíritu del Señor, estando yo bajo una sobredosis de cocaína se me presentó en medio de un potente rayo de luz.

La cantidad de personas que comenzaron a reunirse aquella noche fue increíble. Era algo nuevo, llamaba poderosamente la atención, nunca se había visto en Washington Heights y mucho menos un narcotraficante hablar y aceptar su condición así como así. Después de finalizada la película, el llamado al arrepentimiento. Venía pues, el momento de la verdad. La primera vez, cuando orábamos haciendo el llamado tuve miedo. Tenía los ojos cerrados, podría decir que espiritualmente no estaba allí. De pronto sentí ruidos alrededor mío. Muchos pasos y un círculo que se cerraba en torno a mí. Sentí miedo, y con sigilo meticuloso entreabrí mis ojos despaciosamente. ¡Estamos perdidos! —pensé—. Lo primero que se me ocurrió fue, que los vendedores de drogas del área se habían molestado y venían a destruirnos todo el equipo de proyección.

¡Éstos me van a desbaratar estos equipos en la cabeza! ¡Pero no! Algo grande, hermoso, inesperado estaba ocurriendo. Habían hombres, jóvenes y mujeres con lágrimas en los ojos, venían a entregar sus almas a Cristo Jesús.

Aquel fue solamente el comienzo. Las actividades continuaron todos los fines de semana. Comenzamos a recibir invitaciones de otras áreas. Luego pasamos al Bronx, Brooklyn, Lond Island y Quenns, el programa estaba lleno por todo el verano, pero había que cumplir, teníamos que hacerlo. ¿No estaba pidiendo al Señor por trabajo en su viña? pues ahora lo tenía, y abundantemente. Estaba complacido, me sentía usado por el Señor. Él había respondido a mi clamor. La noticia corría por todo el estado. Pocos lo creían. Tenía muchos amigos en el negocio de las drogas, aún tengo muchos, oro por ellos. Unos han llegado ya a los pies de Cristo. Otros lo han presionado sus esposas que, reconociéndome en entrevistas por la prensa y por la televisión se cercioraban en cuál iglesia iba a estar para ellas llevar a sus maridos.

Recuerdo un caso de una joven mujer que, no pudiendo soportar más la situación del marido por su constante uso de la droga, hizo aparición en la iglesia donde yo estaba esa noche llevando de la mano a su esposo. Recuerdo la amonestación que le dio a su marido delante de mí.

—Mire Ronny, yo le dije que si usted que estuvo tan hondo en eso, pudo salir, él también puede, ¿verdad que él puede?

—¡Claro que puedes! solamente tienes que creer, ponerte en las manos de Cristo el Redentor como yo me puse, mira los resultados. ¡Estoy hasta más buen mozo! ¿no te das cuenta de eso? —todos reímos de buena gana.

En lo adelante, el trabajo por la obra de Jesucristo ha sido parte prioritaria, fundamental en todos los aspectos de mi vida. Es innegable que cuando el espíritu de Dios te toca, las inquietudes que deja impregnadas en ti, tú sientes la necesidad de compartirla, de hacer partícipe a los demás de las grandes y sobrenaturales cosas que están ocurriendo a tu alrededor, es dar por gracia lo que por gracia recibiste.

Siento hoy día una profunda gratificación cuando veo que estoy siendo de utilidad, viendo que muchas personas con poblemas como los que yo antes tenía, vienen a mí y me piden que ore por ellos. He tenido casos de amigos que por su "orgullo vano nunca han querido hacer una simple confesión de fe, aun a sabiendas que obraría en su bienestar. Sin embargo, no ha pasado mucho tiempo en que han sido precisamente ellos quienes, después me han pedido con rostro afligido que ore por determinada situación que les envuelve. Aun así les he sido franco como siempre. Les he hablado sin rodeos.

He tenido problemas por mi carácter llano de llamar las cosas por su propio nombre. Y así hablo claramente. La Biblia dice:

Buscad a Jehová mientras puede ser hallado,
llamadle en tanto que está cercano.

Isaías 55:6

No hay una forma más clara ¡corran por sus vidas! Hay una necesidad urgente, imperiosa diría yo para que busquemos refugio rápido en los brazos del Señor Jesucristo, es la única vía y opción para la salvación de nuestras almas.

Y yo os digo: Pedid, y se os dará; buscad, y hallaréis;
llamad, y se os abrirá. Porque todo aquel que pide,
recibe; y el que busca halla; y al que llama, se le
abrirá.

Lucas 11:9,10

VEINTISÉIS

EVANGELIZAR: UN MINISTERIO COMO POCOS

Y les dijo: Id por todo el mundo y predicad el evangelio a toda criatura.

Marcos 16:15

Y Jesús se acercó y les habló diciendo: Toda potestad me es dada en el cielo y en la tierra. Por tanto, id, y haced discípulos a todas las naciones, bautizándolos en el nombre del Padre, y del Hijo, y del Espíritu Santo; enseñándoles que guarden todas las cosas que os he mandado; y he aquí yo estoy con vosotros todos los días, hasta el fin del mundo.

Mateo 28:18-20

Y será predicado este evangelio del reino en todo el mundo, para testimonio a todas las naciones; y entonces vendrá el fin.

"Señales antes del fin"
Mateo 24:14

E l trabajo con la Cruzada, aunque voluntario y fatigoso, partiendo de que debía montar y desmontar los equipos en las calles sin ningún tipo de ayuda, me proveyó las más grandes satisfacciones que puede tener un ser humano: sentir que eres útil a los demás. Ver que tu prójimo siente paz, tranquilidad cuando tú le hablas, cuando le ministras con la palabra que el Espíritu de Dios pone en tu boca. Ellos han creído en lo que el Señor ha hecho en mi vida, han visto el cambio, eso es innegable. Cristo Jesús obra cuando tú le das entrada en tu vida, Él quiere obrar contigo, yo le abrí las puertas de mi vida, y los resultados están ahí, son patentes.

¿Quién podía venir a decirme que un perdido en el mundo de las drogas y del espiritismo en todas sus vertientes, que intentó el suicidio por medio de una sobredosis de drogas estaría hoy con vida, rescatado de las tinieblas donde me encontraba por la luz Santa de Jesús el Cristo de Dios, y con ganas de seguir viviendo para ayudar a todos los que, como él, han estado sumidos en esos oscuros mundos? Hoy día vivo inquieto cuando no puedo hablarle a alguien del infinito amor de Jesucristo por nosotros.

Realmente no encuentro palabras adecuadas, ni creo que serían suficientes para darle gracias a Cristo Jesús por lo que ha hecho con mi vida. Una vida que estaba como un barco a la deriva en alta mar, sin timonel, sin guía. El Espíritu Santo de Dios, hoy es mi guía. Ahora sé hacia dónde voy. Tengo esa seguridad porque el Espíritu Viviente del Rey de reyes me ha hecho una criatura nueva.

Las pruebas de su presencia en mi vida quedan de manifiesto cuando vez tras vez participo en charlas, en conferencias tanto sobre espiritismo como sobre, las ventas, abuso y consumo de drogas. Específicamente la cocaína con la que estuve más "familiarizado". El regocijo que siento, más que intenso es indescriptible, es ver cómo los milagros del tiempo de los apóstoles son reconfirmados por el Señor día tras día. Se palpa que algo grande tiene que haber ocurrido en la vida de un narcómano y ocultista para verlo de buenas a primeras con un vivo deseo de difundir la Palabra de Dios, de dar a conocer al mundo las grandes maravillas que Jesús hizo en su vida y de cómo lo rescató del sucio mundo donde estaba.

Creo que es este el papel de todo cristiano: Difundir el evangelio de Jesús el Cristo, predicar su Palabra con denuedo en tiempo y fuera de tiempo, a toda hora, en todo lugar, para eso hemos sido escogidos. Y para esto el Señor nos provee de los medios de cómo hacerlo, nos ayuda. Él nos dice que su Espíritu nos dará las palabras adecuadas al momento de hablar.

Sí que funciona. Aunque uno no anda en busca de gloria personal sino el sólo exaltar la gloria de Dios por medio de Jesucristo en nuestras vidas, los medios de comunicación del área donde venía desenvolviendo mis actividades, se encargaron de difundir lo que me había ocurrido y lo que venía haciendo para tratar de darle una mano a los demás.

Comenzaron las entrevistas por los periódicos, por la televisión local y nacional. Después, las entrevistas por los canales hispanos de Miami que trasmiten a más de cien millones de personas en cerca de dieciocho países hispanos todas las tardes. El mensaje estaba difundiéndose. Y seguiré haciéndolo. Para esto fui llamado por aquella voz. El Señor dijo: "No temas, ven... sígueme".

Hoy día no tengo temor. Le sigo porque me ha dado de su fuerza aun en contra de los ataques; porque éstos continúan peores. Con más obstinación. Pero no temo, camino sin miedo. Varios hechos han sido memorables, significativos porque me prueban de la manera que Cristo Jesús utiliza los siervos a quienes escoge para difundir su evangelio.

Era la noche de un domingo, en un programa de televisión dirigido a la comunidad hispana, se hacía una entrevista que, por sus características prometía ser muy interesante. Era la primera vez que un dominicano lo hacía, y era además entrevistado por otro dominicano deseoso de que ese mensaje llegara a la comunidad hispana residentes en la gran urbe.

Se hablaba del auge de las drogas, sus consecuencias secundarias, el inicio en el mundo de las drogas y cuáles factores que inciden en ello, cómo comienza a afectar a toda la familia, etcétera. Además de esto, las experiencias adquiridas en el mundo del espiritismo, prácticas que se creen son inofensivas, pero que son abiertamente diabólicas y que traen consecuencias realmente impredecibles, tanto en lo personal como también a nuestras familias.

El invitado al programa esa noche, era yo. La entrevista alcanzó tales dimensiones que varios de mis antiguos amigos de drogas acudieron con sus esposas a una iglesia del área de Dyckman en el Alto Manhatan, con quienes veníamos trabajando por varios fines de semana. Aquellos eran los momentos más impactantes que había tenido. Solamente el hecho de ver personas con las que antes me las pasaba en parrandas, y oliendo cocaína, tenerlos frente a mí, con ojos llorosos esperando por oración, le quebranta el alma a cualquiera. Hacía que me sintiera más que satisfecho, pues de nuevo, exaltaba el glorioso, santo y bendito nombre de Jesucristo. Sabía que el Señor me estaba usando para extender su mensaje de salvación divina.

Los resultados los veo a diario, cada vez que dejo mi vehículo y tengo la ocasión de usar transportación pública, el tren, el autobús, etcétera, veo la gente que me observa, como si me conocieran de algún lugar. Se acercan a mí, me preguntan, me dicen: "lo vi en una entrevista por televisión, vi su foto en el periódico, lo escuché dar su testimonio". Muchos me han pedido que ore por ellos, o por un hermano, hermana, o familiar que está en drogas, o en el ocultismo. Casi todo el mundo lo ha estado por lo menos una vez. Siempre hay alguien en problemas.

Es raro que en nuestros países caribeños uno de nuestros familiares no haya estado involucrado, o visitado alguna vez un lugar de santería, o espiritismo, o curanderismo que para el caso vendría siendo lo mismo. De las drogas, ni para qué hablar. Dentro de nuestros círculos familiares siempre hay un miembro que se ve envuelto en problemas de alcohol, marihuana, cocaína, o cualquier otra droga. Todo esto forma parte de un enorme problema que debemos enfrentar. Como cristianos reales no podemos sentirnos ajenos a todo esto. Tenemos que darle la cara. A esa meta me encamino hoy. Para eso fui rescatado de los brazos de la muerte. Para la difusión de mi testimonio he sido llamado por el Rey de reyes, por el que entregó su vida a cambio de la nuestra.

Una prueba de amor infinito e imperecedero, que derrotó a Satanás inmolándose por los demás en la cruz del Calvario. Qué mayor muestra de amor se nos puede dar que esa, dejar que lo mataran de forma vil por amor a los demás. Y si a mí, estando casi muerto por una sobredosis de cocaína me visita en visión y me manda que lo siga, que no tenga temor ¿por qué no decirle al mundo que ese mismo Espíritu de Jesús que me visitó, que me habló, también puede hacer algo extraordinario en tu vida?

Podría no terminar nunca narrando historias que me han acontecido después de mi conversión, una de ellas fue esta. Eran cerca de las cuatro de la tarde. Venía de regreso de Miami. En el avión solamente pensaba en los hechos que venían rodeándome en las últimas semanas. Estaba dando conferencias en todas las iglesias que me invitaban para hablar sobre mi antigua vida, del espiritismo,

de las drogas, de la visión que recibí del Señor. Mi tiempo lo dividía
entre mis participaciones en las congregaciones del área y el trabajo
para la Cruzada Estudiantil y Profesional para Cristo con actividades en los cinco condados de la zona de Nueva York.

En eso venía pensando cuando escribía en el avión. Había llegado
del hotel donde me hospedaba, y conducido al aeropuerto por el
personal que me había invitado a Miami. Venía preocupado porque
no quería perder la actividad que teníamos programada esa misma
noche en las calles de Washington Heights. Había cancelado ya dos
actividades anteriores para así poder atender una invitación de uno
de los canales hispanos de mayor alcance en todo el Caribe. Allí
expondría sobre mis experiencias en el mundo del ocultismo y sus
peligros, y cómo podrían librase del poder de maleficios, hechizos,
brujería y toda actividad sobre el espiritismo.

El Señor se manifestó de formas increíbles en mi estancia en
Miami. Obró de forma clara. Me enseñó que las órdenes las imparte
Él y que nosotros, por más difícil que sea la situación, encontramos
respuesta a las preguntas por confusas que éstas nos parezcan.
Llegé a Miami un miércoles. Al día siguiente grabaríamos el
programa. Subí a las habitaciones que me habían reservado. Una
hora más tarde, recibía una llamada de los productores del programa. Después el teléfono sonó varias veces. Eran miembros de los
que participarían en el panel del programa y que estaban alojados
allí también.

Acordamos reunirnos en el vestíbulo. Minutos después me encontraba con dos señoras. Una era como yo, dominicana. La otra,
de origen puertorriqueño, pero ambas, hundidas hasta el tope en las
fuerzas oscuras de la brujería y el espiritismo. Ambas vivían en
Boston, Massachusett. Hubo un momento de confusión cuando se
produjo nuestro encuentro. Cuando saludé a una de las dos mujeres,
nuestras miradas se fijaron de una forma que yo mismo no pude
evitar. Al darle mi mano una sensación fría recorrió todo mi cuerpo.
Aunque al instante no supe qué sucedía, segundos después me percaté
de todo cuánto realmente ocurría. Unas sacudidas fuertes me estremecieron en forma persistente. Aquello me trajo rápidos recuerdos de
cuando estuve inmiscuido con las fuerzas del ocultismo.

En aquel momento la mujer y yo reaccionamos de formas diferentes. Uno y otro usados por las fuerzas que representábamos y
que operaban en nosotros. No tuvimos nada que hablar. Simplemente, las facultades que ella poseía como médium, tal parece que

la hicieron reaccionar haciéndola conocedora de la fuerza que yo portaba como cristiano. Al principio reaccioné confuso, pues aquella mirada que segundos antes se mostraba afectuosa, ahora era agresiva, amenazante.

Los ojos de la mujer, de un momento a otro, se pusieron rojos como el fuego. Su cuerpo entonces, comenzó a sacudirse como impulsado por pequeña descargas eléctricas. La escena, para un conocedor de estos efectos era clara, los seres que la mujer servía trataban de poseerla allí mismo, quizás para intimidarme por lo que vendría después. Mientras esto sucedía, había comenzado a orar fervorosamente. Le pedía al Espíritu del Señor que me cubriera con su sangre, que me protegiera con su santo poder de cualquier peligro. Desde que me había apartado del espiritismo no había estado en ninguna manifestación de esta clase. No sé cuántos segundos pasaron. Sólo recuerdo que cuando abrí mis ojos la mujer con manos temblorosas, frotaba su rostro sudoroso. Turbada, miraba a su alrededor como queriendo saber qué había ocurrido. Su compañera no atinaba a saber qué sucedía; pero yo sí sabía lo que había ocurrido.

Para salir del trance la mujer sacudió su cabeza y con sonrisa maliciosa exclamó:

—Oh, creo que lo pájaros míos andan por aquí cerca.

Se refería a los demonios que servía. Ese día la cosa no quedó allí. Aquello era como una prueba para ver cómo podía yo enfrentar situaciones tales. Cerca de las diez de la noche salí al corredor. Sentía una atmósfera pesada en mi cuarto, como de presencias extrañas, oscuras. La cabeza me dolía de una manera terrible, sentía mareos. —Señor, pero ¿qué está ocurriendo? ¿qué me pasa, si hasta unos momentos estaba bien?

La noche transcurrió de igual manera. Por la mañana, mi cara presentaba las huellas de una mala noche. Al llegar la hora de salir para el programa, tenía una fiebre que me hacía temblar. Recibí una llamada de los productores del programa. En una media hora pasarían por mí. Le dije cómo me sentía y gentilmente ordenó que me llevaran algunos calmantes. Como por broma me dijo que me preparara, que dentro de los componentes del panel el único que estaba fuera de esas actividades era yo, que los restantes eran brujos y hechiceros. Que incluso, harían demostraciones de los "talentos y habilidades" en sus respectivas áreas y que, además, los "brujos" estaban alojados en el mismo hotel en donde yo estaba. La información me dejó perplejo.

—Con razón no he vuelto a ser el mismo desde que llegué aquí a Miami —le dije en tono bromista.

Yo sería, según ella, el único en rebatir las actividades a las que éstos se dedicaban y explicar cómo estas mismas prácticas casi me conducen a la muerte.

Mi fiebre persistía. Unos quince minutos antes de que pasaran por mí estaba tomando un baño de agua helada tratando de contrarrestar los efectos de aquel maléfico imprevisto. Oré de nuevo. Continué orando hasta que tuve tiempo. Sin embargo nada parecía parar aquel ataque de fiebre. Necesitaba hablar con alguien. Llamé a mi pastor a Nueva York, pero no estaba en la casa. Al hogar de uno de los ancianos, pero no había llegado. Me arrodillé y pedí de nuevo dirección al Señor.

En Miami no conocía a nadie. Recordé entonces la casa editorial con la que muchos meses antes había dialogado para la publicación de este libro. Busqué nerviosamente en mi libreta de apuntes, allí estaba el número. Marqué de inmediato:

—Por favor ¿podría hablar con Teresita Bersach del departamento de editorial?

—Lo sentimos mucho, ya no está con nosotros. Pero si quiere, podríamos ayudarle.

—¡Claro que pueden ayudarme!

Conté tan rápido como pude todo lo que sucedía. Por qué no había podido enviarles el manuscrito del libro, y el motivo de la llamada. Con quien hablaba era con Olga Fernández responsable de la editorial. De inmediato me prometió reunir parte del personal para hacer una cadena de oración. Estuve calmado un instante. Después, dialogué, antes de salir del hotel, con Milton Reynosa quien laboraba en la empresa. A Milton, sólo lo conocía porque el pastor Reyes me refirió para lo del libro. A los hermanos Olga y Milton, aún hoy día no los conozco. Pero no fue necesario que me conocieran para hacer un trabajo de intercesión en un momento crucial. Y no es que no tuviera fe por mí mismo en las promesas del Señor, es que hay ataques fuertes que es necesario destruir con mucha oración, con ayuno y pidiéndole a los hermanos que intercedan por nosotros en sus oraciones. Mucho más cuando el Señor te ha llamado para un ministerio específico. Las tribulaciones, las pruebas, los ataques, y las aflicciones, te van a perseguir constantemente. Por tal razón pedí oración a los hermanos de Miami. La Biblia nos dice:

Sobrellevad los unos las cargas de los otros,
y cumplid así la ley de Cristo.

Gálatas 6:2

Nadie tiene mayor amor que este, que uno
ponga su vida por sus amigos.

Juan 15:13

Aquella intercesión por mí, dio sus resultados. Resultados que yo tuve lejos de esperar. Pero el poder de Dios por medio de su Santo Hijo Jesús se interpuso ante aquel ataque venido desde lo profundo de las tinieblas. Parecía decirme: *¿Qué, pues, diremos a esto? Si Dios es por nosotros, ¿quién contra nosotros?* (Romanos 8:31).

Sabía que había tenido un momento en que me sentí débil. Posiblemente los ayunos en que me había sumido en esa semana, me habían quitado mucha fuerza. Pero el Señor tenía a los que me levantarían el ánimo para hacer el trabajo que me tenía en aquel programa. Cuando llegó la hora de encontrarnos en el estudio, la mirada de todos aquellos hechiceros, brujos y curanderos estaban sobre mí. Sentía la opresión de todas las fuerzas del infierno atacarme al mismo tiempo. Casi podía escuchar los demonios decir: ¡Está debilitado y solo, ataquémoslo ahora, está a punto de caer! Pero mi Señor y Salvador es grande en poder y en misericordia y dice que su poder se perfecciona en la debilidad.

Lo que sucedió en las horas por venir, ni yo lo esperaba. El *show* comenzó. Hubo exposiciones abiertas de los conjuros y maleficios que utilizaban para tal o cual situación. Habían imágenes en frente de las cámaras para ser expuestas a los televidentes. Al ver aquellas "demostraciones" por televisión nacional e internacional, sólo pensaba en los mensajes perniciosos que estaban llegando a los millones de hogares que veían el programa en aquel momento. Por tanto, si algo positivo quería hacer cuando llegara mi oportunidad, tenía que conservar la calma. Pero me sentía metido en la boca del lobo. Llegaban a mí recuerdos de cuando iba a los centros espiritistas de sólo observar las imágenes desplegadas en el estudio.

Sentía que la cabeza me daba vueltas. A mi lado, una de las espiritistas tenía una pequeña muñeca negra en sus manos. Traté de controlarme. Cuando llegó mi turno, una paz intensa comenzó a invadirme, mis nervios se calmaron y casi en forma automática, comenzó una clara exposición de casos por los que durante casi toda mi existencia había tenido que atravesar bajo la influencia diabólica de espíritus inmundos, que se habían constituido en mis supuestos guías y protectores.

Las citas bíblicas comenzaron a fluir en forma incontenible por mis labios. Quería parar pero no podía. En el estudio hubo un silencio total. Después, una cerrada ovación de la audiencia cuando le recriminaba a los hechiceros, que en vez de usar el "talento" y esos supuestos "dones" que Dios le había dado, porque no los utilizaban en obras de bien. Y en vez de servirle de vehículos al diablo, porque no se convertían a Jesucristo y difundían el evangelio del amor y vida eterna y así traerían, en vez de confusión y desunión, la armonía y la paz a los hogares que tanto mal venían haciéndoles.

La reacción fue profunda, inesperada hasta por mí mismo. Cuando terminaban los segmentos, el público me hacía preguntas. Así sucedió cuando terminó el programa. Afuera habían personas que deseaban saber cómo salir de ese círculo infernal. Personas con familiares inmiscuidos tanto en drogas como en ocultismo. Querían saber qué tiempo estaría en Miami. Si podrían llamarme. Comprendí entonces la necesidad imperiosa de profundizar en este campo. En dar debida información sobre esto.

Lamentablemente, y lo decía en capítulos anteriores, hoy día son raras, escasas, las congregaciones que incluso acepten que se trate de estos temas. Estamos siendo invadidos por las artimañas del maligno y si nosotros no descubrimos las nuevas armas que se están utilizando contra el pueblo de Dios, ¿cómo cree usted que podemos vencer?

Las sorpresas que se sucedieron en las horas siguientes, confirmaban una vez más que la misión a la que el Espíritu de Dios me había enviado, no era solamente a participar como miembro de un panel en un famoso programa de televisión. No. Había otro propósito. Cerca de las once da la noche, tocaban a la puerta de mi habitación. Abrí el "ojo mágico" y pude ver a través de la puerta el rostro de una persona a la que antes había enfrentado. Era una mujer. Y era quien menos imaginaba.

La mujer, era nada más y nada menos que una de las espiritistas que había participado conmigo en el programa horas antes. Dudé un instante. —¡Señor protégeme! —fue lo único que pensé. Pero ¿qué quería la espiritista allí, y a esa hora? la pregunta me la respondió una tierna voz dentro de mí: "Ora por ella". Casi terminando ese "pensamiento", la mujer en un tono tan diferente a como me había enfrentado desde que me vio por vez primera, me decía:

—Estuve pensando en todo lo que usted dijo esta tarde y quiero decirle que cuando lo hacía, aunque usted no me lo decía directamente, sentía como si me hubiese estado señalando a mí, cuando traté de verlo a usted no lo vi, vi otro rostro en el suyo, "ore por mí".

Las rodillas me temblaron y no supe qué hacer. Me turbé. Aunque no tanto como para darme cuenta que el Señor la había entregado en mis manos. Después de haber dialogado cerca de una hora en la misma entrada de mi habitación —con la impresión se me olvidó hasta invitarla a entrar a la enorme y confortable estancia— le regalé un libro escrito por una joven quien había sido bruja negra de Londres, y que ahora después de estar inmersa en una iglesia satánica, harta de participar en cultos y sacrificios humanos y todas las perversidades no imaginables, se había entregado a los pies de Jesucristo.

La mujer, se fue tranquila a su cuarto. Al quedar solo, cerré la puerta, apoyé mi espalda contra la misma, y me dejé rodar hasta el piso. Lloraba y no de tristeza, sino por las vías que el Espíritu Santo del Señor utiliza. Como usa a quienes escoge. Ver a esa señora de nuevo, era lo más lejos que podía tener en mi vida, y orar con ella casi un imposible.

Cuando me repuse de aquel emotivo momento, oré con más fervor por aquella mujer. Estoy seguro que Cristo Jesús tocó su alma. Ella responde a uno de los apellidos más conocidos en la isla de Puerto Rico, que ha bregado de generación tras generación con prácticas de espiritismo. Nació en la isla del encanto, en Loisa Aldea. Sé que el Señor que comenzó la obra en ella, la terminará. Aun oro por esta señora, recuerdo lo turbada que venía en el vehículo que nos transportó hacia el aeropuerto. Me dijo que deseaba que viajáramos juntos. La paz del Señor, que sobrepasa todo entendimiento humano, sea con ella donde quiera que esté.

Al llegar a Nueva York, Julie Wenzell me esparaba en el aeropuerto, nos iríamos directamente al lugar donde habíamos escogido previamente para exhibir la película esa noche. Me sentía gozoso en el transcurso de la película, así era como deseaba estar, que no me sobrara espacio, que no tuviera tiempo para más nada que no fuera trabajar para Jesús quien me había rescatado, y continuar así eternamente y para siempre. Sintiendo su amor, sintiendo su presencia infinita en las calles cuando ministramos, cuando doy mi testimonio, al hablar de la grandeza de Dios por medio de Jesucristo y su eterna misericordia al dar oportunidad a los que no le conocen, para que le conozcan, para que salven sus almas.

Los días han ido confirmando el llamado que el Espíritu del Señor me hizo aquella noche donde mis esperanzas de vivir, dependían precisamente de un milagro. En nuestras actividades cientos de personas, al observar la película "Jesús" y de escuchar mi testimonio de cómo Jesucristo cambió mi vida, escuchaban el llamado y se acercaban a rendir sus vidas al Creador. Primero, se acercaban en forma tímida, después en grupos. La jornada para mí, apenas comienza, es mi meta hacerlo dando cumplimiento fiel a lo que dicen las Escrituras:

> *Y es necesario que el evangelio sea predicado*
> *antes a todas las naciones.*

> Marcos 13:10

Mi deseo ferviente es no parar. Cuando llega el frío a Nueva York, hay otras áreas, otros países donde hay que difundir la palabra del santo evangelio de Dios. Dar a conocer la prueba más grande de amor supremo que nunca nadie hizo, como muestra de infinita entrega y abnegación por los demás. La prueba suprema de Cristo cuando inmoló su vida redimiendo el pecado de toda la humanidad con su sangre preciosa. Dejándonos poder para combatir los espíritus infernales de las tinieblas, para que nos preservemos sin mancha en su venida gloriosa y vayamos a morar con Él en sus mansiones celestiales.

Estas promesas están contenidas en toda la Biblia y debemos hacer uso de ellas, pues Jesús nos la dejó como armas.

> *He aquí os doy potestad de hollar serpientes y es-*
> *corpiones, y sobre toda fuerza del enemigo, y nada*
> *os dañará.*

> Lucas 10:19

Y estas señales seguirán a los que creen:
En mi nombre echarán fuera demonios.

Marcos 16:17

Hay un concepto que tiene que ser generalizado y es, que Jesús el Cristo vino con una meta clara que cumplir, redimir los pecados de la humanidad. Darnos la oportunidad de salvación por medio de su sacrificio en la cruz del Calvario. Nos dice claro en el evangelio según San Juan:

Yo, la luz, he venido al mundo, para que todo aquel que cree en mí no permanezca en tinieblas. Al que oye mis palabras, y no las guarda, yo no le juzgo; porque no he venido a juzgar al mundo, sino a salvar al mundo. El que me rechaza, y no recibe mis palabras, tiene quien le juzgue; la palabra que he hablado, ella le juzgará en el día postrero. Porque yo no he hablado por mi propia cuenta; el Padre que me envió, él me dio mandamiento de lo que he de decir, y de lo que he de hablar. Y sé que su mandamiento es vida eterna. Así pues, lo que yo hablo, lo hablo como el Padre me lo ha dicho.

Juan 12:46-50

Reitero la convicción que como cristiano, Jesús dejó impresa en mi espíritu: Evangelizar es un mandato de prioridad para todo cristiano que se precie de serlo, no porque yo lo diga, nos lo dijo Jesús el Cristo, el Hijo del Dios Altísimo, El Cordero de Dios, el único que tiene potestad para perdonar los pecados del mundo, dar la vida y volver a quitarla: JESÚS DE NAZARET. Por tanto se hace imperioso, urgente, el llamado a que tomemos las armas que Jesús nos legó, las palabras contenidas en las Sagradas Escrituras, luchar como soldados valientes y fieles, ponernos la armadura de Dios contenida en el libro de Efesios 6:10-20.

Por lo demás, hermanos míos, fortaleceos en el Señor, y en el poder de su fuerza. Vestíos de toda la armadura de Dios, para que podáis estar firmes contra las asechanzas del diablo. Porque no tenemos lucha contra sangre y carne, sino contra principados, contra

*potestades, contra los gobernadores de las tinieblas
de este siglo, contra huestes espirituales de maldad
en las regiones celestes. Por tanto, tomad toda la
armadura de Dios, para que podáis resistir en el día
malo, y habiendo acabado todo, estar firmes.*

Tenemos que mantenernos firmes y alertas para preservar el
llamado que Dios, por medio de Jesús el Cristo nos ha hecho para
que sirvamos a su causa. Tenemos que usar la verdad todo el tiempo,
vestirnos con la coraza de la justicia. Calzarnos los pies con el
apresto del evangelio de la paz. Defendernos con el escudo de la fe,
tomar el yelmo de la salvación y la espada del espíritu, que es la
Palabra de Dios, y orar. ¡Sí! ¡ORAR! con toda oración y súplica en
el espíritu. ¡ORAR! a toda hora, en todo tiempo, porque la oración
y el ayuno es el alimento del cristiano.

No sé si usted pensará igual que yo; pero siempre he dicho, que
al aceptar a Cristo como nuestro Salvador, también estamos aceptando en forma implícita el compromiso de convertirnos en lo que
Él se convirtió, seguir fielmente sus pasos aunque éstos nos lleven
a nuestro propio sufrimiento.

En el capítulo anterior hablaba sobre las visiones. He tenido
varias. En una de ellas soñé que me acribillaban a balazos mientras
estaba predicando. Me agujerearon el pecho con una ráfaga de tiros.
Desperté sintiendo el dolor de las heridas. Puede que suceda. Pero
lo probable es, que Satanás haya puesto eso en mis sueños para
infundirme temor. Pero no siento miedo, sé a lo que fui llamado,
conozco los riesgos. Saulo de Tarso, el apóstol Pablo, genuino representante de transformación del poder divino de Jesucristo, es un vivo
ejemplo del desprendimiento por la causa del evangelio. Pablo decía:

*Porque para mí el vivir es Cristo
y el morir ,es ganancia.*

Filipenses 1:21

Para seguir al Señor, hay que pagar un precio. Jesús, al referirse
en una ocasión a lo que costaba seguirlo, dijo:

*Si alguno viene a mí, y no aborrece a su padre, y
madre, y mujer, e hijos, y hermanos, y hermanas, y
aun también su propia vida, no puede ser mi discípulo. Y el que no lleva su cruz y viene en pos de mí, no*

puede ser mi discípulo ... Así, pues, cualquiera de
vosotros que no renuncia a todo lo que posee, no
puede ser mi discípulo.

Lucas 14:26,33

Pedro, Pablo, Jacobo, Esteban y muchos otros seguidores del
Señor tuvieron finales cruentos. Fueron sacrificados por difundir el
evangelio de Jesucristo. No debemos temer entonces a las luchas,
a las pruebas y a las aflicciones que nos sobrevengan.

Tú, pues, sufre penalidades como buen soldado
de Jesucristo.

2 Timoteo 2:3

En otra parte de las Escrituras Sagradas nos infiere con relación
a esto, lo siguiente:

Pero cuantas cosas eran para mí ganancias, las he
estimado como pérdida por amor de Cristo. Y cierta-
mente, aun estimo todas las cosas como pérdida por
la excelencia del conocimiento de Cristo Jesús, mi
Señor, por amor del cual lo he perdido todo, y lo tengo
por basura, para ganar a Cristo.

Filipenses 3:7-8

De modo que, como auténticos cristianos, las aflicciones y pruebas forman parte del programa de preparación que habremos de
soportar para servir al Señor Jesucristo. Nuestro fiel abogado ante
el Padre y Redentor Supremo.

Las pruebas que nos sobrevienen cuando queremos desempeñar
la labor a la que hemos sido llamados, nos vienen de todos lados,
de todos los sectores, incluso, de la propia iglesia.

Existen personas en las iglesias con larga trayectoria, son de las
que precisamente por tener más experiencia en el cristianismo, de
ellos, se supone que aprendamos a corregir las fallas de las que
adolecemos, tanto en el comportamiento delante de Dios como
delante del hombre.

Han ocurrido muchas cosas, que bien haría con narrarlas. Otras un bien si las callara. Pero, por honestidad y por la verdad en Cristo, es mejor hablarlas para edificación general.

Este manuscrito quedaría inconcluso, así lo siento en mi convicción más profunda de querer ser fiel en todo el relato, si esta parte no era incluida. Demuestran estos hechos lo mucho que necesitamos aprender del comportamiento humano, y de las sorpresas que nos llevamos en el camino cristiano. Pero son casos en los que Dios se glorifica, demostrando que cuando el llamado proviene de Él, no importan los vientos, no importan tempestades, no importan las intrigas, ni importan las componendas entre muchos, que están dentro de las iglesias y se mezclan con cristianos honestos, reales.

Hablo de los falsos cristianos. Muchos de éstos, ostentan cargos de envergadura dentro de sus congregaciones. Son los que fungen como verdaderos "líderes cristianos" y no son más que destructores del evangelio.

El material de este libro ya estaba completo. Eso creí. Estuve varios meses revisando capítulo por capítulo. Decidí dejar el material original en la computadora y, siguiendo una inquietud indescriptible por ver a mis padres y hermanos en mi país, República Dominicana y compartirles las grandes cosas que venían sucediendo conmigo, el día 23 de agosto del 1995 tomé un avión y volé a mi hermosa Quisquella.

Para entonces venía teniendo una apretada jornada de presentaciones en toda el área de Manhattan y los condados vecinos como el Bronx, Quenns y Brooklyn. La situación llegó al punto de que varias iglesias anglosajonas supieron de mis actividades y de cómo venía trabajando en el campo evangelístico. Fue suficiente para que comenzaran a llegar invitaciones de distintos lugares e iglesias del área americana. Rememoran aun los hechos de la vida del peligroso pandillero de origen puertorriqueño, Nicky Cruz.

Conmigo hacían las mismas comparaciones. Me sentía feliz porque se estaban abriendo caminos inesperados. Sentí, percibía solidaridad en los hermanos americanos. La emoción no podía esconderla. Estuve visitando cuanta iglesia me invitaba. En algunas, para variar, proyectaba parte de mis entrevistas realizadas en la televisión. De esta forma ganaba mís tiempo que ofreciendo mi testimonio directamente. Después, les mostraba una película seleccionada previamente de muchas de las que utilizo en mis giras de evangelización. Una de mis favoritas, y la que más utilizo es "Future

Tense" (Tiempo futuro). Es tremenda película. Impactante. Conmovedora. Es la historia de un joven llamado Miguel, que tiene una visión de cómo sería la segunda venida de Jesucristo por su pueblo.

El relato en su etapa final, se desarrolla en un aeropuerto. Había un avión grande y amplio que venía a recoger a los redimidos del Señor. Pero de la familia, sólo Miguel, su hermanito pequeño y sus abuelos, estaban listos para abordar el vuelo que los llevaría a la gloria. Lamentablemente, cuando Miguel había tratado de hablarles sobre Jesús, sus padres siempre estaban ocupados en los negocios. De igual manera los veía en la visión que había tenido, nunca tenían tiempo para otra cosa. Esas ocupaciones le impidieron tomar el vuelo a tiempo y, se habían quedado. Qué tristeza, qué llanto los invadió al ver ahora que la familia se dividía. Entonces quisieron correr detrás del avión... pero ya era muy tarde.

Dondequiera que he exhibido esta película en mi empeño por difundir el evangelio de Jesucristo, el impacto en todos los que la han visto, ha sido patético, hasta lastimoso. Nos pone a pensar realmente, qué tanto estamos haciendo para difundir su Palabra de vida, la del amor y perdón de Dios. Como si fuera poco, nos cuestiona acerca de lo que hemos hecho por nuestra familia inmediata, nuestros padres, nuestros hermanos que no conocen de Jesucristo. A nuestros amigos más cercanos y todos aquellos que conocemos.

En agosto del 1995, una inquietud avasallante, que no me dejaba tranquilo, se apoderó de mí de forma imprevista. Mis padres, mis hermanos, ¡ellos tienen que conocer la inminente venida del Señor! ¡Ellos también tienen que ser salvos! No lo pensé más. Pero no tenía suficiente dinero para un viaje tan inesperado. Tampoco dejaría, que esa fuerte inquietud que se movía dentro de mí, desapareciera. De mi iglesia iba un numeroso grupo a participar en una conferencia en República Dominicana. Sin pensarlo dos veces y sin ningún tipo de ayuda, empaqué lo que pude y los equipos de proyección. Deseaba mostrar algunas películas en mi país, difundir el evangelio de Jesucristo por uno de los mejores métodos que he encontrado, el audiovisual.

Tuve esperanzas de, por lo menos, recibir ayuda para el embarque de los equipos, pero no hubo tal cosa. Tampoco recibí ningún aliento para realizar el viaje. Pero había uno de los hermanos que habían partido, que sí estaba deseoso de que yo hiciera el viaje.

Tenía, como yo, esa inquietud que no nos deja tranquilo a los que hemos recibido esta comisión, expandir la Palabra de Jesucristo.

Mi decisión de hacer el viaje, era inquebrantable. Sentí que tenía un mandato firme de hacerlo. Y así lo hice. Con tan sólo el dinero del vuelo —para conseguirlo, usé lo que tenía disponible en ese momento, el dinero para pagar el seguro de mi *jeep*—. Pero no me importaba. Sentía que tenía que viajar. Como Miguel, el de la película, igual sentía miedo de ver a mi familia correr detrás de aquel avión y no poder abordarlo.

Los días en República Dominicana, jamás podré borrarlos de mi mente. Aunque quisiera no podría. Nunca antes había tomado el riesgo de viajar de tal forma, sin dinero. Sólo confiando en un mandato. Comparado a como hacía mis viajes en el pasado, pude haber sentido hasta temor. Pero quedó claramente en evidencia, que muy diferente es confiar en el humano —pues éste todo lo estropea—, que depositar la confianza en el Espíritu de Dios, pues Él es quien provee.

La agenda que tuve que cumplir después de pisar mi bella Quisquella, más que hacerme sentir satisfecho, me llenó de un temor intenso. ¿Qué hubiese sucedido si en vez de no dejarme guiar por la dirección del Señor, hubiese optado por amargarme y llenarme de frustración por no tener ayuda ni contar con recursos suficientes para embarcar el equipo que utilizaría en Santo Domingo?

Los resultados fueron increíbles. Solamente el poder sobrenatural de Dios puede explicarlos. Después de mi llegada, sólo bastó hacer contacto con una de las productoras de televisión de más arraigo en mi país. Con su programa nos habíamos comprometido. Bastó difundir una muy bien lograda entrevista sobre mis actividades dentro del espiritismo y el narcotráfico. Sobre todo, cómo y en qué circunstancias me había sobrevenido una sobredosis, producto del uso excesivo de cocaína y en cuáles circunstancias me había apartado de este sucio negocio.

Aquello en Santo Domingo, era un "plato fuerte". Pocos dominicanos aceptaban honestamente sus errores en una forma tan abierta, en el especial de un programa dirigido a más de siete millones de dominicanos. Pero ese era precisamente el objetivo, darles el mensaje de que hay esperanzas para los que como yo, están en el lodo de los vicios y de prácticas tan pecaminosas como el espiritismo y el ocultismo en todas sus facetas.

El impacto en todo el país fue tal, que el viaje estaba programado para dos semanas aproximadamente, y tuvo que prolongarse por unos veintiocho días. Los productores se vieron en la obligación de repetir la entrevista del testimonio en tres sábados consecutivos en horario especial. Una noche, se dio un caso memorable. Nos encontrábamos en la sala principal del ayuntamiento del poblado de Altamira. En este pueblo, en su parque público, hay un televisor instalado para entretener a los habitantes del poblado. En la acera opuesta, nos encontrábamos dentro del edificio donde proyectábamos una película y yo daba mi testimonio.

Simultáneamente, transmitido a todo el país, difundían en ese preciso momento nuevamente mi entrevista. Aquello fue una experiencia para no olvidarse. Todos los del parque, se trasladaron entonces al salón del ayuntamiento. Igual sucedió en otros poblados. Las iglesias estaban llenas. Deseosas de escuchar experiencias nuevas. Hechos nuevos.

Una de esas noches, proyectábamos la película: "La vida pública de Jesús". Estábamos en un "campito" del pueblo de Altamira, Puerto Plata. Allí, ayudado por el hermano que me había motivado para el viaje, el licenciado Hugo Gil, uno de los pastores de nuestra congregación, acondicionamos un terreno (sin tener ninguna herramienta y sólo usando nuestras manos) para poder utilizar aquel solar lleno de piedras y polvo como improvisado escenario y, al aire libre, acomodar a los moradores del lugar. Éstos en su mayoría, eran viejecitos que por primera vez tenían la oportunidad de ver una película. Mucho mejor si se trataba de la vida de Jesucristo.

Esa noche, para mí fue inolvidable. ¿Saben ustedes quién era uno de los que, con su gorra en las manos y con una actitud de reverencia como nunca antes lo había visto, observaba la película y atendió el llamado al arrepentimiento? Ramón Cabrera, mi padre, un bebedor empedernido, aceptando el llamado para entregar su alma y confesar a Jesús como su Salvador. ¡Qué momento de dicha más infinita! Vi a mi padre, con su pelo totalmente blanco de canas, inclinar diligentemente su cabeza cuando orábamos. No pude reprimir las lágrimas. Un nudo ahogó mi garganta. Dentro de la muchedumbre, alcancé también a ver a mi madre. Quizás tampoco ella podía comprender lo que sucedía allí esa noche. Yo estaba turbado. Si anteriormente, por muchos años, por causas ya descritas, había sido manejado por fuerzas sobrenaturales, que se autoproclamaban enviados de Dios y efectuaban supuestos milagros. ¿No tendría que estar maravillado de ver, como un milagro lo que allí sucedía en aquel momento, donde las personas venían arrepentidas dando su vida al Señor de señores y al Rey de todos los reyes?

Mi estadía en República Dominicana fue inolvidable. Las invitaciones de iglesias, sin importar su denominación, llegaban de todas los lugares. Tuve incluso que suspender varias, pues debía desplazarme por poblados muy distantes el uno del otro. Otra de las actividades memorables, fue una con los presos de la famosa fortaleza "Rafey" antigua San Luis, en la ciudad de Santiago. Le proyectamos una película sobre personas rehabilitadas después del uso de drogas, y cómo sus vidas habían cambiado. Más tarde, di mi testimonio y fragmentos de algunas de las entrevistas que me habían realizado en varios canales de televisión nacional e internacional. Lo que aconteció dentro de los lúgubres muros de aquella cárcel, fue indescriptible. Es doloroso ver el hacinamiento que envuelve a estos hombres privados de libertad.

Esa tarde, antes de haber terminado de dirigirles unas palabras de aliento, una veintena de prisioneros estaban de pie, frente a mí, llorosos, querían que les ministráramos, que oráramos por ellos. Después, todos nos confundimos en abrazos y en lloros. ¡Cuánta necesidad hay por doquier! Ycuánto tiempo se pierde hoy día dentro de nuestras iglesias, en diatribas, en conflictos unos con otros, en buscar "lucírnosla" delante de los demás tratando de demostrar cuál es más espiritual que el otro. O cuál está más "ungido" por el Señor. ¿Hasta cuándo estaremos ciegos Señor? ¿Hasta cuándo saldremos del letargo y nos daremos cuenta que nuestra misión es difundir tu evangelio y no quedarnos encerrados dentro de nuestras iglesias, en disputas estériles unos contra otros?

Las manos del Creador se estuvieron manifestando en todas las actividades que realizamos. Pero también las manos malignas del enemigo de toda buena obra, estaba haciendo su labor destructiva. Y qué lamentable, cuán doloroso fue saber después, que los obstáculos que enfrentamos en República Dominicana, y aun después de haber llegado a Nueva York, eran producidos por personas que también eran "cristianos". Fue doloroso, vergonzoso. Personas que supuestamente, también han sido revestidos con la preciosa y augusta sangre de Jesús. Son de los que habla Pablo, que los tales, son "enemigos de la cruz de Cristo".

En Santo Domingo, recibimos informes de que se habían hecho llamadas desde Nueva York para que, una actividad programada en Navarrete, en la iglesia evangélica que había visitado por primera vez, y donde nosotros participaríamos, se había hecho un "cabildeo" para que la misma no se realizara. No obstante, el pastor y los jóvenes de la iglesia estaban muy motivados para la actividad. Primero, por ser yo del mismo poblado. Y, segundo, para aprovechar el "boom" publicitario de esos días. Incluso, después de la primera actividad, tuvimos que programar una segunda. El Señor, quebraba las imposiciones, destruía las intrigas, y permitía que su palabra se continuara difundiendo, aniquilando con su poder infinito las trabas y disensiones que los celos humanos provocan.

Al llegar la conclusión del viaje, revisé mi agenda. Tenía varios otros compromisos pendientes para cuando llegara a Nueva York. Entre estos compromisos figuraban dos exposiciones de películas. Una en el Bronx, la otra en Manhattan. Estaba comprometido con los jóvenes de la iglesia metodista, denominación a la que originalmente pertenecía. Los jóvenes de la misma, con los que guardo muy buenas relaciones, me habían solicitado ayuda, pues tenían una campaña para recolectar fondos para su institución. Todo estaba previsto, hasta la fecha se había fijado. Incluso, los jóvenes habían utilizado otros fondos económicos para imprimir boletas, de las cuales ya se habían vendido muchas. Por mi parte, había tenido que posponer otras actividades para no fallar mi participación.

Estos muchachos entusiastas, no podían ocultar la gran emoción que los embargaba. Todo parecía marchar a las mil maravillas. Pero, sólo "parecía". De repente, todo comenzó a marchar mal. Fueron canceladas tres actividades. Sin contar la de República Dominicana que, aunque no se pospusieron por la valiente actitud tomada por su pastor, no se dio como se hubiese deseado. Pero ya esa rara atmósfera de disensión había sido distribuida. Alguien, aparte de las manos de Satanás, estaba detrás de todo esto. Pero ¿quién y por qué? ¿Estaba yo haciendo algo en contra del evangelio, o del cristianismo que no fueran poner en práctica lo aprendido en la Biblia y difundir a todos la transformación que había ocurrido en mi vida? No me estaba lucrando en términos económicos con mis actividades. Al contrario, tenía que usar mis propios recursos económicos para poder cubrir mis compromisos. Entonces ¿qué estaba sucediendo?

Había estado feliz en mi estadía en República Dominicana. Mis padres, y muchos de mis hermanos, me acompañaron en varias de mis actividades fuera del poblado de Navarrete. Dondequiera que fui invitado, alguno de los miembros de mi familia me acompañó.

Nunca me dejaron solo. Incluso, ayudándome a la instalación de los equipos.

Me pregunto entonces ¿estaba yo trabajando para difundir la obra de Jesucristo, o lo estaba haciendo para el enemigo de toda buena obra, para Satanás?

Muchos son los relatos bíblicos acerca de las disensiones entre reales cristianos y "cristianos". Al llegar a mis límites de paciencia, en términos humanos, no tuve más que buscar directamente la raíz del problema. Investigar lo que realmente estaba sucediendo. Todo esto me estaba afectando hondamente. Era una conspiración total. Tremenda. Y había que ponerle fin. Esto era inaudito. Injustificable.

Después de serias conversaciones con los hermanos a los que se les había prácticamente obligado a suspender las actividades, supimos entonces de dónde provenía esta telaraña de intrigas y conspiración contra alguien que sólo busca difundir la transformación que se ha producido en su vida.

Si doloroso eran los momentos que pasaba, más lo fueron al enterarme de dónde provenía todo esto. Estaba confuso. No comprendía nada. ¡Absolutamente nada! ¿Por que? Sencillamente, porque quien venía provocando la clausura de las actividades, eran algunos miembros de la congregación a la que había asistido por primera vez. ¿Saben quién orquestaba la conjura? La persona que por primera vez en toda mi vida, me habló de la existencia de Jesucristo.

Estaba turbado totalmente. Venía de cosechar éxitos tremendos en mi viaje a Dominicana. ¿Por qué sucedía algo igual? Es algo que nadie entendería. Traté de mediar el problema con los propios encargados de las actividades canceladas. A ellos me unía un gran afecto y cariño. Hoy día por igual. Ellos, como yo, estaban confundidos, avergonzados ante la situación. No sabían qué hacer, ni qué decir, y no tenían cómo excusarse conmigo. Igual con los cientos de personas que habían obtenido ya sus entradas. Esto era una monstruosidad. Algo incalificable. Hoy día estamos jugando con fuego. Pero con una clase de fuego que, ojalá y nos quemara físicamente. Pero este fuego lo que nos quema es el alma. ¿Quién me diría que sería testigo de verdaderas guerras entre distintas denominaciones? ¿Guerra entre hermanos en Cristo? Es increíble. Inaceptable. Pensaba que esta clase de peleas por posiciones de liderazgos, por demostrar cuál denominación, o religión es la verdadera, como si de partidos políticos se tratara sólo la vería en el mundo del que venía, de las calles.

Lamentablemente, nuestras iglesias hoy día están sumidas en perder el tiempo en diatribas, en conflictos, en tratar de probar cuál tiene más arrastre, sin poner atención a lo vital lo esencial, en las almas que se pierden. Hay grupos, aunque no queramos reconocerlo, que lo controlan todo. Así sucedió en este caso. Este grupo tenía mucha influencia dentro de su congregación y siempre, conseguían lo que se proponían. Si lo sabría yo que había sido testigo de algunas maniobras. Hacían "saltar" del puesto a cualquier pastor si no se plegaba a sus intereses.

Pero cuando eso sucedía, yo era un bebé en el cristianismo y pensaba que cosas así, eran algo normal. Nunca imaginé que esos cañones apuntarían hacia mí en algún momento.

¿Saben lo que dice Pablo sobre esto? Veamos:

Os ruego, pues, hermanos, por el nombre de nuestro Señor Jesucristo, que habléis todos una misma cosa, y que no haya entre vosotros divisiones, sino que estéis perfectamente unidos en una misma mente y en un mismo parecer.

1 Corintios 1:10

No creo que así se fomente el verdadero evangelio, ni la evangelización por parte alguna. Ni se puedan crear verdaderos liderazgos. ¡No! El verdadero liderazgo usted lo hace con su compostura, por su real dedicación a las cosas del Señor, por el ejemplo de rectitud con que usted se conduzca, tanto delante de Dios como también delante de los hombres. Usted puede mantenerse por cien años dentro de una iglesia, si es que puede. Pero sólo eso "dentro de la iglesia". La pregunta es haciendo ¿qué? ¿Sirviendo de piedra de tropiezo a otros y a la obra de Dios?

Esas mismas palabras fueron dichas por el pastor de esta iglesia al vernos en la obligación de solicitar una reunión de emergencia para ver cómo solucionábamos la crisis. Varias personas participaron de la misma. Entre éstos, pastores y ancianos de las dos congregaciones. Siempre he sido claro en mis posturas. Quizás muchos se preguntarán al leer esta parte, ¿en qué se beneficia el cristianismo con declaraciones tales? Pues, fácil. En no poner las cosas desde el inicio como que todo es color de rosas, para que después no venga el desengaño. Esto fue un ejemplo de ello. Si usted es una persona con llamado potente, real de parte del Señor, va a comenzar a producir "ronchas" en los que están "adentro" y nunca hacen nada y lo ven a usted desarrollar un ministerio explosivo.

No está supuesto a que sea así. Pero también entre nosotros existen las disensiones. Lo que más pudo dolerme de todo esto es, que quien estaba detrás de todo fue la primera persona que me había hablado de la existencia de Jesucristo. Era algo increíble. ¿Cómo podía suceder algo semejante? ¿Simplemente por pertenecer a otra denominación? Nosotros fuimos y nos humillamos como si fuésemos los ofensores, queríamos terminar con la situación como buenos hermanos en Cristo. Pero aun así, se nos cuestionaba. ¿Puede alguien constituirse en juez para juzgar a los demás sobre cómo debe actuar, o sobre cómo debe predicar? O ¿puede juzgarse a nadie por pertenecer a otra denominación? ¡Por favor! ¿Hasta cuándo? ¿Cuándo nos daremos cuenta que no son las religiones las que nos aseguran estar ante la presencia del Señor?

Estos casos no son nada raros. Desde los tiempos de los antiguos apóstoles, situaciones parecidas se suscitaban. Un ejemplo de ello lo encontramos en el siguiente fragmento:

La oposición de Diótrefes.

Yo he escrito a la iglesia; pero Diótrefes, al cual le gusta tener el primer lugar entre ellos, no nos recibe. Por esta causa, si yo fuere, recordaré las obras que hace parloteando con palabras malignas contra nosotros; y no contento con estas cosas, no recibe a los hermanos, y a los que quieren recibirlos se lo prohíbe, y los expulsa de la iglesia.

3 Juan, 9,10

He orado al Creador por mis hermanos, por los legítimos, y por los que aún no han tenido un encuentro real con Cristo. Esos son los que sirven como piedras de tropiezo. Tristemente son los que más abundan. Debemos pedir cada día más discernimiento al Espíritu de Dios. Para poder enfrentar situaciones tales. Situaciones que pueden ser aprovechadas fácilmente por nuestro enemigo común, y desilucionarnos, para que nos sintamos frustrados, para que no continuemos.

Sin embargo, las Sagradas Escrituras nos advierten sobre todos los problemas que afrontaremos, tanto dentro como fuera de la iglesia. Pero también nos da las palabras de aliento para que tengamos por seguro que quien nos llamó, nos dará además, las fuerzas necesarias para continuar nuestro camino.

Nos dice que somos más que vencedores.

¿Qué, pues, diremos a esto? Si Dios es por nosotros, ¿quién contra nosotros?

Romanos 8:31

Y como si no fuera suficiente, dejándonos ver que nada ni nadie nos puede arrancar ya de las manos de Jesucristo, el apóstol Pablo nos deja una sentencia, que sella nuestra eterna e imperecedera unión con Cristo Jesús como Señor nuestro. Por tanto, hoy día, puedo decir como Pablo. Podrán apedrearme, boicotearme, difamar cuanto se quiera, prohibirme lo que quieran, hasta aniquilarme si se quisiera, y de mí no podrá nadie borrar la experiencia que aconteció conmigo en dos oportunidades. Pues, aunque mi cuerpo estuviese en pedazos, creo que cada uno de éstos repetirían que tuve la mas bella experiencia con Jesucristo, y que lo he confesado como mi Señor.

Antes, en todas estas cosas somos más que vencedores por medio de aquel que nos amó. Por lo cual estoy seguro de que ni la muerte, ni la vida, ni ángeles, ni principados, ni potestades, ni lo presente, ni lo por venir, ni lo alto, ni lo profundo, ni ninguna otra cosa creada nos podrá separar del amor de Dios, que es en Cristo Jesús Señor nuestro.

Romanos 8:37-39

CONCLUSIÓN

Haber llegado a estas últimas páginas, no ha sido fácil. Más que un logro, creo que ha sido una proeza. No lo digo por mérito personal, pues la gloria sea para Cristo mi Salvador y Señor nuestro. Lo digo por el tiempo, los sinsabores, los días de tribulación, y las trasnochadas que creí acabarían conmigo. Sentí como si todas las fuerzas del mismo infierno se hubiesen volcado contra mí en una confabulación perversa, macabra, digna de seres infernales.

Estos espíritus inmundos, tratarían de evitarme a toda costa que llegara a cristalizar las ideas de llevar a feliz término el presente trabajo. En él quedan develados una vez más las artimañas, la forma de operarar más infame que haya existido jamás: El maligno, el ángel caído, el que fue derrotado por nuestro Señor Jesucristo en la cruz del Calvario y nos redimió del pecado al derramar su sangre.

Los sinsabores los podría relatar por millares. Fueron días y noches negras, de amarga tribulación; pero el Espíritu Santo de Dios parecía decirme como le dijo a Jacob:

Porque yo Jehová soy tu Dios; quien te sostiene de tu mano derecha, y te dice: No temas yo te ayudo.

Isaías 41:13

Sólo con el poder de Cristo Jesús y la guianza del Santo Espíritu de Dios, podía haberse concluido el presente manuscrito. Podría relatar centenares de anécdotas a lo largo de casi tres años dedicados a refutar lo escrito por mí mismo en otro libro, hecho previamente con el propósito de ensalzar y dar a conocer al mundo los supuestos "milagros" que espíritus inmundos venían haciendo conmigo, y con los que por desgracia caen en sus redes.

El presente trabajo va dedicado a esos millones de personas que, ingenuamente, caen en las manos de santeros, espiritistas y médiums etcétera, sin saber que son agentes de Satanás en toda la extensión de la palabra. Bastaría citar el libro de Levítico 20:6, y 20:27. El libro de Éxodo, en varios capítulos y en Deuteronomio 18:9. En Levítico 19:31 nos dice:

No os volváis a los encantadores ni a los adivinos; no los consultéis, contaminándoos con ellos. Yo Jehová vuestro Dios.

Hoy día somos más idólatras. Basta ver, escuchar los medios de comunicación. Somos bombardeados con cuantos brujos, agoreros, astrólogos, psíquicos, espiritistas y adivinos les da la gana de pagar una cuña publicitaria ofreciendo sus "servicios". Es mi interés que a través de las experiencias narradas desde lo más hondo de mi ser, traiga un poco de luz y paz por medio del poder que ahora opera mi vida guiado por la presencia del Espíritu Santo de Dios, y que pueda cambiar en algo la suya. De ser así, algo que aseguro, se van cumpliendo los anhelos del autor, que ve compensado cerca de tres años de arduo trabajo bajo la guianza del Señor. Si el leer estas páginas te ha inquietado y aún no conoces a Cristo Jesús, al que me rescató de las peores situaciones, ahora es tu oportunidad.

Jesús dijo:

He aquí, yo estoy a la puerta y llamo; si alguno oye mi voz y abre la puerta, entraré a él, y cenaré con él, y él conmigo. Al que venciere, le daré que se siente conmigo en mi trono, así como yo he vencido, y me he sentado con mi Padre en su trono.

Apocalipsis 3:20.

Si quieres que el Jesús que entró en mi vida cambiándola radicalmente, entre también en la tuya obrando de igual manera. Es más fácil de lo que supones. Es tan sencillo recibirlo y ser salvo, como leer y repetir estas palabras que escribió el apóstol Pablo en el libro a los Romanos 10:9:

Que si confesares con tu boca que Jesús es el Señor, y creyeres en tu corazón que Dios le levantó de los muertos, serás salvo. Porque con el corazón se cree

para justicia, pero con la boca se confiesa para
salvación. Pues la Escritura dice: Todo aquel que en
él creyere, no será avergonzado.

¿Leíste estos versículos? ¡Muy bien! Ahora repite esta oración
con todo tu fervor, que salga de lo más hondo de ti:

Señor Jesús, te necesito, gracias por morir en la cruz por
mis pecados. Yo confieso con mis labios que tú eres el
Señor y creo en mi corazón, que Dios te levantó de los
muertos. Abro las puertas de mi vida y de mi corazón, y te
recibo como mi Salvador y mi Señor. Toma el control de
mi vida, y hazme la persona que tú quieres que yo sea.
Amén.

¿Sabes qué? Seré el primero en felicitarte. ¡Has hecho confesión
de fe! ¡Eres un nuevo cristiano! La Biblia dice:

Hay gozo delante de los ángeles de Dios por un
pecador que se arrepiente.

Lucas 15:10

Hoy, tú eres la causa de la fiesta en los cielos. ¡Dios te bendiga!

Para ti que eres cristiano, te exhorto a que, inquiriendo diariamente en la Biblia, aprendamos más y más cada día poniendo en
práctica cada una de las enseñanzas recibidas. Evitando así que se
repita en nosotros las palabras del apóstol Pablo a Tito 1:16:
...Profesan conocer a Dios, pero con los hechos lo niegan.
Seamos cristianos íntegros, fieles al llamado que hemos recibido de
manos del Señor. Que las aflicciones, congojas, y pruebas no sean
óbice para impedirnos seguir hacia adelante. Que no haya desaliento.

Porque ¿Quién nos separará del amor de Cristo?
¿Tribulación, o angustia, o persecución, o hambre, o
desnudez, o peligro, o espada? Como está escrito.
Por causa de ti somos muertos todo el tiempo; somos
contados como ovejas de matadero. Antes, en todas
estas cosas somos más que vencedores por medio de
aquel que nos amó. Por lo cual estoy seguro de que

ni la muerte, ni la vida, ni ángeles, ni principados, ni potestades, ni lo presente, ni lo porvenir, ni lo alto, ni lo profundo, ni ninguna otra cosa creada nos podrá separar del amor de Dios, que es en Cristo Jesús Señor nuestro.

Romanos 8:35-39

Ahora hermano cristiano, quiero dejar sembrada en ti, como una semilla inquieta, unas palabras que nuestro Redentor y Salvador Jesús el Cristo dejó a sus discípulos en su ascensión gloriosa a los cielos. Es un máximo y real mandato que todo cristiano debe cumplir, y que me tomo el atrevimiento de repetir ahora:

Y Jesús se acercó y les habló diciendo: Toda potestad me es dada en el cielo y en la tierra. Por tanto, id, y haced discípulos a todas las naciones, bautizándolos en el nombre del Padre, y del Hijo, y del Espíritu Santo; enseñándoles que guarden todas las cosas que os he mandado; y he aquí yo estoy con vosotros todos los días, hasta el fin del mundo. Amén.

Mateo 28:18-20

Sigamos las directrices que Jesucristo nos dejó trazadas. Oigamos esa voz que nos ha hablado y difundamos como reales y auténticos cristianos este evangelio de salvación, de gracia y de amor imperecedero. Jesús en una oportunidad se dirigió a los discípulos diciendo:

A la verdad la mies es mucha, mas los obreros pocos. Rogad, pues, al Señor de la mies, que envíe obreros a su mies.

Mateo 9:37-38

En lo que a mí respecta, siento que el llamado que Jesús me ha hecho es a manera de un trato. Es como haberme dicho:
"Te salvo, ven sígueme. Sólo ve y dile al mundo lo que he hecho por ti. De dónde te saqué". Eso hago por su infinita gracia. Decir que hay un camino mejor. Que hay una senda de mejores opciones donde tendremos una vida nueva y llena de paz, de armonía, de

comprensión, de amor, y de perdón para los que nos han faltado. ¡Es la senda del Salvador! ¡Es el camino de Aquel que prefirió morir para darnos ejemplo de amor. ¡Es el camino de Aquel que prefirió morir para darnos ejemplo de amor. ¡Él es el triunfador, es ... Jesús de Nazaret!

Hoy, continuó detrás de aquel llamado. Detrás de aquella voz que en un momento, que para mí pudo haber sido el último, me habló diciendo: ¡No temas ... Sígueme! Ya no hay espiritismo. No hay santería. Ya no hay orgías ni cocaína. Eso pertenece al ayer. Hoy camino por la senda a la que fui llamado. Hoy camino ... ¡Tras los pasos de Jesús!

"La gracia del Espíritu Santo de Dios, sea con todos los que aman a nuestro Señor Jesucristo con amor inalterable. Les amo, con amor eterno".

Ronny Cabrera

Notas finales

Algunos sucesos de importancia, han acontecido después de finalizada la etapa final de este manuscrito. Opino de gran interés, dar a conocer algunos de los mismos.

En la temporada de invierno del año 1995, realicé un viaje a República Dominicana después de la experiencia mística que me había sobrevenido. En mi país, me vi precisado a extender mi estadía por más de tres semanas para atender invitaciones de iglesias y numerosas instituciones sociales, además de entrevistas en medios de la prensa, la televisión, donde me mantuve exponiendo la extraña, pero significativa experiencia extracorpórea que había vivido y que, obviamente, era la responsable del comienzo de cambios significativos en mi vida.

Días después, a mi regreso a los Estados Unidos, todas las puertas que para mí estaban cerradas parecieron abrirse invitándome a entrar y conocer vías que para mí antes estaban vedadas. Necesitaba orientarme, reorganizarme, buscar un empleo que diera más validez a mi deseo de incorporarme a una vida social y productiva. Y, además, tratando de buscar sustento para solventar los gastos de las películas "La vida de Jesús" que junto a la Cruzada Estudiantil, venía realizando en los distintos condados de Nueva York.

Dada mi experiencia en el mundo de las drogas, decidí comenzar a tocar puertas en las oficinas gubernamentales y comunitarias de Washington Heights (Alto Manhattan) con el fin de poner a disposición mi plan de trabajo en el área.

Después de contactar la primera, fui enviado de oficina en oficina. Todos tenían sus propios proyectos, sus propias ideas. Pero hubo un lugar donde mi trabajo llamó la atención de alguien. Ese alguien, era Isabel Valentín, una señora pequeña de estatura, pero con un corazón enorme, presta siempre para dar de su tiempo para ayudar al que la necesitara. Washington Heights Inwood Coalition, era la oficina donde doña Isabel laboraba, desempeñándose como directora del departamento de viviendas. Allí, semanas después, llegué a trabajar como Organizador de Viviendas contratado por su departamento, y permitiéndome además, recobrar la confianza en mí mismo y comenzar de una u otra manera, a devolver en creces el daño que, moral y socialmente había causado.

Hoy día agradeceré por siempre la oportunidad que el Señor me dio por medio de doña Isabel y, cómo expondría más tarde en un triste acto de homenaje que se le rindió por motivo de su retiro, mi agradecimiento y mi promesa de no defraudar la oportunidad y confianza en mí depositada. Hoy día, simultáneamente a mi labor en el departamento de vivienda, dirijo además un programa de prevención de drogas para "Inwood Preservation Corporation" y además, soy asesor del departamento de prevención de "Alcohol, Tobacco and others Drugs", (ATOD) de "Unidos Coalition", donde laboro junto al director de proyectos Frank Negrón. Esta es una institución que posee programas para la rehabilitación de adictos a cualquier tipo de drogas.

Todas estas instituciones están localizadas en Washington Heights, la misma área donde varios años atrás había estado envuelto en problemas con las drogas.

Para el mismo mes de septiembre, fecha de mi cumpleaños y cuando cumplía un año de venir desempeñando mis labores prestando asistencia a un área de más de medio millón de hispanos, mayormente dominicanos, en el área del Alto Manhattan, me vi precisado a tomar mis vacaciones, optando por dirigirme a República Dominicana. Las consecuencias de este viaje, no podré sopesarlas hasta que transcurra algún tiempo. Incluso, en los momentos que escribo estas líneas, me encuentro, gracias al favor de Dios, recuperándome de un trágico accidente que me ha mantenido postrado y, actualmente, haciendo esfuerzos sobrehumanos por volver a caminar debido a serias fracturas en una de mis piernas y otras partes del cuerpo.

Aunque para nosotros en lo humano no encontramos explicación lógica para que hechos de tal magnitud acontezcan, en lo espiritual puede que se encuentran respuestas ocultas. Las horas que siguieron después del terrible accidente, hundieron en un mar de confusiones, ansiedad, desesperación y unión inesperada a mi familia. Que recuerde, desde los accidentes, golpeaduras y asaltos a que fue objeto mi padre por bandoleros cuando éste se encontraba en estado de ebriedad, y siendo yo pequeño, no recuerdo que nuestra familia sufriera un suceso de tal impacto.

Los malentendidos, las disensiones o riñas, parecieron desaparecer como por arte de magia, para darle paso a una masa compacta de padres y hermanos alrededor de mi cama del hospital, discutiendo sobre las posibilidades que me eran mas favorables, y que también fuera más rápida, pues había perdido mucha sangre producto de una severa herida en la cabeza. El impasse había surgido, porque la mayoría de mis hermanos se oponía a mi decisión de trasladarme solo a los Estados Unidos dada la condición en que me encontraba. En cambio, si permanecía en República Dominicana, contaba con el apoyo y las debidas atenciones de todos ellos, y que mi caso requería.

Sin embargo, de nada valieron las súplicas y decidí trasladarme a Estados Unidos sólo con la confianza depositada en el Señor. Una de las razones que me hicieron tomar tal decisión, fue la manera comercial en que mi caso fue tomado por el personal médico que me asistió. En Estados Unidos —decía—, tendré los mejores especialistas, aparte del seguro de mi empleo que costearía los gastos, mientras que en mi país, estaban exigiendo el depósito de una elevada suma de dinero como adelanto para la cirugía. Aquellas informaciones me desalentaron terriblemente. La carrera médica hoy día, lejos del supuesto juramento hipocrático de todo médico, para algunos se ha convertido en una vulgar carrera de mercadeo donde el factor humano es lo que menos importa. Mi país, no era la excepción.

Mi período de convalecencia en Nueva York, es lo más cercano a la descripción del fragmento de una película de suspenso al estilo Hollywood. Franquear cerca de tres meses prácticamente abandonado a la suerte, sin apoyo, y sólo en compañía de la infinita misericordia de Dios, me hizo comprender una vez más hasta dónde tendría razón el estadista dominicano, Joaquín Balaguer, cuando describía, en sus experiencias personales, lo inestable e indescifrable del comportamiento humano. Personas que hoy día te juran lealtad y fidelidad absoluta, son mañana tus peores detractores, y tus enemigos más enconados.

Por estas y muchas razones, se hizo más triste mi larga y penosa convalecencia. Estando en silla de ruedas y casi sin ningún movimiento debido a las fracturas, no recuerdo haber visto ni sentido la presencia de personas, que creí muy allegadas a mí, incluso, de "hermanos de las iglesias" que fueron los primeros que brillaron por su ausencia, cuando se supone, debieron haber sido los primeros. Razón más que suficiente de recordar al maestro Jesús de que sólo en Él, encontraríamos un amigo fiel, pues maldito era el hombre que depositaba su confianza en el hombre.

Otras noticias conmocionaron mi alma trayendo tristeza a todo mi espíritu y haciendo que mis emociones se resquebrajaran. Una de ellas fue trágica. Aún permanecía en Santo Domingo, cuando me enteré, que parte de mis excompañeros de drogas, y que ya se encontraban retirados después de amasar fortunas, habían "caído" en las manos de autoridades federales americanas, después de largo tiempo siguiéndoles los pasos. La otra, y la más dolorosa para mí, fue enterarme de la muerte de Dennys, aquel amigo que, junto a mi Rafaelito, habíamos compartido tantos momentos de locuras y peligros en las calles del Alto Manhattan y el Bronx. A Dennys le tenía especial cariño, pues estando yo fuera de todas esas actividades y sabiendo lo depresivo que se ponía bajo los efectos de la cocaína, lo invité varias veces a algunas actividades en la Iglesia y siempre me mostraba su intención de cambiar, como yo lo había hecho.

Pero, finalmente, terminó suicidándose, dándose un tiro en la cabeza, con la misma pistola que en dos ocasiones, hacía varios años, estando bajo los efectos de las drogas yo mismo le había arrebatado de las manos en horas de la madrugada para que no lo hiciera. Paz a sus restos.

Mientras tanto, los días continúan indetenibles, acercándonos más hacia el final, hacia el cumplimiento de las profecías bíblicas. A su vez, las personas continúan buscando respuestas sin encontrarlas. Sustituyendo la única verdad que deberíamos buscar: las Sagradas Escrituras contenidas en la Biblia. Y recordar estas palabras encontradas en ella.

Mirad, pues, con diligencia cómo andéis, no como necios sino como sabios, aprovechando bien el tiempo, porque los días son malos.

Efesios 5:15-16.